르몽드 비판 경제학

더 나은 미래를 꿈꾸는

다음 세대를 위한 경제교과서

Le Monde Diplomatique
Manuel d'Économie Critique

이 책은 국제시사 전문지 《르몽드 디플로마티크》가 기획 출간한
《Manuel d'Économie Critique》(2014)를 번역한 것입니다.

마인드큐브 책은 지은이와 만든이와 읽는이가 함께 이루는 정신의 공간입니다.

LE MONDE
diplomatique

르몽드 비판 경제학

더 나은 미래를 꿈꾸는
다음 세대를 위한 경제교과서

르몽드 디플로마티크.기획 이푸로라.옮김 성일권.감수

MANUEL D'ÉCONOMIE CRITIQUE

마인드큐브

더 나은 미래를 꿈꾸는

다음 세대를 위한
경제교과서

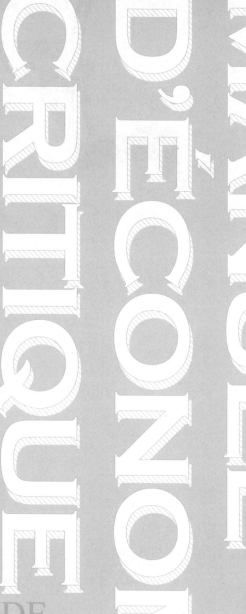

MANUEL D'ÉCONOMIE CRITIQUE

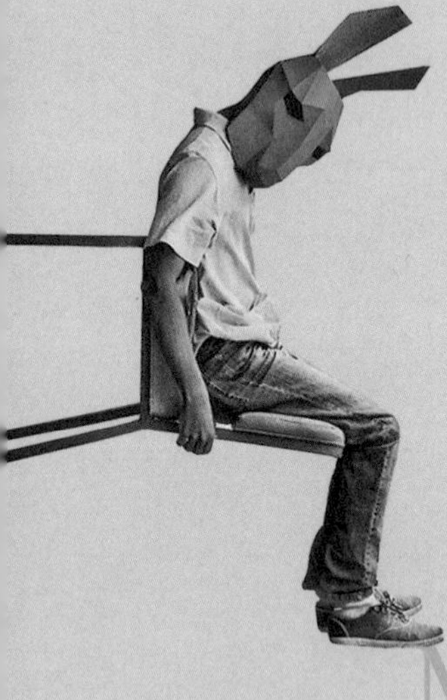

LE MONDE *diplomatique*

르몽드 비판 경제학

목차

서문

세상의 경제 현상을
자유롭고 호기심 어린 눈으로
새롭게 바라보기 위하여

1990년대에 한 무리의 국제 전문가들이 러시아에 모여들었다. 그리고 20년이 지나 이들은 다시 그리스로 발길을 돌렸다. 러시아는 이들이 처방한 충격요법의 여파로 인플레이션 급등, 공공서비스 민영화의 부작용, 기대수명의 급락과 같은 후유증에 시달리다 가까스로 기사회생할 수 있었다. 반면 2010년 경제위기를 겪은 그리스는 국부(國富)의 25%를 상실하기에 이른다.

경제학과 같이 권위 있는 고등학문이 그토록 터무니없는 진단을 내리게 된 이유는 무엇일까? 게다가 그에 따른 막중한 책임은 어떻게 회피할 수 있었을까? 몇몇 이름난 경제학자들은 국제통화기금(IMF), 세계은행, 유럽중앙은행(ECB, p.278 참조), 경제협력개발기구(OECD) 등에 영향력을 행사한다. 이들 기관은 경제, 사회, 정치 분야를 가리지 않고 자본에 이득이 되는 선택을 장려해왔다. 그뿐만 아니라 자본주의를 수용하지 않는 국가들에게는 서슴없이 압력을 행사했다.

금세기 초 신고전주의 경제학자들은(p.38-39 참조) '효율적 시장 이론'을 앞세워 금융 증권화와 같은 금융혁신 정책을 강요했다. 그 결과 2007~2008년에 걸쳐 '서브프라임 모기지(비우량 주택담보대출) 사태'가 발생, 1929년 10월의 '검은 목요일' 주가 대폭락 사태 이래 가장 오래 지속된 최악의 금융위기로 이어졌다. 국가 채무는 산더미같이 불어났고, 수천만 명의 실업자가 양산되었다. '경제전문가'들은 이때의 사태를 자신들의 잘못을 각성하고 양심을 돌아보는 기회로 삼을 수도 있었다. 그러나 그런 일은 절대 일어나지 않았다. 경제가 악화할수록 도리어 실패한 정책 방향을 더욱 굳건히 고수했을 따름이었다. 지난 1930년대 디플레이션으로 금융위기를 유발했던 정책적 실수를 반면교사로 삼아 케인스주의자들에게 새로운 길을 열어주고 이후 약 30년간 정부 주도 경제 전략을 새로이 구상했던 과거와는, 아주 다른 접근이었던 셈이다.

방어장벽으로 사용되는 경제 방정식

2008년 이후에는 왜 그런 변화가 일어나지 않았을까? 시간이 흐름에 따라 신자유주의 경제학자들이 권력의 핵심으로 자리 잡아 사회과학계를 장악하게 된 것이 주요 이유라 할 것이다.[1] 이후 경제 현상의 해석에 있어 신자유주의 경제학자들의 입김은 더욱 세졌고, 자신들의 잘못을 인정하지 않

1 마리옹 푸르카드(Marion Fourcade)· 에티엔 올리옹(Étienne Ollion)· 얀 알간(Yann Algan), "The superiority of economists", 『Maxpo Discussion Paper』 제14권(3호), 파리, 2014년 11월.

기 위해 더 높은 방어벽을 세웠다. 문제의 원인은 항상 다른 곳에 있다는 것이 이들의 일관된 주장이다.

사실 2차 세계대전 이전까지만 해도 경제학은 문과에 더 가까운 학문이었다. 주류의 신자유주의 경제학자들은 학문의 폐쇄성과 배타성을 유지하고 신뢰도를 높이는 방편으로 숫자와 방정식으로 무장해 철두철미한 장벽을 쌓아올렸다(p. 21 참조). 그리고 얼마 안 가 사회적 부(富)를 측정하는 과학인 경제학은 공학이나 수리학 못지않게 기술적인 학문으로 변모했다. 미국 주요 경제지에 실린 수학적 방법론이 1940년부터 1990년 기간 동안 13배나 증가한 사실이 이를 뒷받침한다.[2]

모든 것을 통제하는 독단적 경제 과학

신자유주의의 이념적·정치적 우세는 급기야 다른 분야에까지 영향을 행사하게 된다. 주요 경제이론은 인간 개개인을 주어진 소득으로 최대의 효용만을 추구하는 소비 주체로 간주하기 때문에(p. 174 참조), 사회현상에 대한 분석은 지나치게 경험론적이며 저급한 접근법으로 치부해 배척했다. 케인스를 포함한 일부 경제학자들이 미(美)와 진실, 연대의 관계, 우정과 사랑에 관한 탐구 또한 인간에게 있어 중요한 목표라고 보았던 것과는 매우 다른 접근이다. 단순히 접근법만을 달리한 게 아니다. 신자유주의 경제학은 경제과학의 실용주의적이고 교조주의적인 측면을 충분히 발휘해 가족, 출산, 결혼, 역사, 투표, 심리학 등의 전 분야로 팔을 널리 뻗치기 시작했다. 경제학은 마치 이 세상의 유일무이한 학문인 양, 인간 행위의 보편이론을 확

2 미셸 보(Michel Beaud)· 질 도스탈러(Gille Dostaler), 『La Pensée économique depuis Keynes』, Seuil, Paris, 1993, p. 105.

립하려는 듯이 지식의 제국주의를 펼쳤다. 과연 다른 분야에도 학문으로서의 여지를 남겨둘지 의구심이 들 지경이었다.

이런 상황은 결국 어떤 결과를 초래했는가? 미국의 한 경제연구소 소장은 1998년 러시아 국가 부도 사태가 발생한 직후, 무너져내리기 시작한 신자유주의 가설을 다음과 같이 되짚어 인용한 바 있다. “새로운 세계 질서의 이데올로기는 합리적인 사람이라면 어디서든 똑같이 누구나 이성적인 방식으로 행동할 것이라고 단정했고, 같은 맥락에서 러시아 경제도 하버드대학교와 골드만삭스의 조언만 따른다면 발전을 거듭할 것이라 주장했다. 경제 성장을 통해 국가와 개인 간의 경계가 사라질 것이라고 믿었다. 번영은 곧 자유민주주의를 낳고, 그 자유민주주의를 통해 러시아인들도 미국의 위스콘신 주민들 못지않게 적극적인 국제사회의 일원으로 거듭날 것이라고 보았다. 러시아 식단에 더 많은 사탕무가 들어가는 것이 유일한 차이라 여길 정도였다.”[3] 그러나 이런 명쾌해 보이는 통찰도 수년이 지난 시점에 또다시 반복될 오판과 정책적 착오를 예견할 수는 없었다. 러시아는 경제위기를 탈출했지만, 다음 순서의 경제위기가 연이어 고개를 들고 있었기 때문이다.

도대체 왜 수많은 ‘전문가’들이 그토록 터무니없는 발상을 반복하는지 의구심이 생길 것이다. 더군다나 역사학, 인류학, 사회학, 정치학 등의 분야에서 이미 과거의 경험을 타산지석 삼아 고려 대상에서 제외한 발상이기 때문에 그렇다. 그 발상이란, 개별 사회를 그저 ‘경제의 법칙’에 의해 빚어진 산물로 보고 경제를 이루는 구성원인 인간을 원자와 분자에 빗대 이해하려는 접근 방식이다. 더 궁극적으로는 통신과 무역이 국가 간의 차이를 해소하고, 세계 시장의 형성을 통해 모두에게 번영과 평화를 가져다줄 것이라

3 조지 프리드먼, “Russian economic failure invites a new stalinism(러시아의 경제 실패는 새로운 스탈린주의를 부른다)”, 《인터내셔널 헤럴드 트리뷴》, 뇌이쉬르센, 1998년 9월 11일.

고 믿는 발상이기도 하다.

이런 발상이 완전히 실현된 것은 아니다. 물론 일부 경제학자들은 그동안 꿈꿔왔던 세상이 현실이 되었다고 믿기도 한다. 이들은 주로 경영대학원에서 강의하거나 은행에서 최상위 1%의 부자들의 구미에 맞는 이론을 접목해 컨설팅을 제공하며, 불어나는 경영대학원과 은행의 수익에 비례하는 물질적 풍요를 누려왔다. 그러나 대다수 사람에게 국제통화기금(IMF)이 제시하는 경제 도표는 그다지 유쾌한 내용이 아니다. 2016년 6월에 워싱턴의 한 연구소는 보고서를 통해 그동안 지지해온 신자유주의 정책이 과거 수년간 어떠한 성장도 끌어내지 못했고 되려 불평등을 확대했을 뿐이라고 시인했다.[4] (p.132 그래프 참조) 국제통화기금이 그동안 추구해온 금융세계화 정책 또한 주식시장 폭락의 빈도와 위기를 가중할 뿐이었음이 밝혀졌다. 이에 따라 지난 30년간 제시해온 경제 해법의 위상은 나락으로 떨어지고 말았다.

고백하건대 이 책의 저자들은 이런 씁쓸한 결과를 어느 정도 예상해왔다. 하지만 저자들은 명쾌한 설명을 제시함으로써 독자들이 더 자유롭고, 호기심 어린, 때로는 꿈에 가득 찬 눈으로 세상의 모든 현상을 새롭게 바라볼 수 있도록 인도할 것이다. 행여 그 모든 것들을 처음부터 새롭게 시작해야 할지라도 말이다.

세르주 알리미

《르몽드 디플로마티크》 발행인

---

4 조나단 D. 오스트리·질프라카시 룽가니·질다비드 푸르체리, "Neoliberalism : Oversold?(과유불급의 신자유주의?)"(PDF), 《Finance & Development》, 제53권(2호), 워싱턴DC, 2016년 6월.

감수자의 말

누구를 위한 경제 또는 경제학인가?

해마다 각국의 국가경쟁력 지수의 순위가 국내의 메이저 보수언론과 경제신문에 호들갑스럽게 실린다. 특히 정부가 행여 노동 문제나 복지 문제에 관심을 가질라치면, 보수매체는 약속이나 한 듯이 국가경쟁력 지수가 수직 하락했다고 지적한다. 국가경쟁력 지수는 한 국가의 경제 성장이 지속적으로 유지될 수 있는 능력을 따지는 상대적 지표라고 하지만, 해마다 국제 민간포럼기구인 세계경제포럼(WEF)에서 발표하고 있다. 개최지인 휴양지의 이름을 따서 이른바 다보스 포럼이라고 불리는 WEF 회의장에는 세계의 유력 기업인들, 경제학자들, 정치인들, 국제경제기구 관계자들이 몰려든다. 공식적인 국제기구인 유엔(UN)이나 세계은행, 국제통화기금(IMF), 세계무역기구(WTO)에서 오랜 자료수집과 분석을 거쳐 국가경쟁력 지수를 내놓는 것이 아니라, 대기업 친화적인 민간 이익단체가 '기업을 위한, 기업에 의한, 기업의' 목표를 설정하고, 그 목표 달성을 위한 각 항목들을 점수화하여 이를 국제경쟁력이라는 이름으로 분칠하지만, 아무도 이를 문제 삼지 않고 너무나 당연하게 여긴다. 엄밀히 따져보면 국부를 쌓는 국가경쟁력이 아니라, 기업의 이익을 도모하는 기업경쟁력인 셈이다. WEF의 '국제경쟁력' 발표에서 우리나라의 핵심 과제로 지적되는 사안들은 늘 대기업들이나 경제단체, 주류경제학자들, 국제 경제기구들이 주장하는 내용들이다.

- 개방화와 세계화를 추진한다.
- 행정에 사기업의 경영 기법을 도입하고 규제를 줄인다.
- 금융 자유화로 기업의 금융 비용을 줄인다.
- 기술 혁신을 통해 산업 연관 관계를 강화한다.
- 창의성 계발을 위해 기초 학문을 중시한다.

노동이나 환경문제 같은 까다로운 규제의 철폐와 함께, 기업들이 줄기차게 요구해온 자유화와 개방화, 세계화의 조치를 국가경쟁력으로 둔갑시킨 WEF의 전략에는 주류 세력의 거대한 탐욕이 자리한다. 모든 경제 · 사회적인 성과를 숫자로만 파악하는 주류 경제학의 '지식'을 전면에 내세운 이들 세력은 무조건 더 많은 매출과 수익을 갈구하는 '성장 중독증'을 앓고 있다.

이들에게 있어 성장은 번영을 보장하고 기업은 고용을 창출하는 반면에 빈곤층의 상생 요구, 노사 간의 사회적 대화와 노동자의 권리 요구는 골칫거리일 뿐이다. 세계화를 통해 모든 사람들이 자유무역의 혜택을 누린다고 보는 이들은 자신들의 탐욕을 제지하는 국가의 고유 법규나 규칙을 철폐되어야 할 '규제'로 간주한다. 또한 노동자들의 실업이나 파산은 현대 정보과학 사회에 적응하지 못하는 무능력자의 당연한 결과라고 본다.

지금까지 우리가 듣고 배운 '경제학 교과서'는 우리 사회의 99%를 이루는 '우리의 것'이 아니라, 1%에 불과한 '그들의 것'이었다. 우리는 그들이 그들의 이익을 극대화하기 위해 쓰고, 말하고, 밑줄치고, 그럴듯하게 학문적 성과로 포장한 '허튼 이론들'을 마치 경전(經典)인양 받아들였다. 수적으로는 1%에 불과하지만 자본, 권력, 국제사회, 미디어와 여론을 장악한 그들은 때로는 동업자로서, 때로는 경쟁자로서 개방화, 자유화, 세계화, 규제완화, 자유무역의 가치를 설파하며 우리의 삶을 옥죈다. 그들이 은밀하게 곳곳에 살포한 '허튼 이론들'은 마치 마약의 치명적 독성처럼 우리의 삶을 무한경쟁의 '성장 중독'에서 헤어나지 못하게 한다.

우리 사회의 공동체 정신과 환경을 해쳐온 '그들만의 독점적인 성장모델'이 우리에게 그토록 깊이 파고든 까닭에서다.

다행스러운 것은 우리 사회에 그 어느 때보다 지금, 나눔과 상생, 연대와 공유의 가치가 시대정신으로 강조되고 있다는 점이다. 《르몽드 디플로마티크》가 기획한 이 책《르몽드 비판 경제학》의 지향점은 이와 상통한다. 부디, 좋은 세상을 꿈꾸는 모든 분들이 '그들의 허튼 이론들'을 걷어내고, 모두가 행복한 세상을 만드는 데 필히 참조하는 스테디셀러로서 널리 읽히길 기대해마지 않는다.

성일권

《르몽드 디플로마티크》 한국어판 발행인

경제학은 '과학'일까?

생물학에서는 사회의 '자연적' 진화 사고를 빌렸다. 경제학의 이런 경향은, "경제학자는 근본적으로 중립적이다"라고 말한 프랑스의 저명한 경제학자 중 한 명인 장 티롤의 주장을 뒷받침하기도 한다. 하지만 보이는 것이 전부가 아닐 때가 있다. 언론매체가 함축된 의미를 내포하듯 경제과학의 이면에는 정치적인 의도가 숨어 있고, 다양한 학파가 계보를 잇는 경제학은 고등학문으로서 마땅히 필요한 분석 연구의 다양화에 제동을 가하기 때문이다.

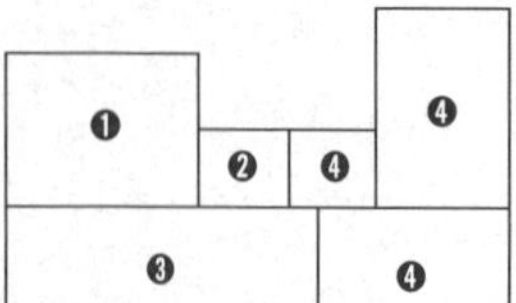

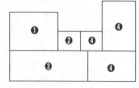

❶ 2014년 스위스 다보스 세계경제포럼에서 사회를 맡은 영국 천문학 대학 로드 리스 교수—리차드 칼바르

❷ 다보스 포럼에서 프레젠테이션하는 마이크로소프트의 빌게이츠, 2004년 (사진: 리차드 칼바르)

❸ 〈비연속의 파노라마 B251356〉 다보스 (사진: 쥴스 스피나치) 2003년 1월 25일 13시56분부터 17시15분 사이에 디지털 장치로 기록된 1,740개의 이미지로 이뤄진 합성사진

❹ 〈모스크바〉 1991년 (사진: 클로딘 두리)

КАССА
1

ПОЧТА
ПОЧТА

통념

"수치는 모든 것을 보여준다"

지난 2008년, 신자유주의 지식인인 기 소르망(Guy Sorman)의 저서 《경제는 거짓말을 하지 않는다》가 출간되었다. 이 제목은 경제학이 수학과도 같다는 의미로 해석할 수 있다. 예컨대 2 더하기 2가 4라는 결론에는 정치적 이견의 여지가 없을 것이다. 결과의 값은 이념에 무관하게 모두에게 똑같이 적용되는 것이다. 그러나 숫자는 말이 많다. 누구든 큰 노력 없이 숫자를 통해 그럴듯한 주장을 펼칠 수 있기 때문이다.

〈연금술사(Alchimiste)〉—2011년 조각가 자움 플렌사(Jaume Plensa)가 매사추세츠 공과대학에 세운 조형물

미국의 작가 마크 트웨인은 말했다. "숫자는 거짓말하지 않는다. 그러나 거짓말쟁이는 숫자로 거짓말한다"고. 2 더하기 2가 늘 4로 수렴하더라도 다양한 계산방식을 적용할 수 있다. 그 첫 번째는 과학적 접근법으로 가설을 미리 설정하고 수집한 자료를 바탕으로 가설의 유효성을 검증해내는 방식이다. 이때 만약 가설이 참이 아니라면 문제점을 파악해 가설의 개선방안을 모색하게 된다. 두 번째는 미리 세워둔 명제를 경험적 사실에 근거한 자료를 통해 증명해내는 방식이다. 후자의 경우 정치 연설이나 언론보도에서 흔히 쓰인다.

한 가지 일화를 예로 들어보자. 프랑스 경제인연합회 릴메트로폴 도시공동체 지부 프레데릭 모트(Frédéric Motte) 회장은 "프랑스 노동법은 1만 628개의 조항으로 이뤄져 있어 분량이 무려 3,000쪽이 넘지만, 스위스의 경우에는 불과 60쪽밖에 되지 않는다!"라고 개탄했다. 그는 숫자의 효력을 확신한 듯 "긴 말보다는 숫자가 더 많은 것을 시사한다"고 덧붙이며 말을 맺었다. 과연 그럴까? 그의 주장은 틀렸다. 스위스에는 단지 종합적으로 성문화된 노동법전이 존재하지 않을 뿐, 노동자의 권리를 다수의 개별 법률로 구체화하고 있기 때문이다.

"기대수명이 늘어남에 따라 사회분담금 납부 기간도 늘어나야 한다." 프랑수아 올랑드(François Hollande) 전 대통령이 당선 전인 지난 2010년 2월에 프랑스2 방송국 TV 토론회에 출연해서 했던 말이다. 이런 주장이 설득력이 있는 이유는 지난 30년 동안 기대수명이 10년 가까이 늘어났기 때문이다. 하지만 2006년 이후로 '건강한 기대수명'은 점차 감소했음을 염두에 두어야 한다.

2014년 8월 28일 RTL 라디오 방송은 "프랑스인들은 유럽의 이웃 국가들보다 일을 적게 한다"는 보도를 낸 바 있다. 전일제로 일하는 프랑스인들은 직장에서 주당 평균 38.8시간 일하지만, 영국인들은 41.3시간, 독일인들은 41.4시간 일한다는 내용이다. 그런데 RTL 라디오가 보도한 수치에는 반영

〈세인트 프랭클린(Franklin King Glory)〉—2015, 유코 디아키신 (콜라주)

되지 않은 부분이 있다. 바로 시간제 계약이다. 프랑스의 시간제 계약은 다른 국가만큼 흔치 않고 근무시간도 더 길다. 시간제 노동시간을 가산할 경우 프랑스인들의 주당 평균 노동시간은 35.7시간으로, 영국의 35.6시간, 독일의 35.3시간보다 더 많은 시간을 업무에 할애하는 것으로 드러났다.

추론에 과학적 명분을 더해 이념적 영향력을 확산시키기

프랑스2 TV 방송 기자 프랑수아 랭글렛(François Langlet)은 숫자를 능수능란하게 조작하는 실력을 제대로 보여주었다. 예컨대, 그래프를 가르는 선에 홀리기라도 한 듯, 도표의 그래프를 근거로 들며 "공공지출이 적은 국가일수록 높은 성장을 기록했다"고 설명했다(2012년 1월 12일 방송). 비교적 짧은 기간(2006~2011년)을 기준으로 삼아 해당 시기의 국가별 국내총생산이 독일은 5.5%, 미국은 2.7%, 프랑스는 2.3% 각각 증가했음을 보여주었다. 프랑스는 해당 기간 가장 많은 공공지출을 기록했다. 그리고 "공공지출이 성장으로 이어지지 않는다는 사실을 수치를 통해 확인할 수 있다"고 결론지었다. 과연 사실일까? 더 오랜 기간(1991~2011)을 기준으로 프랑스와 독일을 살펴보면 역으로 더 많은 공공지출을 한 국가인 프랑스가 독일보다 더 높은 연간 성장률을 기록했음을 알 수 있다(프랑스 1.58%, 독일 1.35%).

수치를 앞세우면 과학적 명분으로 추론을 뒷받침하고 이념적 영향력을 확대할 수 있다. 숫자의 영향력이 커지면 커질수록 미디어 전문가들은 더 큰 힘을 발휘하게 된다(p.44-45 참조). 숫자의 우세는 경제정책과 기술주의적 사고의 합치를 뜻하기도 한다. 다만 정치적 의제는 일련의 회계목표나 성장지수, 모호한 지표로 간추려낼 수 있는 종류의 것이 아니다. 언론은 더 나은 세상을 향한 희망을 '숫자의 논리'에 따라 희생하라고 부추긴다. 하지만 정치는 그와는 정반대의 길을 가는 것이 옳지 않을까?

숫자로 통치하기

통치의 대상은 누구이고 그 수단은 무엇인가? 그리고 어떤 조건과 어느 수준의 효율성이 수반되어야 하는가? 계량경제는 이런 의문에 대한 더 나은 답을 구하기 위해 생겨났고 발전해왔다. 그러나 정치의 보조수단이 되어야 할 숫자가 오늘날에는 오히려 정치를 통제하는 역할을 하는 경우가 많다.

통치란 계량과 측정을 전제로 한다. 인구조사나 자산집계, 자산변화에 대한 예측 없이 나라를 다스린다는 것이 불가능하기 때문이다. 그런 이유로 국가학(國家學, statistics)으로서의 통계는 정부 활동에서 결정적인 역할을 한다. 17세기 초부터 일부 학자들은 국민소득을 측정하려고 시도한 바 있다. 1759년 프랑수아 케네(François Quesnay)는 그의 저서 《경제표》를 통해 경제는 여러 계층의 다양한 상호관계라고 정의했다. 그 당시에는 경제 측정도구가 초보적인 수준이었고 정부도 경제에 적극적으로 관여하지 않았다. 그러다 20세기에 접어들면서 변화가 일어난다.

각국은 제1차 세계대전을 맞아 전례 없이 대대적으로 국가 자원을 총동원해야 했다. 그 결과, 정부가 경제를 주도하고 계획할 수 있다는 생각이 힘을 얻었다. 러시아와 이탈리아 등지에서 독재정권이 등장했고, 1929년 경제위기를 계기로 '자유방임주의(laissez-faire)'는 종말을 고하게 된다. 미국의 프랭클린 루스벨트(Franklin Roosevelt) 정부부터 프랑스의 레온 블룸(Léon Blum) 정부까지, 너나할것 없이 국가마다 규제기구를 설치하기 시작했다. 같은 시기, 통계와 회계적 접근법이 고도화되었다. 1936년 미국-소비에트 경제학자 바실리 레온티예프(Wassily Leontief)는 미국 국민경제 내에서 발생하는 재화와 서비스의 판매과 소비의 흐름을 한눈에 볼 수 있도록 종합적으로 기록한 '투입-산출분석표'를 처음으로 발표하기도 했다.

경제정책과는 점점 더 궤를 달리하는 회계 규범

제2차 세계대전은 이런 경향을 더욱 부채질했다. 경제적 부흥을 절실히 필요로 하는 전쟁 와중에 세계 곳곳에서 '사회국가'(자유방임주의 국가 또는 자유주의 국가의 반대 개념으로서, 정부 주도의 사회 정책을 시행하는 국가 — 옮긴이)가 잇따라 등장하며 정부 주도의 계획경제가 틀을 갖추게 되었다. 그렇게 정책의 황금기가 시작된 것이다. 각국의 정부는 '완전고용'과 같은 광범위한 목표를 설정하고 예산과 통화정책에서의 정부 개입을 정당화했다. 경제정책을 실행하기 위해 정부, 의회, 혹은 경제기획 전담 조직이 앞장서서 관련 지식을 총망라하고 구체적인 수단을 마련하고 나섰다.

하지만 1970년대에 들어서면서 정부 주도의 경제성장은 정책적 효력을 잃기 시작했다. 1973년과 1979년에 발생한 석유파동에 따른 인플레이션과 높은 실업 문제를 정부가 해소한다는 것은 역부족이었다. 그 결과 케인스주의와 같이 정부 주도적 경제정책을 옹호하는 이론에 대한 사회의 불신이 커졌다. 영국에서는 마거릿 대처(Margaret Thacher) 총리(1979)가, 미국에서는 로널드 레이건(Ronald Reagan) 대통령(1980)이 당선되면서 사회당이 집권한 1980년대 프랑스에서까지 신자유주의 바람이 불기 시작했다. 그 결과 정부의 경제 개입은 크게 줄어들었다. 정부 주도적 회계 규범에 다른 경제

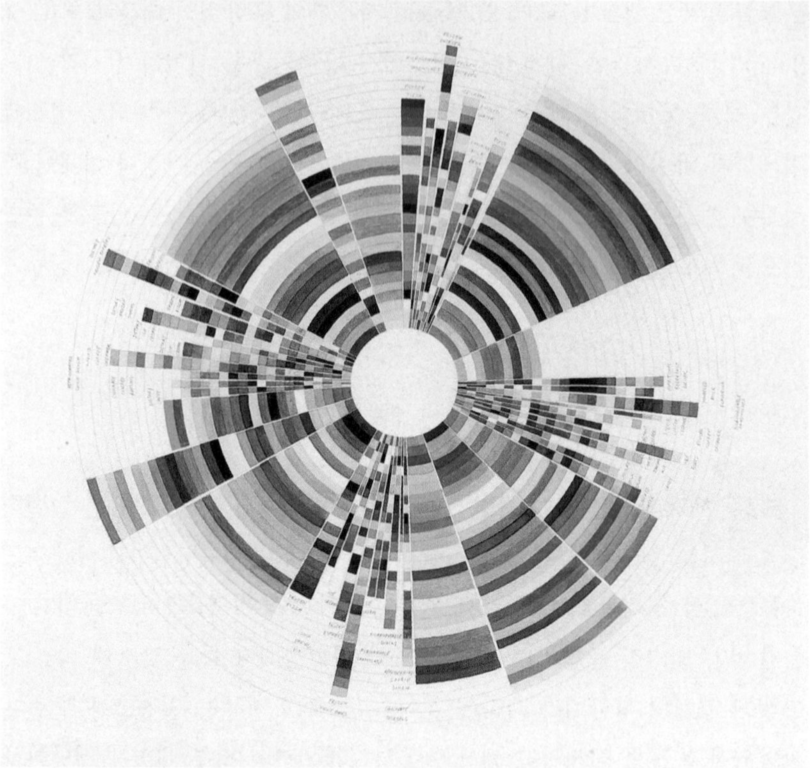

—

〈색색의 원형 다이어그램: 월마트〉 2012년, 월마트-리차드 개리슨.

리차드 개리슨은 다양한 수학 공식을 활용해 오늘날 미국 경제의 모습을 추상적으로 표현했다(잉크와 물감, 고무 수채화 기법 사용). 각각의 원형 격자는 월마트 체인점 광고 책자에 실린 상품에 해당하며, 도형들의 규모와 색상은 개별 광고 상품에 비례해 적용됐다.

—

연극 〈증거〉 포스터—1976년, 불가리아 소피아, 디미타르 타세프.

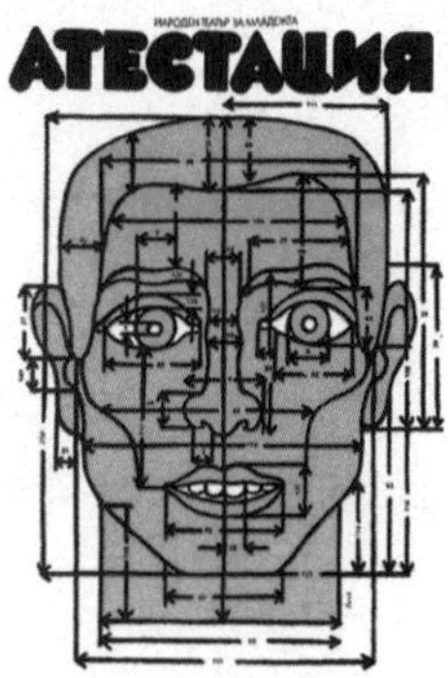

이론이 접목되면서 경제정책이 갖는 무게는 더욱 줄어들었다. 중앙은행이 이른바 독일의 질서자유주의(p.199 참조)와 밀턴 프리드먼의 통화이론을 근거로 오로지 인플레이션을 억제하는 방법에만 골몰하느라, 성장과 실업 해소를 위한 대책은 등한시하였다.

터무니없는 양보

이렇듯 정부의 경제정책은 더이상 최고의 선이 아니었다. 국내총생산(GDP) 대비 예산적자*를 3% 이하로 유지해야만 하는 엄격한 마스트리히트 조약*의 기준과 '안정 및 성장 협약'과 같은 경제수렴 조건이 제시되면서, 정부 주도의 경제정책에 대한 제약은 커져만 갔다. 이런 결과에 대해 1997년 6월에 '마스트리히트 조약'을 개정한 '암스테르담 조약'의 체결을 앞두고 프랑스의 리오넬 조스팽(Lionel Jospin) 총리는 "프랑스 정부는 독일 정부 혹은 특정 집단에 터무니없는 양보를 하는 셈"이라는 불만을 표하기도 했다. 이처럼 국가의 재량권은 국제 기준의 틀 안에 묶이게 되었다. 각국의 정부가 국제적 요구사항을 얼마나 충실히 이행하는지에 대한 국제기구(유럽연합, OECD, IMF)와 민간 신용평가 기관의 결정이 국제 금융시장에서의 국가별 차입 금리를 좌우하기 때문이다. 정부는 정작 국민에게 경제사회적 민주주의에 대한 부푼 꿈만 심어놓은 채, 사실상 '숫자로만 통치' 하면서 실질적 경제 정책에서는 국민의 주권마저도 제약했던 셈이다.

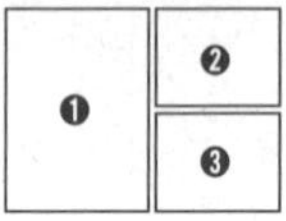

❶ 〈증기기관차에서 일하는 용접공〉 1942년, 시카고.
❷ 〈술집 앞의 이민노동자들–플로리다 벨글에이드〉 1941년.
❸ 〈파로와 도리스 카딜, 농부〉—1940년, 뉴멕시코 파이타운.

1937년 미국 뉴딜 정책의 하나로 가난한 농민들을 구제하기 위해 설립된 농업안정국(Farm Security Administration · FSA.)은 로이 스트라이커가 진두지휘한 촬영프로젝트로 유명하다. 이 프로젝트에는 워커 에반스, 고든 파크, 도로시어 랭을 비롯한 많은 사진가가 참여해 미국 농촌의 실상과 노동환경을 사진에 담았다. 이 프로젝트를 통해 공개된 8만 장의 사진은, 존 스타인벡의 《분노의 포도(The Grapes of Wrath)》와 같은 소설작품과 더불어 대공황의 역사를 기록으로 남기는 데 크게 이바지했다.

경제의 아담과 이브 - 수요와 공급

프랑스 철학자 폴 니장(Paul Nizan)은 1930년대에 "억압에 더 쉽게 적응하는 편은 언제나 억압의 피해자가 아닌 가해자다"라고 기술했다. 그의 고찰은 오늘날의 세계 구조를 정당화하려고 지배 담론에서 사용하는 '균형', '자유' 그리고 수요와 공급처럼 눈에 보이지 않는 세력이 서로 '균형을 이뤄 만나는 점'과 같은 개념을 더욱 잘 설명해준다.

2005년, 독일 경매사이트인 잡덤핑(Jobdumping.de)은 새로운 개념의 서비스를 고안해냈다. 구인공고를 낸 기업이 경매방식으로 가장 낮은 임금을 제시한 구직자를 채용하는 방식이다. 실업률이 높은 시기에 경매가는 여지없이 하락했고, 사이트는 결국 폐지되었다. 그런데 주목할 점은 이 사이트의 운영방식은 대다수 경제학자가 사회를 이루는 기본질서라고 여기는 '수요와 공급의 법칙'에 철저히 기반하고 있는 사실이다. 저명한 신케인스주의(p.38-39 참조) 경제학자 조지프 스티글리츠(Joseph Stiglitz)는 "제아무리 막강한 정부라도 중력의 법칙을 거스를 수 없듯, 수요와 공급의 법칙을 거스를 수 있는 정부는 세상에 없음을 잊지 말아야 한다"고 말하지 않았던가?

애덤 스미스 《국부론》 표지, 랜덤하우스, 2000, 에밀리 마혼(그림), 레이 모리무라(판화)

스코틀랜드 출신 고전 경제학자에 의해 유명해진 은유인 '보이지 않는 손'은 각 개인이 자기의 이익을 추구하다 보면 국가 전체의 복지가 증진된다고 보는 주장으로, 시장의 자정 능력을 설명한다.

이상적인 사회로 가는 길

이런 생각은 새로울 것이 전혀 없다. 레옹 왈라스(Léon Walras)와 같은 신고전주의 사상가들은 그 어떤 형태의 조직, 특히 개입주의 정책을 펼치는 정부보다 시장이 우월하다는 사실을 입증하려고 애썼다. 그는, 시장은 소위 '수요와 공급의 법칙'에 따라 스스로 균형을 찾아 효율성을 유지한다고, 즉 시장이 저절로 경제를 완전고용과 최저가격과 같은 최적의 상태로 이끈다고 보았다. 이 법칙의 원리는 간단하다. 재화의 가격이 오를수록 더 많은 공급이 일어나는 반면, 물건을 사려는 사람은 줄어들거나 적은 수량만 소비하게 된다는 것이다. 말하자면 가격의 유연성이 수요와 공급의 균형을 가져온다는 의미이다. 이상사회로 가는 과학적 방법을 발견했다고 확신한 왈라스는 노벨평화상 후보에 스스로를 지명하기도 했다. 이 경제모델에서 수요와 공급 사이에는 어떠한 개입도 발생해서는 안 된다. 예를 들어 노조나 노동법 혹은 정부의 방해로 시장질서를 훼손해서는 안 된다. 일례로 저렴한 택시요금에 대한 수요와 이에 상응하는 공급(자가용과 시간적 여유가 있는 운전자)을 연계해주는 우버(Uber)와 같은 회사를 제재하는 정부 역시 균형을 깨트리는 개입에 해당한다는 논리인 것이다.

유럽연합의 헌법

그러나 '왜곡되지 않은 자유경쟁'이라는 원칙이나 그에 따른 효율성은 환상에 지나지 않는다. 외부의 개입이 전혀 없이 완벽하게 수요와 공급의 법칙이 적용되는 실제 사례를 제시해 달라고 정통파 경제학자에게 요청한다면, 아마 상대가 누가 됐든 몹시 당혹스러워할 것이 분명하다. 경매 제도의 기초적인 형태를 보여주는 잡덤핑 사이트의 경우를 포함해서, 현실의 모든

—

❶ **미국 텔레비전 연속극 〈더와이어〉 시즌 3 에피소드 12 '임무완수(Mission Accom-plished)'의 한 장면**

마약 시장도 여느 시장과 다를 바가 없다. 볼티모어시의 사회적 단편들을 그려낸 이 드라마의 극 중 인물인 스트링거 벨은 그 사실을 경험적으로 깨닫는다. 갱 조직 바크스데일의 이인자로서 스트링거 벨은 조직 간의 '협력 관계'를 모색하며 경제학 강의를 수강하기도 한다. '시장포화' 상태의 '수요탄력성'의 개념을 이해하는 그는 '제품 차별화 전략'을 구사하는 등 용의주도한 사업가적 면모를 보인다. 그의 호화로운 아파트를 수색하던 경찰은 그곳에 놓인 애덤 스미스의 《국부론》을 보고 아연실색하기도 한다.

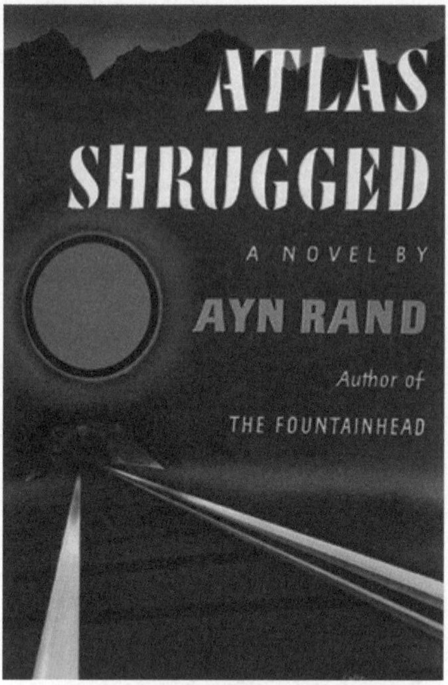

—

❷ **1957년 미국 랜덤하우스에서 처음 출간한 아인 랜드의 소설 《아틀라스(Atlas Shrugged)》 표지.**

아인 랜드는 미국에서 가장 많이 읽히는 소설가이자 미국의 진정한 보수주의를 상징하는 인물로 꼽힌다. 자유주의를 옹호한 작가에게 이기주의는 미덕이고 "이타주의는 악덕"이다.

—

❸ **2014년 6월 11일 런던의 한 쇼핑몰을 봉쇄하고 시위 중인 택시 기사들**

스마트폰을 기반으로 승차 예약 서비스를 제공하는 미국의 모바일 애플리케이션 우버(Uber)의 불공정 경쟁에 항의하는 영국의 택시 운전기사들이 런던 거리에 나와 여러 차례 시위를 벌였다. 시장자유주의자들은 상호경쟁이 비단 자유시장을 경매장으로 묘사한 일반균형 이론의 선구자 레옹 왈라스의 생각처럼 시장의 수요와 공급을 연결할 뿐 아니라 사실상의 완전경쟁 사회를 도래하게 할 것이라고 본다.

시장은 정부를 비롯한 여러 기관과 제도에 기반하고 있다. 자유주의자들의 주장에도 불구하고, 시장 내에서의 관계조차도 온전히 시장의 특성에만 국한할 수는 없는 것이 현실이다. 인간의 모든 상호작용은 일정 정도의 사회적 또는 문화적 관습들을 내포하기 때문이다. 그리고 그런 현상은 비용을 수반하지 않기 때문에 시장의 원리로는 측정할 수 없는 것들이다.

예를 들어 보수의 문제는 사회적 요인과 역사적 요인으로 구분할 수 있다. 최저임금의 수준과 사회적 권리는 종업원과 고용주의 역사적 타협을 통해 얻어낸 결과다. 그리고 현실에서의 수요와 공급의 '법칙'은 그 기본 원리와는 모순적으로 가격과 수요가 함께 상승하는 일이 자주 생긴다. 금융 거품의 팽창이 바로 이 상황에 해당한다. 결국 경제 분야에서 과학적 단일성만을 추구하려는 시도는 부질없는 노력이다. 경제적 상호작용의 상당 부분이 가치와 도덕, 윤리 판단과 얽혀 있으므로 숫자로 공식화해서 나타낼 수 없다. 그런데도 유럽연합은 '순수하고 완벽한 경쟁'이라는 원칙을 헌법에 담았다. 여기서 자유경쟁이란 왜곡되지 않은 상태를 지칭한다. 이 원칙 아래에서는 공공서비스의 효율보다 '수요와 공급 법칙'에 의한 효율이 우선시 될 것이며, 공공서비스는 자연히 와해하고 말 것이다.

은행이 수여하는 경제학상

자유주의자들은 경제학의 입지를 과학의 단계로 끌어올리는 방편으로 (아울러 불가피한 한계를 은폐하는 방편으로) '노벨상을 통해 공로를 인정받는다면 경제학 역시 물리학, 화학, 의학 못지않은 신뢰 받는 학문으로 거듭나지 않을까?'라는 생각을 했다. 연역적 논리로는 흠잡을 데 없어 보이는 이 주장은 결국 거짓임이 드러났다.

'노벨 경제학상'은 노벨상이 제정된 해로부터 60여 년이 지난 1969년에 처음 수여되었다. 이 상은 알프레드 노벨(Alfred Nobel)의 유언으로 만들어진 상이 아니다. 다른 노벨상들과 달리 이 상은 '알프레드 노벨을 기념하는 스웨덴 중앙은행 경제학상'이 정식 명칭이다. 노벨은 유언을 통해 국적을 불문하고 '인류에 크게 이바지한 사람'에게 노벨상을 수여할 것이라고 정한 바 있다. 그러나 스웨덴 중앙은행이 상을 수여한 사람의 상당수는 서양 출신이다. 게다가 경제학상 수상자들의 경제모델이 경제적 이윤을 창출하는 만큼 인류에 충분히 이바지한다고 보기도 어렵다.

경제학은 역사가 길지 않은 학문이며, '노벨 경제학상' 수상자의 절반 이상이 현재 생존해 있다. '노벨 경제학상' 수상자로 지명된 경제학자의 82%가 미국 국적이다. 그에 반해 유럽 국적을 가진 수상자는 독일 1명, 영국 3명, 프랑스 1명, 그리고 노르웨이인 1명으로 극히 낮은 비율을 차지한다. 엄밀히 말하자면 노르웨이인 핀 키들랜드(Finn Kydland, 2004년 수상)와 프랑스인 프라수아 장 티롤(François Jean Tirole, 2014년 수상), 이 두 사람은 박사학위를 미국에서 취득했다. 키들랜드는 모든 경력을 미국에서 쌓았고, 티롤은 프랑스로 귀국해 툴루즈에 미국의 학문적 우수성을 모델로 한 경제학교를 설립했다. 개발도상국 출신의 수상자는 아마티아 센(Amartya Sen, 1998년 수상) 한 명뿐이다. 인도에서 태어난 그는 영국과 미국에서 활동했다.

수상 후보자의 이력을 살펴보면, 1970년대 후반부터 미국 국적의 수상자 수가 증가하는 한편 신자유주의 경제와 기술적 분석이론, 금융 분야의 비중이 커지는 것을 확인할 수 있다. 노벨상을 통해서 경제과학을 표방한 이들은 금융세계화를 옹호하고 시장의 효율성에 관한 이론을 펼쳤으며, 중앙은행(p. 278 참조)의 독립성을 권장하기도 했다. 반면 정부의 시장개입은 부작용을 이유로 반대했다. 그들은 과학계와 공공의 영역에 서구 중심, 더욱 정확히는 미국 중심의 시장경제를 집단으로 이상화했다. 그런 움직임은 1980년대에 두드러지게 나타났고, 국제기구(IMF·세계은행)에 대한 영향력을 확대해나갔다.

전문 분야와는 무관한 내용의 언론취재 쇄도

노벨상은 매년 수상자들에게는 공론의 장을 열어주고, 전문가들 간에는 공감대가 형성된 듯한 환상을 심어주기도 하며, 과학으로서의 경제학이 지니는 위상을 제고하는 효과가 있다. 장 티롤의 경우 수상 이후 자신의 연구와는 직접적인 관련이 없는 주제에 대한 언론 인터뷰 요청이 크게 늘었다. 이렇게 늘어난 언론 노출은 신자유주의 경제관을 확산시키는 계기로 작용하기도 한다. 예컨대 티롤은 프랑스 일간지 《리베라시옹》 기사에서 "노동시장에서 최저임금의 인상을 통해 임금 불평등을 해소하는 효과를 누릴 수

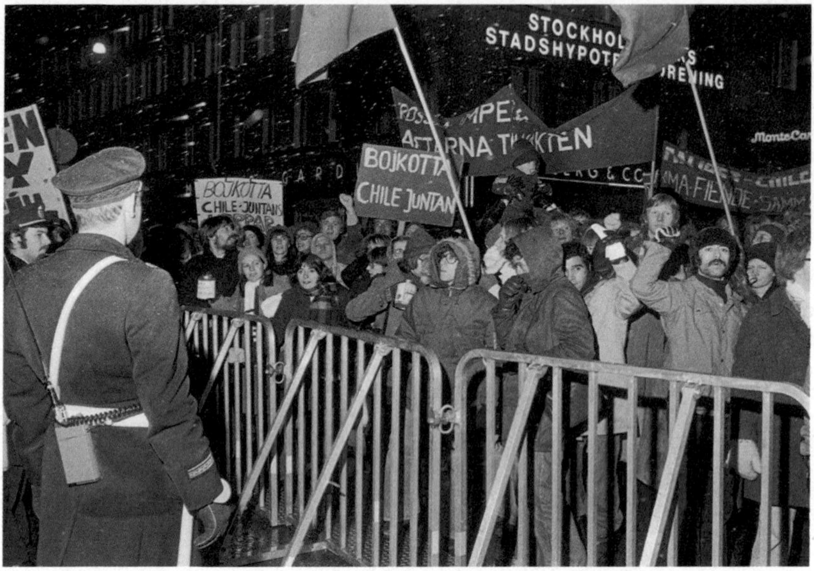

밀턴 프리드먼이 '노벨상'을 수상한 1976년 당시 스톡홀름의 시상식장 밖에 집결한 칠레 군사독재 정권 반대시위대

시카고학파의 거두 밀턴 프리드먼은 통화주의를 제창해 마거릿 대처, 로널드 레이건뿐 아니라
아우구스토 피노체트 정권의 급진적 자유주의적 경제정책에 영향을 미쳤다.
노벨 경제학상 수상 한 해 전에 프리드먼은 회의 참석차 칠레의 수도 산티아고를 방문해
칠레의 군사 독재자 피노체트와 회동한 바 있다.

는 있지만, 실업을 초래하는 부작용을 낳는다"라고 언급하며 어떠한 실증적 근거도 없이 그는 실업을 해결하는 유일한 방안이 자유주의 경제학자인 프리드리히 하이에크(Friedrich Hayek)나 밀턴 프리드먼(Milton Friedman)의 주장대로 노동 시장의 규제를 철폐하는 길뿐일 것이라고 했다.

시장 실패를 초래하고도 공로를 인정받는 학자들

노벨 경제학상의 또다른 목표는 경제학이 신뢰할 수 있는 정확한 과학적 학문이라는 인식을 높이는 것이다. 수상자들의 업적이 잘못된 결과에 이르더라도 말이다. 1997년 수상자 로버트 머튼(Robert Merton)과 마이런 숄즈(Myron Scholes)의 사례가 바로 여기에 해당한다. 이들은 1993년 역사상 최대 규모의 헤지펀드 롱텀 캐피털 매니지먼트(Long Term Capital Management, LTCM)를 공동으로 설립했으나, 동아시아 금융위기의 여파로 1998년에 파산하고 만다. 예기치 못한 결과였으나 세계 금융위기를 예측하는 모델을 개발해 그 직전 연도에 노벨 경제학상 수상자로 선정됐다는 점은 아이러니가 아닐 수 없다. 게다가 2007년의 서브프라임 모기지 사태는 금융업계 전반에 만연한 도덕적 해이가 불러온 시장 실패에 기인한다고 평가되는 작금의 현실에도 불구하고, 금융위기를 초래했다고 여겨지는 '효율적 시장 이론'의 주창자인 유진 파마(Eugene Fama)가 2013년 노벨 경제학상을 받아 공로를 인정받기도 했다.

다양한 **경제학파**의 **기원**과 **발전**

경제학자 3명을 한 방에 넣으면 4가지 의견이 나온다는 농담이 있다. 이 지침을 잘 알고 있는 만큼, 다음의 표가 경제학의 서로 다른 모든 생각을 모두 담아내기를 바라지는 않는다. 그 대신 3가지 축으로 나누어 경제학의 흐름을 종합적으로 소개하고자 한다.

선도자

고전주의

정통주의

비정통주의

자본주의에 비판적

국가의 자본시장을 규제 필요

시장 기능에 호의적

* 알프레드 노벨을 기념하는 스웨덴 국립은행 경제학상 수상자

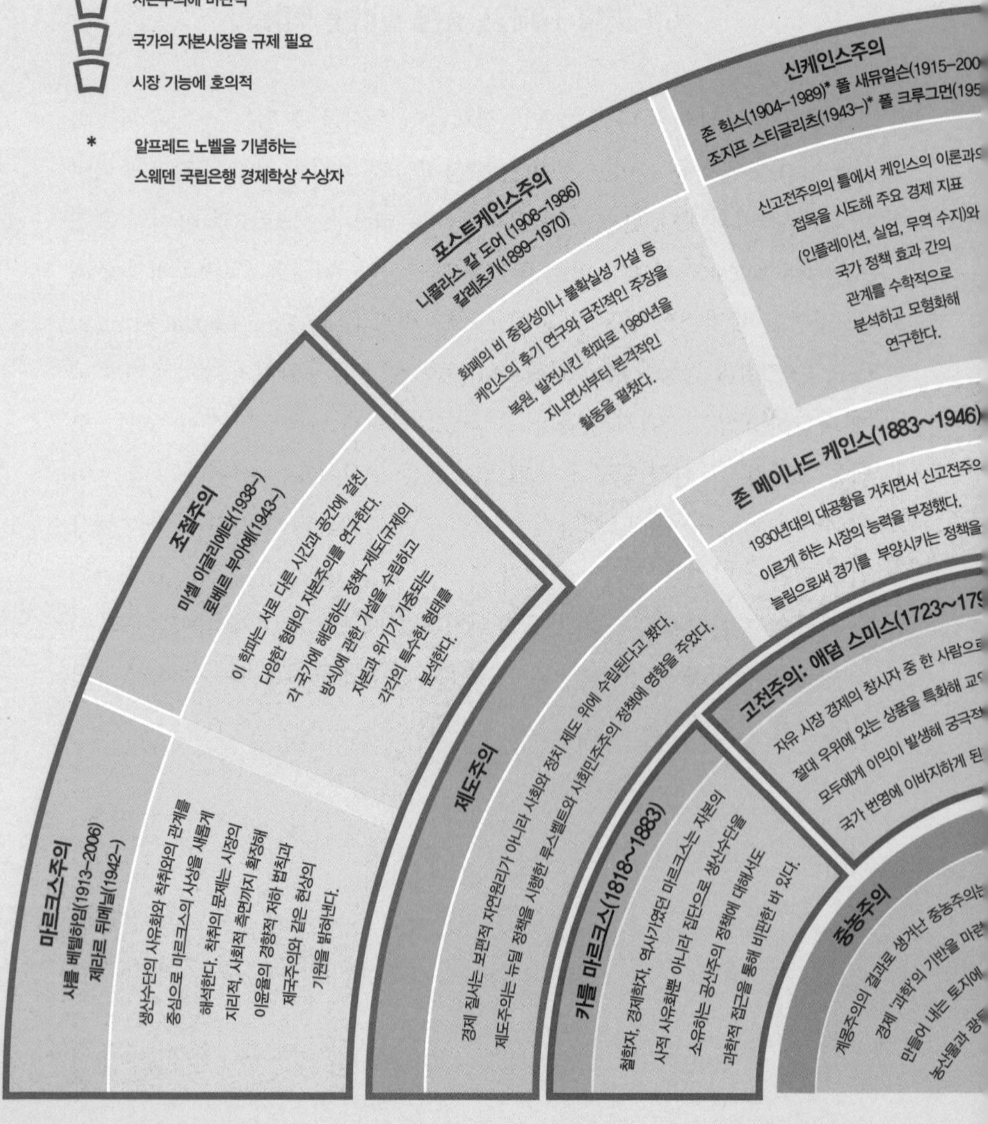

신케인스주의
존 힉스(1904–1989)* 폴 새뮤얼슨(1915–200
조지프 스티글리츠(1943–)* 폴 크루그먼(195
신고전주의의 틀에서 케인스의 이론과의 접목을 시도해 주요 경제 지표(인플레이션, 실업, 무역 수지)와 국가 정책 효과 간의 관계를 수학적으로 분석하고 모형화해 연구한다.
포스트케인스주의
니콜라스 칼 도어(1908–1986)
칼레츠키(1899–1970)
화폐의 비 중립성이나 불확실성 가설 등 케인스의 후기 연구와 급진적인 주장을 복원, 발전시킨 학파로 1980년을 지나면서부터 본격적인 활동을 펼쳤다.
존 메이나드 케인스(1883~1946)
1930년대의 대공황을 거치면서 신고전주의
이르게 하는 시장의 능력을 부정했다.
늘림으로써 경기를 부양시키는 정책을
조절주의
미셸 아글리에타(1938–)
로베르 부아예(1943–)
이 학파는 서로 다른 시간과 공간에 걸친 다양한 형태의 자본주의를 연구한다. 각 국가에 해당하는 정책-제도(규제의 방식)에 관한 가설을 수립하고 자본과 위기가 가중되는 각각의 특수한 형태를 분석한다.
제도주의
경제 질서는 보편적 자연원리가 아니라 사회와 정치 제도 위에 수립된다고 봤다.
제도주의는 뉴딜 정책을 시행한 루스벨트와 사회민주주의 정책에 영향을 주었다.
고전주의: 애덤 스미스(1723~179
자유 시장 경제의 창시자 중 한 사람으로
절대 우위에 있는 상품을 특화해 교
모두에게 이익이 발생해 궁극적
국가 번영에 이바지하게 된
마르크스주의
샤를 베텔하임(1913–2006)
제라르 뒤메닐(1942–)
생산수단의 사유화와 착취와의 관계를 중심으로 마르크스의 사상을 새롭게 해석한다. 착취의 문제는 시장의 지리적, 사회적 측면까지 확장해 이윤율의 경향적 저하 법칙과 제국주의와 같은 현상의 기원을 밝혀낸다.
카를 마르크스(1818~1883)
철학자, 경제학자, 역사가였던 마르크스는 자본의 사적 사유화뿐 아니라 집단으로 생산수단을 소유하는 공산주의 정책에 대해서도 과학적 접근을 통해 비판한 바 있다.
중농주의
계몽주의의 결과로 생겨난 중농주의는
경제 '과학'의 기반을 마련
만들어 내는 토지에
농산물과 광

중심에서 뻗어나가는 축은 시간을 나타낸다. 경제학의 선도자(18세기~19세기)에서부터 현대 경제학파에 이르는 흐름을 보여준다. 다음은 서로 대립하는 견해를 가진 학파를 정통과 비정통으로 구분했다. 정통주의 학파가 시장 안에서의 경제주체를 합리적이고 이해타산적인 존재로 본다면, 비정통주의 학파는 사회과학이나 정치철학적 시각에서 경제 현상을 분석한다. 세 번째 축은 시장에 대한 견해에 따라 세 분류로 나누었다. 즉, 자본주의에 비판적인 입장과 자율시장을 옹호하는 입장, 그리고 시장에 대한 정부 규제가 필요하다고 보는 입장이다.

오스트리아학파
루트비히 폰 미제스(1881~1973)
프리드리히 하이에크(1899~1992)*

의 개입을 적극적으로 반대하는
로 유명한 이 학파는 경제 현상은
인 간의 즉흥적인 상호작용에
발생하는 것으로 이해하며,
이야말로 가장 훌륭한 사회
수단이라고 보는 입장이다.

시카고학파
밀턴 프리드먼(1912~2006)

케인스의 입장에 반대하는 이
시장의 효율성을 옹호하고, 추요한
문제인 인플레이션을 막기 위해
엄격한 통화 정책이 필요함을
강조한다.

공공선택 학파
제임스 뷰캐넌(1919~2013), 고든 털럭
(1922~2014), 윌리엄 노드하우스(1941~)

신고전주의 이론을 정치 분야의 분석에
적용했다. 합리적인 주체로 선출직 공무원과
호응을 극대화하기 위해 연립되거나
재선될 기회를 최대화하려 한다고 본다.
이들은 정치인과 정부 관리 역시 개인의
이익을 좇고 공익의 이익만을 위해
행동하지는 않는다고 가정한다.

신고전파 거시경제학파
홍 로버(1935~), 로버트 루카스(1937~)

단기적인 정책과 그 조치가 발표되는
즉시(합리적 기대) 경제주체들의 행동을
수정하기 때문에(기가이드) 중기인 가치
보는 입장이다. 틀의 인지정책들 통해
경제 성장을 촉진하는 것은 물가 등,
국가의 일부 역할에만 한정해
한다고 주장한다.

신고전주의 레옹 발라스(1834~1910), 카를 멩거(1840~1921)

경제 질서는 보편적 자연원리가 아니라 사회와 정치 제도 위에 수립된다고 보고,
제도주의는 두릴 장병을 시행한 루스벨트와 사회민주주의 정책들에 영향을 준다.

공급경제학파
아서 래퍼(1940~)

"너무 많은 세금이 세금을 죽인다."는
말을 남긴 학파로, 낮세 의욕을 짓는
세금의 특성을 강조하며 부유한
사람들에 대한 과세 및
사회보장 헤택을 축소해야
한다고 주장한다.

데이비드 리카도(1772~1823)

경제학인 리카도는 노동이 상품의 가치를
정하는 요인이라고 봤다. 자유무역을
하며, 국가별로 비교우위를 점하는
를 특화할 필요가 있다고 봤다.

장 바티스트 세이(1767~1832)

프랑스 경제학자 세이는 산세를 출시를
통해 구매력을 창출함으로써 공급이 수요를
창출한다는 판로의 법칙으로 잘 알려져 있다.
이 법칙은 오늘날에도 기업의 활동을 촉진
하는 공급 촉진 정책에 영향을 준다.

프랑수아 케네(1694~1774)

체계적인 이론을 제시함으로써
의 국부의 원천이 있어 첫살물을
생산력이 없는 무역으로 그저
유통할 뿐이라고 보았다.

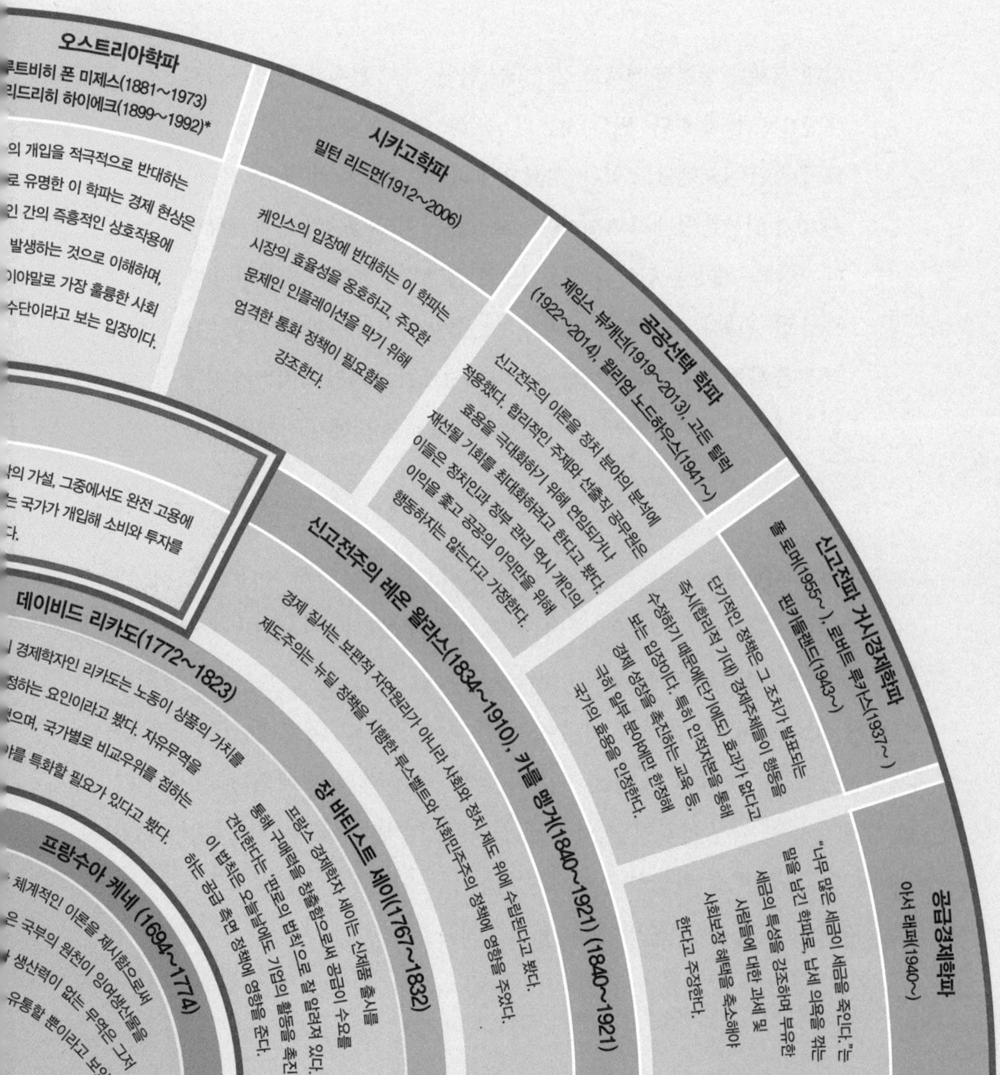

시공을 넘나드는 경제

화폐 이외의 교환 매개수단

현대 경제는 상업적 거래를 강조하는 한편, 사회 전체가 돈을 욕망의 대상으로 삼게 한다. 반면 자본의 축적이 아닌 다른 가치를 중심으로 구성된 사회집단도 있다. 사회학자 피에르 부르디외(Pierre Bourdieu)가 연구한 알제리 카빌리아(Kabylie) 사회의 명예가 이에 해당한다. 명예는 개인을 집단의 구성원으로 인정하고 통합하는 상징적 자본의 한 형태다. 일부 전통 사회와 자본주의 이전의 사회에서 개인 간의 교환 활동을 가능하게 하는 경제의 바탕에는 재화와 서비스의 거래를 쉽게 하는 화폐가 아닌, 인간을 존엄하게 하는 명예가 전제되었다.

아침마다 사람들은 "반갑습니다", "안녕하세요", "어떻게 지내요?", "또 만나요"와 같은 말과 함께 키스, 포옹 등으로 서로 인사를 나눈다. 이런 인사는 단순히 언어나 몸짓에 그치지 않는다. 이런 친근한 표현은 공동생활의 중요한 요소로서, 구성원이 서로에 대한 존중을 나타내고 받아들이게 한다. 기본적으로 존중을 표하는 사람과 받는 사람 간의 호혜의 원칙에 입각한 상호작용이 이루어져야만 가능한 일이다. 이렇게 해서 주고받기(증여와 답례 증여)가 비로소 가능해지는 것이다. 이 '사회적 계약'을 따르지 않는 사람은 명예를 잃고 대신 불명예를 안는 것이다.

교환 행위는 물물교환 이상의 의미를 내포한다. 공동체의 구성원들이 서로 소통하고 상징적인 지위인 '명예'를 획득하는 수단으로서 의미가 있기 때문이다. 인류학자 줄리안 피트리버스(Julian Pitt-Rivers)의 정의에 의하면 '명예'는 "개개인이 가지고 있다고 스스로 생각하는 가치일 뿐 아니라 그 사회의 다른 구성원들이 인정하는 가치"이기 때문이다. 마르셀 모스(Marcel Mauss)는 《증여론》에서 교환 행위가 '소유 이상의 영적 유대'를 목적으로 하는 사회적 반대급부의 의미를 나타낸다고 보았다.

사회학자 피에르 부르디외는 카빌리아 사회에 관한 연구에서, '명예의 상태'를 의미하는 '니프(Nif)'를 획득하고 유지하는 것을 크게 중요시했다. '니프'는 근원적으로 '사회적 측면'에서 규정되는 '수치심으로부터 자유로운' 의식의 상태로 보기도 한다. 카빌리아에서 최악으로 여겨지는 것은 "모른 채 지나치는 것이다. 인사를 하지 않는다는 것은 상대를 인격이 아닌 사물로 취급하는 것과 다를 바 없기 때문이다." 따라서 명예는 모든 교환 행위의 '출발점'으로 볼 수 있다.

호혜와 연대의 원리에 따른 관습

이런 특정한 형태의 경제는 그 구성원이 상징적 의미의 평등을 통해서 경제적 격차와 같은 '현실의 불평등과 병존'할 수 있게 한다. 어쩌면 '부당한 강제노역'을 은폐하는 결과를 가져올 수도 있다.

알제리 농촌 사회의 소작농에게 노동이란 가축을 돌보는 등의 주어진 과업을 수행하는 것을 의미했으며, 반드시 금전적인 보상으로 이어지지는 않았다. 이 사회에서는 재화와 서비스를 노력이나 이윤의 값으로 측량하지 않는다. 생산과 소비를 계산하지도, 투입시간을 측정하지도 않는다. 반면에 이 집단의 구성원들은 상호주의와 연대의 원리를 추구한다. 이윤의 추구 역시 다른 원리로 이해해야 한다. 명성과 명예의 추구가 곧 이윤의 추구

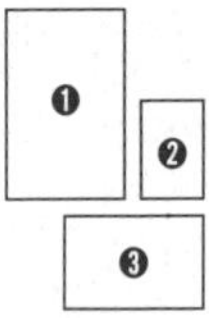

❶ 마탄 족은 밤의 여인이자 부정한 아내로 불리는 쿨란을 찾아 나섰다. 길이가 약 70cm에 달하는 원뿔형 가면은 나무껍질을 깎아 만들었다.

❷ 샤먼의 아내, 로사 카우시아는 부족 내에서 영적 능력을 갖춘 몇 안 되는 여성 중 하나다.

❸ 남자들은 케와닉스 퍼레이드를 앞두고 자신들의 혈통을 상징하는 문양인 타리스로 온몸에 칠을 했다. 타리스 문양은 개개인이 마음대로 조합을 선택할 수 있다.

를 뜻하기 때문이다.

토마스 씨가 지급한 돈은 다시 토마스 씨 앞으로

부르디외는 다음과 같은 관습을 예로 들어 설명했다. "소고기처럼 큰돈이 오고가는 재화를 거래하는 경우 판매자는 '아이들에게 고기를 사주는 몫'이라며 구매자가 지급한 금액 일부를 되돌려주는 것이 하나의 관례로 통한다. 마찬가지로 딸을 시집보내는 아버지가 지참금을 받았을 때도 소위 '가차 없는 에누리'라는 명분으로 일정 부분을 되돌려 보내는 것이 일반적이다. 돌려보내는 돈의 액수가 크면 클수록 더 많은 명예를 얻을 수 있는 것이다. 마치 최대한 후한 값을 치를수록 반대급부로 명예를 사는 것과 같다고 볼 수 있다." 이런 방식의 교환은 경제적인 필요에 의한 것이 아니라 해당 집단의 사회적 합의에 따른 것이다.

현대 사회에서는 반대로, 개개인이 소유한 돈의 액수가 그 사람의 사회적 명성과 지위를 결정한다. 마찬가지로 명예 역시 소유한 유형자산의 액수와 가치와 비례해 결정되는 것이 오늘날의 현실이다. 쿠바의 한 노래 가사는 오늘날의 이런 실태를 보여준다. "돈이 있을 때 사람들은 나를 '토마스 씨'라고 존대했지. 그러나 무일푼이 된 지금은 다들 그냥 '토마스'라고 부르네." 부르디외는 언뜻 달라 보이는 이 두 경제가 사실 서로 동떨어진 것은 아니라고 보았다. "상징자본은 명성이나 가족·가문의 명망처럼 경제자본으로 쉽게 변환된다. 특히 험난한 기후조건과 기술적 제약으로 집단작업이 필요한 사회에서는 다른 어떤 형태의 자본보다 높은 값어치가 있다고 여겨질 수 있다."

미디어가 열광하는 경제전문가

신문 논평, 라디오 아침방송 인터뷰, 텔레비전 방송 프로그램을 통해 방송의 영역을 독점하다시피 하는 몇 안 되는 경제학자들은 좀처럼 다른 사람들에게 그 자리를 내주지 않는다. 학문적 사상의 소용돌이 속에서도 전문가로서의 엄격한 태도를 잃지 않고 굳건히 그 중심을 지켜내고 있는 것이다. 그런데 대학교수라는 직함을 주로 내세우는 소위 '전문가'인 이들의 활동을 만약 낱낱이 공개한다면, 이들은 주장은 과연 지금과 같은 신뢰를 유지할 수 있을까?

프랑스 일간지 《바르-마탱》은 지난 2015년 9월 17일에 기사를 통해 '프랑스 경기를 되살릴 방안'에 대해 자문을 구한 바 있다. 과연 누구에게 자문을 부탁했을까? 다름 아닌 장에르베 로렌지(Jean-Hervé Lorenzi)다. 그는 자신을 '경제학자'이자 '이코노미스트 서클(Cercle des économistes)' 회장으로 소개했다. 그의 약력을 좀 더 보완하자면, 다음과 같은 내용을 보탤 수 있다. 우선 당시에는 파주존(PagesJaunes) 및 아소시에 앙 피낭스(Associés en finance)사, 프랑스 이동통신사업자협회(AFOM), BNP 파리바 카르디프 보험사에서 이사직을 맡고 있었다. 그리고 율러에르메스 신용보험, 생토노레 금융사, BVA 미디어 그룹, 진저 CEBTP, 그리고 에드몽 드 로스차일드 은행에서는 자문위원 및 고문으로 활동했다. 이런 로렌지가 《바르-마탱》의 논평을 통해, 더욱 강력한 실업자 규제가 필요하다고 역설하면서도, 금융소득 과세나 탈세 방지 방안에 대해서는 일언반구도 없었다는 점은 별로 놀랍지 않다.

그저 예삿일로 여겨야 할까, 아니면 특수한 상황으로 봐야 할까?

로렌지의 사례가 과연 특수한 상황에 해당할까? 그렇지 않다. 언론을 통해 경제 현안에 대한 의견을 제시하고 정부 정책에 자문을 제공하는 대학교수들이 은행이나 대기업으로부터 금전적 보상을 받는 것은 아주 흔한 일이다. 지난 2011년 출간된 한 연구 보고서의 저자인 조지 드마티노(George DeMartino)는 미국에서도 다른 곳과 마찬가지로 "이해관계의 충돌은 너무나 만연해서 급기야 별로 특별하지 않은, 그야말로 예사로운 일이 되어버렸다"고 밝혔다.

크리스티앙 생테티엔(Christian Saint-Étienne)은 《프랑스24》 방송을 통해 프랑스 국립직업기술원(CNAM)의 교수로, 《르 푸앙》의 논평기사에는 경제학자 겸 정치평론가로 소개된 바 있다. 그러나 단 한 번도 자산관리 컨설팅 기업인 '주식회사 유럽전략컨설팅'의 학술 자문위원이라는 직함으로 소개된 적은 없다. 엘리 코엔(Élie Cohen)의 경우 《프랑스 앵테르》 라디오나 《르 피가로》를 통해 프랑스 국립과학연구원(CNRS) 연구팀장과 파리정치학교(Sciences Po) 교수를 겸하고 있다고 소개되었다. 하지만 파주존과 EDF-신생에너지 사의 경영이사로 있다는 사실은 절대 밝히지 않는다. 그렇다면 자크 미스트랄(Jacques Mistral)은 또 어떤가? 《르몽드》와 《프랑스 퀼튀르》 라디오 방송은 그를 단순히 경제학자로만 소개했고, 《프랑스5》 방송프로(C dans l'air)에 출연 당시 프랑스 국제관계연구소(IFRI)의 경제연구팀장으로 소개된 바 있다. BNP 파리바 카르디프 보험사의 경영진 중 하나라는 사실

—

크리스마스가 부활절의 지분 51%를 인수해서 크리스부활절 그룹을 창립했다. 창립일은 7월 21일로 정했다.
플롱크 르플롱크(삽화) © Plonk et Replonk

—

다니엘 메수이치Daniel Mesguich가 연출한 연극 〈Le Prince travesti de Marivaux(마리보 왕자)〉의 포스터
2016년, 나탄느 르 꼬레

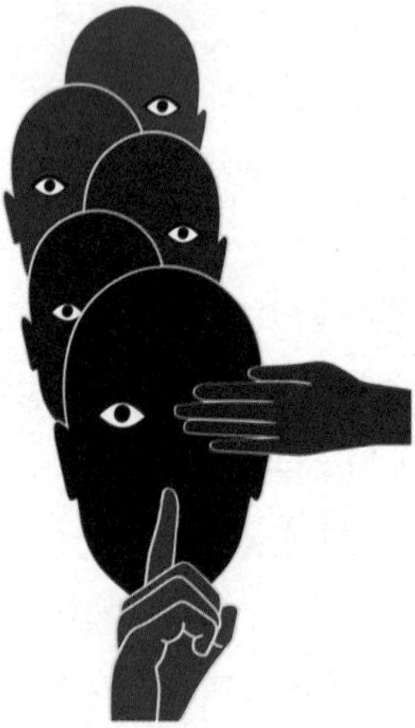

은 언급하지 않는다. 다니엘 코엔(Daniel Cohen)의 경우 자신의 고등사범학교(ENS)와 파리1대학 경제학 교수 직함보다 라자르 투자은행의 상임고문이라는 직함을 언급할 때 훨씬 조심스럽다.

이사회 출석 수당(프랑스의 상위 40대 기업의 경우 임기당 평균 3만5천 유로, 그 외 상장 기업의 경우는 그 절반 수준임), 민간 학술회의 강연료(로렌지의 경우 1회 강연당 6,600 유로를 받음), 보고서 작성에 따른 원고료 등, 경제학자들은 고액의 수입을 올릴 기회가 수도 없이 많다.

변호사처럼 사실에 구애받지 않고 견해를 바꿀 수 있는 경제학자들

물론 일부는 근거 없는 비난이라며 반박할 수도 있다. 대학에 제출하는 보고서든 은행을 위한 자료이든 그 내용은 2+2=4라는 똑같은 결론에 이르는데 무슨 차이냐고 말이다. 이에 대해, 미국 경제 협회(American Economic Association)의 이사 중 한 명인 우드포드(Michael Woodford)는 "물론 그렇게 말할 수 있다"고 말하면서도 "다만 경제학자들이 다루는 문제는 대부분 2+2보다는 훨씬 날카로운 판단을 요구한다. 그러므로 경제학자들의 주장을 곧이곧대로만 받아들여서도 안 된다. 그 주장은 특정 개인의 이해와 결부될 수 있기 때문"이라고 반론을 제기했다. 일리노이 대학의 교수 데어드레 매클로스키(Deirdre McCloskey) 교수는 "경제학자들은 변호사처럼 사실 여부와는 무관하게 경우에 따라 견해를 달리할 수 있다"고 말한다. 다시 말해서, 결과에만 치중하다 보면 2+2=5를 증명하려고 할 수 있다는 것이다.

찰스 퍼거슨(Charles Ferguson) 감독은 2010년에 제작한 다큐멘터리 영화 《인사이드 잡》에서 '이해관계 충돌' 문제를 조명했다. 앞선 인터뷰에서 경제학자들에게 이해관계가 충돌하는 문제가 빚어져도 문제 될 것이 없다고 답했던 하버드대학교 경제학과장 존 캠벨(John Campbell) 교수에게 이번에는 다음과 같은 질문을 던졌다.

– 퍼거슨 : "어떤 연구자가 '해당 질병을 치료하기 위해서는 특정 약을 처방해야만 한다'는 내용을 골자로 연구 보고서를 발표했는데, 나중에 알고 보니 그가 벌어들이는 소득의 80%가 그 약을 개발한 제약사에서 지급됐다면, 이런 관행 역시 문제 될 것이 없다고 말할 수 있을까요?"

– 캠벨 : "그런 사실을 밝혀내는 것이 물론 참 중요하다고 봅니다……. 그런데. 음……. 글쎄요, 그 경우는 지금 논하던 내용과는 경우가 좀 다르다고 봅니다. 왜냐면……. 음……."

또다른 비전

경제학의 생태다양성을 저해하려는 교묘한 움직임

주류 경제학자들이 학계의 반대 세력을 잠재우는 방법은 크게 두 가지다. 첫째는 상대의 성과를 무시하는 것이다. 워낙 끊임없이 언론에 얼굴을 비추는 주류경제학자들이다 보니 다른 학자의 연구물을 들여다보는 데 시간을 좀처럼 할애할 수 없는 것이 되레 당연해 보이기는 한다. 둘째는 상대 진영의 견해를 지지하는 학과 과정의 맥을 끊어서 진입 자체를 원천적으로 봉쇄하는 방법이다.

최근의 금융위기가 주류 경제이론에 대한 신용을 떨어뜨렸을 수는 있지만, 주류 학자들은 여전히 다양한 텔레비전 프로그램에 출연하고 있고, 정부 내각이나 대학가를 장악하고 있다. 이런 신자유주의* 이론으로 무장한 경제학자들은 역학적이고 개별의 경제주체를 강조하는 경제학이 뉴턴 역학 못지않게 깊이 있는 체계와 위상을 갖춘 학문인 듯 포장해서 널리 전파하고 있다. 이때의 개인은 다각적이고 효율적인 시장 안에서 상호작용하는 이해타산적이고 합리적인 경제주체를 의미한다.

반면, 비판적 시각을 강조하는 학문적 전통에 근거해 신고전주의의 패권에 대항하는 몇몇 학파가 있다. 바로 마르크스주의, 포스트케인스주의, 조절주의, 관행경제학이다(p.38-39 참조). 전체 경제학자 중 1/3 정도의 비율

| ❶ | ❷ |
| ❸ | ❹ |

스티브 윈터크로프트의 종이 가면 시리즈
작품을 구매한 사람들이 직접 가면을 만들어 '쓰고 있는' 사진을 웹페이지(Wintercroft.com)를 통해 공개한다.

❶ 알렉산더 젤리코프, 2015년
❷ 크리스티나 마케바, 2013년
❸ Q. 페드로, 2016년
❹ 나탈리 사브, 2016년

지난 2007~2008년의 금융위기는 잠시나마 주류 경제학을 회의적으로 보게 하는 계기였으며, 새로운 담론을 제시할 수 있는 바탕이 되기도 했다. 일례로, '야성적 충동(Animal spirits)'이 화두가 되기도 했는데, 이는 존 메이너드 케인스가 투자와 같이 심리적 요인에 따라 이뤄지는 경제 행위를 일컬어 사용한 개념이다. 경제주체의 합리성과 전지성을 가정하는 신고전주의자들의 입장을 반박한 케인스는 1936년 발표된 자신의 저서 《고용, 이자와 화폐에 관한 일반이론》에서 장기적 관점에서 수익을 예측하는 것은 불가능하므로 사람들은 충동과 관행에 이끌려 투자를 결정한다고 보았으며, 그 결과 경제와 금융의 불안정은 강화될 수밖에 없고, 규제가 없는 시장에서 '효율성'을 기대한다는 것은 위험한 발상이라고 지적했다.

을 차지하는 경제학자들이 이들 학파로 분류되는데, 이들의 전공은 하나같이 '사회과학' 학부에 등록돼 있다. 소위 이단자로 불리는 이들 비주류 학자들은 사회의 모습을 있는 그대로 해석하고자, 경제의 역사적, 법률적, 정치적 기능에 집중적으로 관심을 기울인다. 예를 들어 포스트케인스주의 학자들은 신고전주의 학자들 못지않게 정교한 수학모형을 통해 현상을 연구한다. 반면 조절주의 학자들은 더 인문학적이고 개념적인 접근방식을 추구한다.

다원주의를 '반反계몽주의' 산실에 빗대어 집중 공격

지난 20여 년간, 비주류 경제학자들은 말 그대로 학계 변두리로 내몰려 있었다. 행여 전임강사로 채용되더라도, 대학교수로 임용되기 위해서는 두 가지 중 하나의 길을 택해야 했다. 첫 번째는 대학교수자격시험을 치르는 방법이고, 두 번째는 프랑스 국립대학심의회(CNU)를 거쳐 자격을 인증받는 방법이다. 그런데 대학의 교원·연구원의 경력을 담당하는 기관인 국립대학심의회는 사실상 정통파라고 일컫는 주류경제학자들의 영향력 아래 놓여 있다고 보아도 무방하다.

그런 점에서 교수로 신규임용된 비주류 경제학자들의 비중이 날로 줄어든다고 발표한 프랑스 정치경제학협회(AFEP)의 설문 결과는 이목을 끌지 못했다. 신규임용된 비주류 경제학자의 수가 2000~2004년 기간에는 경제학과 전체의 18%에 달했지만, 그 이후 2005년과 2011년 사이에는 5%로 낮아져, 경제학과 전체에 신규임용된 교수 120명 중 6명에 그쳤다는 사실을 골자로 한다. 그 결과는? 머지않아 비주류 경제학자들이 대학가에서 자취를 감추게 되는 것이다. 석·박사 과정의 후학을 양성하고, 연구를 지도하는 교수들은 논문 심사단뿐 아니라 교수임용 여부를 결정하는 선정위원회의

성원이 된다. 요약하자면, 교수가 되지 않으면 학계를 꾸려나갈 수 없다는 결론에 이르는 것이다. 적어도 경제학부를 떠나지 않고서는 말이다. 프레데릭 로르동(Fréderic Lordon)의 경우, 결국 방향을 선회해 국립과학연구원(CNRS) '철학과'로 자리를 옮겼다. 베르나르 프리오(Bernard Friot), 프랑수아 바탱(Frnçois Vatin)과 필립 스타이너(Philippe Steiner)는 소속 대학 내의 '사회학과'로 소속을 옮겼다. 원하는 연구과제를 지속하고 박사과정 학생들을 지도하려면 달리 방도가 없었다.

2014년 9월에 보수적이고 편파적이기로 유명한 대학교수자격시험이 사실상 폐지되면서 장벽이 하나 줄어들었다. 교수임용 절차가 모든 다른 학과와 같이 국립대학심의회의 자격 심사를 거쳐 교수직에 지원하는 것으로 일원화되었다(대부분의 학과에서는 강사나 교수로 채용되려면 CNU의 자격 심사를 통과한 이후 '전문가 위원회'를 거쳐야 한다. 그러나 과거 경제학과에서는 이런 교수 채용 원칙이 지켜지지 않았으며, 대학교수자격시험을 중심으로 채용이 진행되었다). 그러나 시험이 폐지됐다고 해서 비주류 경제학 전공자들의 '경제과학' 학부로의 진입이 더 수월해진 것은 결코 아니다. 국립대학심의회의 '경제과학' 분과, 즉 '05' 분과에는 주류 경제학자들이 이미 두루 포진해 있기 때문이다.

더 늦기 전에 비주류 학문이 완전히 소멸하는 것을 방지하고 학문의 다양성을 되살릴 수 있는 한 가지 방안이 남아 있었다. 바로 국립대학심의회 내에 제2 경제분과를 신설하는 방안이다. 2014년 12월 말, 정부는 프랑스 정치경제학협회와의 협업을 통해 '제도, 경제, 국토 및 사회' 분과를 시범운영하는 방안을 마련했다. 300여 명이 넘는 비주류 경제학자들은 해당 분과에 지원하고자 준비를 서둘렀다.

그런데 주류경제학자들의 이어진 반격을 간과했던 것은 불찰이었다. '정통' 경제학자들은 자신들과 궤를 달리하는 모든 경제사상은 일찌감치 싹부터 잘라버리겠다는 단호한 의지를 비쳤다. 가장 결정적인 반격을 가한 것은 다름 아닌 '알프레드 노벨을 기념하는 스웨덴 중앙은행 경제학상' 수상자인 장 티롤이었다. 그는 정부 관계자 앞으로 서한을 보내 '참사'를 사전에 막아야 하며 제2 경제분과는 결국 '지식의 상대주의를 가져올 반(反)계몽주의의 산실'이 될 것이라고 경고하고 나섰다. 결국 정부의 계획은 사장되고 말았고, 주류 경제학자들은 소기의 목적을 달성했다.

생산 증대,
언제나 더 많이!

지질학적 힘은 지구를 변화시키고, 경제의 힘은 우리가 사는 세상의 모습을 바꿔놓는다. 2015년 기준으로 1년이면 창출해낼 수 있는 부의 규모를 달성하려면, 1950년에는 6년이라는 시간이 필요했다. 현재와 1950년 사이의 경제성장에는 어떤 공통점이 있을까? 그동안의 경제성장이 모든 기대를 충족시키지는 못했을 것이다. 과거 '진보'와 동의어였던 경제성장은 오늘날 생산제일주의와 오염, 환경재앙을 규탄하는 사회와 그 책임을 회피하기에 급급한 모습을 연상하게 한다. 경제성장은 과연 개발의 필수적인 단계였을까? 선진국에서의 경제성장은 여전히 바람직한가? 그리고 과연 우리는 '자연친화적 자본주의'를 상상할 수 있을까?

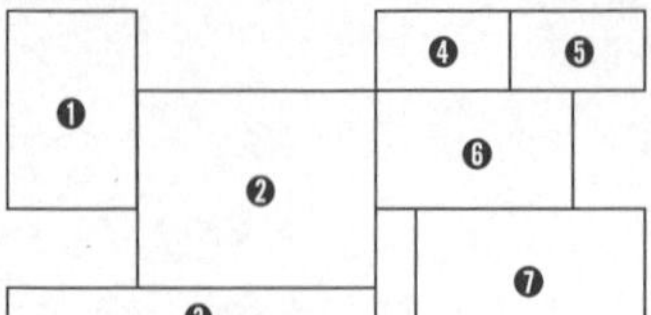

❶ 〈점심식사 중인 석유노동자〉 1939년, 미국 텍사스 킬고르.
❷ 〈천연가스 공장의 추진기〉 1950년, 미국 텍사스.
❸ 〈구스 크릭의 유전〉 1919년, 미국 텍사스 베이타운.
1901년 보몬트에서 유전이 새로 발견되면서 텍사스 주는 석유산업을 선도하게 되었고, 1940년대까지 이어진 석유 붐을 일으켰다.
❹ 웨버빌의 태양발전소는 150헥타르에서 35메가와트의 전력을 생산한다. '오스틴에너지'는 시에서 운영하는 여러 발전소 중 하나이다.
❺ 1년 동안 300대의 공용 자전거가 설치됐다. 자전거 전용로도 늘어나는 추세다.
❻ 뮬러 지구의 초원
과거 공항이 있던 부지를 활용한 이 도시 프로젝트는 에너지 효율을 높인 주택과 인간 친화적 도시 계획으로 다양한 표창을 받았다.
❼ 효모를 이용한 바이오연료 생산 연구실, 텍사스대학교

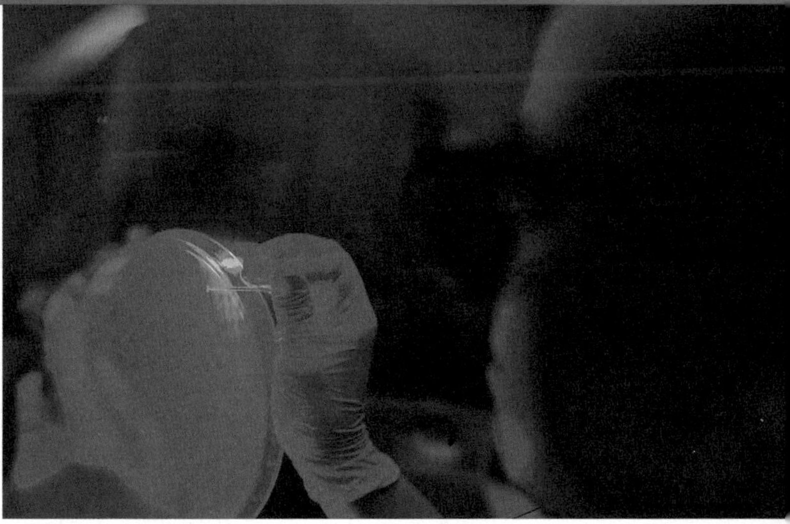

❹ – ❼ 〈석유의 나라 오스틴〉 탐방기사의 한 장면. 2015년 (사진: 기욤 콜랑주)
텍사스 주의 수도인 오스틴 시는 재생 에너지에 많은 투자를 하고 있다. 재생 에너지는 2025년까지 필요 전력의 55%를 충족할 것으로 예상된다.

통념

"성장은 번영을 보장한다"

성장률 수치가 발표될 때면 언론과 정치계는 일단 숨을 죽이고 그 결과에 이목을 집중하기 마련이다. 국내총생산(GDP)은 한 국가가 1년간 축적한 부의 총량을 보여주는 지표이지만, 국민의 삶의 질을 제대로 반영하지 못하는 한계를 지닌다. 국내총생산은 한 나라의 경제수준을 나타내기 위해 흔히 쓰이는 지표이지만, 부의 분배문제나 생산제일주의가 초래한 생태계 훼손 문제는 뒷전에 슬며시 감춰두고 있다.

니콜라 사르코지(Nicolas Sarkozy) 프랑스 대통령은 2011년 12월 31일에 신년사를 통해 "우리는 이제 성장을 최우선 목표로 삼아야 합니다"라고 선포한 바 있다. 이 발언에 회답이라도 하듯이 2012년 대통령 선거 운동 중 프랑수아 올랑드 당시 후보는 "성장 없이는 경제 회복이나 일자리 창출을 기대할 수 없습니다"라고 말하기도 했다. 과연 성장을 발전의 전제조건인 동시에 척도로 보아야 할까? 성장에 대한 이런 맹신은 사뭇 단순해 보이는 다음의 4가지 사실을 통해 그 허점을 여실히 드러내고 만다.

첫 번째 예로는 성장을 논할 때 가장 흔히 제시되는 경제성장 지표, 국내총생산(GDP)*을 들 수 있다. 국내총생산은 화폐경제 전 분야에 걸쳐 창출되는 부(부가가치*)의 총합을 나타내는 지표로, 비(非)화폐경제(가사노동, 개인과 개인 사이의 자발적 협동, 가내수공 등)는 포함하지 않는다. 로버트 케네디(Robert Kennedy) 미국 민주당 상원의원이 1968년에 했던 농담을 빌리자면, "국내총생산은 삶을 가치 있게 하는 것을 제외한 모든 것을 측정한다"고 말할 수 있다. 2008~2009년 경제학자 조지프 스티글리츠의 주도하에 프랑스가 주관한 '경제성과와 사회발전 측정에 관한 고위 전문가그룹 회의'에서도 이 같은 의견이 제기됐다. 국내총생산은 불평등의 심화(성장의 혜택이 1%의 부유층에게만 돌아가는 경우)나 사회적 안녕의 필수요소인 가사, 자원봉사와 같은 활동을 측정하지 못한다. 뿐만 아니라, 성장으로 인해 발생하는 환경파괴 같은 심각한 부작용조차 반영하지 못한다는 데 전문가들이 의견이 모인 것이다. 심지어 유전자 조작 콩이나 농업 연료용 작물 재배를 위한 열대 우림의 파괴가 '국내총생산의 증가에 기여하는' 결과를 가져오기도 한다. 국내총생산으로는 환경 파괴로 인류가 잃어버리는 비화폐적 부의 가치를 측정할 수 없기 때문이다.

유한한 세계

두 번째 예로, 과거 높은 성장의 산물인 1인당 국민총소득(GNI)을 꼽을 수 있다. 과연 1인당 국민총소득이 높은 국가의 국민은 그만큼 더 잘 살고, 그 사회는 더 바람직한 모습일까? 그 답을 찾기 위해 기대수명, 교육 접근성, 빈곤율, 소득 불평등, 성 불평등, 폭력과 살인 등 다양한 변수를 대입해 볼 수 있다. 그러나 이 수많은 변수도 우리가 기대하는 답을 제시하지는 못한다. 빈곤국에서는 각 변수와 1인당 국민총소득 혹은 국민총생산(GNP) 간의 '양의 상관관계'를 찾아볼 수 있더라도, 일정한 경제수준을 넘어선 단계(프랑스의 경우 1970년대 이후)에서는 이 같은 상관관계가 더이상 성립되

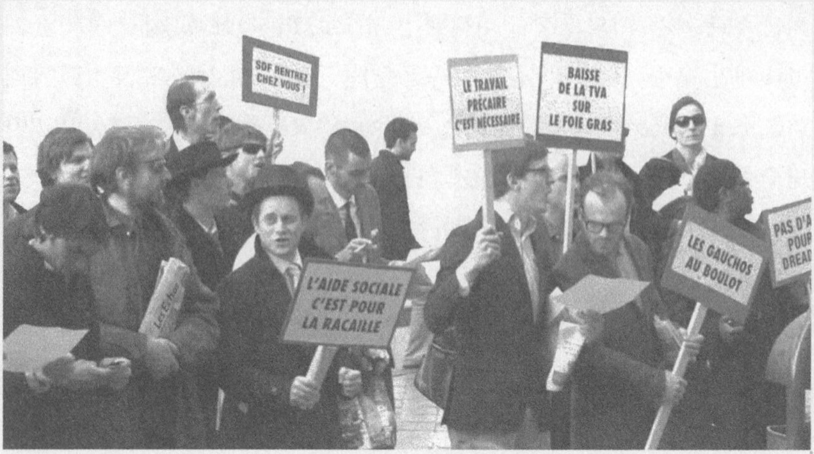

〈우파 선언〉—2012년, 브뤼셀

공연계 종사자들의 임시직 권리 운동 당시 예술단체 '레스통비방(Restons vivant, 생기충만)'이 우파 시위를 풍자하는 거리 퍼포먼스를 펼쳤다. 이후 참가자들은 "주식시장(CAC40) 만세, 만만세", "아세딕(ASSEDIC · 상공업고용촉진협회)을 줄이고, 도메스틱(Domestique · 국산품과 하인을 뜻하는 동음이의어)을 늘리자!"와 같은 반어적 구호를 적은 팻말을 치켜들고 시내 곳곳에서 퍼포먼스를 이어갔다.

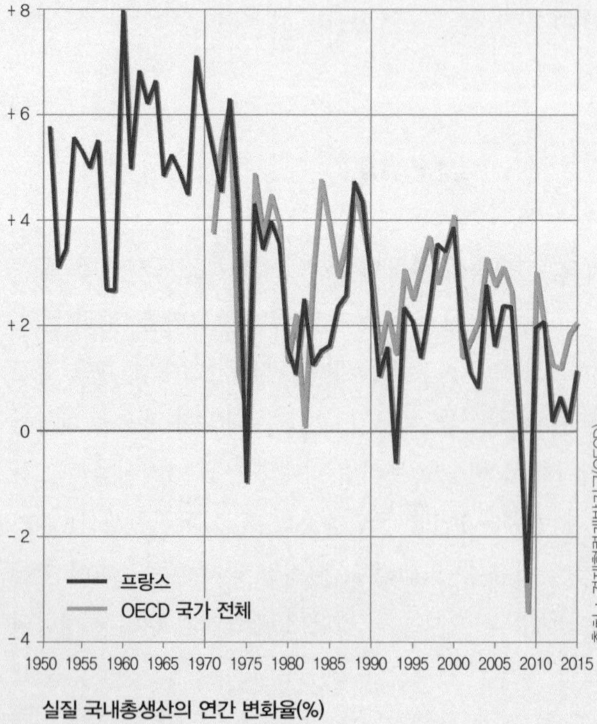

출처 : 경제협력개발기구(OECD).

실질 국내총생산의 연간 변화율(%)

지 않는다. 결국 '인간의 발전'과 '사회적 진보'는 경제적 풍요와 성장이 아닌 다른 어떤 요인이나 정책의 영향을 받는다는 사실을 드러내는 것이다.

세 번째로, 생태학적 기준을 적용하면 성장과 '진보'는 불일치를 넘어 서로 모순관계에 있음이 드러난다. 1960~1970년대 미국에서 활동한 저명한 경제학자 겸 철학자인 케네스 볼딩(Kenneth Boulding)의 다음과 같은 결론을 예로 들 수 있다. "유한한 세계에서 기하급수적 무한성장이 가능하다고 생각하는 사람은 분명 바보이거나 경제학자다."

자원의 재생산 능력을 넘어선 개발

이 모순관계를 설명하는 사례로 먼저 성장의 필수요소인 천연자원의 고갈을 꼽을 수 있다. 광석이나 화석연료처럼 재생이 불가능한 천연자원은 언젠가는 고갈되고 말 한정된 자원이다. 물, 나무, 경작지, 해양자원은 재생 가능 자원으로 분류되지만, 여기에는 전제가 있다. 이 자원들은 자연의 법칙과 고유한 리듬에 따라 재생산이 이루어지므로, 인류가 충분한 회복 기간을 부여해야 한다는 것이다. 그러나 '생태 발자국' 지표(p.73 참조)를 보면, 인류의 생태자원 소비는 자연의 재생능력을 훨씬 넘어섰음을 알 수 있다.

아울러 성장은 필연적으로 대기와 해양에 수많은 공해를 유발할 뿐만 아니라 지구온난화의 요인이 되는 온실가스를 늘린다는 사실을 통해서도 모순의 원인을 설명할 수 있다. 마지막으로, 눈에 띄게 성장이 둔화한 프랑스의 사례(왼쪽의 그래프 참조)처럼, 앞으로 선진국의 성장은 불가항력적으로 매우 낮은 수준을 유지할 것이 분명하다. '성장 없는 번영'이 그 어느 때보다도 중요한 화두로 떠오르는 이유다.

개발도상국 경제는 뒤처진 것이 아니다. 억눌렸을 뿐이다

주류 경제학을 비판하는 입장 중에는 노동현장에서 발생하는 기업가와 임금노동자 간의 착취-피착취 관계에서 해법을 찾아야 한다고 보는 견해가 있다. 그런데 자본주의의 특징인 권력의 불균형이 국가 간 관계에서도 나타난다는 점에 주목해야 한다. 즉, 세계의 지배 구조가 중심부 국가(북반구에 주로 위치한 부국들)와 주변부 국가로 양분돼 있다는 주장이다.

〈콩고 키토코〉 2015년(작가: 쉐리쉐린)

'저개발 상태'라는 개념은 1949년 미국 해리 트루먼(Harry Truman, 1945~1953년 재임) 대통령이 처음 사용했다. 그는 당시 빈곤으로 '저개발 상태'에 놓인 아시아, 아프리카, 그리고 중남미 국가들이 행여 공산주의 진영으로 넘어가지나 않을까 우려하고 있었다. 이 개념은 경제개발을 시간에 비례해 선형으로 증가하는 과정으로 본다. 다른 국가들보다 먼저 발전의 과정에 뛰어든 선진국은 개발도상국이 스스로 격차를 줄여야 한다고 본다. 그렇다면 격차를 어떻게 좁힐 수 있단 말인가? 그들이 생각하는 방법은 간단하다. 세계 경제체제 안으로 더욱 깊숙이 편입되면 된다. 다시 말해, 흔히 경제분야에서의 주권 행사는 불합리하다고 평가되는 만큼 그런 의지는 내려놓고, 현대화의 바람을 타고 밀려오는 국제 자본에 경제를 개방하면 만사형통이라는 논리다.

그러나 아르헨티나의 경제학자 라울 프레비쉬(Raúl Prebisch, 1901~1986)는 이 같은 선형발전 모델에 대해 의문을 제기했다. 그는 1940년대 당시의 세계를 중심부(본질적으로 근대화된 자본주의 국가)와 주변부(그 외 국가)로 구분했다. 1957년 초, 일부 학자들은 저개발과 개발이 차례로 이어지는 단계가 아닌 공존하는 현상일 뿐이라고 주장하기도 했다. 전세계적인 자본주의의 전개과정에서 발생하는 선진국과 개발도상국 간 개발격차는 동전의 양면과도 같이 서로 맞닿아 있으며, 자본주의를 통해 선진국에 부의 축적이 집중된다는 견해이다. 16세기 초를 전후해 서구 사회와 나머지 세계 인구의 95% 사이의 빈부격차는 최대 2:1에 지나지 않았다(유럽 국가들이 어느 시기에나 우위를 점했던 것은 아니다). 그러나 다섯 세기에 걸쳐 자본주의가 전개된 결과, 격차는 30대 1로 벌어졌다. 이는 인류 역사상 유례가 없는 변화에 해당한다. 개발도상국들의 자원을 무분별하게 개발한 결과, 중심부에서의 발전은 자연스레 주변부의 저개발을 초래했다.

따라서 아프리카 국가들이 식민시대를 거치며 지배국가의 자본주의 체제에 편승했음에도 불구하고 개발의 측면에서 서구와의 격차를 좁히지 못

파푸아뉴기니 웨스턴하일랜즈주의 '마운트 하겐 연례축제'에서 싱싱(Sing-sing) 춤을 추는 카마카 주민들, 2011년
(사진: 스티븐 뒤퐁)

호주 북쪽에 있는 뉴기니섬 서반부지역의 파푸아인들은 이미 수천 년간 이곳에 뿌리를 내리고 살아왔다.
이곳 서파푸아(서뉴기니)는 네덜란드의 식민지배에서 벗어나 1962년 독립하였으나, 얼마 안 가 인도네시아의 침공을 받아
다시 식민화되는 악순환에 빠진다. 이후 '비동맹 운동'의 주축이 돼 반둥회의를 주최했던
인도네시아는 옛 네덜란드령 동인도 제도 통치 아래에 있던 서파푸아를 인도네시아 영토에 합병시킨다.

했다는 사실은 놀랄 일이 아니다. 식민지배 국가들은 자신들이 설계한 경쟁구도 안에서 자국의 힘을 강화하기에 여념이 없었기 때문이다. 과거와 마찬가지로, 오늘날의 국제 금융기구는 국제 자본에 대한 경제개방만을 촉구할 뿐, 결코 생산수단의 현대화를 도모하지 않는다. 그 결과 개발도상국은 천연자원을 수탈당하거나 국가재정에 타격을 입게 된다. 물론 그 두 가지 비운이 잇따라 닥치기도 한다.

사회적 진보의 요건은 개발도상국 간 연대

개발도상국은 불평등의 함정에서 어떻게 하면 벗어날 수 있을까? 일부 아시아 국가들은 국제분업에 참여함으로써 자국 산업을 발전시킬 수 있었다. 그러나 인간 개발 측면에서의 발전은 미흡한 면이 없지 않다(p.252 참조). 발전에 '뒤처졌다'라는 개념에 비판적인 태도를 보이는 진영에서는 '자본주의 모델에 대해 다각적으로 강경한 태도와 비판적인 시각을 견지할 것'을 강조했다. 그리고 산업화와 농업혁신에 기초한 자주적 생산체제 구축을 목표 삼아, 자국 중심의 발전을 이룩하는 것을 해결방안으로 제시했다. 이렇게 하면 경제적 측면에서 중심부-주변부 관계의 불평등을 줄일 수 있고 국제 정치 무대에서 힘의 균형을 찾을 수 있다고 보았다. 이런 입장이 바로 1955년 반둥회의를 이끈 기조의 핵심이 되었다. 반둥회의에 모인 이른바 '비동맹 운동(Non-Aligned Movement·NAM)'의 회원국들은 개발도상국 간의 적극적 연대, 민주화와 사회발전의 조건을 논했다.

그러나 이런 일련의 목표를 달성하기 위해 이행해야 할 각종 조치는 오늘날에 이르러 보호주의, 환율 통제, 정부의 시장개입이라는 오명을 쓰게 되었다. 그러나 이 조치들은 사실 선진국들이 과거 발전의 도구로 썼던 수많은 수단의 일부에 지나지 않는다.

하지만 만일 오늘날의 개발도상국들이 그 수단을 똑같이 적용할 수 있게 된다면 어떻게 될까?

자연은 시장경제의 새로운 엘도라도

경제적 가치를 창출하는 노동과 달리 자연은 경제의 생산요소에 포함되지 않는다. 인류는 자연이 주는 자원을 이용하기만 할 뿐, 보상할 줄 모른다. 일부 경제학자들은 자연 파괴의 근원이 아낌없이 내어주는 자연의 성격에 있다고 본다. 일부가 자연을 살리기 위해 제시하는 '자연에 값을 매기는 방법'은 초점이 빗나간 무의미한 처방에 지나지 않는다.

셔츠 한 벌은 어떻게 만들어질까? 전통적으로 생산은 두 가지 핵심자원의 결합으로 이루어진다고 본다(흔히 이를 생산의 '요소'라고 칭한다). 상품을 생산하려면 먼저 인간의 노동이 필요하다. 예를 들어 디자이너가 직물, 실, 단추와 같은 재료를 가지고 세련된 셔츠로 탈바꿈시키는 데는 디자이너 자신의 에너지와 재능이 들어간다. 노동을 통해 새롭게 창출된 가치가 중간소비에 더해지는 것이다. 예를 들면, 최종 생산물인 셔츠의 가치에는 재봉틀이나 컴퓨터와 같은 자본의 가치도 일정 부분 투영된다. 그런데 이렇게 생산에 투입된 도구 역시 과거 시점의 최종 생산물이기 때문에 해당 중간투입물의 생산에 쓰인 노동시간만큼을 셔츠의 가치에서 제외하게 된다.

데이비드 리카도(David Ricardo)의 《노동 가치론》은 이 개념을 가장 명확히 설명한다. 고전 정치경제학을 확립한 영국의 경제학자인 리카도

(1772~1823, p.38-39 도표 참조)는 자연에 변화를 줄 수 있는 노동만이 경제적 가치를 창출한다고 보았다. 리카도의 뒤를 이은 경제학은 오랜 기간 인간 중심주의의 기독교적 세계관의 전통을 따랐으며, 자연을 인간의 이로움을 위해 창조된 것 혹은 인간의 지배 대상으로 이해했다.

자연의 노동에 대한 착취

이런 관점에서 보면, 천연자원은 자연이 점진적으로 행한 노동의 결실인 셈이다. 예컨대 죽은 플랑크톤이 수백만 년이 지나 석유가 되는 과정을 '자연의 선물'로 보는 것이다. 천연자원이 아무리 주요하고 필수 불가결한 요소에 해당하더라도 재화의 가격 형성에는 아무런 영향을 미치지 않는다. 목수가 옷장을 만들기 위해 목재를 구매할 경우, 목수가 지불하는 목재의 가격에는 벌목공의 노동과 숲의 토지자본만 포함될 뿐, 자연에게 돌아갈 몫은 전혀 없다.

자연을 결코 대가를 요구하지 않는 관대한 공급자로 여기는 사고방식이 천연자원의 보호와 보존을 소홀히 하는 결과를 가져온 것은 아닐까? 그렇

삽화: 보리스 세메니아코

게 해서 자연의 몫을 셈에서 제함으로써 부의 창출이라는 경제적 접근방식에 치중하게 되고, 생태와 환경에 관한 문제는 간과하는 결과를 자초한 것은 아닐까?

자연유산이 돌이킬 수 없을 만큼 파괴되는 현상은 '대가성'이 없는 데 기인한다는 발상에 따라, 일부 경제학자들은 자연 보전에 가격을 책정하자고 제안했다. 예를 들어, 브라질 맹그로브에 서식하는 새우를 남획하는 행위는 심각한 환경 파괴를 초래한다. 환경 피해로 발생하는 비용을 새우의 가격에 포함하면, '이론적'으로는 자연 유산 복원에 필요한 재원을 공급하고 새우의 남획을 막는 효과를 가져올 수 있다.

경제학계에서는, 이 같은 일련의 조치가 '외부효과를 바로잡는다'라고 말한다. 즉, 특정 경제 활동이 제3자에게 비용을 발생시켰으나, 활동 당사자가 그에 따르는 비용을 치르지 않아 시장에 비효율을 초래한 경우, 활동의 결과에 값을 매기는(가격 체계에 반영하는) 조치이다. 언뜻 보기에는 기발해 보일 수 있는 발상이지만, 실상은 자연에 두 번 가격을 매기는 결과를 가져온다. 산업생산을 위해 자연 이용에 대한 비용이 발생했는데, 자연보전에 또 한 번 값을 매긴다면 그 자체가 또다른 재화가 되어 수익을 유발한다. 탄소배출권 거래시장의 예를 살펴보자. 이는 탄소를 배출하는 기업들이 거래소 내에서 탄소배출권을 서로 사고팔 수 있도록 하는 제도이지만, 제도적 비효율성을 여실히 드러내고 만다. 마치 과열된 투기시장처럼, 이산화탄소 배출량은 끝을 모르고 치솟기만 하는 것이다. 최근 몇 년 사이 새로운 금융파생 상품이 개발돼, 특정 생물 종의 소멸이나 쓰나미와 같은 자연재해의 가능성에 대한 투자가 가능해졌다.

영국의 지리학자 닐 스미스(Neil Smith)는 자본주의 체제의 초점이 환경에 맞춰지면서 자연이 '자본축적 전략'의 대상이 되고 있다고 평가하며, 항상 더 많은 천연자원을 소비하기를 갈망하는 자본주의 체제가 상품시장의 경계를 끝없이 확장하고 있음을 지적했다.

경기 부양을 위한 소비 - 자본의 흐름과 유출

케인스학파는 실업이 증가하고 경기가 침체하는 시기에는 정부가 직접 나서서 시장에 개입해야 한다고 주장했다. 예산(수입 · 지출)을 조화롭게 관리할 경우 승수효과를 누릴 수 있다고 본 것인데, 이는 정부가 지출을 늘리면 시장의 전반적인 부는 (정부 지출보다) 훨씬 많이 늘어난다는 주장이다.

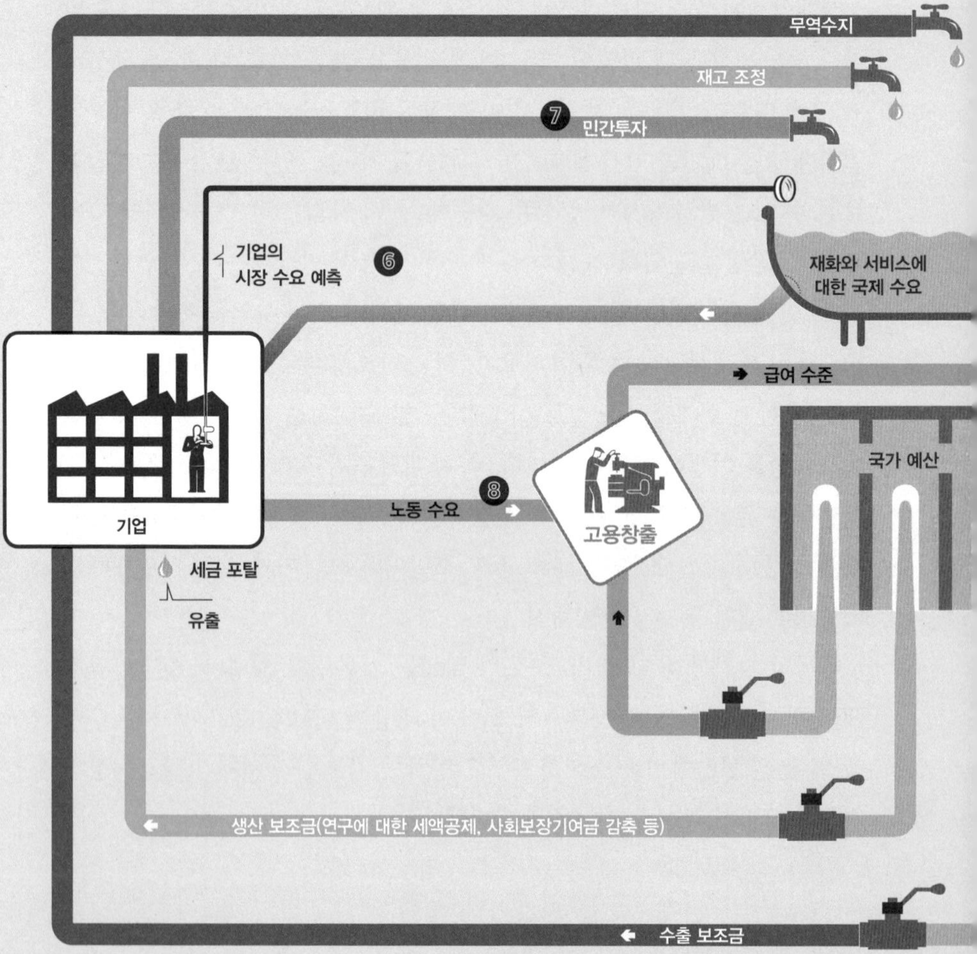

—

승수 메커니즘

존 메이너드 케인스는 그 당시 경제 상황에서 재정 승수를 5로 추산했다. 이는 정부가 10억 달러를 추가 지출할 경우 약 50억 달러의 부가 새로 창출된다는 것을 의미한다. 2007년~2008년 금융위기 당시 주요 국제 금융기관의 경제학자들은 대부분 국가의 재정 승수가 1 미만이라고 평가했다. 재정 승수 분석을 통해 그들은 긴축재정을 해법으로 제시했지만, 이는 승수효과를 과소평가한 결과임이 드러났다. IMF의 수석 경제학자 올리비에 블랜차드는 금융위기 기간 중 실제 재정 승수는 1을 훨씬 웃돌았음을 인정했다. 그리스는 이로 인해 혹독한 대가를 치러야 했다. 그리스가 만약 당시에 공공 지출을 늘렸다면 증가한 경제 활동이 세수 확대와 부채 감소를 불러왔을 것이다. 그러나 투자자들은 정반대의 조치를 그리스 정부에 요구했고, 이는 결과적으로 그리스의 경제 붕괴를 가속화 하는 요인이 되었다.

—

정부는 재화와 용역에 대한 전반적인 수요를 늘리고 기업들이 생산을 늘리도록 장려하기 위해 예산을 집행한다❶.
예를 들면, 정부는 실업 수당이나 공무원의 급여를 인상❷하는 방법을 통해 가계 소득을 높인다.
가계는 이 추가 소득의 일부를 소비해 국가 생산 증가에 이바지하게 된다❸.
가계는 소득의 나머지 부분을 저축으로 전환하거나 해외에서 소비하기도 한다❹.
재화와 서비스에 대한 국내 수요 전체 증가량에서 해외에 지출되는 '유출량' 만큼을 차감한다❺.
한편, 기업은 시장의 총수요❻를 예측하고, 부분적으로나마 생산을 늘려 수요에 대응한다.
이를 위해 기업은 신규 설비❼ 및 고용❽에 대한 투자를 늘린다.
이런 모든 결정은 추가 수요를 창출하며, 기업은 다시 시장의 수요를 예측하면서 고용과 투자의 선순환이 시작된다.
최종적인 총 효과를 승수효과라고 한다.

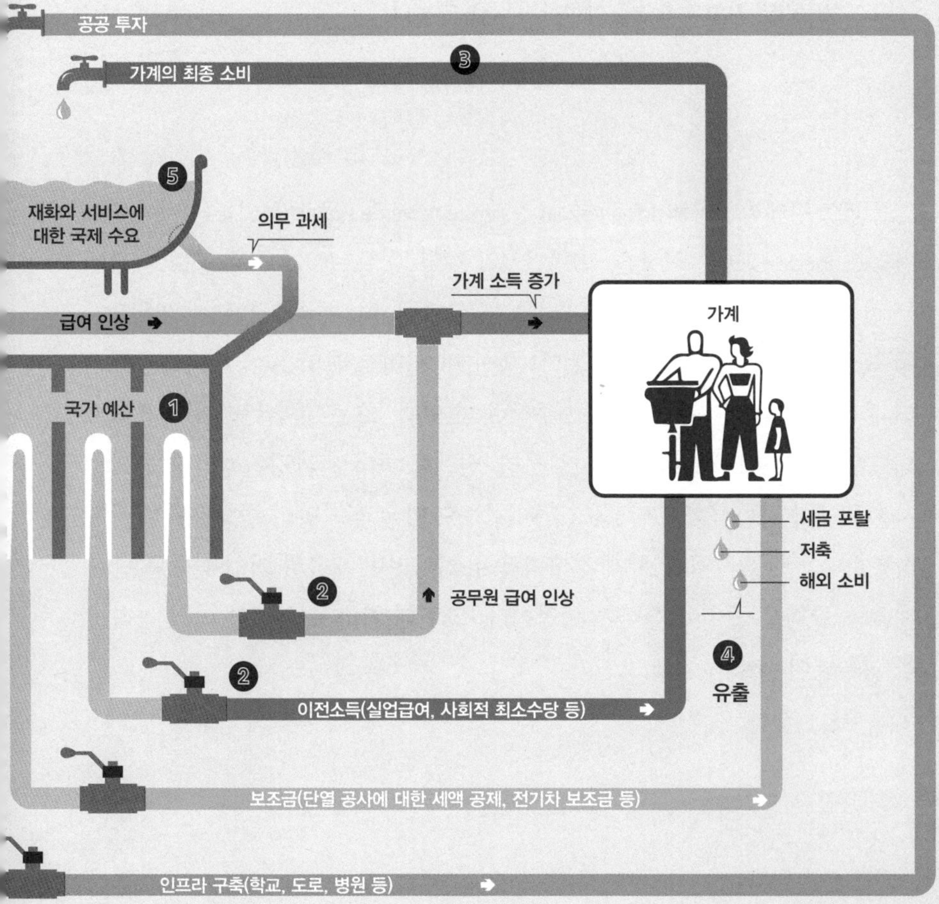

녹색으로 치장한 자본주의

풍력발전 시장의 활성화, '환경친화적' 공정 확산, '유기농' 라벨 상품 생산 증대, 이 모든 노력은 기업이 환경에 친화적일 수 있음을 보여주는 장치임이 분명하지만, 기업의 이윤추구 논리와 자연의 흐름은 상반된 성향을 드러낸다. 기업계에서는 별로 달갑지 않겠지만, 자연을 살리려면 기업의 활동을 제한하지 않을 수 없다.

프랑스 경제인연합회(Mouvement des entreprises de France·MEDEF) 피에르 가타즈(Pierre Gattaz) 회장은, 2013년 9월 18일 자 《르몽드》에 '프랑스 경제를 탈성장으로 이끌어선 안 된다'라는 제목의 기사를 통해 "경제와 기업 활동을 환경과 대립시켜서는 안 된다! 생산 및 서비스 산업은 이미 오래전부터 친환경 활동을 추구해왔다"고 주장한 바 있다. 그는 "독단주의와 공세적 태도에서 벗어나 실용적이고 이성적인" 선택을 한다면 환경친화적인 '녹색 자본주의'가 가능하다고 말했는데, 이는 주요 다국적 기업의 주장과도 일맥상통한다. 결국, 기업의 '국제 경쟁력'을 유지하려면 세금과 기업 활동을 방해하는 규제를 줄여야 한다는 주장이다. 그런데 가타즈 회장의 이런 논리는 설득력이 다소 부족해 보인다.

공해의 해외 이전

상당수의 서구 국가가 서비스 위주의 경제로 전환되었다지만, 기업 경영진이 주장하는 긍정 논리에 빠져 현실을 외면해서는 안 된다. 천연자원 사용량은 1980년과 2007년 사이 65% 늘어나 지속적인 증가세를 기록해왔다. 절대적인 양으로 비교하면, 역사 이래 오늘날과 같이 많은 양의 자원을 소비하고 공해물질을 배출했던 때가 없었다. 빈곤한 국가의 성장이 자원의 소비와 공해의 근본 원인이라고 대부분 말하지만, 이는 사실이 아니다. 서구 국가들은 생산시설의 해외 이전을 통해 일자리뿐 아니라 공해와 천연자원 개발까지 국외로 이전했다.

그러나 이런 방식을 언제까지나 유지할 수는 없다. 남아프리카공화국 요하네스버그에서 열린 지구 정상회담(World Summit on Sustainable Development·WSSD)을 통해 도입된 지표인 '생태 발자국'이 이를 증명한다. 이 지표는 인간이 자원을 생산하고 소비하는 데 필요한 비용을 토지 면적으로 환산해 지구에 얼마만큼의 흔적을 남기는지를 보여준다. 2001년 전 세계 생태 발자국은 생태계가 자원을 재생할 수 있는 생물생산 능력의 138%를 기록했고, 2010년대 초에는 150%를 넘어섰다. 만약 지구의 모든 사람이 평균적인 미국인의 생활방식대로 산다면, 지구가 다섯은 있어야 의식주를 해결할 수 있다.

지구를 지키려면 이윤보다는 자연의 순환을 중시해야!

지난 15년간 수많은 풍력발전소와 태양광 발전 패널이 새로 지어졌다는 점이 곧 '녹색 자본주의'로의 전환을 의미하지는 않는다. 반대로 자본주의는 환경에 더 많은 해를 가하고 있다. 경제는 늘 더 많은 자원을 필요로 하

—

우키타 씨 가족이 집 앞에 모든 소유물을 꺼내놓고 포즈를 취하고 있다.

1994년, 일본 도쿄 (사진: 피터 멘젤)

—

2015년 11월 프랑스 파리에서 열린 제21차 유엔기후변화협약 당사국총회(COP21) 당시, 예술가 활동단체 브랜달리즘(Brandalism)은 파리 시내 600여 개의 광고판의 이미지를 무허가 예술작품으로 일제히 교체했다. 광고 후원을 통해 기후변화 협의에 영향력을 행사하는 거대 다국적 기업을 비판하고자 진행된 안티 광고 프로젝트다.

조 웹의 작품 '갈증'은 "세계의 10명 중 1명은 안전한 물을 이용할 수 없다"라는 문구를 담고 있다. '생생한 기후변화 체험'과 석유 시추 시설 옆에서 버락 오바마가 딸과 함께 수영하는 모습을 담은 이미지는 모두 빌 포스터의 작품이다.

므로, 재생에너지는 공해를 유발하는 기존의 에너지를 대체하지 못하고 보조하는 데 그치고 있다.

가전제품, 전화기와 컴퓨터, 식료품과 같은 소비재의 나날이 줄어드는 수명만큼 교체주기는 점점 더 짧아지고 있다. 그 결과, 더욱 많은 제품을 생산하게 된다.

과연 이런 과잉소비가 일시적인 현상으로 그칠 것인가? 더 적은 소비로 더 나은 결과를 가져오는 자본주의란 그저 순진한 발상일 뿐일까? 이미 1970년대에 미국 환경학자 베리 코모너(Barry Commoner, 1917~2012)는 자본주의의 특성상 다른 결론에 도달할 수 없음을 증명한 바 있다. 자본주의는 최대의 이윤을 창출하기 위해 자본이동의 완전한 자유화라는 기본원칙을 전제한다. 그러나 지구를 보호하려면 이윤이 아닌 자연의 순환을 우선으로 해야 한다. 이는 즉, 생물 종이 자연적인 재생산을 통해 유지될 수 있도록 어획량을 줄이고, 생태계가 재생할 수 있는 범위를 초과하는 오염물질을 배출하지 않으며, 재생가능한 범위 안에서만 에너지를 소비하는 방식을 우선해야 한다는 뜻이다. 탈성장(p.78 참조)의 패러다임으로 볼 수 있는 이런 일련의 조치를 자본주의에 적용하기는 아무래도 어려워 보인다.

유럽판 뉴딜 정책은 어디로?

최근 실업 해소 대책으로 대두되는 방안은 기업경영에 유리한 환경을 조성하는 것이다. 사회보장기여금 인하, 세금 면제, 쉬운 해고와 같이 기업의 혜택을 늘리는 '공급 중심의 정책'이 정부 주도의 경기부양 정책의 입지를 좁히고 있다. 이제 정부 주도 정책은 실효성을 잃은 것일까?

영국 경제학자 존 메이너드 케인스는 요행이 따르지 않는 한, 실업 문제는 시장경제 전체에 영향을 미친다고 보았다. 따라서 경제가 숨을 허덕이고 구직자가 넘쳐나는 상황에서는 정부가 직접 개입해서 시장에 활력을 불어넣어야 한다고 주장했다. 정부 개입의 가장 효과적인 예로는 미국의 프랭클린 델러노 루스벨트 대통령이 1933~1938년 '뉴딜(New deal; 새로운 처방)' 정책의 하나로 시행한 대형 건설사업을 들 수 있다. 당시의 정책을 2016년에 다시 적용한다면 아마 신규철도 건설, 고단열주택 시공, 초고속 인터넷망 구축 사업이 추진될 것이다. 그렇다면 그 원리는 무엇일까? 정부 투자의 즉각적 효과는 고용 창출로 나타날 것이다. 과거에 실업자였던 사람은 직업을 구해 얻은 소득으로 각종 지출과 주거를 해결하고, 책을 사고, 휴가도 떠날 수 있게 된다. 이렇게 시장에 투입된 돈은 여러 차례의 순환을 거듭한다. 그의 지갑에서 나온 100유로는 정육점과 서점, 빵집 주인, 치과

의사의 수중으로 들어갈 것이다. 판매량의 증가, 영수증 수의 증가, 고용량의 증가, 이것이 바로 정부의 공공지출이 가져오는 '승수효과'다.

원금 회수

재정 지출을 세수로 다시 메운다면 가장 이상적인 시나리오가 될 것이다. 예를 들면, 정부가 10억 유로를 투자해 대학을 건설한다고 가정하면 국내총생산(GDP)이 50억 유로 더 증가하는 효과를 누릴 수 있고, 여기에 다시 세금을 부과하면 정부는 투자금을 다시 회수할 수 있다.

그러나 승수효과는 두 가지 큰 한계를 보인다. 첫째는 가계가 소득 일부를 지출하지 않고 저축하기로 하는 경우로, 투입된 돈의 흐름이 중간에서 끊어지는 결과를 가져온다. 둘째로 소비자들이 수입된 외국제품을 구매하는 예도 생각해볼 수 있다. 관세나 환율통제와 같은 내수시장 보호 장치가 없는 경우라면, 경제 활성화 효과는 수출국으로 빠져나가게 된다. 프랑스 정부가 1981년에 마지막으로 시행한 대대적인 경기부양책이 이에 해당하는데, 당시 독일과 일본의 공산품 수입이 늘어나 무역수지 악화로 이어지고 말았다.

최근에는 국제통화기금(IMF)의 분석 결과와 같이 재정지출의 승수효과가 높게 나타나기 때문에 정부의 경기부양 효과는 유지하면서 재정적자나 무역적자의 위험은 피할 수 있다고 보는 견해가 지배적이다. 특히 유럽연합의 경우 회원국 간 교역이 60%에 이르는 만큼 유럽연합 차원에서 경기부양책을 시행한다면 더 큰 효과를 볼 수 있다. 또한 비회원국과의 교역을 관계를 악화시킬 우려도 적다는 이점도 있으므로 추진을 적극적으로 고려해볼 만하다.

2015년 위베르 라게 씨가 프랑스 국립정보화제어연구소(IRINA) 시뮬레이션 센터에서 연구결과를 발표하는 모습

정부는 균형재정 달성에 대한 부담을 안고 있지만, 다행히 여러 정부 지출 중에서도 민간 자금을 유치할 만큼 단기간에 이익을 거두지 못하는 기초 연구에 대한 재정 투자를 계속 이어가고 있다. 일례로 프랑스 정부는 파리 인근 도시 사클레에 거대한 혁신 지구를 조성하기 위해 40억 유로를 투자한 바 있다. 혁신 지구 내의 많은 연구실 중 하나인 시뮬레이션 센터에서는 프랑스 원자력청(CEA), 국립과학연구센터(CNRS), 국립정보자동화제어연구소(INRIA), 파리 제11 대학, 베르사유 대학(UVSQ)이 공동으로 슈퍼컴퓨터를 개발하는 첨단과학컴퓨팅에 관한 연구를 추진하고 있다. 이 기술은 기상 시뮬레이션, 융합 제어, 미래 물질 개발과 같은 다양한 분야에 두루 적용할 수 있다.

2014년 3월 프랑스 몽테송 평원의 도시화에 반대하는 ZAD환경운동가들. 프랑스 노트르담-데-랑드 공항 건설 반대하는 시위 당시

운동가들은 본래 개발지연구역(zone d'aménagement différé)을 의미하는 약어 'ZAD'를 보호구역(zone à défendre)의 의미로 바꿔 사용했다. 이후로도 '대규모의 쓸모없는 프로젝트'에 반대하는 ZAD 운동이 계속 이어졌다. (사진: 립 홉킨스)

자발적 민간투자를 대체하는 정부지원

이런 제안의 실현을 막는 장애 요인으로는 다음의 세 가지를 꼽을 수 있다. 첫째는 유럽연합 회원국 간의 무역적자이다. 예컨대 만약 소비자들이 독일 제품을 선호한다면 유럽연합 차원의 재정투자 혜택은 독일 경제에 편중되는 결과를 가져올 것이다.

둘째는 이념적 요인을 들 수 있다. 1970년대 이래, 유럽연합 내에서 케인스식 경제정책의 효과를 인정하는 정부가 없다시피 한 실정이다.

셋째는 제도적 요인이다. 유럽연합의 평균 채무 비율은 2015년을 기준으로 GDP의 86%에 달한다. 1992년 마스트리히트 조약을 통해 정한 60%를 훨씬 상회하는 결과이다. 아울러 유럽연합은 2013년 1월 1일부로 발효된 '안정, 조율 및 거버넌스 조약(일명 신재정협약; Treaty on Stability, Coordination and Governance · TSCG)'에 따라 각 회원국이 과잉 재정적자에 대한 대응을 우선순위로 정하고 구조적 예산적자*를 연간 GDP의 0.5% 이하 수준으로 유지하도록 권고하고 있다.

한편 유럽연합은 2015년에 210억 유로 규모의 공공부문 투자를 결정했다. 이 재원으로 향후 3년간 15배의 승수효과를 발생시켜 약 3,150억 유로의 투자 창출을 기대하는 만큼, 올바른 선택을 내렸다고 평가된다. 이른바 레버리지 효과로, 정부지원이 사업의 수익성을 높여 더 큰 규모의 민간투자를 유인하는 기폭제 역할을 하는 것이다. 그러나 그 결과는 누구도 장담할 수 없다. 현실에서는 정부지원이 자발적 민간투자를 대체해 오히려 민간의 영역을 축소하는 결과를 초래하기도 한다. 한편, 브뤼겔연구소는 추정치를 통해 유럽연합의 목표가 실현된다고 해도 1970~2014년 기간 유럽연합 연평균 투자지연액(2,600억 유로)의 40%를 해소하는 데 그칠 것으로 전망했다.

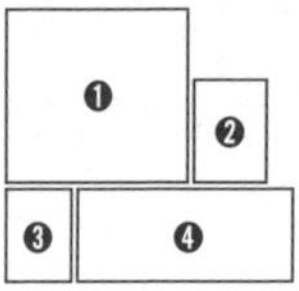

❶ **발췌: 만화책 La Débauche(풍기문란)**
자크 타르디, 글페낙다니엘 페나크, 파리, Futuolis, 2009년
(삽화문구: 유럽 지역 무직 상태의 호모사피엔스 유해경고)

❷ **영화 〈01년〉 의 포스터**
만화가 제베(Gébé)의 원작 만화를 토대로 제작된 영화(감독: 자크 두알롱, 알랭 르내, 장 루크)
영화는 시장경제의 생산지상주의를 흡사 유토피아와 축제판처럼 묘사하며, 이를 탈피해 새로운 시대로 나아가라고 제안한다.

❸ **〈플레이타임〉 일본판—1967년 (자크 타티)**
이 영화는 우리의 인간성을 파괴하는 현대성의 과잉과 부조리에 대한 패러디로, 유령 도시가 돼버린 파리(Paris)의 초현실적 모습에 교묘하게 조율된 회오리바람의 소리가 더해져 앞으로 불어닥칠 혼돈을 예견케 한다.

❹ **숲에 설치된 조형물 〈캔버스 사냥(La Chasse auxillet)〉—2011년 (로랑 미에)**

또다른 비전

쇠퇴인가 한계인가?

사람들은 흔히 탈성장이 국가 경제 쇠퇴를 옹호하는 운동이라고 오해하고 비난을 쏟아내기도 한다. 그러나 실상 탈성장 옹호론자들은 악화일로의 경제상황에 개탄을 금치 못한다.

이 운동의 핵심은 결코 경기침체를 기대하는 것이 아니며, 자기 파괴적인 경제정책에서 벗어날 것을 촉구하는 데 있다. 탈성장 운동은 다른 수식어가 붙은 성장(이를테면 녹색성장)이나 발전(지속가능한 성장, 사회적 발전, 인류 연대적 발전 등)을 의미하지도 않는다. 탈성장은 지금까지와는 다른 사회, 즉 검소하지만 풍요롭고, 성장 없는 번영을 누리는 사회를 지향한다. 그렇다고 해서 탈성장을 즉각 구현 가능한 일종의 경제 프로젝트로 보면 곤란하다. 그보다는 현실에서 괴리된 정책을 양산하는 오늘날의 경제체제에 대한 문제의식을 공유하는 사회적 어젠다로 이해해야 한다.

결국, 탈성장 본연의 의미를 왜곡해 '지속가능한 성장'의 변형으로 보는 것은 논리적 모순이나 다를 바가 없다. 그런데 그 과정에는 나름의 사연이 있다. '탈성장'이라는 용어가 현재와 같은 의미로 쓰이기 시작한 시점은 1994년이다. 루마니아 태생 미국 경제학자 니콜라스 제오르제스쿠 로에젠(Nicholas Georgscu-Roegen)이 저술한 글을 책으로 묶어 프랑스어판으로 출간할 때 그 책의 제목에 탈성장을 언급한 것이 그 시작이다. 이후 탈성장을 특집으로 다룬 환경운동 잡지 《실랑스》의 2002년 2월호가 큰 인기를 끌면서 우연에 가까운 계기로 탈성장이라는 개념이 확산하기 시작했고, 초기에는 일종의 슬로건처럼 사용되었다. 이후, 마거릿 대처 영국 총리(1979~1990 재임)가 애용했던 구호 TINA(대안은 없다는 의미의 'There Is No Alternative'의 머리글자를 따서 만든 단어)에 대항이라도 하듯, 너무 보편적으로 쓰여 의미가 퇴색한 '지속가능한 성장'을 대체하는 개념으로 '탈성장'이 새로운 주목을 받았다. '탈성장'은 이내 정치 생태학, 경제성장 대한 문화 비평 등 분야와 분파를 불문하고 널리 쓰이는 하나의 표어가 되어버렸다. 결국, 성장 옹호론자들이 즐겨 쓰는 모순어법인 셈이다.

'무신론'의 예처럼, 성장을 부정하고 거부하는 의미로 '무성장'이라는 단어를 쓴다면?

이는 결국, 본질을 파악하지 못하고 단어에만 얽매여서는 안 된다는 사실에 대한 역설이다. 이를테면, '탈성장을 위한 탈성장'은 '성장을 위한 성장'처럼 아무런 의미가 없는 공허한 말의 연속일 뿐이다.

본래 의미의 탈성장은 삶의 질이나 공기, 물 그리고 그동안 '성장을 위한 성장'이 파괴해온 수많은 것들을 더 나은 방향으로 개선하는 것을 목표로 삼는다. 따라서 엄밀히 말하면, 유신론에 대치되는 개념이 무신론인 것처럼, '성장' 앞에 부정과 결여의 의미를 나타내는 접두사를 사용한 '무성장(Acroissance)'이라는 단어의 새로운 조합으로 의미를 강조하는 노력이 필요할 수도 있다. 실제로 무신론이 신의 존재를 부정하고 신앙을 거부하는 것처럼 탈성장의 핵심은 발전을 부정하고 성장을 거부하는 데 있기 때문이다. 따라서 탈성장은 성장이 둔화하는 경기침체*도, 마이너스 성장을 기록하는 경제불황*도 아니다.

그렇다면, 과거 케인스 경제학의 경우처럼 신고전주의의 정통성에 반기를 든 새로운 경제 패러다임으로 탈성장을 이해해야 할까(p.76 참조)? 물론 그런 길을 택한 일부 옹호론자도 있다. 그 밖의 사람들은 합리적이고 이해타산적이라고 여기는 개인의 사고에 인간의 선택을 한정하는 좁은 시각에서 벗어나, 생태학적으로 지속가능하며 정의로운 사회를 만드는 데 더 큰 의미를 부여하고자 한다. 오늘날의 선진국처럼 '성장이 없는 성장 중심의 사회'에서는 현실과 괴리된 신자유주의 경제정책이 이제 더는 답이 되지 못한다. 그저 환경파괴를 부추길 뿐이다.

맹목적 신뢰

앞서 논의한 지표의 타당성 문제를 통해 우리는 성장 중심 사회에서 맹목적인 신뢰를 받는 지표인 국내총생산(GDP)의 허점과 삶의 질을 제대로 반영하지 못하는 한계를 확인한 바 있다. 그러나 앞서 문제의 핵심이 경제의 특성에 있지 않다는 점을 충분히 논의하지 못했다. 문제의 근원은 사실 경제 그 자체다. 경제학에 대한 정의는 시간이 흐르면서 계속 변화했다. 고전경제학자들이 어떻게 부가 창출되고 분배되며 소비되는지를 밝히는 학문으로 경제학을 정의했다면, 그 뒤를 이은 신자유주의자들은 경제학이 희소한 자원의 최적배분을 연구하는 학문이라고 주장했다(p.38-39 참조). 경제학의 이런 일반적이고 모호한 정의는 범죄, 사랑, 건강을 비롯한 인간의 모든 욕망을 경제의 돈주머니 안으로 쓸어담는 결과를 가져왔다. 세상만사가 경제로 귀결되며 여기에 '예외는 없다'는 억지주장이 아니겠는가?

탈성장 운동이 권하는 바와 같이, 경제를 다시 사회의 틀 안으로 가져오고, 그동안의 한계를 시인하는 것이야말로 성장 없는 번영에 이르는 길이며, 인류의 파멸을 피하는 방법이다.

노사,勞使 다리와 교각의 관계

'대화', '중재', '합의'. 정치 연설이나 언론 분석에서 노동문제를 다루는 것을 보면 '노사관계 유연화'가 유일무이한 목표인 것처럼 보인다. 왜냐하면, 직장은 삶의 질을 추구하는 노동자와, 민간투자와 주주의 이익으로 도모하며 이윤을 추구하려는 고용주의 상반된 입장이 충돌하는 대립장이기 때문이다. 이런 갈등을 해소하려면 결국은 한쪽 진영이 자신의 입장을 포기하게 되는 상황이 부지기수다. 그래서 일부 회사들은 임금노동자들이 조직적으로 나서 경영진의 입장에 반하는 노조 활동을 회사보호 차원에서 미연에 차단하기도 한다.

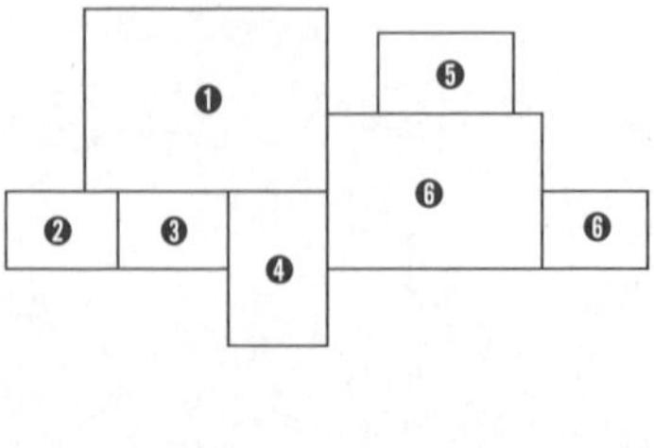

그웬 뒤부르투미유의 르포사진 〈구리로 사는 사람들〉—2010년

콩고민주공화국의 극동 남동부에 있는 카탕가주에는 전 세계 구리의 10%가 매장돼 있다. 국영기 제카민(Gecamines)의 파산과 1990년대 후반 시작된 광업 시장 자유화의 여파로 굴착당에서 일하 20만 명의 노동 조건은 더욱 열악해졌다.

❶ 카툰가 광산에는 3만 명 이상의 어린이가 노동에 투입되는 걸로 추정된다.

❷ 60년 넘게 이곳에 정착해 살아온 카와마 주민들은 광산 경찰에 의해 불과 몇 시간 만에 집이 철거되는 광경을 그저 지켜볼 수밖에 없었다. 정부와 다국적 기업의 폭력적인 수단과 협박은 광산 인근 거주민들의 이주를 선택하도록 하는 수단일 뿐이었지만, 그 결과 이 마을 주민

디도 카송고는 부서진 집에 깔려 사망했고 다른 한 명은 중상을 입었다.

❸ **장화나 헬멧도 없이 최대 60m 깊이의 갱도에서 일하는 광부**

❹ **당국이 시공을 승인할 경우, 루붐바시 공장의 노동자들은 매일 용로공정 2회분에 해당하는 작업량을 채워야 한다.**

❺ **전직 중앙은행 세무 관리인 에릭 카빌라 씨는 카툼바 무완케 전 주지사와 잘 아는 사이이다.**
무완케 전 주지사는 조셉 카빌라 대통령의 고문과 가깝게 알고 지내면서, 제카민 파산 직후 광산법이개정되자 대규모 광산 회사의 설립을 도우며 많은 재산을 쌓을 수 있었다.

❻ **그랜드호텔 카라비아에서 개최된 만찬 행사**
구리 생산업체 대표들의 연례행사. 조지 포레스트의 주최로 루불바시 승마 서클에서 열린 경마대회에는 신식민지주의의 흔적이 서려 있다. 이 연례행사에는 벨기에인들과 이웃 국가 잠비아의 옛 영국령 지역(로디지아) 주민들이 대거 참여한다.

통념

"사회적 대화는 모두에게 득이 된다!"

끊임없이 들려오는 '사회적 대화'라는 용어는, 기업이라는 장소가 협력과 타협의 장인 것처럼 오해를 불러일으킨다. 하지만 경제적 의사결정 중에 노사 공동결정권이 보장되지 않는 상황에서, 과연 노동자가 고용주와 대등한 위치에 서서 평화적으로 협상을 벌일 수 있을까?

—
프랑스 국방부와 경제인연합회(MEDEF)가 공동 주최한 군사 적응 훈련 과정에 참여 중인 기업 경영자 7인
2016년, 콜리우르 (사진: 조르주 바르톨리)

2015년 10월 노동조합과 사용자단체가 모인 자리에서 프랑수아 올랑드 프랑스 대통령은 "사회적 대화는 절차나 의무가 아닌, 진보의 조건"이라고 못 박았다. 언론과 정치인들은 노동과 고용 문제에서 대화가 그 어떤 형태의 법이나 갈등보다도 나은 중재수단이라는 점을 인정한다. 그러나 동시에 사회적 대화에 수반되는 난항이 적지 않음을 노골적으로 호소하기도 한다.

사회적 대화는 노동자와 고용주가 상호 협력적인 방식으로 생산과정에 참여함을 전제로 한다. 전제대로라면 노사는 기업의 건전성이라는 공동의 이해를 바탕으로, 창출된 부(부가가치*)의 분배조건을 평화롭게 논하기만 하면 될 것이다. 그러나 현실에서 고용주와 노동자는 불평등한 관계에 있으며, 서로 적대적인 태도를 보인다.

먼저 노동자가 고용주의 의사결정에 순응하도록 하는 고용계약은 종속적 성격을 띤다. 또한, 기업의 이윤추구가 반드시 임금인상, 고용안정, 노동조건의 개선으로 이어지지도 않는다. 오히려 이윤추구를 위해서라면 앞서 나열한 모든 조건을 포기해야 할 수도 있다. 결국, 노사 간 대화는 평등에 기초하지 않기 때문에 갈등을 해결하지 못한다. 오히려 갈등의 요인이 될 수 있다. 그러므로 대부분 노사분규의 전형으로 간주하는 파업은 기업의 경영진이 평소 관심을 기울이지 않던 문제를 수면 위로 부각시킨다. 힘의 균형을 재조정하는 과정으로 볼 수 있다.

통계 자료에 의하면 프랑스 비농산물 시장 부문 10인 이상 사업장 기준, 노동자 1,000명당 연간 파업일수가 2005년 168일에서 2013년 79일로 감소한 것으로 나타난다. 그러나 파업일수의 감소는 노사관계 개선의 결과가 아닌, 대량실업의 여파로 더 취약해진 노동조건에 기인한다고 보아야 한다. 파업일수는 줄었지만 노사 간의 대립은 오히려 확대되는 양상을 보이기 때문이다. 노동자들의 시위는 작업 중단이나 탄원 운동 등 온건한 방식을 취하기도 하고, 물리적 폭력, 자살, 위협 등 더욱 극단적인 방식으로 표출되는 등, 때에 따라 방식을 달리할 뿐이다.

❶ **발췌: 에리히 오리겐과 간 골란의 만화 《무적 실업자의 모험(Les Aventures d'ultra-chômeur)》 (출판: Presque lune, 2013년)**

❷ **1919년 노동총연합과 세느 노조 연맹이 1일 8시간 근무제 시행을 위해 발행한 포스터 (작가: 펠릭스 두멍크)**

1919년 4월에 투표를 통해 8시간 근무 법안이 제정됐지만, 법망을 빠져나가려는 고용주들로 인해 수많은 위반사례가 접수됐다.

❸ **2013년 12월 아미앵 법원 앞에서 열린 집회에 참여한 굿이어타이어 노동자 (사진: 장 피에르 사조)**

법적으로 허용된 '사회적 대화'로부터의 이탈은 값비싼 비용을 초래할 수 있다.2016년 1월 12일에 프랑스 법원은 공장 폐쇄를 저지하는 투쟁에 가담한 조합원에게 징역형을 선고했다. 이는 제5공화국 수립 이래 최초의 사례로 꼽힌다. 그런 결정이 내려지기 2년 전에 굿이어타이어의 노동자 8명이 경영인 2명을 30시간 동안 억류하다 아무런 폭력 행사 없이 놓아준 사건이 있었다. 1,143개의 일자리를 지켜내기 위한 마지막 방편으로 노동자들이 불법감금까지 단행했지만, 공장은 며칠 후 그대로 문을 닫고 말았다.

국가는 노동자의 취약한 여건을 고려해 고용주에게 협상의 의무를 부여한다. 따라서 고용주는 해고를 빌미로 노동자에게 요구 철회를 강요할 수 없다. 이처럼 노사 간의 갈등은 충분한 협의를 통해 해결하도록 법으로 규정하고 있다. 그러나 법적 효력은 과연 어디까지 영향을 미칠 수 있을까?

고용 협박이나 다름없는 노사협상

일반적으로 노사 간의 의무를 추구하는 데 있어 정부가 노사 간의 교섭에 섣불리 개입하는 것은 지양해야 한다. 어떤 이들은 노동자들의 입장에 더 가까운 방향으로 '대화'가 진행돼야 더욱 효과적이라고 주장한다. 이 주장은 결국 노조를 제쳐두고 노동자들이 직접 교섭에 나서는 것을 의미한다.

실제 사례를 하나 살펴보자. 2015년에 자동차 제조업체인 스마트 사의 다수노조는 경쟁력 협약에 반대하는 견해를 밝혔지만, 같은 업체의 노동자 56%는 고용유지를 조건으로 급여인상 없이 주당 39시간 근무제로 회귀하는 데 찬성표를 던졌다. 그런데 이런 내용의 노사협의는 사실상 고용 여부를 내건 협박이나 다를 바 없다.

고용주와 노동자 간의 대립을 초래하는 불평등한 관계 내에서 노동자들이 내세울 유일한 강점은 수적 우위뿐이다. 그러므로 분열을 조장하려는 시도는 노동자 세력의 약화를 노린다. 이는 기업의 편의를 위해 단체협상이 아닌 개인 단위의 계약을 독려하는 각종 조치의 본질이기도 하다. 좀더 정확히는, 지난 2016년 봄, 미리암 엘 콤리(Myriam El Khomri) 노동부장관이 국회에 제출한 노동법 개정안의 기본입장이 이 상황에 해당한다. '규범의 위계질서'를 전복시키는 것이 바로 콤리 장관의 의도이다. 일부 특수 분야를 제외하면, 개인 대 회사 단위의 협상은 단체협상뿐 아니라 법적 효력까지도 능가할 수 있다. 기업 내에서 단체보다는 노동자가 단연 수적으로 우위를 점하기 때문이다.

선의로 충만한 노예 구제 대책

18세기 후기에 접어들면서 노예제도 폐지를 요구하는 목소리가 높아졌다. 그 시기 프랑스는 노예를 동원해 북아메리카와 카리브 지역을 개척하고 점령하고 있었다. 노예제 폐지론자들의 요구에 맞서는 옹호론자들은 천성적으로 일하기 싫어하는 노예들을 해방한다면 이들은 필연적으로 빈곤에 빠지게 될 것이며, 결과적으로 산업 붕괴를 일으킬 뿐이라고 응수했다.

1748년, 프랑스 철학자 샤를르 드 몽테스키외(Charles de Montesquieu)는 노예해방의 문제를 지적하고 나섰다. 도덕적 접근이 주류 여론을 형성하는 와중에 프랑스에서의 논의는 점차 경제적 논리로 기울기 시작했다. 몽테스키외는 "플랜테이션 농업에 노예를 투입하지 않는다면 설탕 가격이 대폭 오를 것"이라고 선동하듯 주장을 펼쳤다. 당시 일부 노예제 폐지론자들은 강제 노동이 자발적 노동보다 비효율적임을 입증하고자 했다. 그 근거로 노예제도에 수반되는 높은 비용 대비 저조한 생산성은 노예들의 후생에 부정적인 영향을 줄 뿐 아니라 식민지를 유지하는 비용을 높이게 되며, 궁극적으로 프랑스 본토의 번영을 저해한다는 점을 지적했다. 이런 공격에 맞서 노예제를 주창한 이들은 노예제도 폐지의 '비효용성'과 '역효과'라는 두 가지 명제를 논거로 제시했다. 옹호론자들의 대응에 관해 경제학자 앨버트 허시먼(Albert Hirshman)은 전형적인 반동적 수사법이라고 꼬집어 지적한 바 있다.

우선, 첫 번째 명제인 비효용성을 살펴보자. 여기에서 말하는 비효용성이란, 보편적 법칙이 우세할 경우 노예제 폐지가 무용해짐을 의미한다. 1788년, 피에르빅터 말루에(Pierre-Victor Malouet) 대령은 "나는 (돈을 치르고 흑인에 대한 소유권을 획득함으로써) 소유주와 무산계층을 연계하는 새로운 시장을 형성한 셈이다"라고 말했다. 사실, '나를 위해 일하면 먹고 살 수 있게 해 주겠다'라는 단서는 빈곤층과 부유층 간에 통용되는 보편적 합의의 전제조건이다. 시대와 사회를 불문하고 기득권층은 가진 것이라곤 노동력밖에 없는 이들에게 결코 자신의 재산을 거저 나눠주는 법이 없기 때문이다. 그는 다음과 같은 설명을 덧붙였다. "당신들이 생계를 유지하기 위해 일하는 기자를 고용하듯이, 나는 1,500프랑에 달하는 비용을 덤으로 치르고 누군가에게 일과 숙식을 제공하는 권한을 획득했을 뿐이다. 노동시장의 암묵적 관행과 노예소유 간에 어떤 차이점이 있단 말인가? 게다가 나는 당신들과 달리 추가적인 의무도 수행한다. 나는 나의 흑인 노예가 병들면 치료를 해주고, 그가 노년에 이르면 자유를 준다. 더불어 나에게 비록 도움이 되지 않더라도 내 노예의 자녀를 손수 거둬 기르고 먹이기도 한다. 당신들이 비참하기 짝이 없다고 여기는 노예 중 그 누구도 부족함을 느끼지 않는다. 그러나 거리를 헤매며 독자의 동정심을 자아내기 위해 헛된 노력을 기울이는 가난한 일용직 기자들은 그 누구도 동정하지 않는 것이 작금의 현실이다." 말루에 대령의 이런 두 가지 주장은 이후 노예제도를 옹호하는 수많은 이들의 글을 통해 반복적으로 쓰였고, 다음과 같이 변형·재생산되기에 이른다. "세상에 만연한 사회적 억압은 그 자연적 특성으로 인해 필연적으로 발생하며, 자신의 안위를 책임지는 소유주 밑에서 일하는 노예는 기자나 가난한 농민보다 행복하다"고 말이다.

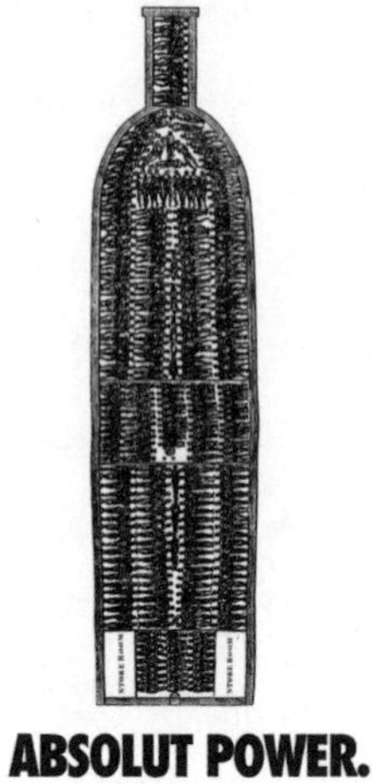

❶ **니콜라 소호 칼조의 아이티 시리즈—마르셀루스(일명 아드리엔)와 데살린(일명 샤를로탱 마카디우), 독립 영웅의 명예 회복 운동 활동가들 (2013년, 아이티 크루아데부케)**
아이티 혁명은 역사상 가장 큰 규모의 노예 항쟁인 동시에 성공을 거둔 유일한 사례다. 1791년 프랑스 혁명 기간에 프랑스의 가장 값어치 높은 식민지인 생도맹고에서 투생 루베르투르 장군이 이끄는 10만 명의 흑인 노예들이 항거 운동을 벌였다. 이 운동의 결과로 아이티에서는 1793년부로 노예제도가 폐지됐으며 이후 이런 폐지 움직임이 모든 다른 식민지로까지 전파됐다. 반면, 나폴레옹은 1802년, 생도맹그에 원정군을 파견해 섬을 탈환하고 노예제도를 부활시키려 하였고, 자유 신분을 쟁취한 토착민들은 이에 반기를 들고 프랑스군에 맞서 싸웠다. 투생이 프랑스로 이감된 후에는 장자크 드살린 장군이 반란군을 이끌었으며, 1804년에는 최초의 흑인 독립국의 탄생을 알렸다.

❷ **행크 윌리스 토머스의 작품 〈절대적인 권력(Absolute Power)〉—2003년.**
미국인 작가 행크 윌리스 토머스는 1781년에 리버풀에서 만들어진 노예선 조감도의 방향을 회전시켜 현대작품으로 표현했다. 본 도면은 당시 폐지론자들이 노예선 수송 조건을 고발하고자 배포했던 인쇄물이다.

❸ **눅쉬노 장의 그라피티 작품 〈프랑스 요새(Fort-de-France)〉—2013년.**

최선은 선의 적

노예제 옹호론자들은 두 번째 명제인 역효과를 통해, 노예제도를 폐지할 경우 노예제 폐지론자들이 추구하는 이상과는 상반된 부정적 결과를 초래하게 될 것을 경고한다. 그들의 주장에 의하면 천성적으로 나태한 흑인 노예들은 결핍에 연연하지 않는다. 아울러 노예들이 자연의 풍요를 누리는 지역에서 자유를 누린다면, 필시 그들은 플랜테이션 농업을 포기하고 식물채취나 식용작물 경작, 소규모 어업이나 사냥을 하며 살아갈 것으로 생각했다. 그렇게 될 경우, 농장 소유주는 노동 인력을 상실하거나 과거보다 더 높은 임금을 지급해야 해서 결국 농장은 파산에 이른다는 주장이었다. 아울러 설탕, 커피 재배와 같은 농업의 붕괴는 비단 식민지의 몰락뿐 아니라 프랑스 무역과 산업의 약화로까지 번질 것이라고 예상했다. 그렇게 해서 자유를 얻은 흑인들이 결국에는 더욱 열악한 여건을 감수해야만 할 것이라는 결론을 내렸다. 이런 맥락에서 1843년에 식민지 참모를 지낸 보비스(Bovis)는 다음과 같은 설명을 내놓았다. "노예를 비난하거나 모욕하고 싶지 않다. 단지 노예들의 본분을 상기하려는 것뿐이다. 노예제도는 사회의 기능이며, 그 기능은 흑인들의 능력에 따른 결과이다. 왜냐하면 그들은 우리와 동등한 수준의 지능을 보유하지 않았기 때문이다." 그는 노예제도를 폐지한다면, 소위 박애주의자라는 사람들이 모든 이들에게 고통을 안기게 될 것이라고 주장했다.

"최선은 선의 적이다." 1791년에 미 대륙 프랑스 식민지로 이주한 농장주들의 노예제에 관한 생각을 고발하고자 익명으로 제작된 전단에 적힌 이 금언은 당시 노예제 폐지론자들에 맞서던 옹호론자들의 시각을 여실히 드러낸다. 옹호론자들은 사실상 자신의 이익을 수호하기 위해 현상유지를 주장했으나 겉으로는 공공의 이익을 위하는 듯 행세했다.

민주주의는 왜 회사의 문턱을 넘지 못하는가?

기업이 이익을 추구하는 과정에 직원이 직접 참여하고, 경영진이 중대사안을 결정하기에 앞서 직원들의 생각에 귀를 기울이는 방식의 직원 경영참여는 어째서 제대로 실현되지 않는 것인가? 부인할 수 없는 사실은 정치 분야에서 쟁취한 시민권과 비교하면 경제 분야의 '민주주의'는 정해진 틀 안에서 제한적 방식으로 실현되고 있다는 점이다.

2016년 3월에 당시 프랑스 경제부 장관직을 맡고 있던 에마뉘엘 마크롱(Emmanuel Macron)은 기업경영 풍토를 언급하며 "노동자의 경영참여라는 이상적인 제도를 다시금 도입해야 한다"고 열변했다. 전직 금융인인 마크롱이 여기서 언급한 노동자의 경영참여란 직원의 '소유권(예: 우리사주)' 확대를 의미한다. 이 방식은 이미 과거 1960년대 샤를 드골(Charles de Gaulle) 대통령 집권기에 시행된 바 있는데, 자본가와 노동자 간의 '역학적' 대립관계가 아닌, 회사의 경영실적에 따라 직원과 이윤을 나누는 제3의 대안에 해당된다.

단언하자면, 이런 식의 접근은 직원들을 오로지 급여명세서에 찍힌 숫자에만 연연하는 존재로 간주하는 것이다. 그러나 현실세계에서 기업에서 일하는 직원이란 자신의 권한을 행사하는 데 그치지 않고, 노동과 생산 방식, 이윤의 분배에 관한 논의와 결정을 비롯한 광범위한 차원의 문제에 폭넓게 관여하는 주체이다.

사회학자 이사벨 페라(Isabelle Ferreras)는 저서 《자본주의는 세계를 제패했나? 이원화된 경제》(PUF 출판사, 2012)를 통해 정치 분야는 18~19세기의 전제군주제의 종언과 투표권의 확대에 힘입어 민주화의 물결을 맞았지만, 경제 분야에서는 그런 계기가 없었음을 지적한다. 기업에서 자본(그리고 자본의 소유자)은 소위 무소불위의 권리를 행사하곤 한다. 노동자는 회사의 문을 열고 들어가는 순간, 시민으로서 누릴 수 있는 각종 권리를 내려놓는다. 반면, 고용주는 고용계약의 틀 안에서 노동자들을 가두고 충성을 강요한다.

'기업의 민주화', '가치 창출의 원천인 노동의 가치 인정'과 같은 요구는 사안에 따라 그 표현을 달리했을 뿐, 19세기 후반 이후에 노동운동을 관통해 온 공통의 주제였다. 노동자는 직원들에게 의결권을 부여함으로써 생산의 영역까지 정치 민주주의를 넓히도록 요구한다. 프랑스는 이미 1차 세계대전 당시에 군비 산업에 종사하는 노동자들이 대표를 선출하도록 허용한 바 있다. 그러나 해당 제도는 1936년이 돼서야 비로소 11명 이상의 직원을 고용한 모든 사업장으로 확대되기에 이른다. 그리고 1944년의 레지스탕스 국민위원회 강령(Programme du conseil national de la Résistance)은 '진정한 경제와 사회 민주주의'를 요구하기도 했다. 노동조합의 참여에 힘입은 노동자들의 기업 경영 참여 확대 움직임은, 곧 한층 조직적인 형태를 갖춰갔다. 이윽고 1946년에는 관련 법이 제정되면서 노동위원회가 설립됐으나 그 활동 범위는 자문으로만 한정했다. 이후 1982년에 도입된 '오루 법(Les lois Auroux, 당시 노동부장관으로 재임 중이던 장 오루의 이름을 딴 법)'은 해고를 비롯한 각종 기업 경영 정보에 노동자들이 접근해 거부권을 행사할 수 있도록 했다. 그러나, 경영진의 의사결정에 노동자들이 관여할 수 있는 범위는 매우 제한적인 수준에 머물렀다.

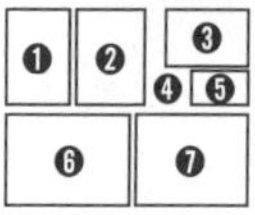

—

❶ 1984년 제철업계 주당 35시간 근무제 도입을 알리는 독일 금속노조(IG Metall)의 배포 전단
독일은 주당 노동 시간을 법률이 아닌 산업별 노동자대표위원회와의 합의를 통해 단체협약으로 규정한다. 1984년, 독일 최대 노조인 금속노조(IG Metall)는 7주간의 파업 끝에 35시간으로의 점진적인 전환이라는 성과를 거뒀다. 하지만 2002년에 해당 기준을 동독지역까지 확대하려는 시도는 좌절로 끝났다.

❷ 프랑스 통일사회당의 포스터—1974년, 클로드 피카르(일명 에드 트레시프).
1960년에 프랑스 공산당(Parti communiste français, 약칭 PCF)와 노동자 인터내셔널 프랑스 지부(Section française de l'Internationale ouvrière, 약칭 SFIO)의 몰락을 계기로 탄생한 통합사회당(Parti socialiste unifié, 약칭 PSU)은 노동자 자주관리주의를 지향하는 '반권위주의'와 '제2 좌파' 세력을 통합하고자 했다. 노동자 자주관리는 동유럽의 관료주의적 사회주의에서 시작됐다. 본래 자주관리는 기업의 생산 방식을 지칭하는 개념이지만 동시에 사회 전체를 아우르는 정치적, 사회적 모델이기도 하다.

❸ May 2013년 5월 일요일 근무를 옹호하는 단체의 시위
'예스 위크엔드! (Yes Week-end)'운동은 자발적 참여로 조직됐다고 보기 어렵다. 이 운동은 홍보업체로부터 컨설팅을 받았고, 관련 비용은 카스토라마와 르로이 메를린 사(社)에서 부담했기 때문이다.

❹ 굿이어 직원들의 투쟁을 지원했던 프랑스 노동총연맹(CGT)에서 배포한 이미지.

❺ 1336 협동조합에서 생산한 차(茶) 패키지
과거 '프랄립(Fralib)' 공장에서 일했던 직원들이 모여 조직한 생산자 협동조합 스콥티(Scop Ti)가 2015년 9월에 발매한 자체 제품을 대형상점에 납품하게 됐을 때, 1,336일 동안 이어진 공장 노동자들의 투쟁을 기리고자 제품의 명칭을 '1336'으로 정했다. 2010년에 다국적기업 유니레버가 '프랄립' 공장을 폴란드로 이전하기로 하자 노동자들은 공장을 점거해 기계의 이동을 막았다. 프랄립은 당시 립톤 홍차와 엘레팡 차(茶)를 생산하고 있었다. 이후 노동자들은 생산자 협동조합(SCOP)을 설립해 자체적으로 생산 활동을 이어갈 수 있었다.

❻ 파업에 돌입한 립 공장의 노동자들과 함께한 프랑스민주노동동맹(CFDT) 조합원 샤를르 피아제—1973년 8월, 프랑스 브장송
당시 CFDT의 노조원이자, 상상력이 풍부한 전형적인 기독교 사회주의자였던 찰스 피아제는 브장송의 립 공장 노동자 파업을 주도한 중심인물 중 하나였다. 1973년 봄, 스위스 다국적기업 에보슈주식회사로부터 해고 통보를 받은 1,200명의 시계조립 노동자들은 일자리를 지키기 위한 파업을 벌였다. 립 공장 노동자들은 수개월에 걸쳐 "제조, 판매, 지불, 우리는 할 수 있다"라는 구호 하에 이상적인 자주관리주의에 기반한 생산을 실현했고, 이는 1974년 3월에 에보슈주식회사가 모든 직원의 복직에 동의할 때까지 계속됐다. 그러나 경영진과 정치계 조력자들은 "투쟁이 효과가 있다고 생각을 하게 해서는 안 된다"고 주장했던 미국 사업가 록펠러의 원칙을 고수하기 위해 립 공장이 파산에 이르도록 하는데 전력을 기울였다.

❼ 앙리 쿠에코의 붉은 사람 시리즈 중 〈장미 제조〉—1969년, 프랑스 말라시

주어진 권리에 만족하지 말고, 권리를 확장해나갈 것

흔히 독일의 '공동결정 제도'를 프랑스 모델에 비교하곤 한다. 독일의 노조는 기업경영에 직접 참여할 권리가 없다. 대신 직원들이 사업장협의회를 구성해 대표를 선출하면, 협의회 대표가 기업 경영상 중요한 사안의 의사결정에 참여하도록 정하고 있다. 직원의 복무 및 복지에 관한 사안(징계처분, 근무시간의 조정, 유급휴가의 지정, 보건 및 안전 문제, 상여금 기준)을 결정하기에 앞서 고용주는 반드시 사업장협의회의 동의를 얻어야 한다. 그 밖의 사안(해고, 구조조정, 긴축 경영)의 경우 단순협의 사항으로 처리한다. 그러나 전략적 결정권이 여전히 경영진의 손에 남아 있는 만큼, 노사가 평등한 권한을 공유한다고 보기는 어렵다.

'독일식 모델'에 회의적인 일부 노동운동가들은 '노동자 자주 관리' 방식을 옹호한다. '노동자 자주 관리'란 노동자들이 자율적으로 노동력을 동원해 사업장을 경영하는 방식을 일컫는다. 이는 자본주의 경영방식의 틀 안에서 노사가 권한을 배분하는 접근을 넘어 새로운 원리를 적용하려는 시도로 해석할 수 있다. 평등주의에 기반한 참여라는 점에서 협동조합 역시 같은 취지를 공유한다. 그러나 이 두 가지 방식을 시장경제 안에서 실현하기에는 적지 않은 제약이 따른다(p. 115 참조).

연속공정은 정말 자취를 감췄나?

찰리 채플린(Charlie Chaplin)이 〈모던타임스〉에서 보여준 모습을 과연 과거지사로 치부할 수 있을까? 이를 단정하기는 어렵다. 반복적이고 부품화된 노동방식이 점차 사라져간다는 주장에도 역시 신중을 기해야 한다. 왜냐하면 '신자본주의'의 호언장담에도 불구하고 경제의 서비스화가 반드시 노동자의 자율성으로 연결되지는 않으며, 기계적으로 반복되는 노동은 해외로 이전됐을 뿐 결코 자취를 감춘 것은 아니기 때문이다.

2015년 프랑스 생테티엔 대학은 카지노그룹과 협력해 만족경영 교육 과정을 개설했다. 프랑스 5대 대형 유통업체인 카지노그룹 인사부장의 설명에 의하면, 이 교육의 목표는 직원들을 "더 낙관적이고, 가능하다면 더 행복하게" 만드는 데 있다. 사회학자 뤽 볼탕스키(Luc Boltanski)와 에브 시아펠로(Ève Chiapello, 1999)는 1970년대 중반을 기점으로 '자본주의의 새로운 정신'이 생산업계를 관통하면서 제제와 감시가 아닌 노동자들의 자발적 참여가 기업의 실적 향상을 도모하게 된 것에 주목했다. 그러나 새로운 경향에 힘입어 기업 내 기존 권력구조에 변화가 시작됐음에도 불구하고, 지난 한 세기 동안 자본주의를 규정해온 조직 내 노동환경의 근간은 달라지지 않았다.

19세기 말 급격한 산업발달에 발맞춰 미국의 기계공학자 프레데릭 윈즐로 테일러(Frederic Winslow Taylor, 1856~1915)는 과학적 관리법을 고안했다. 과학적 관리법은 공장 노동자들의 작업을 요소별로 나누어 연구한 결과물로, 테일러는 새로운 관리법이 눈부신 생산성 향상을 보장하리라고 확신했다. 작업을 과업단위로 분류한 과학적 관리법 덕에 노동자는 핀셋을 쓸지 혹은 펜치를 쓸지를 더이상 고민할 필요가 없었다. 왜냐하면, 관리사무국 엔지니어가 최적화된 방식(best way)의 실행동작, 실행시간과 이행목표를 작업지시서에 적시해 노동자들에게 지침을 내렸기 때문이다.

새로운 세계에 대한 약속

20세기 초, 역시 미국에서, 헨리 포드(Henry Ford)는 자신의 자동차 공장 작업 과정을 고민하며 테일러주의(Taylorism)의 원칙을 재검토했다. 작업을 단순동작으로 나누는 기존의 방식에 소위 포드주의(Fordism)라 불리는 생산설비의 핵심요소인 컨베이어벨트를 추가했다.

테일러주의와 포드주의*의 생산방식의 도입은 일찌감치 많은 비판의 대상이 되었다. 사실 이같은 생산방식은 노동자들의 인간성을 말살할뿐더러, 생산성의 향상을 반드시 가져온다고 볼 수도 없었다. 1970년대 이후 신속하게 이어진 세계경제의 변화는 노동자들이 작업 과정에 더 많이 관여하고 보다 다양한 업무를 수행하는 도요타주의(일본기업 도요타 생산방식에서 유래)를 비롯한 다양한 형태의 노동방식을 모색하게끔 했다. 아울러, 기술혁신에 힘입어 일부 분야에서 적용되는 단순 업무의 상당 부분은 기계화 방식으로 전환되었다. 1980년대 초, 일부 경제학자들은 테일러주의와 포드주의가 곧 과거의 유물로 전락할 것이라고 전망하기도 했다.

그런 주장은 의문을 남긴다. 우선 자동화는 항공기, 자동차 등 기술 집약

—
❶ 자신의 작업 동작을 재연하는 유지관리 담당자
—2014년, 마리옹 푸시에의 〈코르 드 발레〉 시리즈
❷ 〈최종 공정〉—1985년, 하퍼스 매거진에 실린
데이비드 수터의 그림
❸ 런던에 있는 티켓마스터(Ticketmaster)
사무실—2013년

행복한 직원이 더 높은 성과를 낸다고 확신하는 회사가 점차 늘어나고 있다. 이들은 업무와 여가를 한데 섞고, 창의성과 혁신에 도움이 되는 환경으로 사무실을 구성한다. 티켓마스터는 직원 복지에 있어 선구자격인 구글을 모방해 회사 내에 식당까지 이어지도록 미끄럼틀을 설치하고 직원들이 즐길 수 있는 미니축구대, 핀볼 머신을 갖췄다.

적인 생산공정에 국한된다. 아울러 노동력이 생산의 주요 요소인 섬유나 전자 분야의 경우, 과업이 세분되고 엄격히 구분되며 위계질서에 의해 통제되는 특성이 있다. 해당 산업은 임금이 저렴한 국가로 가장 손쉽게 이전되곤 한다. 이런 측면에서 테일러주의는 완전히 사라졌다기보다는 개발도상국으로 자리를 옮겼을 뿐이라고 보아야 옳다.

'창의성과 동기부여'로 탈바꿈한 과거의 감시체제

흔히들 주장하는 바와는 달리, 1960년대 이후에 가파른 성장을 이룬 3차 산업의 발달이 테일러주의의 종언을 의미하지는 않았다. 콜센터의 경우, 상담사는 수직적 위계구도 하에서 개발된 '스크립트'에 담긴 대화지침을 엄격히 준수해야만 한다. 관리자들은 정기적으로 대화내용을 모니터링 하고 실시간으로 컴퓨터 화면에 나타난 판매계약 성사 건수를 확인한다. 오늘날 노동자들은 테일러주의 원칙에 가까운 요소와 상대방의 기대를 잘 융합할 줄 알아야 한다. AOL 주식회사는 전화상담사를 평가하는 기준에 '창의성, 주도성'과 같은 항목을 포함하고 있다. 이는 전통적 테일러주의 틀 안에서는 상상조차 할 수 없었던 평가방식임이 틀림없다.

카를 마르크스가 생각한 이윤의 원천

철학자이자 역사학자였던 카를 마르크스(Karl Marx, 1818~1883)는 자본주의 경제체제의 특징을 노동자에 대한 착취로 설명했다. 그의 주장이 의미하는 바는 무엇인가? 자유경제학자들은 고용주가 위험을 감수해가며 투자를 하고 일자리를 창출하기 때문에 이윤을 취할만한 충분한 자격이 있다고 주장한다. 이에 마르크스는 자본주의에 대한 경제적, 도덕적 통념을 바꾸는 접근논리를 제시했다. 예컨대 그는 기업가, 상인, 은행가로 대표되는 '자본가'가 노동자를 착취한다고 주장했다. 그렇다면 착취는 어떤 방식으로 이뤄지는가? 마르크스는 한 시간의 노동에 대한 보상이 노동자가 산출하는 실제가치보다 적다는 사실을 상기시킨다. 이때 '자본가'는 마르크스가 '잉여노동'이라고 부르는 잉여가치의 일부를 사유화한다.

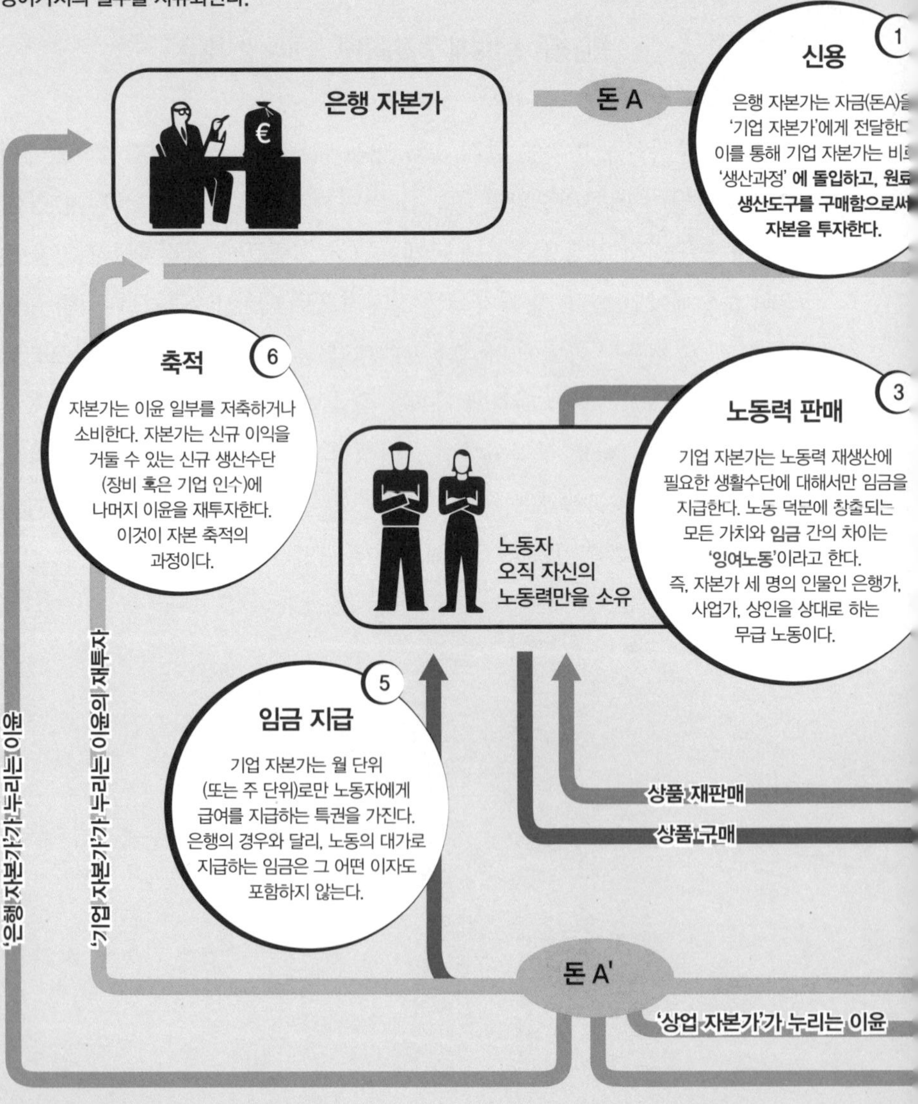

은행 자본가
돈 A
1
신용
은행 자본가는 자금(돈A)을
'기업 자본가'에게 전달한다
이를 통해 기업 자본가는 비로
'생산과정' 에 돌입하고, 원료
생산도구를 구매함으로써
자본을 투자한다.
6
축적
자본가는 이윤 일부를 저축하거나
소비한다. 자본가는 신규 이익을
거둘 수 있는 신규 생산수단
(장비 혹은 기업 인수)에
나머지 이윤을 재투자한다.
이것이 자본 축적의
과정이다.
3
노동력 판매
기업 자본가는 노동력 재생산에
필요한 생활수단에 대해서만 임금을
지급한다. 노동 덕분에 창출되는
모든 가치와 임금 간의 차이는
'잉여노동'이라고 한다.
즉, 자본가 세 명의 인물인 은행가,
사업가, 상인을 상대로 하는
무급 노동이다.
노동자
오직 자신의
노동력만을 소유
5
임금 지급
기업 자본가는 월 단위
(또는 주 단위)로만 노동자에게
급여를 지급하는 특권을 가진다.
은행의 경우와 달리, 노동의 대가로
지급하는 임금은 그 어떤 이자도
포함하지 않는다.
상품 재판매
상품 구매
'은행 자본가'가 누리는 이윤
'기업 자본가'가 누리는 이윤의 재투자
돈 A'
'상업 자본가'가 누리는 이윤

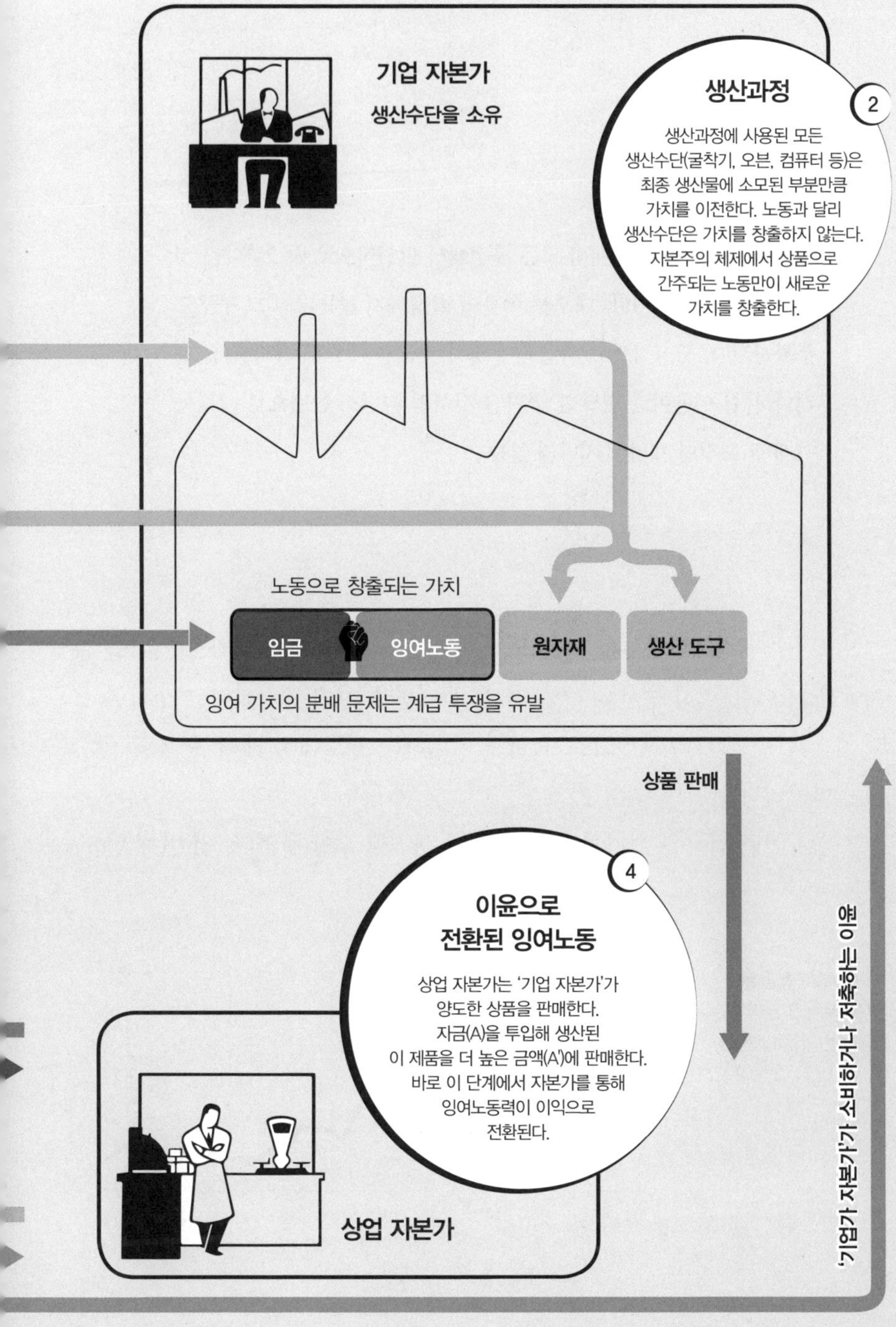
기업 자본가
생산수단을 소유
생산과정
2
생산과정에 사용된 모든 생산수단(굴착기, 오븐, 컴퓨터 등)은 최종 생산물에 소모된 부분만큼 가치를 이전한다. 노동과 달리 생산수단은 가치를 창출하지 않는다. 자본주의 체제에서 상품으로 간주되는 노동만이 새로운 가치를 창출한다.
노동으로 창출되는 가치
임금
잉여노동
원자재
생산 도구
잉여 가치의 분배 문제는 계급 투쟁을 유발
상품 판매
4
이윤으로 전환된 잉여노동
상업 자본가는 '기업 자본가'가 양도한 상품을 판매한다. 자금(A)을 투입해 생산된 이 제품을 더 높은 금액(A')에 판매한다. 바로 이 단계에서 자본가를 통해 잉여노동력이 이익으로 전환된다.
상업 자본가
'기업가 자본가'가 소비하거나 저축하는 이윤

이윤을 합리화하는 천 개의 변명

일반적으로 이윤은 경제의 모든 과정에서 필연적으로 발생한다는 것이 일반적인 인식이다. 대부분 이윤이 발생하지 않는다면 그 누구도 투자하거나, 도전적으로 기업을 운영하지 않을 것으로 생각한다. 그러나 사실 이윤이란 합당한 근거인 것처럼 이념적 논변으로 그럴듯하게 잘 포장한 개념에 지나지 않는다.

신고전주의 경제학자들(p.38-39 도표 참조)은 노동에 대한 대가로 임금을 지급하듯, 이윤 역시 생산요소*인 자본*에 대한 보상에 해당한다고 생각한다. 그렇다면 각각의 생산요소가 실제 기여하는 정도에 비례해 수입을 거둬야 마땅하다.

그러나 이런 접근은 예기치 못한 난항에 직면할 수밖에 없다. 첫 번째 난

프랑스에서 창출된 부(富)에서 임금이 차지하는 비중(백분율)
(출처: 미셸 위송, 2014년)

항은 자본이 일정한 물리적 성격을 띠지 않는다는 점이다. 예컨대 서로 성격이 다른 빌딩과 컴퓨터, 한 달간의 소요전력과 가재도구를 상호비교하기는 어렵다. 더불어 투자자들로부터 자금을 조달하는 수단인 주식의 가치 역시 유동적이다. 주식 가치는 투기 요인이나 기업의 실적에 따라 달라지며, 악순환을 거듭한다.

높은 불확실성

두 번째 난항은, 생산의 필수요소인 인적 노동의 경우와 같이, 설비(일부 특수한 경우는 예외로 함)를 이용해 발생하는 이윤 또한 제반 설비에 대한 재투자로 이어지지 않고 고스란히 고용주의 몫으로 돌아간다는 점이다. 이 같은 경제의 역설에 관해 주류경제학은 여러 가지 주장과 해석을 내놓는다. 우선, 이윤이 설비를 마련하기 위해 융통한 자금을 변제하는 데 쓰인다는 주장이다. 하지만 일반적으로 기업이 취하는 이윤의 비율은 자본가(은행 또는 주주)에게 변제하는 금액을 초과하기 마련이다. 그 다음으로는 기업이 취하는 이윤이 자본가의 재능에 대한 반대급부라는 주장을 꼽을 수 있다. 여기서 말하는 자본가의 재능이란 기업가정신, 혁신역량, 그리고 위험부담 능력에 해당한다. 실제로 2016년 1월 20일 당시 경제부장관으로 있던 에마뉘엘 마크롱이 RMC 라디오 방송에 출연해 밝힌 다음과 같은 주장의 논거이기도 하다. "기업가의 삶은 대체로 임금노동자보다 더 고됩니다. 기업가는 모든 걸 잃을 수 있고, 불확실성을 감수해야 하기 때문입니다." 그러나 자본주의의 역풍으로 모든 위험이 임금노동자에게 전가되고 있는 오늘날의 현실(줄어드는 정규직 일자리, 노동쟁의조정위원회나 노동법에 대한 비난 등)에서도 이런 주장이 여전히 유효할 것인지는 의문이다.

그 밖의 주장으로는 흔히 '슈미트의 이론'으로 불리는 헬무트 슈미트

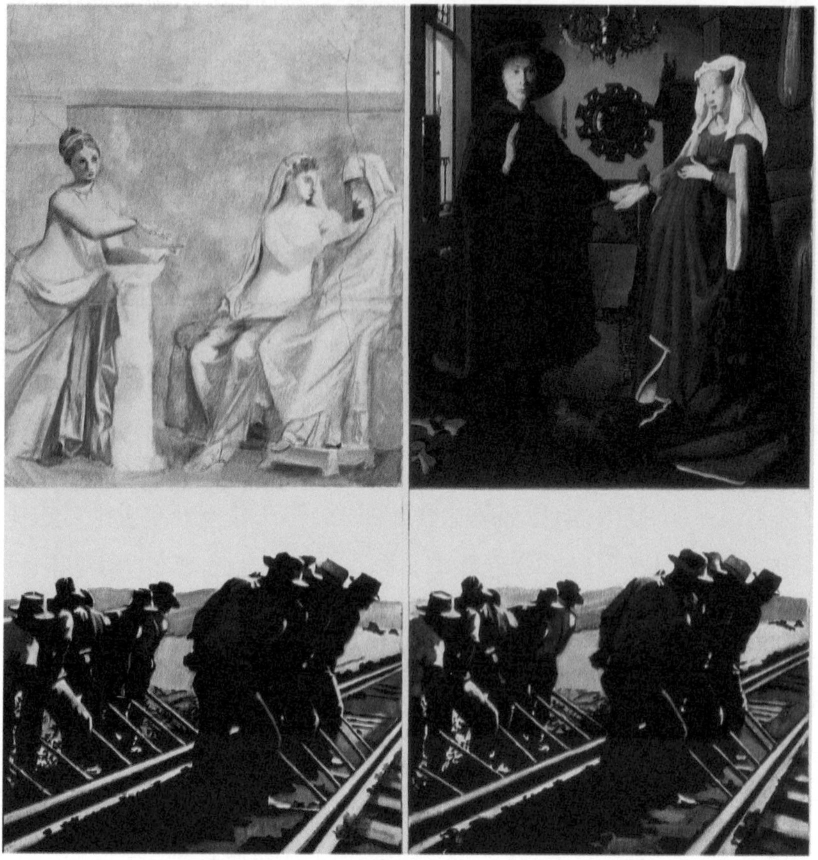

(Helmut Schmidt) 독일 총리의 1974년 11월 3일 발언을 예로 들 수 있다. "오늘의 이윤은 내일에 대한 투자이며, 모레의 고용을 창출한다."

그러나 오늘날의 자본주의 현상을 보면, 앞의 주장들은 힘을 잃어가는 것을 알 수 있다. 창출된 부에서 이윤의 비중이 커질수록 임금은 낮아지고 실

—
스페인 발렌시아 '에키포 레알리다드'의 단체 회화 〈옛날 옛적에(Érase una vez)〉—1965~1966년

업률은 높아진다(p. 106 참조). 즉, 잉여이윤이 주주들의 몫으로 돌아가기 때문에 투자의 비중이 커지는 일, 특히 고용을 창출하는 일은 거의 생기지 않는다.

이윤은 과연 노력에 상응하는 응당한 보상인가?

마르크스주의자들은 자본가와 노동자의 불평등한 관계로부터 이윤이 발생한다고 본다. 노동자는 자본가를 위해 일하지만, 임금 수준은 노동으로 창출된 전체 가치에 미치지 못한다(p. 104-105참조). 이런 상황은 이윤의 정당성에 관한 또다른 의문, 즉, 소수의 사람이 생산수단을 점유하는 상황이 마땅한가라는 의문을 불러일으킨다. 과연 현 상황이 사회의 효율성을 도모하는 최선의 길일까?

주류 경제 이론을 통해 이윤의 원천을 설명하지 못하는 이유는, 철저히 경제적 논리에 근거해 합당한 설명을 제시할 방도가 도무지 없기 때문이다. 자본가들은 불확실성도 재능도 아닌 사유재산에 대한 권리에 근거해 이윤을 취한다. 노동자들은 생산에 직접 이바지한 대가로서 보상을 받지만, 주주나 고용주는 상속이나 취득을 통해 생산수단을 그저 소유한다는 이유만으로 자신들이 취하는 보상을 정당화한다.

아울러 고용주는 소유권을 근거로 노동자에게 고용, 해고 등의 권력을 행사하기도 한다. 따라서 이윤은 투입된 노력에 대한 합당한 보상이라기보다는 고용주의 지배적인 위치를 이용해 기업 생산에 부과하는 공물이나 다름없다. 이윤이 만약 정당하다면 어째서 경제적 효율성의 척도로 자본의 수익성을 고려하겠는가? 달리 말하면, 기업의 주요사안을 결정하는 데 있어 사적 이해가 작용하는 것이 과연 합당한지 의문을 가져보아야 한다는 것이다.

고용주들은 마르크스를 읽었을까?

자신의 이익을 적극적으로 추구하는 상류층 부르주아지의 두드러진 특징은 정교한 조직화 방식에 있다. 이들은 사회집단으로서 세력을 형성하고 모범 관례를 구성원들끼리 공유한다. 겉으로는 현실적 목적에 기반한 듯한 집산주의의 이면을 들춰보면, 이들 구성원의 지위는 재능을 바탕으로 쌓아올린 것이 아니라 대물림된 유산임을 알 수 있다.

프랑스 서부 연안에는 다른 여러 섬으로 둘러싸인 레 포르트-엉-레(Les portes-en-ré)라는 섬이 있다. 이 섬의 한쪽 끝자락은 여러 부르주아지 가문이 회합하는 장소로 주목을 받는다. 이곳에서는 모두 서로 인사를 나누고, 미사가 끝나면 다들 앞마당에 모여 긴 담화를 나눈다. 일요일이면 카페 바젠의 테라스에 삼삼오오 모여 다과를 즐기기도 한다. 유쾌함이 가득한 이 상류사회의 일원들은 서로를 환대하며, 외부 훼방꾼들의 시선을 피할 수 있다는 사실에 그저 기뻐한다.

항상 세심히 관리되는 이 상류층 사교집단의 구성원들은 서로 같은 장소를 드나들며 회동하곤 한다. 파리의 사교클럽, 해변의 빌라와 산장은 적절히 개방된 넓은 공간을 제공하기 때문에 멋진 사교모임을 열기에 손색이 없다. 이곳에서도 흡사 파리 콩코드 광장의 프랑스 자동차 클럽(Automobile

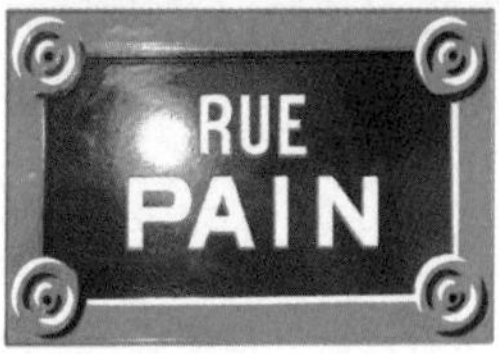

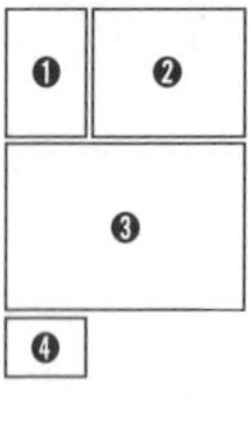

—

❶ 유니옹 엥떼랄라이예 서클에서 열린 사교모임—2014년.

❷ 무도회—2015년, 파리.

❸ 사냥에 나가기에 앞서 사냥개 무리를 축성하기 위해 열린 미사—2014년, 프랑스 우아즈 생장오부아 대성당

❹ 마니에르드부아 제99호 표지 '부유층의 인터내셔널'—2008년 (사진: 제라르 파리-클라벨).

(이하 사진: 그웬 뒤부를투미오)

그웬 뒤부를투미오의 기록 사진 시리즈 〈위기라니? 대체 무슨 위기?〉는 사회학자 모니크 팡송샤를롯과 미셸 팡송샤를롯의 연구에서 영감을 받아 복합적인 구조의 집단이 뼈대를 이루는 상류사회의 삶을 드러낸다. 작가는 상류 계층이 자신들의 세력을 유지하기 위해 어떤 전략을 사용하는지를 이미지를 통해 보여준다.

club de France·ACF)이나 포부르생토노레 거리의 위니옹 엥테랄리에 서클(Cercle de l'union interalliée)과 같은 정취를 느낄 수 있다.

'부를 창출하는 집단'으로 변신한 과거의 '착취계급'

부르주아지는 겉으로는 강한 결속력을 자랑하는 집산주의 집단 같아 보인다. 그러나 이런 집산주의 역시 실용성을 추구하는 수단에 지나지 않는다. 이곳은 기업인뿐 아니라 금융, 정치, 언론 분야의 모든 권력가가 협력을 도모하는 교류의 장이다. 생산수단을 소유한 이들은 마르크스주의자들의 비판에 연연하지 않고 사회 관계망의 중심에서 활동하고 행동한다. 고용주로서 이들은 자신의 지배적인 사회적 지위를 이론화해야 하는 일체의 필요성을 느끼지 못한다. 이들의 지위는 대부분 대물림되기 때문이다. 피에르 가타즈가 가장 대표적인 사례다. 그는 프랑스 경제인연합회(MEDEF)의 회장을 맡고 있으며, 전기·전자 연결부품 생산 분야에서 세계 선두를 달리는 업체인 라디알(Radiall)의 경영주이기도 하다. 피에르 가타즈의 부친은 프랑스 최초의 고용주 조합이자 프랑스 경제인연합회의 전신에 해당하는 프랑스 고용주협의회(CNPF)의 회장을 역임한 이본 가타즈(Yvon Gattaz)다. 결국 그는 아버지로부터 미래를 보장하는 유망한 직책을 상속받은 셈이다.

타인의 노동력을 착취함으로써 기반을 형성한 부르주아지는 처음에는 '즉자적(卽自的) 계급'을 형성한다. 중산계급이나 서민계급으로부터 이들을 구분하는 요소는 객관적인 부(富)의 크기이다. 이후, 이들은 자신의 이익을 적극적으로 추구하고, 그 이익을 대변하기 위해 고용주 조합과 같은 조직을 형성함으로써 '대자적(對自的) 계급'으로 발돋움한다.

프랑스에서 최초의 고용주협의체는 제1제정 시대에 형성되었다. 19세기와 20세기를 거치며 조직의 재편성을 거듭하였고, 1936년에서야 비로소 프랑스 고용주협의회의 전신인 프랑스 제조사총연맹(CGPF)의 형태를 갖추게 된다. 그리고 1990년대 말, 고용주들은 정치적인 영향력을 행사하고자 하는 야심을 드러냈다. 그런 연유로 기존의 명칭인 프랑스 '고용주'협의회를 포기하고 위화감을 덜어주는 프랑스 '경제인'연합회라는 새로운 이름을 택한 것이다.

그런 식으로 프랑스 경제인연합회의 첫 수장을 역임한 에르네스트-앙투안 세이에르 드 라보르드(Ernest-Antoine Seillière de Laborde) 남작은 철강 노동자들의 피땀으로 부흥한 뱅델(Wendel) 가문의 후손이다. 그는 회장직을 수행하면서 노동법과 사회보장제도를 '현대화'한다는 명분으로 계약(위법임) 및 개별 교섭(단체협약에 어긋남)을 골자로 하는 '사회재건' 사업을 추진한 바 있다.

세력화된 대자본가 계급의 이념 공세

자본가들은 계급투쟁을 공허한 수사로 전락시킨다. 이들의 요술 주문은 어제의 '착취계급'을 이른바 '부를 창출하는 집단'으로 거듭나도록 하고, '피착취계급'을 '노동비용'으로 탈바꿈시킨다. 고용주는 자유롭고 공정한 경쟁이라는 자유주의 경제의 상징적 구호로 치장한 '승자독식'의 칸막이 뒤로 조용히 몸을 숨긴다. 이 구호는 대부분 대물림돼 집단의 수호대상이 된 사회적 지위를 합리화하는 도구로 쓰이기도 한다. 이들이 무기로 애용하는 단어는 '경쟁력', '공공적자', '사회보장제도의 허점', '실업' 등이다.

이 개념들은 최상위 부유층이 전 지구적 차원에서 벌이는 계급전쟁의 일환으로 각종 정보 채널을 통해 광범위하게 전파되면서 오늘날 뭇사람들 사이에서 자연스럽게 수용되고 있다. 2005년에 미국의 억만장자 워렌 버핏(Warren Buffet)은 "물론 계급전쟁은 실재합니다"라고 시인하면서 "그 전쟁에서 승리를 거머쥐고 있는 쪽은 바로 우리 진영입니다"라고 덧붙이기도 했다.

또다른 비전

협동조합 - 이상향의 미래

반드시 경영자가 있어야만 기업을 제대로 운영할 수 있을까? 19세기부터 협동조합 운동은 이같은 문제를 제기했고 그 답을 찾으려 애썼다. 노동조합은 감독관의 감시에서 벗어나고 노동의 결실을 노동자에게 되돌려주겠다는 굳은 의지의 표시이다. 그러나 이렇게 이상을 추구한 끝에, 과연 무엇을 얻어냈을까?

에티카블(Ethiquable) 2012년, 프랑스 제르 플로랑스 (사진: 장 로베르 당투)
공장노동자 생산협동조합(SCOP)에 해당하는 이 회사는 2003년 설립됐으며, 오늘날 프랑스를 대표하는 공정무역 기업으로 거듭났다.

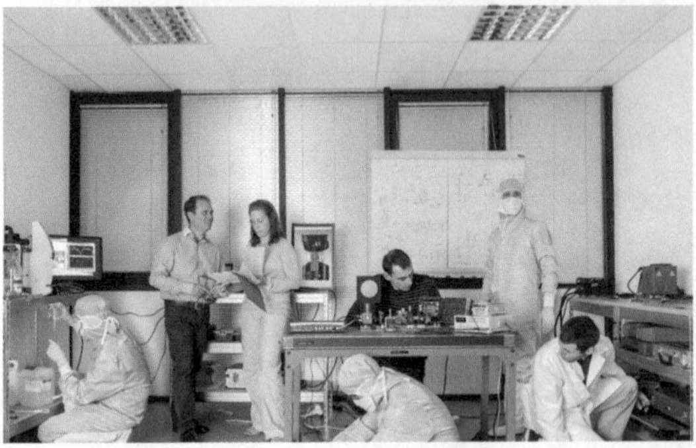

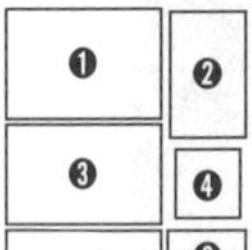

❶ 1877년 파리에 설립된 노동자협동조합 '라 벨빌루아즈(La Bellvilloise)' 외관—1910년경의 모습
벨빌루아즈는 소비자 협동조합 그 이상이었다. 그곳에서는 에스페란토어를 학습하고, 운동을 즐기고, 연극을 배울 수 있었으며, 책을 빌려 읽거나 검열로 상영이 금지됐던 '전함 포템킨'을 관람할 수도 있었다.

❷ 1906년에 창설된 보르도 전차조합 배너.

❸ 레지오 에밀리아의 화가협동조합 초상화—1890년, 이탈리아.
예술작품과 기념물의 보존과 복원을 전문으로 하는 이 협동조합은 텍톤(Tecton)으로 이름을 변경해 오늘날까지 활동을 지속하고 있다.

❹ 노동자협동조합 라 빼(La Paix)에서 발행한 '임시화폐'—1910년경, 프랑스 루베.

❺ 광공학 전문 스타트업 회사 에보센스(Evosens)협동생산조합—2012년, 프랑스 브르타뉴 플루자네 (사진: 장 로베르 단투)

❻ 로치데일조합에서 생산한 차(茶)의 1844년 외벽 광고—영국 맨체스터
1844년 영국에서 28명의 방직공이 설립한 로치데일조합은 협동조합 운동의 시초로 알려져있다.

1910년 장 조레스(Jean Jaurès)는 "협동조합은 자본주의의 산물인 이윤을 제거하고, 구매와 판매가 동시에 이뤄지도록 하며, 자본주의를 신봉하는 경영진을 대체해 협동적이고 민주적인 방식으로 운영되는 사회주의의 생생한 교훈이다"라고 칭송해 마지않았다. 20세기 초, 샤를르 지드(Charles Gide)와 마르셀 모스와 같은 여러 학자는 노동자계급이 경영 방법을 익혀 중개상을 거치지 않고 필요한 재화를 직접 거래해 취득할 수 있어야 한다고 보았다. 그 당시 일부 노동운동가들은 '협동조합에 기반한 공화국'을 실현할 수 있을 것으로 전망했다. 그들은 생산수단과 노동의 결실이 자본가의 소유가 아닌 노동자의 재량에 맡겨지는 새로운 경제체제가 도래해 임금노동 제도에 종지부를 찍을 것이라 믿었다.

기독교사회주의자 필립 부셰(Philippe Buchez)를 중심으로 제시된 구상은 이윤의 일부를 '침해할 수도 분리할 수도 없는' 노동조합의 기금에 불입해 그 소유권을 조합원들이 갖도록 하는 내용을 골자로 했다.

1830~1850년대에 이르기까지 이 장치는 자본의 사유화에 대항하는 무기로 여겨졌다. 도시를 중심으로 생겨난 몇몇 상호부조뿐 아니라, 심지어 노동조합 반대 운동단체까지 가세해 노동자들의 파업을 재정적으로 지원하고 나섰다. 협동조합은 19세기 후반부터 특히 영국 로치데일조합(1844)에 힘입어 점차 소비로까지 영역을 넓혀갔다.

노동자들은 재화를 일괄 공동구매하는 방식으로 높은 물가에 맞섰다. '조합원 1인 1표'라는 민주적 의사결정 원칙에 입각한 노동협동조합은, 투자자본에 비례해 권한을 분배하는 전통적인 기업의 운영방식에 반기를 들었다. 경제 영역에서 성공을 이룬 노동협동조합의 형태는 비록 영리 추구를 제한하는 한계를 지니지만, 오늘날까지도 다양한 협동조합 운동가들에게 힘을 불어넣고 있다.

무색해지는 사회연대경제의 본질

프랑스는 1867년 제정된 상사회사법을 통해 최초로 협동조합을 인정했고, 그로부터 몇 년 후인 1884년에는 노조 활동을 비롯한 결사의 자유를 보장하는 발데크-루소(Waldeck-Rousseau)법이 공포됐다. 반면, 자율적이고 합법적인 상호부조(구성원이 질병, 실업, 또는 산업재해의 위험에 처했을 때 서로 돕는 활동)는 1898년에 관련 헌장이 발표된 후에야 가능해졌다.

그러나 법적 장치의 도입은 양면성을 지닌다. 조합원들이 자유롭게 활동할 수 있다는 면에서는 발전임이 분명하지만, 활동을 일반화하는 측면이 있다. 조합원들을 위한 활동에 전념하다 보면 당초에 구성원들을 결집하게 했던 '노동해방'이라는 취지가 다소 무색해지기 때문이다.

오늘날 '사회연대경제'라 불리는 경제 모델의 범주는 협동조합, 상호부조와 협회를 망라하며, 최근에는 민간재단들도 합류하는 추세이다. '사회연대경제'가 창출한 일자리는 프랑스 전체 고용의 10.3%를 차지하며, 기존의 기업이나 공공 부문에서 제대로 다루지 못하거나 고려하지 않은 요구에 대응하는 혁신성을 두루 갖추고 있다. 그러나 사회연대경제의 발달은 동시에 복지국가의 약화를 가져왔다. 정부는 일부 사회정책을 비영리협회에 위탁함으로써 예산 절감을 꾀하기 때문이다.

그 사이, '사회연대경제' 단체와 자본주의 성격을 띤 단체 간의 차이가 허물어져 명확한 구분이 어려워졌다. 일례로 크레디아그리콜(Crédit agricole·농업협동조합) 금융그룹의 경우, 제3공화국 당시 농민을 지원하는 상호신용협동조합으로 출발했으나, 2001년에는 지역은행의 자회사 형태로 크레디아그리콜 주식회사를 출범시켜 파리 증시에 상장하는 등 변화를 거듭해왔다.

사회연대경제를 주도하는 이들은 정치적 변혁을 추구했던 초기 협동조합주의 활동을 계승하고자 노력한다. 초기 노동자협동조합이 사적 소유권의 개념을 재정립하고자 했다면, 현대의 사회연대경제 모델은 정치적 목적을 성취하기 위해 시장을 적극적으로 활용하고 있다. 그 예로 무역이나 공정무역 운동가들은 책임 있는 소비라는 개념을 전파함으로써 세상의 변화를 이끌고 있다.

4

부의 분배 - 희망과 난관

카를로스 곤(Carlos Ghosn) 르노닛산그룹 회장은 2015년 한 해 동안 1,650만 유로(한화로 212억 원)에 달하는 보수를 받았는데, 최저임금으로 환산하면 무려 1,000년 치 연봉에 해당한다. 최저임금을 받는 임금노동자가 십자군 원정 이전인 기원후 1,000년부터 일을 시작해야만 벌어들일 수 있는 액수다. 주류 경제 논리에 의하면 불평등은 창의력을 자극하고, 생산성을 증가시키며, 발전을 촉진하는 역할을 한다.

일부 마음씨 좋은 부자들은 자선활동으로 서민들의 마음을 사려고 시도하기도 한다. 그런 나눔의 미덕에 회의적인 사람들은 국가가 나서서 세금을 통해 부를 재분배해야 한다고 주장한다. 물론 또다른 선택지도 있다. 가령 아직 그 효과를 제대로 측정해보지 못한 사회분담금을 예로 들 수 있다.

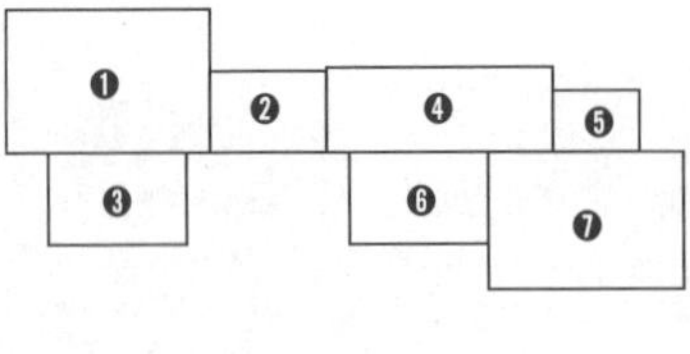

❶ – ❸

2014년 '룩스리크스(LuxLeaks)'가 발표한 자료에 의하면 룩셈부르크 정부는 2002년부터 2010년 기간 동안 총 340개 다국적기업이 완전히 합법적인 방법으로 탈세를 하는데 이바지했다. 그 결과, 이들 기업이 실제 이익을 거둔 국가들은 세수 손실을 보게 됐고, 그 액수는 수십억 유로에 달하는 것으로 밝혀졌다.

조세 피난처, 룩셈부르크—2014년 (사진: 라파엘 엘르)

❶ 세금 최적화: 이베이, 페이팔, 아이튠스, 스카이프 및 아마존과 같은 기업은 룩셈부르크에 유럽 지사를 설치하고 수입 대부분을 이전한다.
❷ 룩셈부르크 은행은 룩셈부르크 대공국에서 가장 큰 금융기관 중 하나로 자산 및 투자자금 관리를 전문으로 한다.
❸ 키르히베르크(Kirchberg) 기업 지구—2014년

❹ – ❼
아르덴 지역에서부터 피레네산맥까지 이어지는 '텅 빈 사선의' 길목에는 산업의 쇠퇴로 고립되고 공동화된 농촌 지역의 비참한 풍경이 이어진다. 에이전시 MYOP 소속의 사진작가 5인은 해당 지역을 방문해 공장 노동자, 사무직 종사자, 실업자, 농민들의 모습을 하나하나 사진에 담았다.

❹ 탈공업화가 시작되기 이전의 뫼즈 계곡 지대를 상징하는 포르셰 타워는 이제 과거의 유물이 됐다.—2013년, 아르덴 르뱅. 과거 뫼즈 계곡의 자랑이던 기업들은 잇따라 문을 닫았다 (사진: 알랭 켈러).
❺ 이사벨은 16살 된 딸 아만딘을 홀로 키운다. 장성한 두 자녀는 이미 집을 떠났다.—2013년, 솜 베르토쿠르레담 (사진: 울리히 르뵈프).
❻ 구직 중인 48세의 자크는 과거 약 두 달 동안 리모주의 거리에서 노숙 생활을 했고, 이후 7년간은 보호소에서 생활했다. 현재 그는 무직 상태다.—2013년, 구종.
❼ 제곱킬로미터당 평균 29명이 거주하는 오트 피레네 지방의 생페드비고르 마을 (사진: 알랭 켈러).

통념

"빈곤은 골칫거리다"

국제기구 정책, 대다수 서구정당의 정치구호, 그리고 수없이 쏟아지는 연구물, 보고서, 분석자료 등의 쟁점사안을 보고 있노라면 '빈곤퇴치'의 필요성에는 이견의 여지가 없어 보인다. 이처럼 명백한 공감대에도 불구하고 빈곤은 여전히 풀리지 않는 문제로 남아 있다. 선진국만 하더라도 지난 20년 간 빈곤율이 전체 인구의 15% 사이를 꾸준히 맴돌고 있는 것이 현실이다. 이런 모순적인 결과를 어떻게 받아들여야 할까?

—
마리-파울레 네그르의 탐사보도 〈프랑스의 빈민층〉—1996년, 크레틸 주(州).
빈민구호 단체 엠마우스의 도움으로 거처를 마련한 한 가족의 생활상을 작품에 담았다.

지난 20년간 답보상태를 벗어나지 못한 빈곤 문제를 이해하려면 먼저 1980년대 초에 각국 정부가 도입한 빈곤퇴치 정책을 살펴보아야 한다. 2차 세계대전 이후 복지국가의 틀을 다졌던 서구의 여러 정부는 밀턴 프리드먼의 경제 이론(p. 38-39 참조)에서 영감을 받아 기존의 복지제도에 등을 돌리기 시작했다. 그 시기까지만 해도 사회정책은 사회보장제도와 공공서비스 등의 제도적 장치를 기반으로, 평등의 실현을 공공연하게 주창했다. 당시의 사회정책은 그밖에도 모든 국민이 균등한 '사회적 권리'를 누릴 수 있도록 경제영역에 직접 관여했으며, 노동시장을 규제함으로써 빈곤의 원인을 제거하는 데 특히 큰 노력을 기울였다(p. 202-203 참조). 요컨대, 그 당시 빈곤의 감소는 곧 불평등의 감소를 의미했다.

프리드먼의 등장으로, 기존 복지제도의 기반이 흔들리기 시작했다. 복지국가는 거대한 관료주의적 기계에 지나지 않으며, 성취에의 의지를 꺾고 경제의 역동성을 저해한다는 생각이 팽배해졌다. 그 결과, 국가는 경제에 개입해서는 안 되며, 국가의 역할은 원활한 경제활동과 자유로운 기업경영이 이뤄질 환경을 조성하는 데서 그쳐야 한다는 주장이 힘을 얻었다. 그리하여 사회보장제도나 공공서비스 대신 '빈곤층'에 국한해 최소한의 수당만을 허용해야 한다는 목소리가 커졌다. 일정한 소득기준을 밑도는 계층에는 정부가 (프리드먼이 주장한 '음의 소득세'에 해당하는) 보조금을 지급하도록 했다. 이처럼 가난한 사람들이 최저소득을 보장받는 마당에, "무엇 때문에 전국민에게 적용되는 사회보장제도를 계속 유지해야 하는가"라는 회의적 시각이 제기되었다. 신자유주의적 관점에서 최저소득 제도에는 기본적으로 두 가지 이점이 있다. 우선 이 제도는 불평등을 해소하지 않는다. 또한 노동시장의 유연성을 높여주기까지 한다.

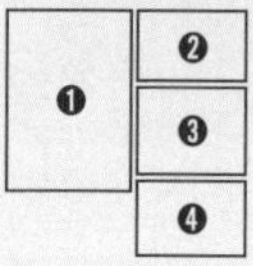

—

❶ **"넓은 도로를 원한다면 보수당에 한 표를"—1974년, 글라우스 스테크의 포스터.**

❷ – ❸

귀스타브 도레의 판화작품 〈런던 순례(London: A Pilgrimage)〉 시리즈에 속하는 작품 두 점. —1872년

❷ 새벽녘에 증기 기차를 타기 위해 고워가(Gower Street) 역으로 바삐 걸어가는 노동자들의 모습.

❸ 더들리(Dudley)거리를 메우고 놀이를 즐기는 아이들과 그 사이를 지나려는 차량의 모습.

❹ **이탈로 론디넬라가 촬영한 '수퍼바리오'—2011년.**
수퍼히어로는 실재한다. 소외된 이들의 대변인을 자청하는 수퍼바리오가 바로 산 증인이다. 전직 프로 레슬러이자 벽돌공이었고 노점상으로 생계를 유지하던 수퍼바리오는 1985년 멕시코를 초토화한 대지진을 계기로 대중 앞에 모습을 드러냈다. 그는 대처 능력을 상실한 정부를 대신해 구조팀을 꾸리고 주거지 재건을 위해 고군분투했다. 그밖에도 시위를 이끌고, 정부를 비난하고, 외국계 은행의 폐쇄를 요구하는 데 앞장서기도 했다. 복면으로 얼굴을 가리고 몸에 꼭 끼는 빨간색 옷을 입은 수퍼바리오의 모습은 이내 그의 마스코트가 됐다. 1987년, 그는 "국민 여러분을 위한 한 표, 수퍼바리오에 투표를"이라는 구호를 내걸고 대통령 선거에 출마하기도 했다.

"나는 결코 도움을 받지 않을 것이다"

프리드먼이 주장한 제도가 전격적으로 도입된 적은 없으나, 이는 지난 수십 년에 걸쳐 유럽이 구축한 사회정책 기조에 많은 영감을 주었다. 일례로 공공지출을 축소하고 사회적 권리를 제한해 극빈층에게 최소한의 보장만을 제공하는 사회정책을 들 수 있다.

이런 정책의 효과는 오늘날 익히 잘 알려져 있다. 부의 규모는 많이 증가했지만, 부의 분배는 악화 일로를 걷고 있다(p. 132-133 참조). 오늘날 빈곤율 감소의 추구는 과거 불평등을 근절하고자 했던 열정을 대신하고 있다. 과연 표어만 달리했을 뿐일까? 전혀 그렇지 않다!

불평등에서 홀로 떨어져 나온 '빈곤'이라는 개념은, 이제 더는 불평등한 부의 분배에 따른 결과로 여겨지지 않는다. 오늘날 빈곤은 개인 차원에서 감수해야 하는 문제로 받아들여지고 있다. 동시에 사회수당 수혜자들이 '성공'을 이루려면 '노력'을 기울여야 한다는 점을 거듭 강조하곤 한다. 프랑스 경제장관 시절의 에마뉘엘 마크롱은 "제가 실업자라면 결코 타인의 도움에 기대를 걸지 않을 것입니다"라고 소신을 밝힌 바 있다(BFM 텔레비전 2015년 2월 8일자 방송). 오늘날의 빈곤대책은 경제와 사회정책의 주변부에서 이루어질 뿐, 경제·사회 정책을 문제 삼지도, 정책방향을 좌우하지도 못한다.

정치적 상상의 핵심부에 자리 잡은 신자유주의 이념은, 부의 재분배 없이도 빈곤을 해소할 수 있다는 환상을 부채질했다. 또한 누군가가 감수해야 하는 가난의 주된 요인은 다른 이들이 독점하고 있는 부에 있음을 망각하게끔 했다.

공정성, 가짜 평등

2014년 새로 선출된 유럽집행위원회 지도부는 '고용'과 '성장', '민주적 혁신' 그리고 '공정성'을 우선과제로 내걸었다. 그중 프랑스 공화국의 건국 이념인 '평등'의 대체어인 '공정성'이라는 단어는 선거구호나 사회적 약자 우대정책 등, 분야를 불문하고 폭넓게 쓰인다. 그러나 공정성이 내포한 진짜 의미는 무엇일까?

1789년 발표된「인간과 시민의 권리 선언」은 모든 개인이 균등한 권리와 의무를 지는 평등의 개념을 담고 있다. 일반적으로 정치 분야에서의 평등의 개념은 이견의 여지가 거의 없다시피 하다. 반면, 사회 분야에서의 평등은 그 해석에 있어 다양한 의견이 여전히 분분하다. 헌법으로 보장된 '공화국' 정신에 입각한 평등은 형식적일 뿐 아니라 기만적이기도 하다. 사회 안에서 모든 이들이 동등한 지위를 누리지 못하는 것이 현실이기 때문이다.

일부 사람들은《정의론(A Theory of Justice)》의 저자인 미국 철학자 존 롤스(John Rawls)가 주장대로, 평등을 가로막는 장애요인을 고려해 객관적 불평등을 해소해야 한다고 주장한다. 그들은 '기회의 평등'을 이루어나가는 과정이 평등을 쟁취하는 투쟁의 한 방법이라고 생각한다. 따라서 집단과 집단 사이의 차이와 특수성을 고려함으로써 격차를 상쇄할 기회를 제공하는, 이른바 차등의 원칙이 결부된 기회의 균등을 주장하기도 한다. 그렇다면 실업상태의 커플보다 더 많은 수입을 받는 간부 직위의 커플이 있다고 가정해보자. 혹자는 전자에 한해서만 가족수당을 지급해야 한다고 주장할 것이다. 그러나 엄격히 공정성의 원칙에 따라 접근하면, 사회적 고립과 차별을 방지하고, 취약계층을 보조하는 우대정책은 '역차별적'인 성격을 띤다. 정치적 중립, 특정 그랑제콜 출신인원 할당제, 다양성 헌장의 도입, 다양한 소수자를 등장시키는 대중매체도 마찬가지다. 만인에게 일관되게 적용되는 규칙을 깨려는 이유는 가장 취약한 사회계층을 보호하기 위함이라고 여긴다. 그러나 이처럼 대상에 따라 기준을 달리 적용할 것을 강권하는 공정성의 역설이 과연 진정한 평등을 보장할 수 있을까?

공정성이라는 개념을 선택함으로써 우리는 산술적 평등을 포기하고 도덕 철학적 가르침을 따르게 된다. 프랑스 철학자 앙드레 라랑드(André Lalande)는 철학사전을 통해 공정성이란 개념을 '특정 사안을 판단하는 데 작용하는 정의와 불의에 관한 확고하고 즉각적인 통찰'이라고 정의했다. 다시 말해, 공정성이란 원칙이 아닌 주관적 통찰과 판단에 근거한다는 의미이다.

그렇지만 특정한 차이점에 더 지대한 관심을 기울여야 한다고 판단하고 결정하는 근거는 대체 무엇이란 말인가? 공정성이라는 이름으로 가해지는 '역차별'과 교만의 발로인 동정심의 경계는 과연 어디쯤일지에 관해서도 의문을 가져볼 만하다. 왜냐하면 자격 여부를 결정하고 불의의 피해자가 있어야 할 자리를 정하는 주체는 다름 아닌 정부 당국과 정책 결정자들이기 때문이다. 그러나 이미 정해진 선택이란 없다. 매 선택을 결정하는 합리적 사리 판단도 궁극적으로는 감정의 지배를 받기 마련이다.

내가 받지 못하는 수당을 옹호할 수 있을까?

결국 대중적인 호소를 얻지 못하는 한, 특정 집단은 잘 조직화된 여론의

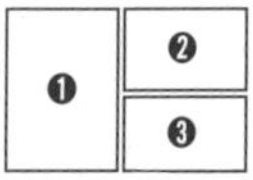

—

❶ '당당한 행진(Marche des Fiertés)' 포스터—2011년.

1981년, 동성애억압반대 긴급위원회(CUARH)는 프랑스 최초의 성적소수자 프라이드 퍼레이드를 벌였다. 이듬해에 프랑스 국민의회는 동성애 처벌법의 폐지를 선언했다.

❷ 2009년, 니콜라 사르코지 정부가 '도시 외곽지역의 희망' 프로젝트의 일환으로 운영한 수르덩(센에마른느 도(道))의 우수기숙학교(Internat d'excellence)—2012년 4월 (사진: 매트 제이콥)

공정성을 제고 하고 소외계층 출신의 우수한 학생들에게 훌륭한 학업 환경을 제공하기 위해 44개의 우수기숙학교를 개설했다. 해당 학교 학생 1명이 부담하는 비용은 일반 기숙학교의 2배에 달했고, 사회당 정부가 들어서면서 해당 사업은 전면 백지화됐다.

❸ 노먼 록웰의 그림 〈우리 모든 겪는 문제(The Problem We All Live With)〉—1964년.

이 소녀의 이름은 루비 브리지스 할이다. 루비는 1960년 루이지애나주에 있는 백인 전용학교에 입학하게 된 최초의 흑인 아이였다. 당시 네 명의 경찰관이 만일의 공격으로부터 아이를 보호하기 위해 통학 길에 동행해야 했다. 그로부터 6년 전에 미국 연방 대법원은 브라운 대 교육위원회(Brown v. Board of Education) 판결을 통해 공립 학교에서 인종 차별이 위헌이라고 선언하면서 미국 시민권 운동의 중요한 첫 발걸음을 내디딘 바 있다. 그리고 1964년이 돼서야 모든 공공장소에서의 인종 차별을 금지한 민권법(Civil Rights Act)이 도입됐다.

그늘에 가려 역차별을 받는다고 느낄지도 모른다. 그런 이유로 고결한 명분인 정의를 추구한다는 핑계로 일부 시민들은 역차별을 반대하는 조직을 구성할 수도 있다. 어떤 이들은 격차를 해소하는 '보정 효과'의 당위성에 관해 의문을 제기하게 될 것이다. 대부분 공정성은 사회에 유익하다고 생각하지만, 격차를 해소해야 하는 근거에 대해서는 적잖이도 이견이 새어나온다. 앞서 언급한 간부직 커플의 경우, 자신들이 가족수당의 혜택을 누리지 못하더라도 과연 해당 제도를 유지하는 데 찬성할 수 있을까? 사회구성원 간의 소득과 부의 격차를 줄이려면, 수당을 적용하기보다는 누진세를 실질적으로 도입하는 것이 맞지 않을까? 다시 말하면, 산술적이고 절대적인 평등을 추구하는 것이 옳지 않을까?

평등, 변화나 순응의 결과일까?

영미권에서 공정성에 관한 논의는, 대부분 국가를 공동체로 간주하며 특정한 권리를 남용하는 열등한 시민집단에 관한 주제로 흐르곤 한다. 게다가 사회적 불평등을 숙명으로 받아들이는 분위기가 만연하다. 관건은 체제의 변화가 아니라, 겉으로 드러난 역기능과 뿌리 깊은 불의를 해소함으로써 보다 인간적인 세상을 구현하려는 희망이다.

평등이란 본래 만인이 차별 없이 동등한 권리를 누리도록 하는 특징이 있기에, 모든 사람이 평등의 조건을 효과적으로 구현해내는 세상을 지향한다. 그렇기에 차이의 존중이 아닌 권리의 평등을 추구할 때에야 비로소 모든 시민이 완전무결하게 평등한 정치·사회제도를 구현할 수 있음을 직시해야 한다.

미국 내 빈부격차의 주범은 부유층

세계 최대 강대국인 미국은 영토 면적과 사회적 불평등의 수준에서도 세계 선두를 달린다. 빈곤은 뉴욕보다 미시시피주에 더 만연해 있고, 생계로 곤란을 겪는 비율은 백인들보다는 아프리카계 미국인들이 더 높다. 동시에 최상위 부유층의 소득은 1980년 이래 급속하게 증가했다. 현재 소득 상위 1%는 미국 국민소득의 25%를 차지한다. 이는 복지국가가 출현하기 전인 1920년대와 같은 수준에 해당한다.

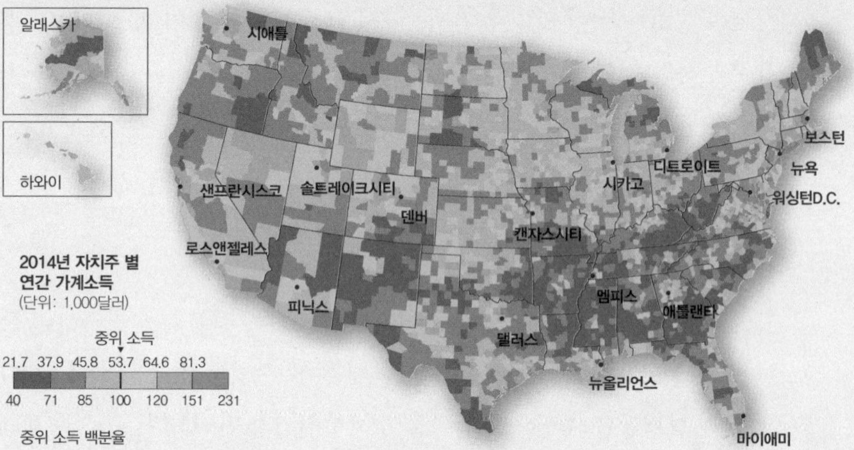

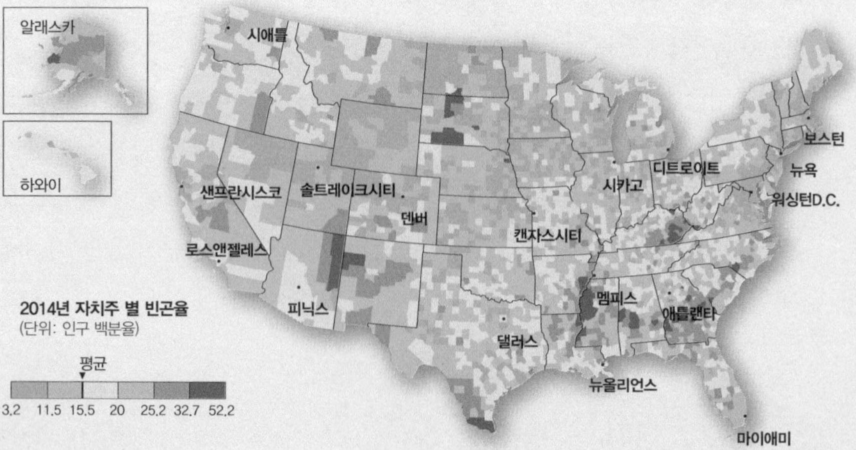

출처: 미국 인구조사국(US Census Bureau), 소지역 소득 · 빈곤 추산(Small Area Income and Poverty Estimates, SAIPE) 프로그램

상위 1%의 소득점유율 추이
1913년~2014년 (단위: 백분율)

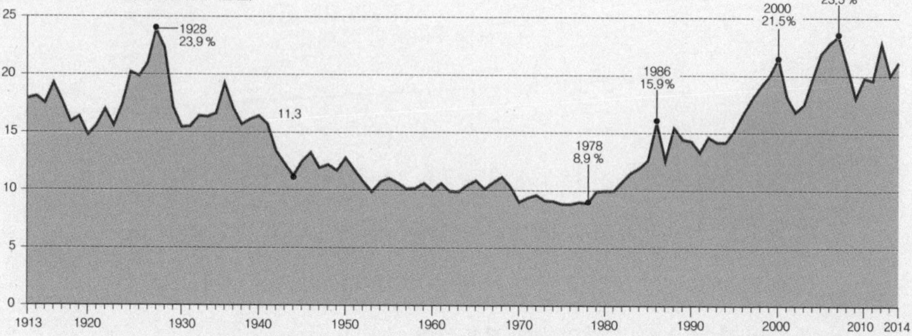

출처: 에마뉘엘 사에즈(Emmanuel Saez), 미국 상위소득의 진화(Striking It Richer : The Evolution of Top Incomes in the United States) université de Berkeley, 2015년 6월 25일(2014년 예비추정치 반영분).

1979년~2013년 소득계층별 평균 소득 변화[1] (기준: 100)
1. 물가상승률을 반영한 세후 실질소득

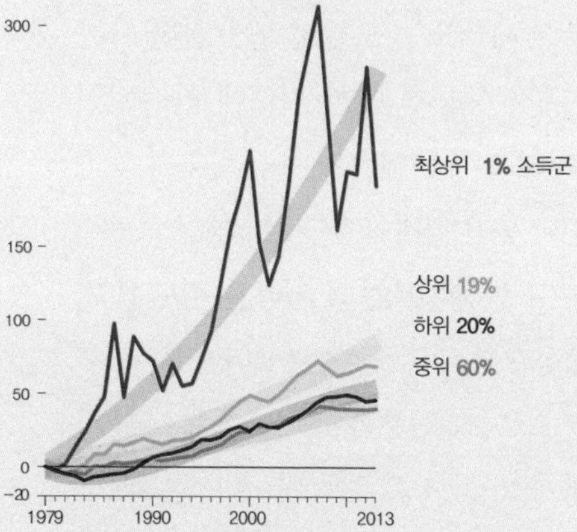

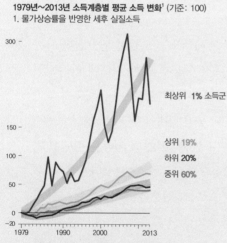

출처: 미국 의회 예산처(Congressional Budget Office: CBO), 2013년 가계소득 및 연방세 분포 분석보고서(The Distribution of Household Income and Federal Taxes, 2013), 2016년 6월.

2014년 인종별 평균 소득
(단위 기준: 경상 달러)

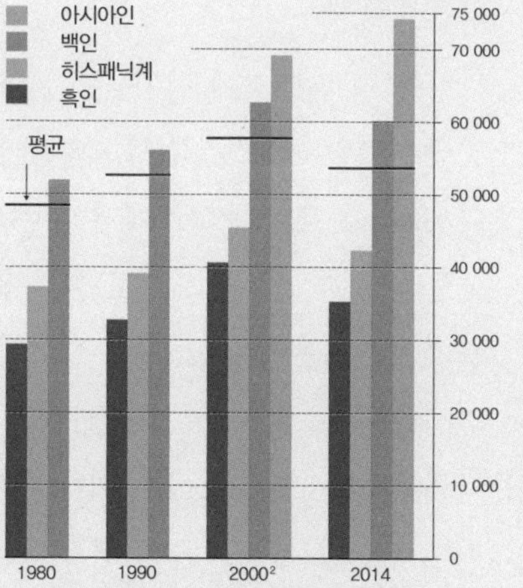

2. 아시아인의 경우 2002년 자료 기준, (이용 가능한 그 이전의 데이터 없음)
출처: 미국 인구조사국(US Census Bureau).

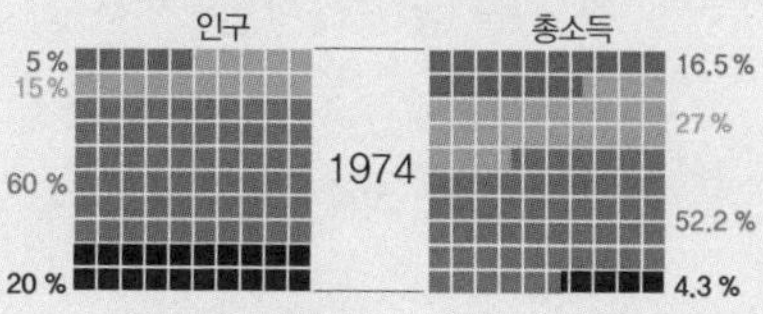

출처: 미국 인구조사국(US Census Bureau).

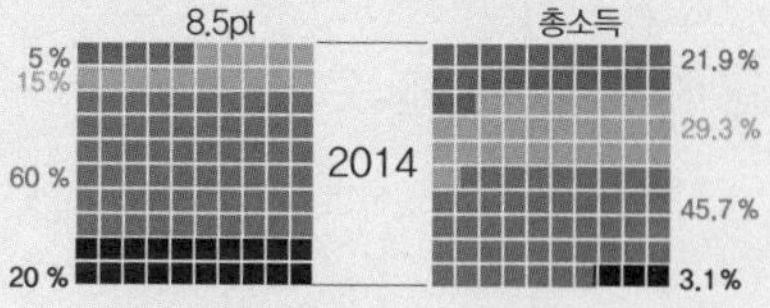

출처: 미국 인구조사국(US Census Bureau).

조세의 역사

로널드 레이건 미국 전 보수파 대통령은 "납세자란, 공무원 시험을 보지 않고도 연방 정부를 위해 일하는 사람들입니다"라고 발언했다. 레이건 전 대통령이 무심코 던진 이 말은 수세기를 이어져온 세금 불신 풍조에 점 하나를 더 찍은 것에 불과하다.

두 번째 천년기에 접어들던 11세기의 조세제도는 오늘날과는 전혀 다른 모습이었다. 당시 봉건사회의 세금은 토지 사용에 대한 지대에 한정되었다. 토지 사용자가 영주에게 납부하는 지대는 무산계층이 유산계층에 복속되는 관계를 잘 나타낸다. 카페 왕조(중세 봉건 시대인 987~1328년에 프랑스를 통치했던 왕가 — 옮긴이) 시대에는 영지 신민들로부터 세금을 징수했고, 전쟁과 같은 상황이 발생하면 추가 세금을 거둬 자금을 조달했다.

프랑스의 군주들은 삼부회(군주의 권한으로 3대 신분인 귀족, 가톨릭 고위 성직자, 평민의 대표자를 소집해 열리는 신분제 의회)의 제재를 벗어나 (현물보다는) 현금 형태의 세금을 징수하는 데 골몰했다. 때에 따라 삼부회는 군주의 요구를 거부하기도 했는데, 백년 전쟁이 한창이던 1356년에 런던에 인질로 사로잡힌 장 2세(프랑스 발루아 왕가의 왕)의 몸값 요구를 삼부회가 거부한 경우를 일례로 들 수 있다.

이에 군주들은 유사시로 한정했던 특수세를 항구적으로 징수할 방안을 궁리했다. 1439년에 샤를 7세는 신민들이 종군 의무를 대신해 연 1회 종군 의무 면제세를 납부하도록 했다. 그런 식으로 거둬들인 세금은 전투에 전문화된 친위대를 유지하는 데 쓰였다. 1614년 이후 프랑스 대혁명이 무르익던 1788년까지 삼부회는 단 한 번도 소집되지 않았다. 이후 프랑스가 절대군주제로 변모하면서 세금 부담은 날로 증가해 세금 징수에 반발한 납세자들은 반란을 일으키기도 했다. 하지만 이는 다시 강력한 진압을 불러왔다. 이처럼 불공정하고 터무니없이 높은 세금에는 설상가상 세리들의 이중 수탈이 더해져 세금에 짓눌린 평민들의 분노는 커져만 갔다.

그리하여 1789년 채택된 「인간과 시민의 권리 선언」은, 국민의 조세 부담 능력에 따라 공평하게 조세부담이 이루어져야 한다는 (프랑스 공화국의 평등 원칙의 내용에도 적용된) 조세평등주의 원칙과, 조세는 투표를 통해 국민의 대표 동의를 얻어 결정할 수 있다는 내용을 담고 있다.

약탈의 야욕

하지만 19세기 내내 답보상태에 빠졌던 조세제도는 민주적 발전을 저해했고, 세금은 불평등 구조를 심화하는 강력한 기제로 작용했다. 그 결과, 세금 논쟁이 빠르게 퍼져 치열한 찬반 공방이 벌어졌다. 좌파 진영에서는 세금에 대한 불신이 필연적 결과라고 보았다. 무정부주의자 피에르 조제프 프루동(Pierre-Joseph Proudhon)은 "일률 과세를 적용하는 국가는 갱단의 두목이나 다를 바 없다. 국가야말로 중재재판소의 심판대 앞에 서야 한다"고 직언하기도 했다.

우파 진영에서는 자유주의 담론이 주류를 이뤄, 프레데릭 바스티아(Frédéric Bastiat)의 경우 국가의 약탈 의지가 "보조금, 누진세, 무상교육, 노동권, 재정지원의 형태로 무한히 증식된다"고 말하기도 했다.

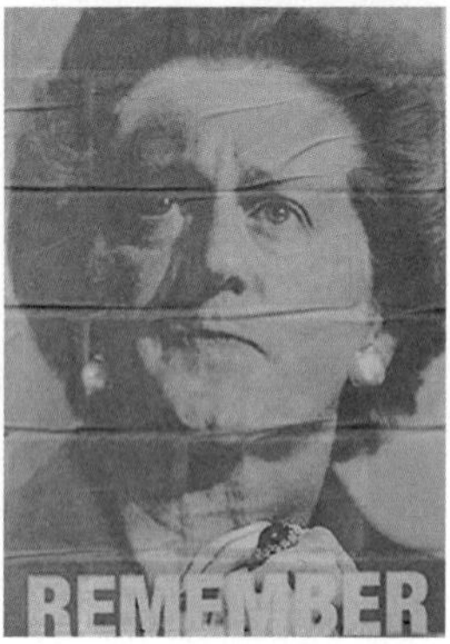

❶ '루이 다비드의 〈테니스 코트의 서약〉 스케치—1791년.

1789년 8월 26일 채택된 「인간과 시민의 권리 선언」은 조세 결정에 납세자가 '자유로운 동의'의 권리를 행사하도록 명시함으로써 해당 권리의 적법성을 인정한 바 있다. 프랑스혁명 이전의 앙시앵 레짐(Ancien Régime: 대혁명 이전의 절대왕정체제) 시대에 가장 많은 원성을 샀던 소금세는 점진적으로 자취를 감췄고 영주와 교회에 바치는 세금은 즉각 폐지됐다. 그렇게 해서 국가는 독점적 세금징수권을 획득했다.

1790~1791년, 국민제언의회는 새로운 형태의 조세제도를 도입하기 위해 토지의 소유에 대한 토지세, 임대료 수익에 대한 동산세, 그리고 상업 및 산업 수익에 대한 영업세 도입을 표결에 부쳤다. 의회는 이후 1798년, 문과 창문에 세금을 추가로 도입함으로써 1917년까지 이어지는 '4대' 직접세 체계를 완성했다.

(삽화 문구) 권력을 장악한 카르텔이 만약…. ... 그 결과는 프랑의 몰락과 세금 인상일 것이다.

❷ 좌파연합(Cartel des gauches)을 비난하는 공화국 선전원(Centre de propagande des républicains nationaux)의 벽보

20세기 초반에 이미 조세제도는 좌우 분열의 핵심에 자리하고 있었다. 사회주의자들은 1918년부터 제1차 세계대전 이후 불어난 국가 채무를 해소하는 방안으로 자본소득 과세를 도입해야 한다고 주장했다. 일부의 사회주의자와 다수의 급진주의자로 이뤄진 좌파연합이 1924년 5월에 처음으로 정권을 획득하는 데 성공하면서, 자본소득 과세 도입을 시도한다. 그러나 해당 세금이 '돈의 장벽'이 된다는 에두아르 에리오 총리의 판단하에 계획은 무산됐다.

❸ 신민들의 세금을 거두는 군주

자크 르그랑이 저술한 『미풍양속(bonnes moeurs)』의 축소 판형—15세기, 프랑스

❹ 데이비드 캐머런과 마거릿 대처의 얼굴을 합성한 풍자 포스터—2010년, 런던.

3번의 총리 임기(1979~1990) 동안 고소득 과세를 크게 완화한 철의 여인은 "사회주의의 문제는 타인의 돈이 금세 바닥나게 만든다는 점"이라고 지적했다.

1914년 채택된 누진소득세*는 소득수준에 비례해 세율을 적용함으로써 민주적 조세제도의 새로운 대안으로 떠올랐다. 누진소득세는 의회의 회계연도 예산안에 대한 합의에서 그치는 것이 아니다. 실질적인 불평등 감소와 소득재분배 효과를 불러온다. 그러나 조세에 대한 불신은 해소되지 않는다. 한편에서는 세제개혁 요구가 빗발치고 다른 한편에서는 불평등이 여전히 뿌리 깊이 박혀 있어 도무지 갈피를 잡을 수 없게 한다. 그 와중에 조세수입의 감소로 이어지는 탈세, 늘어가는 감세 특혜, 사회보장제도의 혜택이 미치지 못하는 사각지대 등의 이슈는 조세에 대한 불신을 가중한다 (p.142 참조). 이런 문제는 개개인의 세금에 관한 인식에 악영향을 미치며, 숙의 민주주의의 기반을 흔든다. 루스벨트 정부(1933~1945) 시절 재무장관을 지낸 헨리 모겐소(Henry Morgenthau)의 "세금이란 문명화된 사회를 얻기 위해 치르는 비용이다"라는 말을 되뇌게 하는 대목이다.

소득 과세 - 슬픔이 갉아먹는 목숨과도 같은 것

"예전이 더 좋았었다"라는 말은 미래를 염려하고 변화를 두려워하는 보수적 사고방식의 전형에 해당한다. 각종 사안에 걸친 회고적 시선은 과거에 대한 향수를 자극한다. 특히 지난 수십 년간 가장 부유한 납세자들에게 유리하게 작용했던 조세정책도 이에 해당한다.

사회정의와 세금은 서로 밀접하게 연관되어 있다. 20세기 초, 대부분 선진국에서의 조세정의란 소득이 높을수록 더 많은 세금을 부담하는 누진세의 형태를 띠었다. 그 목적으로 프랑스에서는 1901년 누진상속세를 도입했고, 1914년에는 소득세를 도입했다. 그러나 탈세에 대한 세무당국의 안일한 대처가 너무나도 만연한 나머지, 최상위 부유층은 탈세를 세금의 반대급부로 여겨졌고, 조세정의의 실현은 묘연해졌다. 그런 배경에서 1920년 6월 25일에는, 다소 놀랍기도 하지만 '국민연합(Bloc national)'을 구성한 다수 우익세력의 주도로 55만 프랑 이상의 소득에 일괄 50%의 세금을 부과하는 법을 도입하기에 이른다. 그리하여 비로소 누진소득세를 실질적으로 도입할 수 있었다. 우익 정치인들이 돌연 이같은 결정을 내린 데는 몇 가지 사연이 얽혀 있었다.

우선, 제1차 세계대전을 치르느라 바닥난 공공재정을 복원하는 것이 급선무였다. 더불어, 프랑스의 부르주아지는 러시아에서 성공을 거둔 혁명의 기운이 행여 프랑스로까지 확산되지나 않을까 몹시 우려하고 있었다. 그리고 무엇보다도 당시에는 55만 프랑 이상의 소득 수준을 충족하는 세대 수가 고작 몇 백에 불과했다. 다른 한편, 우파와 극우세력은 세제 개편에 반대하는 활동가들과 연합해 1920년대 말부터 '납세자 보호'라는 명목으로 불만을 표시했지만 별 소득을 얻지는 못했다.

제2차 세계대전 종식과 함께 정부의 세금 수요는 늘어났고, 그에 따라 부유층에 부과하는 세금도 함께 늘었다. 이후 경제는 꾸준한 성장세를 이어갔으며 과세에 대한 여론의 동요도 발생하지 않았다. 그리하여 1949~1972년 기간 동안 소득수준별로 0%~60% 세율을 적용한 8단계 과세표준을 적용했다. 누진 소득세는 긍정적 결과를 가져왔고, 조세제도의 소득재분배 효과도 비교적 높게 나타났다. 예외적인 인상률까지 모두 고려하면, '영광의 30년'*부터 1970년대 말에 이르는 기간에 한계세율*이 70%에 육박하는 최상위 소득 가구 수는 약 20만에 달했다.

그렇지만 누진세 개념에 이의를 제기한 사례는 드물었다. 당시 누진세는 논쟁거리가 아니었기 때문이다. 물론 세금 폭동이 적잖게 발생하곤 했다. 대표적으로 피에르 푸자드(Pierre Poujade)는 1950년대에 '조세 탄압'을 비난하며 물리적인 방법을 동원해 소상인 과세에 맞섰다. 이런 반대 운동은 대부분 중산층에 국한해 일어났고, 정부의 강압적인 관리체계가 반발의 주된 원인이었다. 이들에게 있어 부유층에 부과된 세율은 관심 밖의 일이었다.

마거릿 대처와 로널드 레이건의 잇따른 선거 승리에 도취한 부유층

좌파 정부의 집권 직후인 1982년 12월 29일에는 최고한계세율*을 초고소득층의 경우 소득의 65%까지 높이는 법률이 채택되었다. 그러나 영국의 마

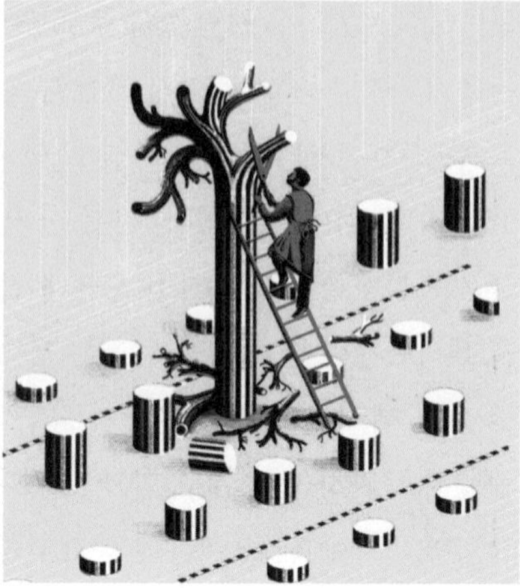

—

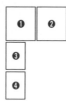

❶ **정육점 앞에 서 있는 정육점 주인—1970년 (사진: 르네 말테트)**
"정의가 없는 국가를 살찌우고 있는 지긋지긋한 세금"
지물상 출신 활동가 피에르 푸자드를 지지한 상공인보호연맹(Union de défense des commerçants et artisans, UDCA)의 선거 구호. 상공인보호연맹은 1956년 국민의회 선거에서 52석을 획득했다. '세금 로빈후드'로 불린 푸자드의 세금 반대 운동은 또다른 측면에서 당시의 지방 소상인들이 대형유통업체의 성장과 도시화라는 위협에 대항하며 반대의 목소리를 높이는 계기로 작용했다. '푸자드운동(poujadisme)'은 프랑스가 '영광의 30년'을 누리는 동안 경제의 현대화에 치이고 폄하된 소시민들이 느꼈던 위기의식의 발현이었다고 볼 수 있다.

❷ **단행본 『더 파리지어너(The Parisianer)』에 포함된 이시노리의 작품. 이 삽화는 미국의 시사지 더 뉴요커(The New Yorker)와 프랑스를 대표하는 현대 미술 작가 다니엘 뷔렌에 대한 오마주를 표현한다.**
우파 진영의 비난을 샀던, 부유세(ISF, 재산연대세)는 1982년 프랑수아 미테랑 정부가 도입했던 부유재산세(Impôt sur les grandes fortunes, IGF)의 전통을 계승했지만, 원형보다 훨씬 덜 진취적인 내용으로 한정돼 있다. 예컨대, 법인자산은 물론 골동품, 특히 예술품이 과세 대상에서 제외됐다. 이는 당시 재무부 장관으로 있던 로랑 파비위스의 입김이 작용한 결과다. 파비위스 장관은 열혈 수집가로 알려져 있다. 부유세는 결국, 가계가 소유한 부동산에 집중된 세금의 성격을 띠게 됐고, 막대한 규모의 재산은 오히려 과세 범주에서 제외됐다. 2015년에 8,000만 유로의 연 수입을 신고한 릴리안 베탕쿠르가 납부한 부유세 총액은 0유로였던 것을 예로 들 수 있다.

❸ **영화 〈잭폿(The Jackpot)〉의 포스터—1950년, (감독: 월터 랭)**

❹ **1955년 3월호 〈라다르(Radar)〉의 표지** (삽화 문구) 푸자드에 대한 지지와 반대.

거릿 대처 총리와 미국의 로널드 레이건 대통령의 집권으로 승리감에 흠뻑 도취한 부유층은 그동안 국민 화합의 모델로 얻어낸 소득을 더는 나누려 하지 않았다. 1990년대에는 일반사회보장부담금(Contribution sociale généralisée·GS)과 같이 누진세가 적용되지 않는 비례세*의 비중이 늘었다. 최고한계세율이 1990년에는 56.8%였으나 1998년에는 54%, 2009년에 이르러서는 40%로 감소했다. 과거와 비교하면 최고 부유층이 부담하는 세금은 대폭 줄었음에도, '몰수세'라는 멸칭으로 누진세를 별칭하는 경우가 빈번해졌다. 지금까지도 명맥을 유지하는 누진세의 기본 방침에 오명을 씌우려는 의도인 셈이었다.

이같은 맥락에서, 프랑수아 올랑드는 2012년에 100만 유로를 초과하는 임금에 대해 75%의 세금을 부과하는 계획을 밝혔다. 그러나 얼마 지나지 않아 공약을 급히 번복하면서 최상위 과세표준구간의 과세율 상한선을 45%까지로 대폭 인하한 바 있다. 그런데도 고소득자의 능력을 착취하는 세금정책이라는 거센 비난을 피해갈 수 없었다. 그러나 실상을 들여다보면, 부유층에 부과된 세금이 소폭이나마 늘긴 했지만, 여전히 과거의 초고소득세율을 훨씬 밑도는 수준에 머물러 있다.

감세, 탈세 그리고 조세 천국

프랑스 조세 당국이 발표하는 명목세율과 납세자들이 실제로 부담하는 실효세율 사이에는 상당한 차이가 있다. 이런 차이는 합법적 또는 비합법적 방법으로 가정과 기업이 세금을 피해갈 방법이 존재하기 때문에 발생한다. 배경을 이해하려면 최근 늘어만 가는 조세감면 혜택의 내용부터 살펴봐야 한다.

미국의 경제학자 아서 래퍼(Arthur Laffer)는 "지나친 세금은 세금을 죽인다"고 말했다. 세금 납부를 꺼리는 분위기가 만연했던 1980년대에 조세 당국은 아서 래퍼의 말마따나 대기업과 부자들의 세금을 감면해주는 장치를 지속해서 늘려갔다. 프랑스에서는 조세감면 혜택 적용 건수가 1981년 320건에서 2012년 449건으로 증가했고, 그 규모는 연간 약 830억 유로에 달했다. 원칙적으로 법인세율은 기업이 벌어들인 수익의 33%를 적용하지만, 영세기업의 경우는 수익의 39%, 직원을 5,000명 이상 고용한 기업은 25%, CAC40에 상장된 기업은 8%를 세금으로 납부하고 있다. 기업 규모에 따른 세율 차이는 주로 대기업에 적용되는 세액공제 혜택(예: 연구·개발 비용 공제)에서 발생한다. 부유층 가정 역시 조세감면 혜택을 누리는데, 일부 경우는 전문 세무 상담을 통해 소득세를 전혀 납부하지 않는 수단과 방법을 동원하기도 한다.

2008년, (2013년 세금 사기 혐의로 기소된 제롬 카위자크[Jérôme Cahuzac] 전 예산처 장관을 성원으로 하는) 프랑스 의회 위원회는 각종 조세감면 혜택의 전체 규모가 약 수백억 유로에 달하며, 감세가 고용과 성장으로 이어지지 않고 국가 부채만 늘린다고 평가하면서 해당 제도의 폐지를 촉구했다. 합법적 조세감면 장치는 조세 회피처를 통한 손쉬운 조세 회피 방법을 포함한다.

1980년대를 시작으로 1990년대에 특히 전자금융거래가 활성화되고 조세 전문 변호사와 같은 전문가가 급증하면서, 부유한 납세자가 조세회피처로 빠져나가는 길이 활짝 열렸다. 탈세 추정치에는 이론의 여지가 있으나, 1982년에 조세회피처에 은닉한 자산을 약 800억 프랑으로 추정한다. 반면, 오늘날에는 그 액수가 약 800억 유로로 늘어나 30년 만에 6배 이상으로 규모가 늘어난 것으로 보고 있다.

유럽연합 내 조세 회피 규모는 1조 유로

앞서 언급한 두 가지 현상이 결부되어 조세 회피 가능성이 크게 높아졌다. 조세 회피는 합법적인 틀 안에서 세금을 줄이는 조세 최적화와 불법에 해당하는 탈세로 구분할 수 있다. 2013년 5월 유럽 의회가 발표한 보고서에 의하면, 유럽연합 내에서 세금 회피로 발생한 세수 손실액은 총 1조 유로에 달했다.

"근절을 약속합니다"

국가의 과세권을 지속적으로 침탈해오는 조세회피 행위에 대해 정부 당

❶
❷
❸
❹

—

❶ **미국 델라웨어주 윌밍턴의 엽서**
이제 더는 조세 회피를 목적으로 케이맨 제도를 찾을 필요가 없다. 〈포브스〉가 발표한 순위를 살펴보면, 이제 '최고'의 조세회피처는 미국의 델라웨어주다. 이 작은 지역에만 미국 500대 그룹사의 2/3가 사서함을 보유하고 있다. 델라웨어주에는 거주민의 수(95만 명)보다 기업의 수(120만 개 처)가 더 많을 정도다. 이곳에서 기업들은 경과세국 조세 회피 규제를 피하면서 파나마보다 더 높은 익명성을 보장받을 수 있다.

❷ **스위스 제네바 벨뷰—2005년 (사진: 크리스천 루츠)**

❸ **런던 금융 특구 '더 시티(The City)'의 택시 운전사—2000년 (사진: 이안 테)**
런던 금융계 종사자 대다수는 2016년 6월 국민투표에서 '유럽연합 잔류'에 표를 던졌다. 하지만 투표 결과 유럽연합 탈퇴 표가 우세해 브렉시트(Brexit: 영국의 EU 탈퇴)가 결정됐고, '세계 금융중심지'로서의 런던의 위상은 흔들리기 시작했다. 영국의 유럽 연합 탈퇴가 예상되면서 유럽 제일의 금융경제 모델인 런던 금융계가 위협을 받게 된 것이다. 그동안 런던은 전 세계 다국적 기업들이 유럽 시장에 접근하는 통로 역할을 했을 뿐 아니라 영국 연합왕국의 해외 영토, 즉 과거의 영국 식민지로 구성된 역외 조세회피처 조직망의 핵심으로 자리매김해왔다.

❹ **〈기업 부패〉 루바 루코바의 포스터—2008년.**

국은 어떤 방식으로 대응했을까? 겉으로는 단호한 조치가 취해지는 듯했다. 2009년 니콜라 사르코지 프랑스 대통령은 "조세 회피처와 비밀 은행을 모두 근절하겠다"고 거침없이 선언했다. 그러나 실상을 들여다보면 조세회피처는 그 어느 때보다도 횡행하고 있다. 경제학자 가브리엘 주크먼(Gabriel Zucman)은 신고하지 않은 개인 비밀계좌로 빠져나간 돈의 규모가 전 세계 GDP의 6%에 해당하는 4조7천 억 달러에 달할 것으로 추산했다. 탈세에 관한 발표 내용은 나날이 더 강경한 태도를 보이지만, 공공당국의 조치는 여전히 소극적이다.

대표적인 예로 2008년에 세계 2위의 금융그룹인 HSBC은행에 비밀계좌를 개설한 탈세자 명단 유출 사건을 들 수 있다. 2005년과 2006년 사이에 거의 2천억 유로에 달하는 자금이 해외로 빠져나간 사실이 밝혀졌다. 이에 에리크 뵈르트(Éric Woerth) 예산처 장관은 정규 부서를 신설하고 역외탈세 혐의가 포착된 4,700명으로부터 세금을 징수하자는 제안을 했다. 당국은 2009년 4월 20일부터 12월 31일까지 사례별로 과세 대상을 분류하고, 비밀계좌를 신고하지 않을 경우 가산세와 추징금을 부과하는 방법으로 12억 유로의 세금과 과징금을 거둬들일 수 있었다. 2013년 6월에는 행정공문에 근거해 자진신고를 유도하는 시정 절차를 제도화하기도 했다. 그리하여 2014년에는 자발적 세무신고를 통해소득세 2억2,200만 유로, 등기료 4억6,100만 유로, 부유세 8억2,700만 유로를 추가로 거둬들이는 성과를 올렸다. 하지만 부유층 납세자에 대한 형사기소 사례는 극히 드물다. 이런 상황은 국가의 통치권이 탈루 세액의 일부를 수습하는 선을 넘어서지 못하는 것이 아닌가 회의에 빠지게 한다.

국가를 위한 자선활동

서구에서는 지난 30여 년간 조세와 지출을 줄이기 위해 정부 차원에서 각종 방안을 도입해왔다. 그 노력의 일환으로 오늘날 정부들은 자원봉사단체나 자선단체에 사회복지사업을 위탁함으로써 재정부담을 더는 한편, 민간단체의 자선활동과 후원을 적극적으로 독려하는 추세이다. 이 노력을 다시 풀이하면, 조세정책 실패로 생겨난 예산 공백을 온정의 손길로라도 막아보려는 심산인 것이다.

자선활동이라는 개념은 19세기 말에 미국에서 처음 생겨났다. 1892년에 4천 명 수준이었던 미국의 백만장자 수는 1916년에 들어 무려 4만 명에 달할 만큼 폭발적인 증가세를 보였다. 재력가들은 대중에 자신들의 관대함을 알림과 동시에 자신이 축적한 부를 정당화하고자 대의명분을 앞세운 투자를 감행했고, 그 결과 수많은 도서관과 병원, 대학이 설립되었다. 당시에는 공공의 이익을 추구하기 위해 민간자본을 활용한다는 것은 좀처럼 흔치 않은 일이었다. 경제학자이자 작가였던 폴 라파르그(Paul Lafargue)는 1887년, "막대한 부당이익을 챙겨서 최소한으로 되돌려주는 행위가 바로 자선활동이다"라고 꼬집어 지적한 바 있다.

기업 자본가들은 예술과 보건, 과학 분야에는 더없이 관대하고 이타적이지만 공장 안에서는 인색하기 그지없고 폭압적이었기에, 이들의 자선활동을 지켜보는 노동자들의 시선은 의심으로 가득했다. 대표적인 예로, 1890년대 초에는 펜실베니아주의 수많은 철강 공장이 직장폐쇄를 단행하는 등 강압적인 방식으로 운영되자 공장 노동자들은 '철강왕' 앤드루 카네기(Andrew Carnegie)의 후원으로 설립된 건물 출입을 거부했으며, 카네기가 도서관 건립 후원을 자청했던 해당 주의 46개 도시 중 20개 도시는 이내 그의 제의를 거절하기도 했다.

교회의 번영을 위해

오늘날 그 어떤 자치정부가 억만장자의 기부를 거절할 엄두를 낼 수 있을까? 우선 파리 시는 확실히 엄두 내지 못할 일이다. 파리 시는 2014년에 프랑스 최고 재벌 베르나르 아르노 소유의 럭셔리 그룹 LVMH(루이뷔통 모에 헤네시·Louis Vuitton Moët Hennessy)가 전액 출자해 설립한 현대미술박물관을 유치하는 과정에서 기업을 특별예우한 바 있다. 디트로이트 시의 경우는 더더욱 말할 나위가 없다. 디트로이트 시는 2013년 파산 선언 이후, 포드 재단과 크레스지 재단, 나이트 재단으로부터 일정 금액의 후원을 받아 공무원 연금을 유지할 수 있었다. 이처럼 겉으로나마 관대한 기업 후원은 공공부문 긴축재정을 펼치는 대다수 서구권 국가들에 없어선 안 될 유용한 재원이다. 그러나 언론매체의 주목을 받아 부각된 재벌과 기업의 후원 활동은 기실 전체 자선활동을 놓고보았을 때 빙산의 일각에 지나지 않는다. 정부 당국이 세수의 감소를 무릅쓰고 세금 공제 혜택을 부여해가며 장려하는 '대중의 후원'도 간과할 수 없는 비중을 차지한다.

프랑스의 여러 가정이 비영리 단체에 기부하는 연간 총액은 40억 유로가 조금 넘는다. 이는 프랑스 국내총생산(GDP)의 0.2%에 해당하는 액수다. 그러나 프랑스의 기부 규모는 캐나다(60억 유로, GDP의 0.5%)와 영국(110억 유

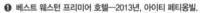

❶ ❹
❷
❸

❺

—

❶ 베스트 웨스턴 프리미어 호텔—2013년, 아이티 페티옹빌.

❷ 아이티 북부 카라콜(Caracol) 지방의 소나피(SONAPI) 공업단지—2013년, 아이티 (사진: 코렌틴 폴렌)

모든 개발 원조의 수혜자들이 우리가 상상하는 모습인 것은 아니다. 미주개발은행(IDB)이 후원하는 카라콜 공단은 아이티의 경제 발전을 목표로 세워졌다. 이 공업단지가 들어서면서 현지인들은 미국시장을 주요 타깃으로 삼는 한국 섬유 산업에 동원돼 염가의 노동력을 제공했고, 수천 명의 농민들은 삶의 터전을 빼앗겼다.

❸ 기아대책행동(Action contre la faim · ACF)의 2012년 캠페인

굶주린 아프리카 어린이들의 모습을 담은 사진은 현대 인도주의 운동의 상징으로 떠올랐다. 인도주의 운동의 시발점은 1967~1970년 나이지리아 정부군과 나이지리아로부터 분리독립을 선언한 비아프라 공화국 사이에서 벌어진 내전으로 거슬러 올라간다. 이를 계기로 대중의 죄책감을 자극하는 국제적 연대가 급부상했고, 가장 대표적인 구호단체인 국경없는의사회(Médecins sans frontiéres)가 조직되기도 했다.

❹ 사랑의 식당(Restos du Cœur) 31주년 캠페인—2015년, 파리 (사진: 알랭 길로)

정부가 사회복지사업의 규모를 축소하는 과정 중에, 비영리단체들은 2007~2008년의 금융위기 이후 늘어만 가는 프랑스의 빈민층 인구 증가에 대처하느라 고전하고 있다. 2014년에 사랑의 식당은 1억3,000만명에게 식사를 제공하는 기록을 세운 동시에 700만 유로의 적자를 기록했다.

❺ "자선 사업가들의 수중에 넘어가다."

기업독점과 기업합동체에 이끌려가는 엉클샘(미국 정부)의 모습을 그린 찰스 테일러의 삽화—미국의 컬러 시사 만화 잡지 〈퍽(Puck)〉 제41호 표지, 뉴욕, 1897년.

로, GDP의 0.7%), 그리고 특히 미국에 비하면 낮은 수준이다. 미국의 경우 2013년을 기준으로 10가구 중 9가구 이상이 기부했으며, 전체 액수는 GDP의 1.4%에 해당하는 2,410억 달러(1,750억 유로)에 달하는 것으로 집계된다. 기부금의 상당 부분은 교회로 전달되었다.

미 정부는 비영리 사회활동 단체의 1위 고객

겉으로 드러난 이미지와는 달리 비영리 자선단체와 지역사회단체는 시민들의 자발적 참여로만 결성되지는 않았다. 사회복지사업에 직접 관여하지 않으면서 비용은 최소화하고자 하는 정부 전략의 결과이기도 하다. 국가기관에 속하지 않는 비영리 부문(이른바 제3부문)의 경우 임금노동자의 법적 지위를 제대로 인정하지 않는다. 게다가 불안정 계약이나 시간근무제 형태로 고용된 사례가 시장부문의 두 배에 달한다. 이에 해당하는 많은 단체는 무급으로 일하는 수백만의 자원봉사자에 의존하며 근근이 활동을 이어가고 있다. 일례로, 빈곤구제 활동은 엠마우스(Emmaüs)나 사랑의 식당(Restos du Cœur)과 같은 대형 조직, 혹은 지역을 기반하는 소규모 단체를 중심으로 상당 부분 비영리와 무상봉사를 통해 이루어진다. 미국 정부는 사회복지 분야에서 활동을 펼치는 백만여 비영리 단체에 사업을 위탁하는 최대 고객임과 동시에 보조금을 지원하는 최대의 후원자이기도 하다.

하지만 캘리포니아 우드사이드 마을의 사례에서 보듯, 지역연대와 사회활동은 역효과를 가져오기도 한다. 1998~2003년 부촌에 해당하는 우드사이드의 유일한 초등학교는 부모, 주민, 졸업생들로부터 1,000만 달러의 기부금을 받았다. 학교는 기부금을 활용해 500명의 학생이 음악과 미술 그리고 컴퓨터를 배울 수 있도록 수업을 제공했다. 하지만 이 마을에서 15km 떨어진 곳에 있는 또다른 마을 라벤스우드 내의 여러 초등학교에는 누구도 기부금을 제공하지 않았다. 가계소득이 우드사이드의 1/4에 지나지 않는 이 마을 주민들은 아이들에게 바이올린 수업을 제공할 여력이 없다. 정부가 세금공제 혜택을 제공하며 독려하는 기부금 제도가 불평등을 초래한 셈이다.

또다른 비전

사회분담금 - 열망하라, 꿈과 희망을

상상 속의 이상향은 열망만큼 큰 절망으로 돌아온다. 이상향의 실현은 다른 세상에서나 가능하다는 사실을 새삼 자각하게 되기 때문이다. 하지만 베르나르 프리오(Bernard Friot)는 사회를 완전히 바꾸거나 대체할 막강한 도구가 이미 우리의 손에 쥐어져 있다고 말한다. 19세기와 20세기에 걸친 사회 투쟁의 결실로서, 이미 이 세상에 존재하기는 하지만 사람들의 열망을 자극하지는 않는, 그 도구는 이름하여 사회분담금이다.

제2차 세계대전 이후 지속된 노동운동에 힘입어 생겨난 사회분담금의 기본원칙은 기업 활동으로 창출된 부의 일부를 모아 퇴직연금, 사회보장, 실업보험 등의 자금을 조달하는 상호부조에 있다. 구체적으로는 전체 임금의 40%를 모아서 '사회보장', '퇴직금' 등의 금고에 불입하는 방식이다. 이렇게 해서 모이는 돈의 규모는 상당하다. 프랑스의 경우 2014년을 기준으로 4,760억 유로(기업 분담금 공제 기금에 불입하는 일반사회분담금을 포함함)로 국내총생산*의 22%를 웃돌며, 국가예산을 훨씬 넘는 액수이다.

사회분담금은 시장 내에서 자본으로 축적되거나 이윤을 발생시키지 않는다. 사회분담금은 간병인 임금, 퇴직연금, 또는 복지혜택으로 쓰인다. 세

❶ **프랑스 작가 미스틱(Miss.Tic)의 스텐실 작품—2009년.**
프랑스 레지스탕스는 정치적 미래에 골몰하지 않고 나치에 점령된 프랑스를 해방시키기 위해 분투했다. 전국레지스탕스회의(Conseil national de la Résistance · CNR)'에서 비밀리에 화합한 우파와 좌파를 아우르는 대표들은 이상적인 사회의 모습을 서로 논의했고, 1944년에 그 내용을 담은 계획을 채택했다. 사회보장제도, 분배형 퇴직연금, 건강보험, 가족 수당, 노동위원회, 그리고 사내 의료진까지 포함하는 각종 제도는 당시의 계획을 구체화해 실현으로 옮긴 결실이다. '행복한 나날'이라는 제목이 붙은 이 문서의 내용은 이듬해에 앙브루아즈 크루아자트 노동부 장관이 제시한 사회정책의 바탕을 이루었으며, 30년간 거듭된 신자유주의의 맹공격에도 불구하고 여전히 사회복지체계의 중심을 이루고 있다.

❷ **'바바야가스의 집' 구성원들의 월례 오찬 모임—2014년, 몽트뢰유. (사진: 뱅상 응구엔)**
어떻게 하면 자녀들에게 부담을 지우거나 고독을 느끼지도 않으면서도 '만족스러운' 노년기를 보낼 수 있을까? 25개의 주거지로 구성된 이 '양로원 반대 시설'은 페미니스트 세레르체 클라크의 이상을 반영해 자체적으로 관리되고 있으며, 연대와 생태 보호를 추구하고 여성들에게만 입주 자격을 부여한다.

❸ **한 식당 종업원이 세금청구서와 사회분담금이 적힌 급여명세서를 우산에 붙인 채 시위를 벌이고 있다. 그가 참여한 '24시간 동안 이민자가 없는 날' 운동은 국가의 부를 창출하는데 이민 노동자들이 이바지하는 비중을 사람들에게 일깨우기 위해 시작됐다. (사진: 뱅상 응구엔)**

금과 달리 국가나 정부 부처가 아닌 별도의 기금관리공단에서 운용한다. 1960년대에 정부 당국이 노사동등주의 원칙을 적용하기 이전의 사회보장 기구는 노조 대표 3/4과 고용주 대표 1/4이 대표단을 구성했다. 노동자는 국가나 시장과 무관하게 스스로 생산한 부의 일부를 직접 관리하곤 했다.

노동 시장의 철폐, 임금과 고용의 연결고리 끊기

여러 유럽 국가(독일, 오스트리아, 벨기에, 프랑스, 네덜란드, 룩셈부르크 등)가 이미 복지제도에 이 같은 내용을 반영하고 있다. 이렇게 얻어낸 결실을 바탕으로 논리를 발전시키고, 그 경계를 확장하다 보면 마침내 흥미로운 '결론'에 도달하게 된다. 사회학자 베르나르 프리오는 설명했다. "이미 존재하는 사회분담금의 기본 바탕 위에 고용주가 지급하는 임금을 분담금으로 대체함으로써 임금 전체를 사회화하는 방안을 그려볼 수 있다. 그렇게 되면 '자신의' 직원에게 임금을 지불하는 고용주는 더는 필요치 않다. 고용주를 대신하는 기업의 관리부는 분담금을 납입하고, 직원을 채용하지만 임금을 지급하지는 않는다." 임금 명목으로 마련된 기금에 분담금을 납입하고, 기업 대신 해당 기금에서 직원들 앞으로 직접 급여를 지급하기 때문이다. 임금과 고용의 고리를 끊으면 노동시장은 철폐될 것이다. 임금노동자가 노동력을 임금의 반대급부에 해당하는 상품으로 고용주에게 팔지 않는다면, 노동자를 고용주에게 귀속시키는 지배 관계도 사라진다. 이상향일 뿐이라고 생각하는가? 전혀 그렇지 않다. 현재 프랑스에서는 약 1,400만 명에 달하는 연금수령자들이 퇴직 후 이 같은 체계 안에서 생활을 영위하고 있다.

사회화된 임금

분담금을 통해 투자 역시 사회화할 수 있다. 오늘날의 시장체계에서는 소유자와 경영자만이 기업이 창출한 이익의 사용처(배당, 투자)를 결정한다. 그러나 특정한 목적을 띠는 분담금을 조성하면 보상금이나 금융소득 없이도 미래의 계획을 재정적으로 지원할 수 있으며, 무엇보다 조직원 공동의 결정을 따를 수 있다. 기금은 선출된 직원이 관리하며, 부족함 없이 운용될 것이다. 아울러 직원들은 기업의 생산량, 생산 방식, 그리고 어떤 조건에서 기업이 운영되어야 하는지에 관한 주요 경제적 결정권을 가질 것이다.

오늘날 세금으로 운영되는 주택, 에너지, 통신 및 금융과 같은 각종 공공서비스에도 똑같이 사회분담금 운영 방식을 적용할 수 있다. 베르나르 프리오는 다음과 같이 설명을 갈무리했다. "새로 창출된 부를 모두 사회화된 임금인 분담금에 할당하는 것은 정치적으로 매우 중요한 의미를 내포한다. 궁극적으로, 가치를 정의하고 생산하며, 그 가치를 어떻게 어디에 적용할지를 결정하는 권한이 임금노동자에게, 즉 주권을 가진 국민에게 돌아옴을 뜻하기 때문이다."

고용, 어떠한 대가를 치러야 하나?

프랑스 고용서비스공단(Pôle emploi)에 등록된 실업자는 현재 매년 540만 명에 이른다. 이는 연간 실업 통계에서 소외되는 수천 명을 제외한 수치다. 지속해서 줄어만 가는 일자리는 이제 '창조자'로 성장할 잠재력을 가진 사람들에게만 돌아가는 일종의 혜택으로 받아들여지고 있다. 그리하여 실업은 '다모클레스의 칼(기원전 4세기경 시칠리아 시라쿠사의 참주 디오니시오스가 신하 다모클레스를 잔치에 초대해 천장에 실 한 올로 매단 칼 밑에 앉혔다는 고사에서 나온 말로, 위기일발의 상황을 가리킴 – 옮긴이)'처럼 임금노동자들의 절박함을 부채질하며 날로 가중되는 고용 불안정을 감내하도록 한다. 하지만 고용만으로 만사가 해결되는 것은 아니다. 경제활동에 참여하는 여성 중 30%는 시간제로 일한다(남성의 경우는 8%). 오늘날만큼 생산 효율이 높았던 때도 없었지만, "모든 사람에게 일이 돌아가도록 적게 일하라"는 주장은 어떤 이들에게는 결코 통하지 않을 말이다. 다른 한편에서 어떤 이들은 소득 보장제 도입을 주장하며 임금사회를 뛰어넘기를 희망한다.

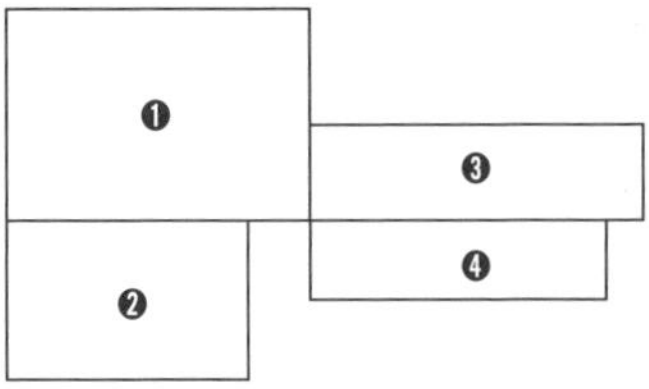

❶ – ❷
랜스웨(Lanswe)의 양말 제조 공장—2005년 중국. (사진: 스티븐 윌크스)

❸ – ❹
2009년에 프랑스에서 50명 이상을 고용한 2만8천 비금융 무역업체 중 4.6%는, 그로부터 2년 후 경제적 이득을 제공하면서도 노동_권익의 제약이 약한 국가로 기업 이전을 감행한 것으로 나타난다. 중국과 인도는 1990년대 초부터 (인건비가 훨씬 저렴한) 아프리카와 베트남, 유럽연합(EU) 신규 회원국에게 주요 기업 이전 대상국으로서의 입지를 내주고 있다.

통념

"기업이 고용을 창출한다"

'고용주'라는 단어는 1980년대 초를 기점으로 쓰임새가 줄어 오늘날에는 '부를 창조하는' 기업가라는 단어가 그 자리를 대신하고 있다. 현대의 영웅으로 부상한 오늘날 이들의 위상을 생각하면 기업가라는 단어가 더 걸맞은 단어로 보인다. '기업이 일자리를 창출한다'라는 말에는 기업이 다수의 안녕과 행복을 좌우한다는 인식이 자리하고 있다. 이 믿음이 과연 얼마나 근거 있는 것인지는 따져보아야 한다.

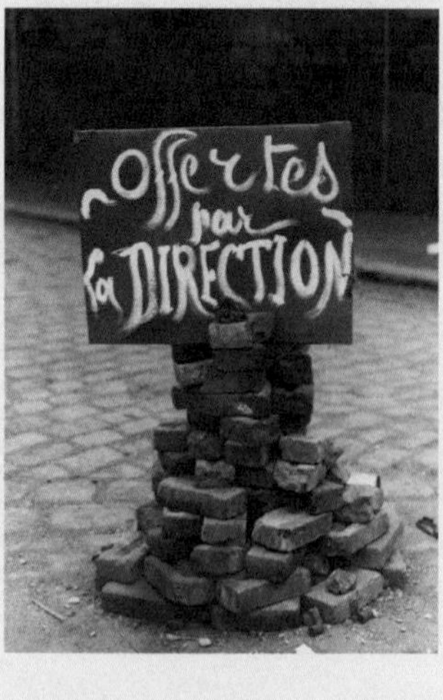

1936년 6월에 파업이 한창이던 파리 근교의 한 공장에 설치된 조형물 (사진 문구: 경영진 제공)

'기업이 일자리를 창출한다'는 전제는 언론의 경제 보도와 정치 담화를 통해 수없이 반복되면서 상식으로 통용되고 있다. 추가적인 고용을 결정하는 이는 바로 고용주이니 당연한 노릇이지 않겠는가? 여기서 가장 잘못된 부분은 이 전제를 옹호하는 주요 이해당사자들은 이미 진실을 알고 있다는 점이다. 그들이 차마 부끄러워 고백하지 못하는 진실은 바로 해당 전제가 잘못됐다는 사실이다. 가끔 그들 중 어수룩한 이들은 무심코 비밀을 누설하는 실수를 범하기도 한다! 2014년 1월에 정부의 책임협약(pacte de responsabilité) 도입을 논의하는 자리에서 프랑스 중소기업자연맹(CGPME)의 장 프랑수아 루보(Jean-François Roubaud) 회장이 제기한 발언을 그 예로 들 수 있다. 협약 내용에 따라 기업에게 500억 유로의 세제 환급 혜택을 제공하는 반대급부를 논의하는 과정에서 '기업은 고용 창출에 적극 힘쓸 것인가'라는 질문이 제기됐다. 이 질문에 루보 회장은 일차적으로는 관련 가능성을 일축했고, 다음과 같은 논리의 설명을 덧붙였다. "관건은 기업이 생산량을 안정적으로 확보할 수 있느냐입니다. 그렇지 않고서는 고용은……."

벌거벗은 임금님이 따로 없다. 고용을 창출한다던 임금님은 사실 그동안 아무것도 만들어내지 않았다. 기업은 지금 당장 혹은 미래의 주문량이 보장될 때만 새로운 일자리를 제공할 수 있다고 자신을 스스로 정당화한다. 가까운 미래에 관한 충분한 정보를 확보하지 못한 기업은 자체적으로 판매량을 예측할 수조차 없다. 물론 판매량을 미리 예측할 수 있다면 기업가 노릇은 누워서 떡 먹기보다도 쉬울 것이다.

우선, 기업이 외부의 요인에 따라 수동적으로 주문량을 결정하고 내부 요인인 생산성*의 추이에 따라 고용을 결정한다고 미루어 생각해볼 수 있다. 기업은 혁신 추구와 비용 절감으로 최상의 상품을 더 낮은 가격에 판매할 수 있다. 이 사실에 근거해 기업이 더 많은 고객을 유치하는 재량을 갖추었다고 반론할 수도 있을 것이다. 미시경제적인 틀 안에서 보았을 때 이 주장은 이론의 여지가 없다. 그러나 얼마 지나지 않아 상황은 결국 '제로섬(zero-

❶ 1979년 앙드레 프랑캥의 만화 〈Lagaffe mérite des baffes(따귀 유발자 라가프)〉에서 발췌
❷ 로랑 캉테가 감독한 1999년 영화 〈인력자원부(Resources Humaines)〉의 포스터
❸ 대량 실업, 절호의 '기회'인가? (사진 문구: 위기 만세)
이브 몽탕이 진행했던 방송 프로그램 관련 기사를 담은 시사잡지 〈리베라시옹〉의 부록. 1984년에 이브 몽탕은 해당 방송에서 구시대적인 노동조합의 투쟁을 그만두고 '자유주의 해법'을 선택해야 할 당위성을 설파했다.

sum)'으로 귀결된다. 낮은 가격을 제시한 기업의 고객 수가 늘어나면 그만큼 경쟁 기업의 고객 수는 줄어들기 때문이다. 그 결과, 고객 수를 늘린 기업은 고용을 늘리지만, 고객을 잃은 기업은 고용을 줄인다. 경제 내의 가처분소득 총량이 정해져 있는 상황에서 기업이 하는 일은 경쟁 논리에 따라 일자리를 분배하는 것이다.

기업에 제공하는 부담금과 세제 감면 혜택은 실업률 증가만을 가져올 뿐

시장 전체뿐 아니라 분야와 경쟁사별로 세분화해 살펴봤을 때, 모든 경우를 막론하고 기업은 전반적 경기(景氣)의 흐름에 따라 결정된 경제 활동의 총량을 고용으로 치환하는 지엽적인 기능을 수행할 뿐이다. 기업가에게 부여된 영웅적인 창조가의 이미지와는 달리, 실질적인 고용을 창출해내는 것은 특정 주체가 아닌 전반적 경제의 활동, 즉 경기다. 이 같은 (이념적 이해관계를 반영하고 있는) 오해의 결과로, 지난 30년에 걸쳐 줄곧 경제정책의 초점은 경기 그 자체가 아닌 불량한 '창조의 대리인'인 기업에 혜택을 베푸는 데 잘못 맞춰져 있었다. 거시경제 정책이 유럽연합의 규제라는 굴레에 묶여 옴짝달싹하지 못하는 와중에 기업들은 부담금과 세금 감면이라는 횡재를 누리기도 했다. 실업자가 계속 늘어만 가는 현실이 놀랍지 않은 이유이다.

하지만 '기업이 일자리를 창출한다'는 전제를 뒷받침할 방법이 정말 없는 것일까? 개별적인 기업이 아닌 총체적인 '기업'의 움직임으로 생각한다면, 그 전제를 인정할 수도 있다. 기업들이 집합적으로 투자를 결정한다고 가정한다면, 투자의 총량으로 보았을 때 기업들은 거시경제적 차원에서 미래에 대한 내기를 하는 셈이다. 지극히 자기실현적인 방법으로 판돈이 굴러가는 내기와 같다. 왜냐하면 기업들은 집합적 투자 결정을 통해 전반적인 경기의 흐름을 형성하는 지출을 결정할 수 있고, 내기에 판돈을 걸기 전에 미리 수요를 짐작할 수 있기 때문이다. 물론 개별 기업은 미래를 예측해 투자를 시도하지만, 기업들이 집합적으로 협력해 경기의 흐름을 조정할 가능성은 불행히도 매우 희박하다. 왜냐하면 모든 기업은 개별 경제주체가 다른 경제주체와 조정을 거치지 않고 독립적인 의사결정을 내림으로써 경기의 흐름을 형성하는 특정한 체계에 속해 있기 때문이다. 이 체계를 우리는 시장*이라고 부른다!

노동은 권리인가 의무인가?

가난한 노동자의 삶보다는 그래도 실업자로 사는 것이 낫지 않은가? 페스트와 콜레라 사이에서 이러지도 저러지도 못하는 상황을 의미하는 프랑스식 속담에 정치적 딜레마를 대입한 이 의문은 자칫 이치에도 맞지 않는 터무니 없는 말로 들릴 수 있다. 그런데 실업자에게 돌아가는 혜택을 축소해야 한다는 여러 정치적 주장의 이면에는 이런 인식이 짙게 깔려 있다. 그렇다면 이들의 주장이 의도하는 바는 과연 무엇일까?

이런 주장의 바탕에는 자발적 실업이 상당 수 존재한다는 판단이 작용한 것으로 보인다. 그런 시각에서 보면 사회부조라는 제도는 실업자가 지원금의 혜택만 누리고 일은 하지 않도록 유도함으로써 기회주의적 선택을 종용하는 부정적인 장치일 수 있을 것이다. 그러나 이 같은 시각은 과거에 좋은 빈민과 나쁜 빈민을 구분해 생각하던 낡아빠진 논리와 전혀 다를 바가 없다.

19세기에 영국에서는 구빈 보조금을 받는 부랑자들을 '워크하우스(구빈원)'에 수용하도록 권장했다. 이들은 지금으로 치면 '공동 작업'에 해당하는 노동에 배치되었다. 예나 지금이나 빈곤을 대하는 논리는 그대로이다. 1834년 영국의 왕립위원회는 "빈민들은 가장 취약한 소상공인 계층에 비해

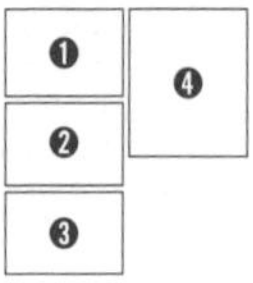

❶ 폐기된 빵을 재활용하는 업체인 아틀리에 보스토크에서 일하는 밴드 음악가 제러미 텐지의 모습, 2012, 던커크 (사진: 마리 제넬)

❷ 〈빈민과 부자〉, 1926 (회화: 오토 딕스)

❸ 〈사뮤소시알 93팀〉, 2015, 오베르빌리에 (사진: 티에리 아르두앵)
의사인 자비에르 엠마뉘엘리가 1993년 파리에 처음 설립한사뮤소시알(SAMU Social)은 현재 도(道) 단위로 프랑스 전역에 분포된 노숙자 구조서비스다. 자비에르 엠마뉘엘리는 응급 환자를 돕는 의료 구급대(Service d'aide médicale urgente · SAMU)와 같은 기능을 사회 분야에 도입하고자 '긴급성, 이동성, 상시대응'이라는 세 가지 운영 원칙을 적용했다.

❹ 1894년 2월 5일 〈르 프티 주르날(Le Petit Journal)〉에 게재된 라뷰뜨오카이유의 삽화 〈학생들의 자선〉

열악한 여건을 감수해야 한다"고 못 박은 바 있다. 그뿐만 아니라 최소 사회수당의 상한선을 최저임금의 75%로 제한함으로써 일을 하는 사람과 수급자 사이에는 어떤 경우라도 실질적인 격차가 존재하도록 해야 한다고 단언한 이도 있다. 그는 다름 아닌 프랑스 유럽부 장관(2011)을 역임한 정치인 로랑 보키에(Laurent WauQuiez)이다.

이들의 구실을 뒷받침하는 경제적 접근법에 의하면 노동이 가진 미덕은 단 하나로 요약된다. 바로 노동의 대가로 받는 돈이다. 좀더 일반적으로 풀이하면 이들이 보기에 노력, 투자, 저당 혹은 저축과 무관하게 획득한 돈은 폐단만 있고 유익함이 없다. 그렇기 때문에 경제활동의 '의욕을 꺾어놓는' 각종 제도는 시급히 폐지되어야 한다고 보는 것이다.

오늘날 사회적 정체성의 바탕을 이루는 노동

잠시 동안 도덕적 규범과 그에 따른 온정적 의무감을 내려놓고 생각해보면, 빈곤퇴치 문제와 빈곤층의 노동은 서로 별개의 사안임을 깨닫게 된다. 그렇다면 이번에는 거꾸로, 부를 창출해내는 공동체의 일원으로 살아간다는 것만으로도 빈곤에서 벗어나는 일종의 권리가 될 수는 없을지 생각해보자. 이렇게 접근할 경우, 서두에서 제기된 의문은 그 의미를 완전히 상실하고 만다. 노동의 여부와는 관계없이 애초부터 문제는 빈곤 그 자체에 있기 때문이다. 이런 발상은 모든 사람에게 적용되는 '보편적 기본 소득제도'를 마음속으로 그려 보게끔 한다(p.181 참조). 그러나 노동이 그저 돈을 벌기 위해 억지로 참고 견뎌야 하는 고통인 것만은 아니다. 노동은 개개인이 능력을 발휘하고, 관계를 형성하고, 역량을 키워나갈 수 있게 하며, 사회적 정체성의 근간이 되기도 한다.

공동책임

따라서 소득 분배는 빈곤과 고립 문제를 해결하는 방안의 한 구성 요소일 뿐이다. 소득과 비교하면 더 포괄적인 개념인 '노동에 대한 권리'는 실업자가 합법적으로 근로 기회의 제공을 요구할 권리가 있음을 의미한다. 모두가 쉽게 상상하는 바람직한 '일자리'란 함께 해서 즐거운 사람들과 인간관계를 형성할 수 있는 양질의 일터이다. 이 같은 전제 조건은 일자리뿐 아니라 교육과정에도 적용 가능하다.

그러므로 직업을 갖는다는 것은 (일부 사람들이 과다한 사회부조로 인해 감소한다고 말하는) 개인 의지에 국한한 문제가 아닌, 공동의 책임에 관한 문제로 이해해야 한다. 그 예로 1848년 2월 혁명 이후 파리의 실업자들에게 일자리를 제공하기 위해 설립된 '국립작업장(Ateliers nationaux)'이나 최근에 도입된 '청년고용계약(Contrat emploi-jeune)', '실업자 없는 나라(Territoires zéro chômeur)'를 들 수 있다. 이처럼 모든 사람이 유익하고 보람된 일을 할 수 있도록 하는 것은 공동체의 의무이다. 반면 이런 가능성을 개인으로부터 박탈하는 것은 헌법으로 보장된 노동권을 침해하는 것과 같다. 서두에 언급한 전제가 성립할 수 없는 이유다. 보조금을 수급하는 실업자는 이익을 좇는 사람이 아닌, 집단 생산 활동에 참여하는 마땅한 권리가 박탈되었기 때문에 보상을 받는 사람일 뿐이다.

실업 퇴치, 낡은 정책과 잠재적 위험

국가는 어떻게 실업자가 일자리를 찾도록 도울 수 있을까? 이 문제에 대한 해법은 크게 세 가지 부류로 나뉘는데, 각각 실업 문제에 대한 서로 다른 분석을 제시하고 있다. 실업의 원인을 과연 개인 차원에서 찾아야 할까? 아니면 제 기능을 다 하지 못하는 경제나 부조리한 사회가 유발하는 문제로 이해해야 할까?

신고전주의 경제학자들*은 노동*을 서로 동등한 위치의 고용주와 피고용자 사이에서 자유롭게 교환되는 상품으로 간주하며, 고용주와 피고용자 모두 '노동 시장' 안에서 동등한 위치를 점하는 개별 주체로 본다. 이 분석의 틀 안에서 실업*은 노동보다 불로소득(배우자 소득, 재산, 사회부조 등)을 선호하는 개인의 선택에 따른 결과이다. 케인스학파는 임금의 삭감이 아닌 고용의 확대가 생산 확대로 이어지고 기업의 활로를 열어주는 데 도움이 된다고 본다. 그 밖의 비주류 경제학자들은 노동이란 한 사회에 속한 개인의 위치(소득, 사회적 권리, 사회적 인정 등)를 정의하는 사회관계의 초석이라고 생각한다. 이 세 가지 서로 다른 시각 중 어느 편을 취하느냐에 따라 공공정책의 방향이 근본적으로 달라지는 것은 당연한 일일 것이다.

첫 번째 접근법의 경우, 고용정책은 가격(즉, 임금)에 의해 좌우된다. 시장의 자율적 기능을 최대한 보장해 '적정한 수준의 임금'이 결정되어야 한다

퇴직연금제도 개혁 반대 운동, 2010년 10월 20일, 프랑스 르그랑케비. (사진: Jean-Pierre Sagaot)
2010년 니콜라 사르코지 정권 당시, 퇴직 정년이 60세에서 62세로 상향조정됐다. 68년 프랑스 5월 혁명 이후 최대 인원인 수백만 명이 반대 시위를 벌였지만 아무런 소용이 없었다. 이 '개혁'은 50세 이상 연령층의 실업률의 증가를 유발했다. 이후 4년 만에 50세 이상 연령층의 실업률 70%나 늘어났기 때문이다.

고 보는 견해로, 시장이 균형을 찾아 고용에 대한 수요와 공급이 서로 일치할 때 비로소 실업이 해소된다고 주장한다. 임금이나 고용 방식(노동 시간, 직무 편성 등)은 어떠한 경우에도 정부의 개입(최소임금, 노동자 보호법 등)을 통해 규제돼서는 안 된다고 보는 입장이기도 하다. 아울러, 모든 고용 조건은 개별 협상으로 조정되어야 한다고 본다.

기업 세계를 문명으로 이끄는 노동법

앞에서 설명한 첫 번째 접근법(신고전주의 경제학자)의 경우, 일반적으로 실업 문제 해결에 대해 다음과 같은 세 가지 대처법을 따른다.

1. '노동 비용'을 삭감한다. 실업률의 원인은 높은 임금에 있다. 임금이 높으면 고용에 대한 수요가 공급을 초과하기 때문이다. 직접적인 방법으로 임금을 삭감할 수 없는 경우(예를 들어, 최저한계선으로 간주하는 생활 수준과 비교하면 임금이 이미 너무 낮은 상태), 사회분담금과 같은 '간접 임금'을 낮추는 방법을 취한다.

2. 실업자가 불리한 고용 조건을 받아들이도록 하는 유인책을 도입한다(다양한 방법의 관리·감독, 특정 제안 수용을 전제로 한 복지 혜택 등).

3. 고용자와 구직자 간의 관계를 조율하는 수단으로 직업 훈련, 업무시간(일요일 근무 등)의 유연화, 계약형태(계약직, 임시직 등)를 활용한다.

이런 고용 방식은 영미권에서 가장 먼저 도입됐고, 독일에서는 2000년대 초에 하르츠(Hartz) 법안의 시행과 함께 적용됐으며, 이후 대다수의 유럽국가로 확대됐다. 이 같은 추세는 프랑스 고용주들이 '노동법 단순화'를 요구하는 촉매 요인으로 작용하기도 했다.

실업을 다루는 두 번째 접근방식(케인스주의)에 의하면, 실업 문제는 너무 높은 임금이 아닌 고용 공급의 부족에서 비롯된다. 다시 말해, 일자리가 존재하지 않는 상태에서 고용 문제를 논의하는 자체가 어불성설임을 밝히는 것이다. 그러므로 정부는 성장을 촉진하는 정책을 펼침으로써 일자리 창출에 역할을 집중해야 한다고 주장한다(p.70-71 참조). 그렇다면 구체적으로 어떤 해법을 적용할 수 있을까? 첫째로, 가계 소비나 공공 및 민간투자의 활성화를 바탕으로 경제 활동을 촉진함으로써 기업의 활로를 확대하는 방안을 생각해 볼 수 있다. 두 번째로는, 첫 번째 방식에 노동 시간 단축을 결부

❶ **1957년 장 보이어의 영화 〈실업자 클로슈므리〉의 포스터**
(삽화 문구: 페르난델 진 보이어, 실업자 클로슈므리)

❷ **고용센터에서 시민 봉사활동에 참여한 샤를롯은 실직자들의 구직활동을 돕는다.—2016년, 프랑스 노르망디 다르네탈. (사진: 장피에르 사가오)**
프랑스 고용서비스공단(Polle Emploi)은 직업상담사를 추가 고용해 실업률 증가를 줄이는 대신, 청년 시민봉사자들을 동원해 매달 600유로 미만의 봉사료만을 지급하고 있다.

❸ **만화 '울트라 실업자의 모험'에서 발췌 (에리히 오리겐, 간 골란 공저, Presque lune, 2013년)**
(삽화 문구: 비활동 만화)

하는 방법도 적용 가능하다. 끝으로 특정 산업 분야(가령, 에너지 전환 관련 산업)에 대한 지원을 통해서도 해법을 모색할 수 있을 것이다.

마지막 세 번째 접근방식(비주류 경제학자)은 고용 문제를 다룸에 있어 단순한 수요와 공급에 관한 논의를 훌쩍 넘어선다. 이 접근 방식은 보다 종합적인 임금 관계를 다루며, 노동자와 고용주가 서로 대등한 위치에 있다는 전제를 거부한다. 반면 종속관계에 놓인 임금노동자의 입장을 고려해 중재 역할을 하는 정부의 정책적 개입이 필요하다고 본다. 콜레주 드 프랑스 알랭 쉬피오(Alain Supiot) 교수의 표현과 같이, 노동법이 강화돼야만 우리는 비로소 기업의 세계를 '문명'으로 이끌 수 있을 것이다. 그리하여 마침내 노동이 단순한 소득을 넘어 시민 개개인이 사회의 일원으로서 자신의 역할을 다할 수 있도록 하는 요인으로 기능하게 될 것이다.

곡선에 나타난 행복

등장: 극대화를 추구하는 맥스 | 시장의 보이는 손 | 오래된 투쟁의 주먹

매사에 극대화를 추구하는 맥시는 해먹에 누워서 하는 일 없이 시간을 보냅니다. 신고전주의자들이 말하는 여가를 누리는 중이죠.
낮잠에도 비용이 따른답니다. 맥스는 여가를 선택함으로써 그 시간 동안 노동으로 벌어들일 수 있는 임금을 포기하죠. 여가가 늘어나는 만큼 포기하는 임금도 많아지게 되는 셈이에요. 이것을 바로 여가에 따른 '기회비용'이라고 합니다.
파알이라는 고용회사에서 맥스에게 전화를 걸어 일자리를 제안하고 있어요
이론상으로 임금 수준은 수요공급 법칙에 따라 결정되기 때문에 실업은 결국 완전히 해소되어야 하죠. 하지만 안타깝게도 이 나라는 아직 그 정도의 급진적 자유주의에는 이르지 못했어요. 대신 높은 수준의 실업수당을 유지하고 있습니다.
여기서 '비경제활동 함정'이라고 부르는 현상을 볼 수 있죠. 맥스는 시간당 7유로의 실업수당을 받기 때문에 시급 6.99유로의 일자리 제안을 거절하거든요.
OK!
COOL
고용 서비스 공단
이번에는 회사가 맥스에게 더 높은 임금을 제안했어요. 이번에는 맥스가 일자리를 수용하 맥스는 일에 관한 관심이 아니라 효용성, 다시 말해 소비를 위해 일자리를 수용합니다
맥스가 좋아하는 것은 오직 한 가지. 바로 햄버거입니다. 맥스의 인생 목표는, 더 많은 햄버거를 먹는 것이죠. 비록 햄버거를 한 입씩 물때마다 그 맛이 이전보다 덜 만족스럽더라도 큰 문제는 아니에요. 이런 경우를 들어 우리는 흔히 한계효용이 체감한다고 말합니다.
PLOP
맥스는 4시간까지도 기꺼이 일할 의향이 있다고 해요. 하지만 맥스를 고용한 피에르 가토 씨는 3시간까지만 맥스를 고용하고자 하므로, 맥스는 자신의 생산성을 충분히 발휘하지 못합니다.

① 수요공급의 법칙

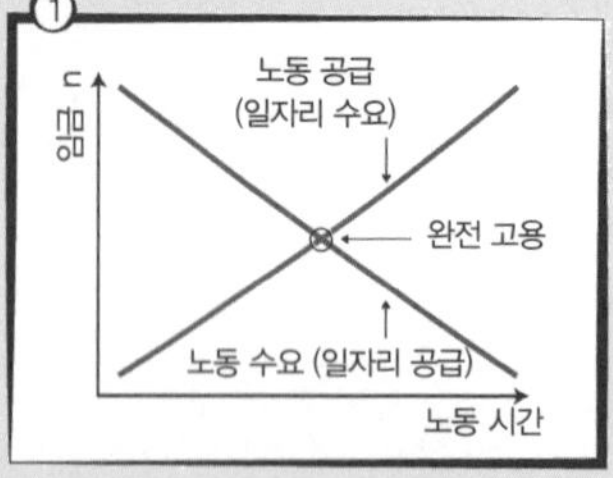

기업은 연봉이 높아질수록 고용을 줄인다(청색 선). 반면, 임금노동자들은 임금이 높을수록 더 일하려는 경향을 보인다(빨간 선). 경쟁이 발생하여 수요와 공급이 일치하는 지점에서 임금이 결정되고, 실업은 해소된다.

② 한계효용 체감의 법칙

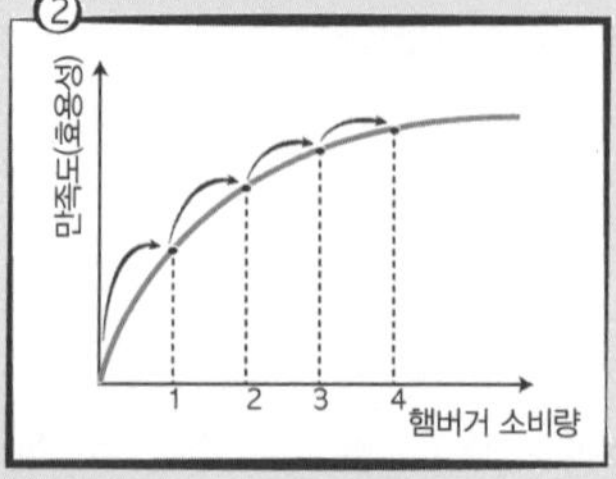

햄버거를 먹을 때마다 만족의 총량은 커지지만, 그로 인한 주관적 만족도는 매번 조금씩 떨어진다. 맥스는 절대 처음 느꼈던 만족감을 계속해서 느끼지 못한다.

③ 한계 생산성 체감의 법칙

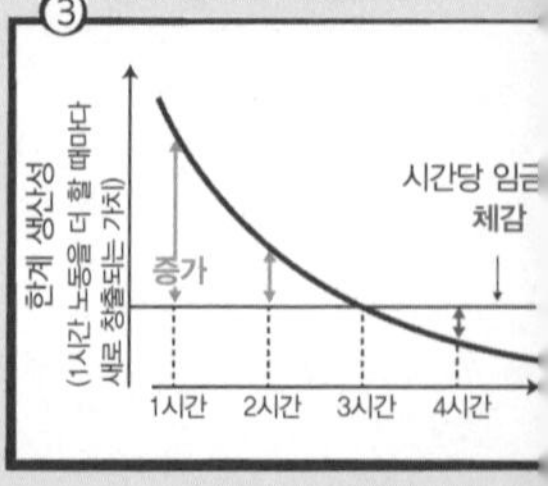

시간이 더해갈수록 (피로해진) 맥스의 생산량은 점차 줄어든다. 이 회사의 사장은 맥스의 임금이 맥스의 생산량을 넘어서는 시점까지 맥스가 일하도록 한다. 그 시점을 지나면 맥스의 노동은 더는 생산적이지 않

신고전주의 경제가 신성하게 여기는 상징이 있다. 반원, 교차선, 그리고 곡선이다. 이 토템신앙은 '자유경제국'이라고 불리는 한 나라의 운명을 좌우한다. 이 나라에 사는 사람들은 보편적 행복이라는 목표에 근접해 있다. 그중에서 현재 일자리를 찾고 있는 맥스의 생활을 함께 살펴보자.

왜 그런 걸까요? 일반적 노동 반대 동맹(CGT)이 최저임금을 요구했기 때문이죠. 최저임금이 적용되는 비숙련노동자들은 수익을 창출하지 못하니 고용에서 배제되고, 바로 이 지점에서 실업이 생겨나게 됩니다!
무슨 소리! 그건 아니죠.
기업은 주문이 넘쳐날 때만 고용을 해요. 만약 최저임금을 폐지한다면 소비는 결과적으로 위축되고 말걸요. 생각을 해 봐요. 임금노동자가 곧 소비자 아니겠어요?
이를 어쩌지 …
하루 반나절을 내리 일한 맥스는 2kg의 쇠고기를 꿀꺽 집어삼켰습니다. 가축들이 메탄가스를 배출하고, 많은 양의 물을 소비하며, 사막화를 초래함을 알기에 맥스는 죄책감을 느끼고 있습니다. 무엇을 어떻게 해야 할까요?
이곳 자유경제국에서 모든 문의 답은 '더 많이 소비할 것'이라는 유일한 원칙으로 귀결됩니다. 이곳에서는 제가 발전할수록 혁신적인 생산을 늘릴 수 있습니다. 치 풍력발전처럼요! 결국, 경제 성장이 환경 보호로 이어지는 셈이죠.
파알 고용회사에서 더 높은 임금을 제안했습니다. 맥스는 여가를 줄였어요. 그러자 임금이 또 한 번 인상됩니다. 이제 맥스는 일에 파묻혀 몇 시간 눈을 붙이지도 못하고 출근하기를 반복합니다. 대체효과가 발생한 것이죠.
아니, 잠깐! 소득효과가 발생할 수도 있어요. 인상된 임금 수준을 유지하면서 맥스는 지금보다 일을 줄이는 방법을 택할 수도 있다고요.
저런 …
맥스는 매달 10개의 햄버거를 공영 금고에 저축합니다. 세금이 인상되자, 모두들 세금은 신물이 날 지경이라고 외칩니다. 맥스는 세무사를 찾아가 탈세 방법을…. 앗, 죄송합니다…. 세금 최적화 방안에 대해 조언을 구합니다. 친애하는 아서 래퍼는 너무 많은 세금이 세금을 죽인다고 말했잖아요.
찰싹!
이곳 자유경제국에서는 모든 일이 잘 돌아갑니다. 물론 노조나 노동권리 같은 제약이 없다면 훨씬 더 좋은 나라가 될 수 있겠지만 말이죠….

비자발적 실업

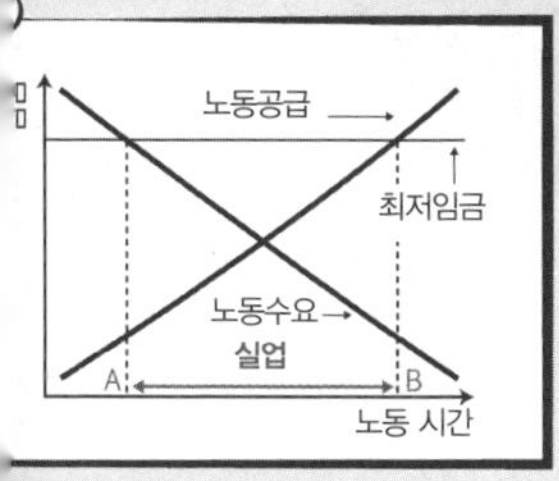

임금이 균형점보다 높으면 일자리 량은 줄어든다(A). 반면 일자리에 수요는 많아진다(B). 그 결과 실업이 한다(B–A).

쿠즈네츠 곡선

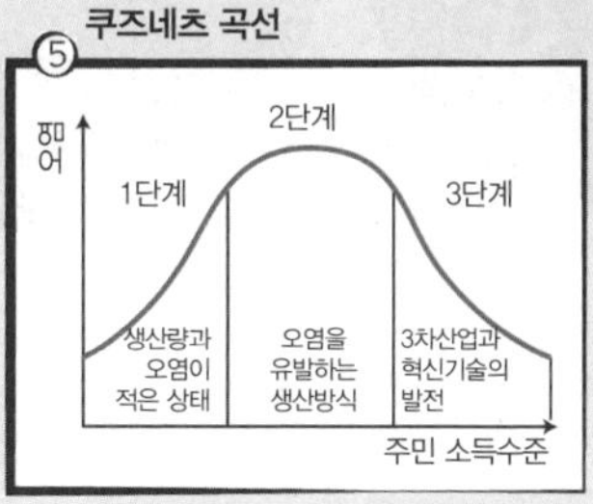

사이먼 쿠즈네츠는 경제 성장이 곧 환경 오염 감소로 이어진다고 봤다. 산업화 초기(1단계)에서 산업화(2단계)로 이어지며 환경 오염이 적은 완숙기(3단계)에 이른다고 주장했다. 이 이론의 경험적 근거에는 논쟁의 여지가 있다.

래퍼 곡선

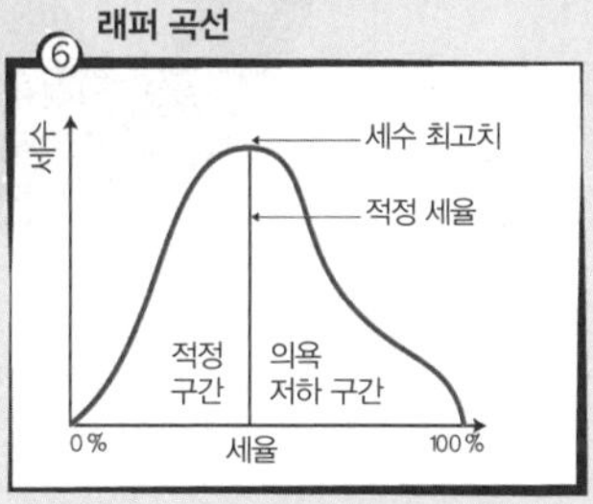

경제학자 아서 래퍼는 세율이 높아질수록 납세자들이 소득을 성실하게 신고하지 않을 가능성이 커진다고 봤다. 국가가 높은 세율을 부과하면 노동 의욕이 감소하고 탈세가 발생해 세수가 줄어드는 결과를 초래하기 때문이다.

시공을 넘나드는 경제

프랑스 혁명 전야의 고용제도

프랑스 혁명은 길드의 그늘에서 무산계층을 해방함으로써, 자유노동 시장으로 가는 길을 열었다. 그러나 새로 불어온 변화는 노동조합 활동을 금지하고 독립심을 고취하도록 요구하는 양날의 칼이었다. 그로부터 한 세기 후, 임금노동자들은 강력한 조합을 조직하기에 이른다. 그동안 노동자들의 지위는 노동에 대한 종속을 의미했기 때문이다.

건축가 외젠 비올레 르 딕(1814–1879)이 복원해낸 13세기 샤르트르 대성당의 스테인드글라스 창문. 중세 건축의 역사를 잘 보여주는 작품으로, 석공을 상징하는 여러 가지 문양을 찾아볼 수 있다.

마침내 해냈다! 채용 면접 끝에 공정상사의 인사 팀장은 크리스틴 아무개를 상품 매니저로 채용하기로 했다. 고용 계약서는 앞으로 크리스틴이 받게 될 급여의 액수와 지점장의 지휘명령에 따라 수행하게 될 직무의 내용이 명시돼 있다. 오늘날과 같은 형태의 노동*시장*은 하루아침에 생겨난 것이 아니다.

앙시앵 레짐(Ancien Régime) 시기에는 직업을 가지려면 오랜 수련 과정을 거쳐야 했고, 그 과정은 경제적인 성격보다는 사회적 성격이 더 강했다. 직업을 가지고 일을 하려면 누구든 길드라는 관문을 넘어야만 했다. 길드란 수공업자나 전문 상인들이 모여 각종 규약을 설정하고, 공동의 이익을 도모하며, 도시를 기반으로 활동하는 동직자 간의 경쟁을 방지하기 위해 조직된 조합을 말한다.

당시 군주가 내리는 '특허장'(혹은 장인 증표)을 얻은 길드는 품질 보증, 질서 유지, 그리고 도제 교육을 책임지는 대가로 영내의 독점적 지위를 누리기도 했다. 1785년 당시 120여 개의 길드가 존재했고, 성인 남성의 2/3에 해당하는 인구가 길드에 소속되어 있었다. 당시에는 여섯 가지 산업 분야, 즉 모직물상, 식료품상, 잡화상, 모피상, 양품상, 귀금속상 길드가 가장 높은 권위를 가졌다. 그 밖에 시계상, 와인상, 코르셋 상인, 마구 상인도 길드를 구성했다.

역사학자 데이비드 개리오크(David Garrioch)는 밧줄 제작자 에티엔 비네(Étienne Binet)가 거친 과정을 예로 들어 설명하며 "당시 장인이 된다는 것은 직업 그 이상을 의미했습니다. 정체성 그 자체였으니까요"라고 힘주어 말했다. 개리오크의 설명에 등장하는 비네는 첫 4년간은 장인(master) 밑에서 견습공(apprentice)으로 도제 생활을 하며 일을 배운다. 그 후, 비네는 직인(journeyman)이 돼 다른 지방에 내려가 경험을 쌓는다. 매년 한 번 있는 장인 선발 시험을 통과하기 위해 그는 정교하고 장식적인 자신의 특기를 충분히 발휘해 작품 완성도를 높인다. 만약 이 시험에 통과한다면, 비네는

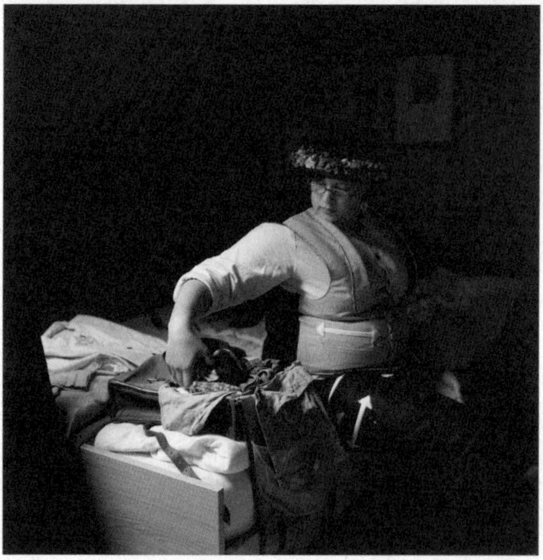

—

알 카만드자티 음악학교에서 현악기 제조인으로 일하는 셰하다—2014년 5월, 팔레스타인 라말라 (사진: 디디에 비제)
팔레스타인 출신 바이올린 연주가 람지 오부레완이 만든 알 카만드자티 협회는 악기를 수거해 전달하는 등의 방식으로 요르단강 서안 지구에 있는 여러 음악학교를 지원하고 있다. 24세의 청년 셰하다 쉘데는 최근 이 협회의 도움을 받아 현악기 제조장인 패트릭 로빈 밑에서 바이올린과 첼로 제작 기술을 습득했고, 팔레스타인 최초의 현악기 제조인이 됐다.

—

제빵사 사라는 43명이 거주하는 작은 마을인 자신의 고향을 떠나 앞으로 3년간 반더샤프트(Wanderschaft) 전통을 수행할 준비를 하고 있다. 2011년, 독일 (사진, 키아라 다지)
800년을 이어져 내려온 독일의 전통인 반더샤프트는 여행을 통해 통과의례를 수행하는 수공업자를 뜻한다. 도제 기간이 끝나면 젊은이들은 약간의 돈을 지참하고 고향에서 50㎞ 이상 떨어진 타지로 여행을 떠난다. 이후 이들은 자신이 보유한 기술을 활용해 얻은 보상으로 여행을 이어간다. 3년 1일간의 긴 여정을 마치고 고향으로 돌아온 이들은 명실상부한 직인(journeyman)으로 인정을 받는다.

124파운드라는 엄청난 액수의 가입금을 지급해야 한다. 그렇지만 이 관문을 넘어야만 비로소 자신의 가게를 열 수 있고, 결코 다른 밧줄 장인들보다 낮은 가격으로 거래하지 않겠다는 선서를 하게 되며, 밧줄 길드의 수호성인인 성 바오로(Saint Paul)의 축일 행사와 기일 미사에 참여하는 자격을 획득하게 된다.

노동자에게 '용역 제공자'라는 지위를 부여한 19세기에 고용 계약

장인은 서로 동등한 위치에 있었지만, 길드의 위계질서 속에서 견습공은 장인에게 복종해야 했다. 예컨대, 장인은 견습공이 작품의 수준을 무한히 향상하도록 감독했고, 아주 높은 가입금과 길드 간부들에게 제공하는 사치스러운 만찬 비용을 부담하도록 강요하기도 했다. 그 결과, 건축공들은 1791년 6월에 《국민의 친구(L'Ami du peuple)》 신문을 통해 다음과 같은 글을 발표했다. "탐욕스러운 억압자들은 가난한 수공업자들을 희생해 막대한 부를 축적하는 데 그치지 않고, 자신들끼리 담합해 우리에 관한 악랄한 비방을 유포하고 있다."

프랑스 혁명의 결과로 1791년 '르 샤플리에 법(la loi Le Chapelier)'이 도입되었다. 이 법은 노동자들의 해방을 가져왔다고 평가되기에는 양면적인 성격을 보인다. 이 법은 길드 제도의 폐지를 명분으로 노동조합 결성을 금지했다. 이에 관해 프랑스 사회주의자 장 조레스(Jean Jaurès)는 르 샤플리에 법을 다음과 같이 평가했다. "고용주와 공장 노동자들이 서로 대등한 지위를 누리는 것처럼 보이지만, 실제로는 노동자에게만 불리한 조건을 담은 가혹하기 짝이 없는 법이다." 반면, 역사학자 알랭 코테로(Alain Cottereau)는 해당 법에 관해 "길드 제도의 폐지는 실질적 노동자 해방과도 같은 중대한 변화였다"라고 에둘러 표현했다. 이후 한 세기에 가까운 세월 동안 프랑스 노동계에는 저항의 바람이 일었다. 당시 영국의 노동자들은 정해진 시간에 작업장을 벗어나면 감옥살이를 면할 길이 없었지만, 프랑스에서는 숙련공 대부분을 '노동 임대업자'로 간주했기 때문에 노동자들이 더 독립적인 방식으로 노동에 임할 수 있었다. 숙련공 대부분을 '노동 임대업자'로 간주했다. 말하자면 고용주가 지급하는 임금은 노동의 결과물에 한정되었으며, 일을 수행하는 방식은 논외로 했다. 노동자가 고용주의 작업장에서 일한다고 하여 종속적인 지위에 놓이는 것은 아니었다. '고용 계약'이라는 개념은 19세기 말에 이르러서야 프랑스 법 원칙(법적 선언 원리)에 등장한다. '고용 계약'이라는 이 새로운 개념은 '용역 제공자(하인)'라는 법령에 따라 상당히 오랜 기간 임금노동자와 종속관계를 한 쌍으로 결부시키는 결과를 가져오는데……. 공정상사에 새로 채용된 크리스틴도 머지않아 이 사실을 알게 될 것이다.

또다른 비전

임금노동의 한계를 넘어서는 소득보장제도

신자유주의 경제모델은 오직 두 가지 선택지만을 제시한다. 첫째는 살기 위해 삶을 희생하는 임금노동자가 되는 것이고, 둘째는 사회를 바꿀 수 있다는 희망을 품은 실업자가 되는 것이다…. 오늘날의 사회조직 방식에 대한 불만족은 더 나은 사회를 추구하는 과정으로 이어졌고, 급기야 임금노동과는 무관하게 모두에게 돌아가는 보편적 기본소득이라는 대안을 탄생시켰다. 만일 기본소득이 실현된다면 개인에게 있어 임금노동은 하나의 선택이 된다.

“내 인생의 목적은 무엇일까?” 또는 “즐거움을 얻으면서 사회에 이바지할 수 있는 활동은 무엇일까?”와 같은 의문은 극소수의 사람들만이 품을 수 있는 특권이다. 설령 개인의 희망이 생계를 결정짓는 요인 중 하나라고 해도 천 가지 다른 결정 요인에 비하면 아주 미미한 비중만을 차지할 것이다. 가난한 사람들은 원하는 교육을 받을 수 없어서, 부유한 사람들은 가족의 기대에 부응하기 위해 실업에 빠지지 않을 분야를 선택해야 하기 때문에 자신의 희망을 따질 겨를이 없다. 인간이란 본래 이익을 추구하는 존재라는 가정은 희망을 쉽사리 포기하는 선택지에 당위성을 부여하는 듯하다. 하지만 소비자의 환심을 사서 돈을 버는 임금노동자조차 그 일이 지역사회에

—

장 탱굴리, 니키 드생팔의 조형 작품 〈일루미네이션〉, 1988.

—

데이터 기반으로 작품을 연출해내는 그래픽 디자이너 올레 헨스첼의 전시용 설치 작품 〈민간/국가〉.
〈선과 악, 그 경계 너머의 돈〉, 2016, 스위스 렌츠부르크.

2016년 6월 5일에 스위스에서 '조건 없는 기본소득 지지'라는 주제의 발의가 국민투표에 부쳐졌지만 77%의 반대로 부결됐다. 투표 결과와 무관하게, 이는 '우리들의 삶에서 일이 너무 많은 비중을 차지하는 것은 아닌가? 과연 완전 고용을 실현할 수 있을까?'라는 전 국민적 논의를 불러일으켰다. 비록 반대표가 발의를 기각하는 데 성공했지만, 이 같은 많은 의문을 영원히 침묵시키는 데는 실패한 것이다.

이바지한다고 자신을 스스로 설득한다. 비록 실재가 없는 시뮬라크르(simulacre)를 열심히 양산해내고 있는 경영진이지만 그들의 목적이 비단 이익 추구에만 그치지는 않을 것이라고 위안 삼는 것이다.

이같은 실존적 고민에 당위성을 부여함으로써 문명적 도약을 실현하는 것이 바로 진보주의자들이 꿈꾸는 기본소득의 이상향이다. 누구에게나 충분한 생활비가 매달 지급될 뿐 아니라, 원한다면 보수를 받으면서 자신이 좋아하는 일, 혹은 더 많은 수입을 보장하는 일을 자유롭게 선택할 수 있다.

모두에게 돌아가는 빈곤 없는 사회의 혜택

그 결과, 개인과 집단 차원에서는 보람있고, 필요한 일이라고 여겨지지만 노동시장은 결코 두둔하지 않는 일들도 선택지가 될 수 있다. 지식 함양, 자녀 양육, 아픈 친지나 친구 돌보기, 아무것도 하지 않기 등……. 아마 가장 빈번한 경우로, 이 모든 선택지를 넘나드는 일도 가능해질 것이다. 일부는 필요에 따라 간헐적으로, 또다른 이들은 영구적으로 노동 시장에 머물 것이다. 노동 시장에서 벗어나더라도 지속해서 사회생활을 영위할 것이고 오히려 더 활발히 사회에 참여하는 기회가 될 수도 있을 것이다. 비록 사회 참여가 최소한으로 축소되는 경우에도, 기본소득으로 생계가 보장되기 때문에 누구나 빈곤 없는 사회에서 살아가는 혜택을 누릴 수 있게 된다.

기본소득의 도입에 가장 큰 장벽은 심리적 저항이다. 경제적인 관점에서 보았을 때 기본소득은 전적으로 실현할 수 있다. 이 제도를 도입하기 위해서는 조세제도와 사회보장제도에 관한 면밀한 검토가 전제되어야 한다. 그렇더라도, 사회보장제도 중 기본소득과 성격이 중복되는 일부 수당만 폐지될 뿐 나머지는 현상을 유지할 것이다. 예를 들어, 학생 장학금은 기본소득으로 대체되지만, 장애가 있는 성인 앞으로 지급되는 수당은 기본소득과는

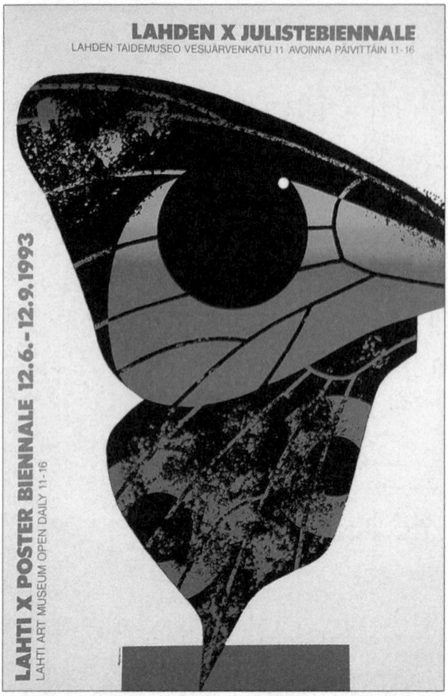

—

마르티 미카넨이 디자인 한 '제10회 라흐티 국제포스터비엔날레'의 공식 포스터—1993, 핀란드.
2015년 4월에 정권을 잡은 핀란드 중도우파는 기본소득제를 도입하고자 했다. 하지만, 그들이 생각하는 기본소득은 스위스의 활동가들이 꿈꾸는 이상향과는 아주 거리가 멀다. 핀란드 기본소득제의 주된 목표는 긴축재정이라는 맥락에서 사회보장제도를 합리화하고 실업자들을 노동 시장으로 복귀시키는 것이다. 실업자가 일자리를 구하면 기존에 받던 실업수당 수급 자격을 자동 상실하기 때문에 소득이 감소할 수 있다. 그러나 기본소득은 일하는 사람 앞으로도 지급되기 때문에 '비경제활동 함정'을 실질적으로 막을 수 있다. 핀란드 국민과 야당 모두 기본소득제 도입에 대부분 찬성하는 것으로 나타났다. 그 결과 핀란드는 2017년 1월부터 2년간 이 제도를 시범 운영하게 됐고, 총 1만 명을 대상으로 1인당 550유로(주택 보조금 중복 수급 가능)의 기본소득을 매월 지급한다.

—

체로키 인디언 데니스 울프의 초상화—1980~1990년 무렵으로 추정, 미국 노스캐롤라이나주. (사진: 캐럴 하이스미스)
1996년, 체로키 부족은 자신들이 운영하는 카지노의 수익의 절반을 투입해 보편적인 소득 제도를 도입했다. 현재 15,000명의 체로키 부족이 1년에 약 1만 달러를 받고 있다. 이 제도를 도입한 이후 이 부족의 아이들은 학업 성취도면에서 더욱 탁월한 결과를 나타냈다.

다른 기능을 가지기에 그대로 유지된다. 끝으로, 아무리 기다려도 찾아오지 않을 현대판 고도(Godot)나 다름없는 정부의 '완전 고용'이라는 목표를 포기한다면 막대한 비용을 절감할 수 있을 것이다. 이는 프랑수아 올랑드 전 대통령이 2014년 책임협약(pacte de responsabilité)을 도입해 기업에 세제 혜택을 제공함으로써 아무런 소득도 없이 300억 유로를 낭비한 사례만 살펴보아도 잘 알 수 있다.

핀란드, 나미비아, 스위스

국가 차원(핀란드, 나미비아, 스위스)뿐 아니라, 도시(네덜란드의 30여 개 지방정부), 지역(프랑스의 아키텐 지방) 차원에서, 실험적인 프로젝트들이 이어지고 있다.

양면성의 위험이 없는 것은 아니다. 과도한 기본소득은 임금노동의 의미를 평가절하할 것이다. 반대로 너무 낮은 기본소득은 생계유지를 위해 무슨 일이든 감내해야 하는 상황으로 사람들을 내몰 수 있다. 기본소득제도가 일종의 '기업보조금'으로 전락해 직원들에게 임금을 지급하는 기업의 부담만 덜어주게 될 위험도 상존한다.

기본소득의 본질과 취지를 왜곡하지 않을 만큼 이념적, 정치적 토양이 성숙하지 못한 상태에서 섣불리 계획을 실행에 옮겼을 때 생기는 파괴적인 결과를 더 깊이 숙고해야 하는 이유이다.

시장을 따를 것인가, 증명된 법칙을 세울 것인가?

오늘날의 주류 경제학자들은 세르조 레오네(Sergio Leone) 감독의 '마카로니 웨스턴' 시리즈에 등장하는 인물들을 연상케 한다. 이들의 시각에서 '세상은 이분법적'으로 구성되기 때문이다. 한편에서 효율성, 절제, 발전을 의미하는 시장이 있다면, 다른 한편에는 굼뜨고, 관료적이며 시대에 뒤처진 정부가 있다. 이들에게 사회 '개혁'이란 시장의 번영을 도모하는 행위임과 동시에 곪아 터진 정부의 부상을 견제한다는 의미다. 대부분의 서구 국가들은 1970년대 초부터 이들의 주장을 따라왔으나, 그 결과는 별로 신통치 않았다. 과연 시장은 경제 주체들이 상호작용하며, 자연적인 조정을 통해 균형을 이루는 영역일까? 시장은 어떻게 작동하는가? 그리고 시장 없이 살아간다는 것은 정말 불가능한 일일까?

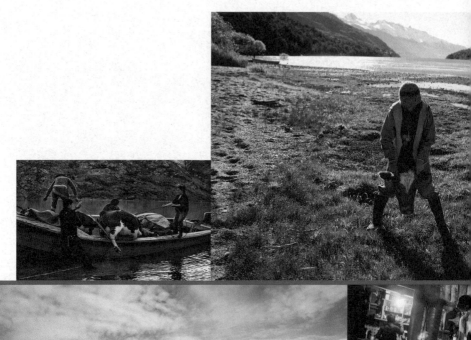

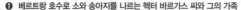

❶ 베르트랑 호수로 소와 송아지를 나르는 헥터 바르가스 씨와 그의 가족
❷ 소를 도살한 후, 라몬 시에라 씨의 둘째 아들 구스타보
❸ 칠레의 파타고니아 지역은 세계에서 가장 넓은 자연보호구역 중 하나다.
❹ 헥터 바르가스 씨는 아들이 고기를 자르는 동안 소가죽을 닦는다.
❺ 인도 라자스탄 주 틸로니아 마을 인근. 이 곳에서는 마을 사람들이 직접 나서서 물을 관리한다.—2003
❻ 인도의 '맨발대학(Barefoot College)'은 마을 전체가 공동으로 이용하는 물 펌프를 마을 곳곳에 설치함으로써 카스트 제도에 맞선다. 실제로, 상위 계급이 하층민과 같은 물을 마시는 데 동의하기까지는 아주 오랜 시간이 걸렸다.—2003, 인도 틸로니아
(사진: 제로민 데리니)

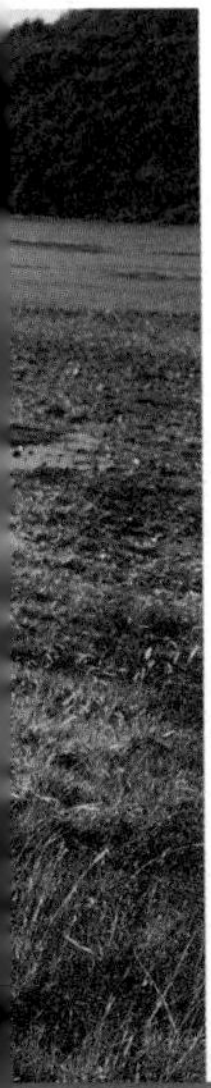

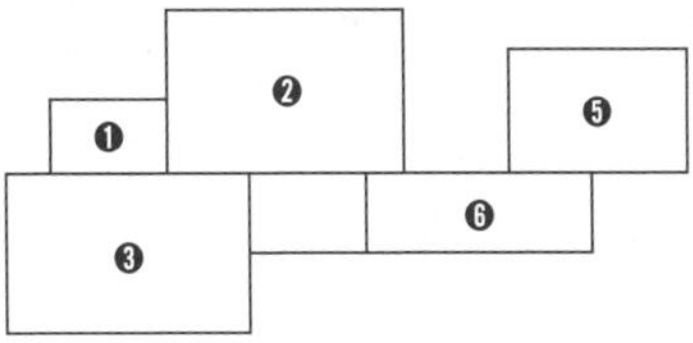

❶ – ❹
이드로아이센(HydroAysen) 수력발전 프로젝트에 관한 새라 패브스트의 탐사보도 〈마지막 시선〉, 2014, 칠레
5개의 수력발전 댐을 건설하는 내용을 담은 칠레의 이드로아이센 프로젝트는 현지 주민들의 반발에 부딪혀 잠정 연기됐다. 스페인 국영전력회사 엔데사(Endesa), 이탈리아 에넬(Enel)사, 그리고 칠레의 콜분(Colbún)사가 주도한 이 프로젝트는 라틴 아메리카 공동의 주요 자연보호구역을 파괴하는 것으로 알려졌다.

❺ – ❻
선진 자본주의 사회에서 물은 오랫동안 관심 밖의 대상이었다. 그 누가 '무한'하다고 여기는 자원을 걱정했을까? 이런 안일한 생각은 물의 취약성이 세상에 알려지면서 이제는 자취를 감췄다(정작 다른 사회에서는 익히 오래전부터 알고 있던 사실이었다). 물은 이제 이익에 눈이 먼 탐욕과 투기의 대상이 됐다. 인간의 생명과 농업, 가축 사육에 필수적인 물은 주요 에너지원이기도 하다. 댐에서 떨어지는 물의 힘을 이용하면 전력을 생산할 수 있다. 대대적인 수자원 보호와 그 통제권을 둘러싼 관심과 논의는 아일랜드부터 칠레까지, 인도부터 프랑스까지 세계 곳곳에서 이어지고 있다. 물은 누가 관리해야 하는가? 자율에 맡겨야 하는가, 아니면 정부가 나서야 하는가? 시 정부 차원에서 관리해야 해야 하는가, 아니면 민간에 맡겨야 하는가?

통념

"경쟁은 효율을 보장한다"

"시장경제는 정부 주도 경제보다 사실상 더 효율적이다." 1984년, 프랑스 비평가 기 소르망이 《자유주의적 해법(La Solution libérale)》이라는 저서를 통해 밝힌 내용이다. 그는 결론을 내리기에 앞서 "외부의 개입은 형태를 막론하고 시장경제의 활동을 저해한다"고 단정했다. 공공 담론을 지배하는 "시장은 효율을 보장한다"는 생각은 면밀한 검토를 필요로 한다.

미국 미시간주 맥키노시의 화이트쇼알 등대
등대는 공공재의 특징을 띤다. 사람들은 등대를 소유할 필요 없이 등대의 혜택을 누리기 때문이다. 그러므로 등대는 경제에 있어 정부가 수행하는 역할을 나타내기도 한다. 반면 1991년 '노벨 경제학상'을 수상한 영국의 경제학자 로널드 코스(1910~2013)는 이 견해에 이견을 제기했다. 1974년, 그는 기사를 통해 19세기 영국의 관행대로 개인의 등대 소유권을 옹호했다. 경제 활동을 규제하는 정부의 역할은? 전혀 득이 되지 않는다.

유럽 집행위원회는 공식 웹페이지를 통해 "경쟁정책은 기업가 정신과 생산성을 높이고, 공급을 확대해 소비를 용이하게 하며, 가격을 낮춤과 동시에 상품과 서비스의 질을 높인다"라고 설명하고 있다. 시장의 미덕에 대한 믿음은 유럽연합 형성의 핵심이라고 할 수 있다. 이 굳은 믿음에 의하면 민간기업 간의 자유로운 경쟁은 수요와 공급의 법칙이 작용하도록 하며, 경제학자들이 말하는 '최적의 자원 배분'이 성립하게 한다.

신고전주의 학파와 고전주의 학파(P. 38-39 참조)는 시장이 자율적으로 문제를 해결하지 못하기 때문에 정부의 적극적인 개입이 필요할 수 있음을 인정했다. 바로 공공재, 독점, 그리고 외부효과이다. 이 세 가지 용어를 정의해보자. 공공재의 전형적인 예로는 등대를 들 수 있다. 모든 배는 등대의 혜택을 누리지만 등대 이용에 대한 비용을 지급하지는 않는다. 이런 조건은 민간 분야의 동기를 유발하기 어렵다.

돈으로 가치를 환산할 수 없는 경우라도 가격을 책정하면 만사가 형통할 것

자연 독점의 완벽한 예로 대규모 설비 구축이 필요한 철도 수송을 들 수 있다. 소규모 업체가 분야별로 운영에 참여하기에는 철도 수송의 고정비용(철로나 철도, 건널목 자동 차단기 설치 등)이 너무 많이 들기 때문이다. 마지막으로 외부효과란 한 경제주체의 행위가 아무런 금전적 보상 없이 다른 경제주체들에 영향을 미치는 현상을 뜻한다. 그러나 민간기업은 기초연구와 같이 즉각적이고 확실한 이윤을 담보하지 않는 긍정적 외부효과에는 도통 관심을 기울이지 않는다. 반면 대량의 부정적 외부효과를 유발(오염물질 배출)하는 데는 좀처럼 거리낌이 없다. 비용 부담을 수반하지 않기 때문이다.

그렇게 해서 정부의 시장개입은 당위성을 확보한다. 긍정적 외부효과의

—

버려진 철길—2009년, 멕시코 치아파스주 라 아로세라. (사진: 토니 아르나우)

1992년, 세계은행은 카를로스 살리나스 데 고르타리 멕시코 대통령에게 철도 노선을 민영화하도록 권고했다. 살리나스 데 고르타리는 멕시코 국영기업과 국유재산의 대대적인 매각을 주도한 인물이기에 세계은행이 그를 설득하는 데는 오랜 시간이 걸리지 않았다. 오늘날 멕시코 철도망은 투자 부족으로 인해 미국으로 향하는 일부 구간만 운영되고 있는 형편이다.

—

샤나 파케해리슨, 로버트 파케해리슨의 합성사진 〈부유물(Suspension)〉—1999년.

교토의정서(1997년 9월 11일 채택)는 탄소시장의 초석이 됐다. 탄소시장은 기업에 탄소배출권을 할당한다. 탄소를 적게 배출하는 기업은 사용하지 않은 권리를 시장에 되팔 수 있다. 2008년에 아르셀로미탈 그룹에 할당된 탄소배출권이 32% 증가했다(화폐가치 5억3600만 유로 상당). 2005~2007년 기간에 유럽의 탄소 배출량은 증가했지만, 아르셀로미탈 그룹은 사용하지 않은 여유분의 권리를 시장에 판매해 약 8억 유로의 이익을 챙겼다. 그러나 아르셀로미탈 그룹은 벨기에 사업장의 직원 600명을 정리해고하는 결정을 내렸다. 탄소시장의 획기적인 측면은 기업이 애써 오염원을 감축하지 않고 지구 어느 곳에선가 공해를 줄여서 생겨난 배출권리를 돈으로 사고팔 수 있다는 데 있다.

—

자크 루셀의 애니메이션 시리즈 〈샤독〉의 한 장면—1968~2000년.

(삽화문구: 계속 노력하다 보면 성공하게 돼 있다. 따라서 많이 실패할수록 성공에 이를 가능성은 커진다.)

경우 부분적인 보조금이나 정부가 비용을 부담해 과소 공급 문제를 해소하되, 세금이나 규제를 부과하는 방법으로 부정적 외부효과를 줄여나가야 한다. 많은 경제학자가 이 점에 동의하고 있다. 하지만 일부, 즉 신자유주의 경제학자들은 시장실패보다 정부실패를 더 부정적으로 받아들인다. 따라서 시장실패는 시장 역할의 강화를 통해 해결해야 한다는 주장을 편다. 1970년대를 기점으로 정부는 신자유주의에 근거해 공공재를 민영화하고, 독점 분야에 경쟁을 도입하며, 외부효과에 가격을 책정해 시장에서 상품으로 거래하도록 하는 방안을 두루 모색해왔다. 근대 이후 공공재의 민영화 추진과 동시에 독점 분야에 경쟁 도입을 최초로 시도한 사례는 1996년에 진행된 영국의 철도 민영화이다. 과연 어떤 결과가 있었을까? 철도 이용료는 상승했지만, 설비에 대한 투자와 유지비 지출은 감소했다. 게다가 그 후 몇 해 동안 네 건의 심각한 열차 사고가 발생했다. 또다른 예로는 오염을 줄이기 위해 유럽연합이 2005년 도입한 탄소시장을 들 수 있다.

유럽연합은 오염물질 배출 총량의 한도를 설정해 기업에 배출권을 할당했다. 이산화탄소에 단위를 매겨 '수요와 공급'의 법칙을 적용했기 때문에 탄소 배출량 감축 목표치에 부합하는 지점에서 탄소 가격이 형성되어야 했다. 그러나 기업에 너무 많은 배출권(미리 정해진 배출량)이 할당되었음이 뒤늦게 밝혀졌고, 탄소 배출권의 가격은 정기적으로 하락을 거듭해 배출량 감소를 유도하기에는 너무 낮은 수준에서 가격이 형성되었다. 탄소시장의 효과는 예측이 어렵지만, 규제를 통한 문제 해결의 효과는 더 극명하게 드러난다. 만일 이산화탄소 배출량이 감소했다면 그 이유는 경제위기와 대체 에너지 개발 장려정책에서 찾아보아야 할 것이다.

이런 생각의 이면에는 돈으로 가치를 환산할 수 없는 경우라도 가격을 책정하면 모든 문제를 해결할 수 있을 것이라는 믿음이 깔려 있다. 물론 이런 주장에 대한 반박도 만만치 않다. 영국의 사상가 리처드 티트머스(Richard Titmuss)는 헌혈 기증자에게 대가를 지급하게 된 국가에서는 수혈용 혈액

공급이 줄어들 뿐만 아니라 수혈로 인한 질병의 발생률도 높아짐을 밝힌 바 있다. 1970년 혈액의 '기부'에 따른 보상을 지급한 나라에서는 수혈과 관련된 전염병이 증가했고 공급도 줄어든 것으로 나타났다. 이타적인 헌혈 동기를 금전적 유인책으로 대신함으로써 창출된 시장은 혈액 증여 행위를 평가절하함으로써 잠재적 기부자들의 동기를 저하하는 결과를 가져왔기 때문이다.

시장 영역의 확장

영국 록 밴드 비틀스부터 《비트 세대(Beat Generation)》의 저자 잭 케루악(Jack Kerouac)까지, 많은 사람이 돈으로 살 수 없는 것들의 장점을 강조해왔다. 그러나 예술가들이 시장에서 감성의 우월함을 칭송하는 사이에도 시장은 조용히 새로운 영역을 정복하고 있었다. 이제는 시장에 속하지 않은 영역을 찾아내기가 더 어려운 지경이 되었다.

돈으로는 무엇이든, 거의 무엇이든 살 수 있다. 예컨대 50만 달러 수표만 있으면 미국 영주권을 살 수 있다. 나미비아에서 멸종 위기에 놓인 검은코뿔소를 사냥할 권리는 35만 달러에 달한다. 그리고 인도인 대리모를 고용하려면 6,250달러를 지급해야 한다. 모든 것이 판매 대상이다. 건물 외벽을 대여해 옥외 광고물을 설치하는 비용은 777달러, 제약회사의 임상시험에 몸을 내어주는 대가는 7,500달러이고, 국회 청문회에 참석하려는 로비스트 대신 밤새 줄을 서면 시간당 15달러의 품삯을 받는다.

물론, 자본주의가 생겨나기 훨씬 전부터 시장은 이미 존재했다. 예컨대 기원후 2세기의 로마 사회는 노예제 생산양식에 기초해 이미 고도로 발달한 상업경제를 갖추고 있었다. 그러나 시장은 자본주의의 틀 안에서 비로소 급격한 성장을 기록한다.

칼 폴라니(Karl Polanyi)에 의하면, 19세기 후반에 산업혁명과 함께 새로

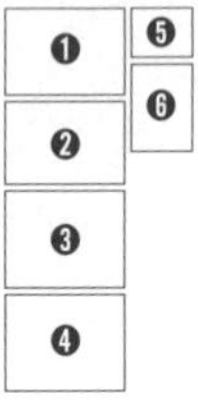

—

❶ **200유로 · 파리 · "이탈리아 부츠 판매. 독특한 디자인, 치수 41, 상태 최상급, 우아하며 대회용으로 안성맞춤."**

❷ **32,000유로 · 사르트루빌 · "자가 제작 항공기 판매. 금속 LucasL7 모델, 160마력 라이코밍 0-320 연료 엔진, 3인승(탈착 가능 화물창 포함) 650~930kg, 순항속도 시속 180,200km. 비시 RSA 대회 수상. 짜임새 높은 계기판."**

❸ **45유로 · 파리 · "새 제품이나 다를 바 없는 코스프레용 가발. 마이클 잭슨의 〈히스토리〉와 〈디스이즈잇〉 앨범 출시 당시의 머리 모양을 재현한 제품. 단일 치수. 고무줄로 크기 조절 가능."**

❹ **6000유로 · 파리 · "최고로 아름다운 탈의실 판매. 드비노 공방(샤넬 및 에르메스 납품 업체)에서 맞춤 제작한 제품. 크기: 가로1.9x세로1.6m."**

❺ **1987년 9월 19일에 방송된 텔레비전 프로 〈응답할 권리〉에서 데생 화가 비아즈(Wiaz)가 그려낸 프랑시스 부이그의 캐리커처.**
이 생방송 프로의 진행자였던 미셸 폴락은 삽화에 적힌 캡션을 소리 내 읽었는데 그 직후에 프로그램이 폐지되는 수순을 밟아야 했다. 1986년, TF1(프랑스 제1 방송국)의 민영화 조치에 따라 방송국을 인수한 프랑스 건설 재벌 기업 부이그(Bouygues)는 청문 과정에서 TF1을 '문화를 융성하는' 방송국으로 이끌겠다는 계획을 밝힌 바 있다. 그로부터 몇 년 후, TF1의 최고경영자로 부임한 패트릭 르 레이는 청문 당시와는 전혀 다른 경영목표를 밝힌 바 있는데, 그 내용은 다름 아닌 "인간 두뇌의 유휴시간을 판매"하는 것이었다.
사진작가 티에리 부에트는 유명 중고물품 판매 웹사이트 '르 봉 쿠앵'에 특이한 물건을 판매하는 사람들의 모습을 사진에 담았다. 이 사진 시리즈는 2015년 판매 사이트와 같은 이름으로 출간됐다.

❻ **자크 타티 감독의 〈축제일〉 포스터—1949년**
(삽화 문구) "석공이 지은 집, 석공이 세운 다리, 석공이… 방송…."
'석공이 지은 집'은 부이그사의 광고 캐치프레이즈였고, 다리는 당시에 많은 원성을 샀던 부이그사가 세운 일드레 연결 교량을 지칭하며, 방송국은 민영화된 TF1을 뜻했다.

등장한 대형 기계는 소모되어 감가상각이 발생하는 특징이 있으므로 지속적인 생산을 가능하게 하는 노동, 토지, 화폐라는 세 가지 요소를 산업의 필수요소로 간주하기에 이르렀다. 이에 관해 폴라니는 노동, 토지, 화폐가 판매를 목적으로 한 '상품'이 아닌 '허구의 상품'이라는 점을 지적하며 이 세 가지 요소가 시장을 이룬다는 생각 자체가 허구적이라고 주장했다. "인간 활동의 또다른 이름에 지나지 않는 노동은 인간의 생명과 불가분의 관계에 있다. (……) 이 활동은 생명의 다른 활동 영역에서 따로 떼어놓을 수도, 비축할 수도, 공출할 수도 없다. 아울러, 자연의 또다른 이름인 토지는 인간이 생산해낼 수 있는 대상이 아니다. 마지막으로 화폐 또한 상품이 아닌 구매력을 나타내는 징표일 뿐이다."

모든 것을 상품화하려는 움직임 속에서 '시장사회'로서의 자본주의가 탄생하게 됐다. 통일, 확장, 해방이라는 세 가지 단계를 거쳐 사회에게서 떨어져나온 시장은 유사 이래 처음으로 모든 사회적 기준을 경제 논리에 종속시키는 결과를 가져왔다.

1980년대 가속화된 상품화

이처럼 실력 행사에서부터 시작된 자본주의의 역사는 지속적인 시장 영역의 확장, 다시 말해 자본의 영역을 끝없이 확장해내는 잉여가치의 추구로 이어졌다. 1970년대부터 본격적으로 전개된 신자유주의 경제는 시장 논리를 더욱 강화해나갔다. 그 명백한 예로 1980년대 프랑스 국영기업의 민영화(오늘날까지도 대부분 공영기업으로 잘못 알려져 있다), 그리고 경제와는 무관한 문제를 해결한다는 명분으로 창출된 각종 신규 시장을 꼽을 수 있다.

연구진 간의 경쟁을 유도하는 공공 연구 기관의 평가제도

이런 배경에서 각국의 정부는 늘어만 가는 오염 문제에 대처하는 방법으로 이산화탄소 배출권 거래 시장을 도입했다(p.193 참조). 모든 것을 상품화하려는 시도는 그동안 생명과 관련이 있거나 사적 영역이라는 인식으로 시장의 논리와는 무관하다고 믿어왔던 각종 영역에까지 깊숙이 파고들었다. 가령 지식(특허 출원 건수의 폭발적 증가), 교육, 문화, 그리고 자연(유전자 기술, 날씨 정보의 금융 상품화)이 '무형 상품'으로 시장에서 거래되고 있다.

그렇다면 도덕적·윤리적 마지노선을 구축해 돈으로 사고팔 수 있는 대상을 정할 수 있을까? 예를 들어 시민의 투표권이나 명예를 부여하는 상을 돈으로 사고판다면 그 고유한 가치를 훼손하고 마는 결과를 초래할 것이다. 그 밖에도 상품화가 가치를 저해하지는 않더라도 거래 행위 자체가 윤리적인 문제를 초래하는 경우를 생각해볼 수 있다. 신장을 합법적으로 사고팔 수 있도록 하는 정부는 궁극적으로 판매자의 궁핍한 경제 형편을 악용하는 셈이다. 따라서 자신의 신장을 내놓는 판매자가 자유로운 선택을 한다고 볼 수는 없다. 미국의 철학자 마이클 샌델(Michael Sendel)의 경우 특정한 재화는 돈으로 사고팔면 본질이 왜곡될 수밖에 없다고 설명한다.

그러나 이런 사회 전체의 상품화는 이제 화폐의 범위를 넘어, 모든 인간 행위와 사회 활동에 일반 규범으로서 경쟁의 논리를 적용하기에 이르렀다. 프랑스의 철학자이자 사회학자인 피에르 다르도(Pierre Dardot)와 크리스천 라발(Christioan Laval)은 시장이나 상품이 존재하지 않는 프랑스의 공공 연구 기관에서까지 신자유주의 관행에 따라 평가제도를 도입해 연구자 간의 경쟁을 유도하고 시장의 제재 원리를 모방하고 있다고 설명한다.

보이지 않는 손을 보조하는 국가의 주먹

일반적으로 시장에 대한 옹호는 굼뜨고, 경제적이지 못하고, 부패한 정부에 대한 비판을 근거로 한다. 따라서 시장이 배의 키를 잡고 돛을 올리면 정부는 그 물결에 편승할 뿐이라고 생각할 수도 있다. 그러나 현실은 그렇지 않다. 독일의 자유주의 경제 사조인 질서자유주의(Ordoliberalism)의 주장대로 시장 경쟁은 정부가 구축한 일련의 제도의 틀 안에서 이루어지는 것이다.

유럽 집행위원회는 2016년 2월에 프랑스의 슈퍼마켓 체인인 앵테르마르셰(Intermarché)에 대한 조사에 착수했다. '시장 간 거래'를 뜻하는 이 기업의 상호 때문일까? 프랑스 축산업자들은 앵테르마르셰가 경쟁업체인 르클레르(Leclerc)와 가격을 담합해 돼지고기 매수가격을 하한선에 맞추어왔다고 주장했다. 가격담합 행위는 '제3국에 대한 차별'에 해당한다. 다시 말해, 역내 시장의 경쟁 질서를 무너뜨리는 행위인 것이다. 유럽연합의 창설 목표 중 하나인 '자유롭고' '왜곡되지 않은' 경쟁은 유럽 집행위원회가 취한 조사 조치와 같은 개입이 필요하며, 그렇게 해야 비로소 경쟁이 정상적으로 이뤄지고 또 유지될 수 있다.

질서자유주의는 1929년 세계 대공황 이후의 독일에서 생겨난 경제·정치 사상이다. 한편, 자유주의의 또다른 개념은 '신자유주의'*라는 이름 아래 세

—
❶ 메르세데스 생산 현장—2006년, 독일 라슈타트 (사진 : 안드레아스 거스키).
❷ 우웨 로슈가 디자인한 정치 풍자 쇼 〈그냥 그림이나 그리시게〉의 포스터—1991년 뒤셀도르프.
❸ 독일 금속노조(IGM)의 로고.
'독일식 기업 모델'의 근간이 되는 공동 결정제도는 임금노동자와 주주 사이의 균형적인 권력 분할을 가능하게 한다. 이사회 내에서 직원을 대변하는 사업장협의회 대표는 기업 이사회에서 주요한 역할을 한다. 독일 금속노조 위원장을 지낸 베르톨트 후버가 지난 2015년 폭스바겐 임시 의장직에 임명된 것이 놀랍지 않은 이유다.

계 경제 현상으로 확대 재편되었다. '질서'자유주의의 두 가지 기본 원칙은 자유경쟁 보장과 안정적 통화 관리이다. 그러나 19세기의 고전자유주의 방식대로 정부가 개입하지 않고 자연적 흐름에 맡겨 두는 '자유 방임' 방식으로는 문제를 해결할 수 없다고 보았다. 발터 오이켄(Walter Eucken)이 질서자유주의를 주창했다면 빌헬름 뢰프케(Wilhelm Roepke)는 이 학설을 구체화했다는 평가를 받는다. 1939년, 뢰프케는 "시장경제에서 시장 진입을 방해하는 요인과 모든 규제를 없애면 완전 경쟁 시장이 '저절로' 나타나 효율적으로 작동할 것으로 굳게 믿었다"라고 기술했다. 이에 덧붙여 그는 다음과 같이 서술했다. "우리는 그동안 어리석게도 계몽주의 세기의 연장선에서 문명의 인위적이고 취약한 속성을 띤 결과물을 저절로 획득한 결과라고 속단해왔다."

질서자유주의적 관점에서 보았을 때 시장*은 정책적 선택으로 만들어진다. 따라서 독점을 막되 경제적 혼란을 방지하기 위해서는 최소한이지만 충분히 강력한 정부의 역할이 필요했다. 정부는 법률, 기술, 사회, 윤리, 문화적 근간을 확립하고, 민간과 공공이 모두 원칙을 충실히 이행하도록 관리함으로써 '경쟁 질서'를 수립해 물가와 임금을 안정적으로 유지해야 한다. 그렇게 해서 경쟁 질서가 확립되고 나면, 정부의 역할은 경쟁 질서의 관리에 한정된다.

노사 문제에 관한 이해를 반영하는 경제 사조인가?

이 이론은 제2차 세계대전 이후의 서독에 적용되었는데, 서독은 1920년대의 극심한 초인플레이션을 겪었고 패전 이후 미국의 분할 통치를 받은 바 있다. 그렇게 해서 질서자유주의의 정신은 '사회적 시장경제'의 형태로 경제헌법의 기본원리가 되었다. 그러나 여기서 쓰이는 '사회적'이란 단어는 오해의 소지가 다분하다. 사회적 시장경제 이론을 정립한 알프레드 뮐러-아르막(Alfred Müller-Armack)은 1948년에 '사회적' 성격은 소비재에 대한 통제를 해제함으로써 시장의 수요에 의해 가격이 결정되도록 하는 데 있다고 밝혔다. '사회적 시장경제' 역시 여타 시장과 마찬가지로 노사 문제(고용, 노동조건 등)에 관해서는 애써 관심을 두지 않는다.

경고등이 켜진 노동권

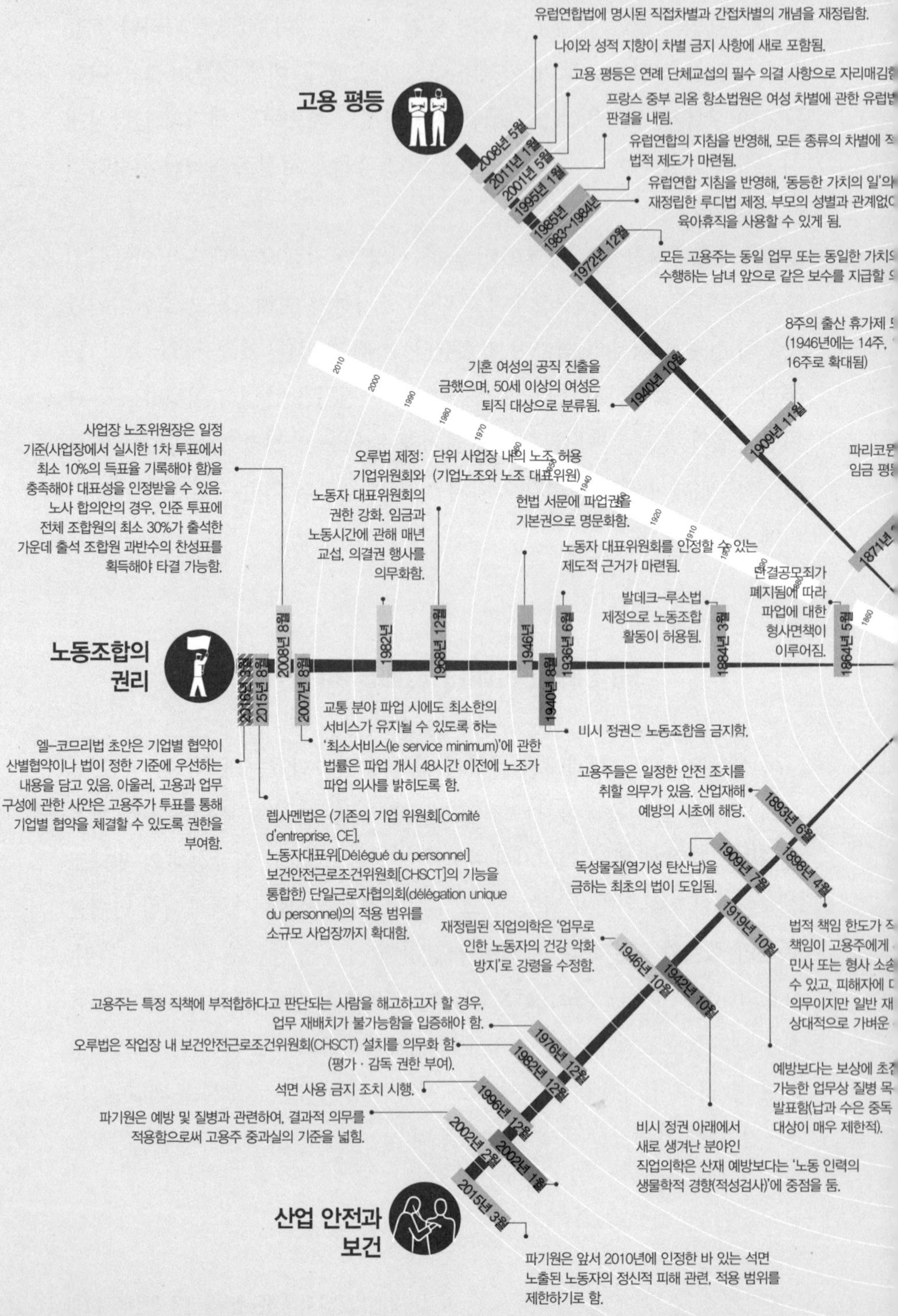

고용 평등
2008년 5월
2011년 1월
2001년 5월
1995년 1월
1985년
1983~1984년
1972년 12월
1940년 10월
1909년 11월
1871년
유럽연합법에 명시된 직접차별과 간접차별의 개념을 재정립함.
나이와 성적 지향이 차별 금지 사항에 새로 포함됨.
고용 평등은 연례 단체교섭의 필수 의결 사항으로 자리매김
프랑스 중부 리옴 항소법원은 여성 차별에 관한 유럽
판결을 내림.
유럽연합의 지침을 반영해, 모든 종류의 차별에
법적 제도가 마련됨.
유럽연합 지침을 반영해, '동등한 가치의 일'의
재정립한 루디법 제정. 부모의 성별과 관계없이
육아휴직을 사용할 수 있게 됨.
모든 고용주는 동일 업무 또는 동일한 가치
수행하는 남녀 앞으로 같은 보수를 지급할
8주의 출산 휴가제
(1946년에는 14주,
16주로 확대됨)
기혼 여성의 공직 진출을
금했으며, 50세 이상의 여성은
퇴직 대상으로 분류됨.
파리코뮌
임금 평
2010
2000
1990
1980
1970
1940
1920
1910
1860
노동조합의 권리
2016년 3월
2015년 8월
2008년 8월
2007년 8월
1982년
1968년 12월
1946년
1940년 8월
1936년 6월
1884년 3월
1864년 5월
사업장 노조위원장은 일정 기준(사업장에서 실시한 1차 투표에서 최소 10%의 득표율 기록해야 함)을 충족해야 대표성을 인정받을 수 있음. 노사 합의안의 경우, 인준 투표에 전체 조합원의 최소 30%가 출석한 가운데 출석 조합원 과반수의 찬성표를 획득해야 타결 가능함.
오루법 제정: 기업위원회와 노동자 대표위원회의 권한 강화. 임금과 노동시간에 관해 매년 교섭, 의결권 행사를 의무화함.
단위 사업장 내의 노조 허용 (기업노조와 노조 대표위원)
헌법 서문에 파업권을 기본권으로 명문화함.
노동자 대표위원회를 인정할 수 있는 제도적 근거가 마련됨.
발데크-루소법 제정으로 노동조합 활동이 허용됨.
단결공모죄가 폐지됨에 따라 파업에 대한 형사면책이 이루어짐.
엘-코므리법 초안은 기업별 협약이 산별협약이나 법이 정한 기준에 우선하는 내용을 담고 있음. 아울러, 고용과 업무 구성에 관한 사안은 고용주가 투표를 통해 기업별 협약을 체결할 수 있도록 권한을 부여함.
교통 분야 파업 시에도 최소한의 서비스가 유지될 수 있도록 하는 '최소서비스(le service minimum)'에 관한 법률은 파업 개시 48시간 이전에 노조가 파업 의사를 밝히도록 함.
렙사멘법은 (기존의 기업 위원회[Comité d'entreprise, CE], 노동자대표위[Délégué du personnel] 보건안전근로조건위원회[CHSCT]의 기능을 통합한) 단일근로자협의회(délégation unique du personnel)의 적용 범위를 소규모 사업장까지 확대함.
비시 정권은 노동조합을 금지함.
산업 안전과 보건
1893년 6월
1898년 4월
1909년 7월
1919년 10월
1946년 10월
1942년 10월
1976년 12월
1982년 12월
1996년 12월
2002년 2월
2002년 1월
2015년 3월
고용주들은 일정한 안전 조치를 취할 의무가 있음. 산업재해 예방의 시초에 해당.
독성물질(염기성 탄산납)을 금하는 최초의 법이 도입됨.
법적 책임 한도가
책임이 고용주에게
민사 또는 형사 소송
수 있고, 피해자에
의무이지만 일반 재
상대적으로 가벼운
재정립된 직업의학은 '업무로 인한 노동자의 건강 악화 방지'로 강령을 수정함.
예방보다는 보상에 초
가능한 업무상 질병 목
발표함(납과 수은 중독
대상이 매우 제한적).
고용주는 특정 직책에 부적합하다고 판단되는 사람을 해고하고자 할 경우, 업무 재배치가 불가능함을 입증해야 함.
오루법은 작업장 내 보건안전근로조건위원회(CHSCT) 설치를 의무화 함 (평가 · 감독 권한 부여).
석면 사용 금지 조치 시행.
파기원은 예방 및 질병과 관련하여, 결과적 의무를 적용함으로써 고용주 중과실의 기준을 넓힘.
비시 정권 아래에서 새로 생겨난 분야인 직업의학은 산재 예방보다는 '노동 인력의 생물학적 경향(적성검사)'에 중점을 둠.
파기원은 앞서 2010년에 인정한 바 있는 석면 노출된 노동자의 정신적 피해 관련, 적용 범위를 제한하기로 함.

노동자들에 대한 통제권을 장악하려는 고용주와 기업 내에서 고용주가 차지하는 권한을 제한하려는 임금노동자는 서로 첨예한 대립을 반복했고, 이런 각축 관계 속에서 노동법이 탄생했다. 그동안 프랑스에서 노사가 세력의 균형점을 찾으며 걸어온 발자취를 되짚어 도표로 정리했다. 이 도표는 19세기부터 오늘날에 이르기까지 노사 관계의 다섯 가지 분야에 걸쳐 노동법 이룬 발전과 후퇴의 양상을 임금노동자의 관점에서 보여준다. 1980년대에는 대량 실업 사태가 발생해 임금노동자들을 수세로 내몰았다. 일부 분야에서의 투쟁이 결실을 거두면(예: 고용 평등) 또다른 권리가 곤두박질하는 등 명암이 교차해왔다. 최근의 노사 관계 발전은 법 제도의 개선을 통해 진행됐지만, 1946~1975년대의 성과에 대해서는 법적인 문제가 제기되고 있다.

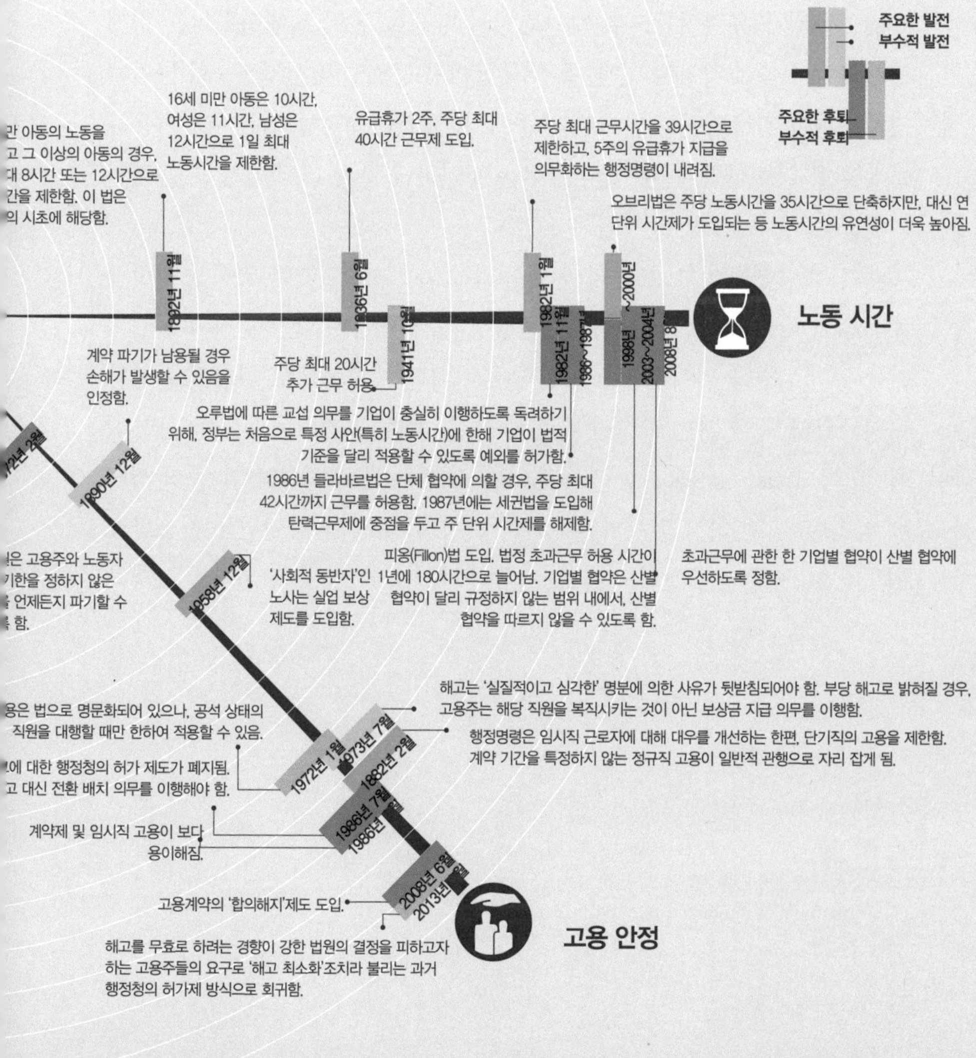

주요한 발전
부수적 발전
주요한 후퇴
부수적 후퇴
노동 시간
간 아동의 노동을
고 그 이상의 아동의 경우,
대 8시간 또는 12시간으로
간을 제한함. 이 법은
의 시초에 해당함.
16세 미만 아동은 10시간, 여성은 11시간, 남성은 12시간으로 1일 최대 노동시간을 제한함.
1892년 11월
유급휴가 2주, 주당 최대 40시간 근무제 도입.
1936년 6월
1941년 10월
주당 최대 20시간 추가 근무 허용.
주당 최대 근무시간을 39시간으로 제한하고, 5주의 유급휴가 지급을 의무화하는 행정명령이 내려짐.
1982년 1월
1982년 11월
1986~1987년
오브리법은 주당 노동시간을 35시간으로 단축하지만, 대신 연 단위 시간제가 도입되는 등 노동시간의 유연성이 더욱 높아짐.
1998년
~2000년
2003~2004년
2008년 8
오루법에 따른 교섭 의무를 기업이 충실히 이행하도록 독려하기 위해, 정부는 처음으로 특정 사안(특히 노동시간)에 한해 기업이 법적 기준을 달리 적용할 수 있도록 예외를 허가함.
1986년 들라바르법은 단체 협약에 의할 경우, 주당 최대 42시간까지 근무를 허용함. 1987년에는 세귄법을 도입해 탄력근무제에 중점을 두고 주 단위 시간제를 해제함.
피옹(Fillon)법 도입. 법정 초과근무 허용 시간이 1년에 180시간으로 늘어남. 기업별 협약은 산별 협약이 달리 규정하지 않는 범위 내에서, 산별 협약을 따르지 않을 수 있도록 함.
초과근무에 관한 한 기업별 협약이 산별 협약에 우선하도록 정함.
계약 파기가 남용될 경우 손해가 발생할 수 있음을 인정함.
72년 2월
1890년 12월
1958년 12월
은 고용주와 노동자
기한을 정하지 않은
언제든지 파기할 수
함.
'사회적 동반자'인 노사는 실업 보상 제도를 도입함.
용은 법으로 명문화되어 있으나, 공석 상태의 직원을 대행할 때만 한하여 적용할 수 있음.
에 대한 행정청의 허가 제도가 폐지됨.
고 대신 전환 배치 의무를 이행해야 함.
1972년 1월
1973년 7월
1882년 2월
1986년 7월
1986년
해고는 '실질적이고 심각한' 명분에 의한 사유가 뒷받침되어야 함. 부당 해고로 밝혀질 경우, 고용주는 해당 직원을 복직시키는 것이 아닌 보상금 지급 의무를 이행함.
행정명령은 임시직 근로자에 대해 대우를 개선하는 한편, 단기직의 고용을 제한함. 계약 기간을 특정하지 않는 정규직 고용이 일반적 관행으로 자리 잡게 됨.
계약제 및 임시직 고용이 보다 용이해짐.
2008년 6월
2013년
고용계약의 '합의해지'제도 도입.
해고를 무효로 하려는 경향이 강한 법원의 결정을 피하고자 하는 고용주들의 요구로 '해고 최소화'조치라 불리는 과거 행정청의 허가제 방식으로 회귀함.
고용 안정

경쟁 질서를 보장함으로써 예외적인 권한을 누리는 유럽 집행위원회

사실상 독일 내에서 질서자유주의의 영향은 시대별로 차이를 나타낸다. 예를 들어 1969년 사회 민주당 빌리 브란트(Willy Brandt) 총리(1969~1974)의 집권 시기에는 질서자유주의가 후퇴하는 양상을 보이지만, 1998년 게르하르트 슈뢰더(Gerhard Schröder)(1998~2005) 정부 시절에는 다시 주목을 받기도 했다. "공동 시장 내에서의 경쟁이 왜곡되지 않도록 경쟁정책이 마련되어야 한다"는 내용과 함께 상품, 사상, 자본, 서비스의 자유로운 이동을 규정한 1957년 로마조약에는 질서자유주의의 정신이 잘 녹아 있다. 이후 유럽공동체가 유럽연합으로 개편되면서 탄생한 유럽 집행위원회는 경쟁 질서의 준수를 보장하고 있다. 유럽 통합의 주동력인 질서자유주의 논리는 정책기관인 집행위원회 앞으로 공동체의 목표를 규정하고 원칙을 적용하는 권한을 부여한다. 이후 잇따른 각종 조약은 같은 논리에 따라 경쟁 질서 확립을 저해하는 요인을 제거해나갔다.

과거 유럽연합이 보호주의의 마지막 보루로 고수했던 공동농업정책(Common Agricultural Policy·CAP)은 경쟁 질서 확립과 재정 준칙의 헌법화라는 완전무결한 질서자유주의 원칙에 위배되는 오점으로 여겨졌고 점차 수정돼왔다. 향후에는 2012년 비준된 '안정, 조율 및 거버넌스 조약(일명 신재정협약, Treaty on Stability, Coordination and Governance · TSCG)' 등의 시행에 따라 유로화 역시 질서자유주의의 안정적 통화 관리 원칙을 적용받게 될 것이고, 공동 농업정책의 전철을 밟아가게 될 것으로 예상된다.

계획경제에 사활을 걸었던 소비에트 사회주의 연방

계획경제는 이제 어딜가든 쓸모없는 퇴물 정도로 받아들여지지만, 과거 많은 국가에서 오랜 시간 동안 검증된 이치로 받아들여졌다. 당시에는 그 누구도 개별 경제주체들이 자발적인 상호작용으로 질서를 유지한다고 생각하지 않았기 때문이다. 그중에서도 옛 소비에트연방(소련)은 사회가 시장으로부터 해방되도록 계획경제의 논리를 보다 강력하게 밀어붙였다. 그 결과, 부정할 수 없는 성과와 함께 적잖은 실패를 남겼다.

지난 2015년, 사회분담금 감면 혜택을 최대한 누리는 기업들이 고작 최소한의 일자리만을 창출해내고 있는 모순된 상황을 언급한 자리에서 에마뉘엘 마크롱 당시 경제부 장관은 "정부가 일자리 수를 결정하는 계획경제 체제가 아니니 어쩔 수 없다"고 답했다. 사실 이 같은 해석은 무엇 하나 새로울 것이 없다. 1929~1991년 소련이 시도한 가장 급진적인 형태의 계획경제 사례는 대부분 오늘날 시장경제에 대한 정부의 개입을 비판하는 근거로 인용된다. 당초 계획경제는 확증된 한 가지 사실과 한 가지 의문에서부터 시작되었다. 그 사실이란 심각한 경제위기를 유발하는 자본주의 체제가 주로 생산수단을 소유한 계급에 이익을 가져다준다는 점이다. 그리고 의문이란 시장에 대한 과학적 접근법이나 이윤의 논리에서 벗어날 수 없을까라는 생

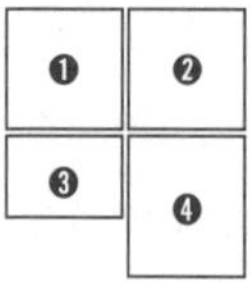

❶ **러시아 관광객.**

❷ **러시아 신혼부부.**
사진작가 콜린 델포스의 탐사보도—2011년, 카자흐스탄 바이코누르.
1966년 소련을 방문한 샤를르 드골 장군은 서구의 국가 통치자로서는 최초로 카자흐스탄의 바이코누르 우주기지를 찾았다. 과거 탄도미사일 발사장이 있던 자리에는 현재 우주기지가 들어서 있다.

❸ **우수노동자의 이름과 생산기록을 기록한 우크라이나 노보-크라마토르스크 공장의 표창 명단 —1947년**
광부 알렉세이 스타카노프의 이름을 딴 스타카노비즘은 1930년대 소련 정부가 생산성 증대를 목표로 도입한 운동이다.

❹ **〈17번 작업장 52번 작업대〉— 1930년 러시아 (회화, 작가: 솔로몬 보리소비치 니크리틴).**

각이었다.

소련 체제의 핵심에는 국민경제 5개년 계획(매년 경제 상황에 맞게 계획을 조정)을 구상하던 국가계획위원회(일명 Gosplan)가 있었다. 국가계획위원회는 소련 공산당의 최고 정책 결정기관인 정치국(Politburo)에서 결정한 '예비과제'에 따라 계획을 수립했다. 예를 들어 200만 켤레의 신발 생산량이 결정되면 국가계획위원회의 기술설계사들은 이를 실행에 옮기는 방안을 세웠는데, 어떤 재료를 조달할지(고무, 가죽, 실 등)부터 시작해 어느 정도의 노동력, 전력, 설비를 어떤 방식으로 투입해야 할지를 일일이 계획했다. 국가가 처리할 정보의 범주와 양은 가히 상상을 초월할 정도였다.

중앙계획청에 보고하기에 앞서 사전에 결정된 수익의 비율

정보야말로 소련 경제의 주된 고민거리였다. 그 이유를 이해하려면 가격과 수익률 기능에서 자본주의와 계획경제가 어떤 차이를 보이는지를 되짚어보아야 한다. 자본주의의 경우를 살펴보면, 기업이 자율적으로 설정한 가격이 신호탄이 된다. 부츠에 대한 수요가 증가하면 부츠의 가격도 덩달아 증가한다. 그렇게 되면 제조업자들은 더 많은 이윤*을 기대할 수 있다. 생산자들이 서로 상의를 거칠 필요 없이, 제각각 자율적으로 더 많은 부츠 생산량을 결정한다. 마찬가지로, 투자자들은 수익률*에 따라 가장 높은 수익을 보장하는 분야에 출자를 결정한다. 반면, 계획경제 체제 안에서 경제 동향을 나타내는 것은 가격이 아니다. 정부가 가격을 결정하기 때문이다. 이윤, 즉 제품의 판매가격과 생산비용의 차이는 이윤의 형태를 취하는데, 계획경제에서는 이윤의 규모 역시 상부 보고에 앞서 미리 계산 하에 결정된다. 그렇게 결정된 이윤은 중앙계획청의 결정에 따라 대부분 투자에 다시 반영된다.

품질의 결함

단기적으로는 경제에 우선순위를 부여해 정치적으로 결정된 이 방식이 생산성을 높이는 효과가 있었다. 그러다 1930년대와 1940년대에 들어 외국에서 유입되는 자본에 더는 의존할 수 없는 상황에 놓이게 되자 소련 정부는 급진적인 방식의 산업화를 단행했다. 억압적인 무력(징벌, 강제 이주, 강제노역)을 동원해 농업 분야의 경제 가치를 산업 분야로 전환했다. 그렇게 하여 몇십 년 만에 소련은 제철소, 발전소, 군사 산업단지, 그리고 훗날 항공우주 분야까지 갖춘 국가로 거듭났다.

그러나 장기적으로 볼 때 계획경제는 그릇된 결정을 내리게 된다. 계획된 숫자는 조작돼 협상의 도구로 쓰이게 된다. 경제 계획은 과학적으로 설계되어야 하지만, 어느새인가 국가계획위원회와 (분야별) 경제부처, 그리고 낮은 생산성에 비해 더 많은 인력을 요구하며 느슨한 정책을 꾀하는 기업 경영인 간의 흥정과 야합의 상징으로 둔갑하기에 이른다. 이처럼 계획경제는 구조적 결함을 나타낸다. 기업 경영자는 목표치를 달성하지 못할까 전전긍긍하면서 초과 인력을 고용하고, 원자재를 비축하고, 더 많은 투자를 요구했다. 계획경제 체제는 소비재보다는 생산재(설비, 건물)를 우선했다. 아울러 소비 수요에 구애받지 않는 생산 여건은, 제품의 품질 저하를 초래하기도 했다. 소련의 이러한 쓰디쓴 실패는 과연 경제에 대한 정부 개입이 불필요함을 역설하는 것일까?

알려지지 않은 서구의 비영리 공공 서비스

사람들의 뇌리에 깊이 각인된 생각처럼, 오늘날 우리는 실질적인 '시장경제' 세계에서 사는 것일까? 그렇다면 오늘날 경제에서 공공의 역할이 차지하는 비중은 어떻게 설명할 수 있을까? 오늘날 경제의 특징은 시장 그 자체보다는 시장과 공공의 조화에서 찾아볼 수 있지 않을까?

정부의 시장개입은 네 가지 축을 중심으로 이루어진다. 바로 사회보장제도, 공공 서비스, 노동권, 그리고 거시경제정책(재정, 통화, 산업, 규제, 교역, 소득재분배 등)이다. 시장의 규모(그리고 경제의 사회화 정도)가 서로 다르더라도 시장에 대한 정부의 역할은 모든 나라에서 대동소이하다. 예를 들어 프랑스보다 더 자유주의적인 미국이나 영국도 전적으로 '자유시장 경제'를 추구한다고 단정하기는 어렵다. 미국에서 공적 연금제도(물론 사적 연금이 활성화되어 보완적 기능을 수행함)는 공립 초중등 교육서비스만큼이나 중요한 비중을 차지한다. 아울러 미국에서 수자원은 프랑스와는 달리 근본적으로 공공재로 구분된다. 영국은 매우 사회화된 성격의 의료 서비스인 국가보건 의료서비스법(NHS)을 시행하고 있다. 게다가 미국과 영국 정부 모두 유로존의 여느 국가보다 재정과 통화 문제에 더 적극적으로 개입하고 있다.

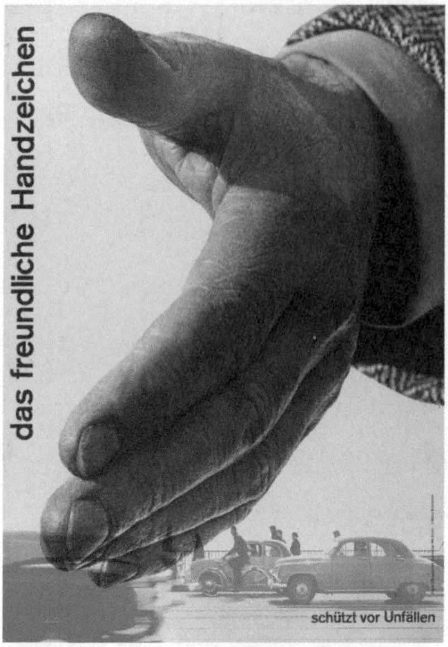

—

❶ **조지프 뮐러-브록만의 '스위스 오토모빌 클럽' 포스터—1955년**

❷ **볼리비아 티티카카 호수 해안에서 열린 코타코타바하 농민 공동체의 월례 회의 —2014년 (사진 : 조르주 바르톨리).**
2010년 10월에 볼리비아 정부는 정년을 남성은 65세에서 58세로, 3세 이상 자녀를 둔 여성은 60세에서 55세로 낮췄다. 광부의 경우 56세부터 은퇴할 수 있도록 했다.

❸ **런던 보건부 앞에서 열린 시위에 참여해 프롤렌스 나이팅게일이 그려진 배너를 들고 있는 의대생들—2016년**
1942년, 영국의 경제학자 윌리엄 베버리는 '궁핍, 질병, 무지, 불결, 나태'를 영국의 '다섯 가지 악'으로 꼽았다. 1948년, 노동계는 '다섯 가지 악'을 방지하기 위해 국민건강서비스(National Health Service · NHS)를 도입했다. 목표는 사회보장제도를 통해 "요람에서 무덤까지" 영국인들을 보호하는 것이었다.

❹ **프랑스 센에마른주(州) 레오의 교도소 (사진 : 실뱅 르페브르)**
2008년, 민관 협력의 일환으로 낭트, 아눌랭, 레오 세 개 도시에 교도소를 시공해 운영할 업체로 부이그사가 선정됐다.

잠식당하는 유럽 복지국가의 전통적 4대 축

신자유주의는 사회보장제도와 공공 서비스의 민영화, 노동법의 유연화를 통해 복지국가의 실현을 방해한다. 나라별로 정도의 차이를 보이지만, 1980년대 초반부터 점차 확산된 신자유주의에 따라 네 가지 축에 있어 정부의 역할이 두드러지게 축소되었다. 그렇다고 복지국가가 아예 자취를 감춘 것은 아니다. 예컨대 경제협력개발기구(OECD) 회원국의 경우 사회보장제도에 대한 공공지출의 비중이 1980년대 수준을 훌쩍 넘어섰다. 1980년대에는 그 비중이 17%에 그쳤지만 2013년에 들어서는 평균적으로 국내총생산(GDP)*의 1/3에 달하는 24% 수준까지 증가한 것이다.

전 세계적으로도 공공지출은 증가하는 추세이다. 2014년 프랑스의 공공지출은 국내총생산의 57%(1980년 기준 46%)에 달하는 양이었다. 이 수치가 의미하는 바를 종종 오해하기도 하는데, 민간의 활동이 국내총생산의 43%만을 차지함을 의미하는 것이 아님을 유의해야 한다. 공공지출(2014년 기준 1조2,260억 달러)의 규모를 가늠하기 쉽도록 가장 일반적으로 쓰이는 국가경제 지표인 국내총생산의 양과 비교해 설명하지만, 공공지출이 국내총생산에 포함되는 것으로 오해해서는 안 된다.

이해를 돕기 위해, 어떤 지역에 수영장을 건설한다고 가정해보자. 지방정부는 측량사, 건축사, 건설사에 용역을 의뢰할 것이고, 이 사업에 참여한 민간기업과 지방정부의 지출을 모두 합산하면, 그 총액은 수영장의 가치를 크게 웃돌게 된다. 따라서 경제에 대한 공공의 기여도를 측정해보려면, 공공지출과 민간지출(국내총생산의 200% 이상에 달하는 규모)을 함께 따져보아야 한다.

의료비 환급

공공지출에서 가장 큰 비중을 차지하는 영역은 사회수당 지출이다. 다른 국가와 마찬가지로 프랑스에서도 사회수당 지출은 장기간에 걸쳐 증가세를 나타내고 있다. 먼저 '현금으로 지급되는 사회수당'을 살펴보면, 연금, 가족수당이나 실업급여(1980년에는 가계 총소득의 23%를 차지했지만, 2014년에는 34%를 나타내는 4300억 유로에 달함)를 꼽을 수 있다. 여기에 의약품비와 자유 진료비 환급, 주택 수당(현물 이전의 형태의 제공하는 재화)이 추가된다. 이처럼 다양한 사회수당은 사회분담금*과 일반사회분담금(CSG)에서 자금을 조달하며, 개별 가계에 직접 지급해 지출을 보조한다. 공공지출의 또다른 주요 기능은 비영리 공공 서비스를 제공하는 데 있다. 종종 간과되지만, 공무원들도 국내총생산에 이바지한다. 공무원이 창출하는 부가가치는 연간 3,600억 유로에 달하는데, 이는 개인을 대상으로 하는 공공 서비스(교육, 병원 등)의 절반에 해당하며, 집단 대상 공공 서비스(사업, 치안 유지 등)에 비교하면 절반에 다소 못 미치는 수준이다.

프랑스에서는 전체 소비(총수요의 80%)의 절반이 공공지출로 충당되고 있다. 이 소비는 승수효과(P. 77 참조)를 통해 대부분 다시 투자(총수요의 20%)로 이어지며, 이 중에서 20%는 공공투자에 해당한다. 이것을 '시장경제'라고 불러야 할까?

힘으로 강요된 사유재산

개인, 한 뙈기 땅, 부동산 권리증서. 하나 같이 지극히 당연하게 여기는 것들이다. 그러나 늘 그렇듯 실상을 들여다보면 오늘날 우리가 당연시하는 것들이 오랜 시간을 거쳐 축적된 역사의 결과물임을 알 수 있다. 영국 역사학자 에드워드 파머 톰슨(Edward P. Thompson)은 연구를 통해, 사유재산의 개념이 탄생하기까지는 체계적인 노력에 따라 관습법을 타파해야 했으며 때에 따라 무력이 동원되기도 했음을 설명했다.

철학자 존 로크(John Locke, 1632-1704)는 "사람들은 토지에서 수확한 생산물의 잉여분을 금과 은으로 교환할 수 있으며, 정당한 방식으로 더 많은 토지를 소유할 수 있다는 사실을 암암리에 깨우쳤다. 그 결과, 일반 사람들은 지배계급의 불평등한 토지 점유를 그저 받아들이고 묵과할 수밖에 없었다"라고 말했다. 그러나 우리는 역사를 통해 사유지에 대한 소유권이 영국(잉글랜드)에서 저절로 생겨나지 않았음을 확인할 수 있다. 당시 농민들은 지배계급이 무력으로 사유지를 점유하는 불평등한 상황을 순순히 받아들이기는커녕 관습법을 유지하고자 지배계급에 단호히 맞섰다.

18세기 초까지만 해도 영국의 왕실과 교구의 임야(삼림, 광야, 경작지 등)는 복잡한 규제의 대상이었다. 봉건적 권리에 바탕을 둔 임업 경제의 중심

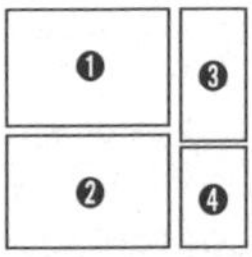

—

❶ 프랑스 가스통 페부스 드 푸아가 저술한 『사냥 교본』의 삽화 〈사슴 사냥〉—1387~1389년, 프랑스

❷ **김명범 작가의 설치미술 〈무제〉—2008년**

❸ **2012년 미야자키 하야오의 애니메이션 영화 〈모노노케 히메〉에서 영감을 받은 올리 모스의 포스터.**
무지한 인간의 위협을 받는 신성한 자연은 미야자키 하야오 감독의 영화화에서 반복적으로 등장하는 주제다. 1997년 개봉한 〈모노노케 히메〉에서는 인간에게 버림받아 견신이 기른 소녀 산(모노노케 히메)과 자연신의 터전인 숲을 파괴한 타타라 제철소 마을 사람들 사이의 갈등은 자연과 현대문명의 충돌을 상징하는 요소다. 작중에 등장하는 자연신은 일본의 민속 신앙 신도(神道)의 다신론적 세계관을 반영한다.

❹ **마이클 커티스와 윌리엄 케일리 감독의 1938년 영화 〈로빈 후드의 모험〉 영화 포스터**
부자들의 재물을 빼앗아 가난한 사람들에게 나누어 주었던 13세기 영국의 영국의 전설적인 의적(義賊) 로빈 후드는 노팅엄셔주(州) 셔우드 숲을 근거로 활동했다.

에는 귀족만 사냥할 수 있는 사슴이 있었다. 동물이 번식할 수 있도록 소작농(소작료를 지급하며 영주의 장원을 경작하는 농민)의 무기 소지를 금했고, 농토 내에서 숲 경비원의 허락 없이는 나무를 벨 수도 없었다. 그러나 실상 농민들은 예로부터 전해지는 규칙에 따라 작은 들짐승을 사냥하고, 가지를 주워모으고, 토탄을 긁어모으는 등 그들 나름의 방식으로 숲을 활용했다. 사실 오랜 규칙이란 구전되어 내려온 내용이지만, 지방 법원에서 내세울 수 있는 논거로 작용할 정도의 효력이 있었다.

사유지를 봉쇄하고 더 높은 소작료를 부과하는 새로운 지주층

토지 이용을 둘러싼 아슬아슬한 균형은 18세기 초에 이르러 결국 무너지고 만다. 임업 이외의 분야에서 부를 축적한 지주층이 새롭게 부상해 기존의 왕실과 교구 소유의 임야를 사들였다. 탐욕스럽게 이윤을 좇는 이들 지주세력은 그동안 별탈없이 유지해온 관습을 뒤엎었다. 외부인의 사유지 출입을 막고, 더 높은 소작료를 부과했으며, 그동안 농민들에게 빌려준 땅을 모조리 거둬들이고, 영내 거주자들이 목재를 더는 줍지 못하도록 하는 금지령을 내렸다. 그들의 목표는 조선 산업에 활용되는 숲을 최대한 개발해 이윤을 극대화하는 것이었다.

밀짚모자에 허름한 복장을 한 무리

새로운 지주세력은 하노버 출신의 새로운 국왕 조지 1세(George I)를 지지하는 휘그당에 기대를 걸고 있었다. 조지 1세는 당시 영국 의회의 힘을 빌려 스튜어트(Stuart) 왕정을 몰아내고 왕위를 얻었다. 이런 배경에서 정치적 힘을 얻은 지주들은 봉건적 권리와 무장 세력을 동원해 오랫동안 통용되지 않던 관료적 방식으로 다시금 숲을 관리하기 시작했다.

1720년, 말을 탄 14명의 남자와 그레이하운드를 동반한 두 명의 남자가 '밀짚모자에 허름한 복장'으로 검게 얼굴을 칠하고서 윈저 성의 사냥터 빅 샷워크에 나타났다. 이들은 사냥터 관리인을 위협하고 사슴 4마리를 사살했다. 보복의 의미였다. 당시 상황에 관해 영국의 역사학자 에드워드 파머 톰슨은 "문제는 사냥당한 사슴 그 자체가 아니었다. 사슴은 지주들의 권위를 상징했으며, 그들의 사유재산이 위태로운 상황이었다"고 해석했다.

처음에는 개인 차원에서 시작된 영내 주민들의 저항은 밀렵, 양식장과 사유지 울타리 파괴처럼 더 조직적이면서 선동적인 성격을 띠어갔다.

자칭 '존 왕'이라는 이가 무장한 기병대 한 무리를 이끌고 햄프셔에 나타나 그곳에서 헌신적으로 일하며 현물로 적지 않은 보수를 받는 사냥터 지기들을 공포에 떨게 만들었다. 이 기병대 무리는 정의를 실현하고자 한다고 밝히며, 부자들에게 가난한 사람을 모욕하지도 억압하지도 말라고 요구했다.

이에 따라, 하노버 왕정에서 총리로서 내각의 지휘를 맡았던 로버트 월폴(Robert Walpole) 경과 그의 처남 찰스 타운센드(Charles Townshend)는 1723년 '블랙 법(Black Act)'을 의회에서 통과시켰다. 이 가차 없는 법은 단순 밀렵이나 기물파손만으로 교수형에 처할 수 있는 50개 죄목을 담고 있었다. 에드워드 톰슨은 유사 이래 처음 "어류 양식장의 값어치가 사람의 목숨과 동등해진 셈"이라고 설명했다.

그러나 '블랙 법'의 적용 범위는 실제로 선고된 교수형의 건수가 무색할 만큼 포괄적이었다. 이 법은 지주들의 이익을 대변하는 다모클레스(Damoclés)의 칼로써 사유지의 소유권을 공고히 하는 데 이바지하는 한편, 그 밖의 모든 권리는 철저히 배척했다. 인간들을 위해 아낌없이 품을 내어주던 자연은 이렇게 해서 소수의 사람이 독점적으로 누리는 소유물로 전락하고 말았다.

또다른 비전

하이에크? 신자유주의 볼셰비즘!

'신자유주의'라는 단어가 너무 흔히 통용되다 보니 어느덧 대중들 사이에서는 '시장이론'의 학술용어 정도로 받아들여지고 있다. 여느 지배 이데올로기와 다를 바 없이 신자유주의는 마치 자생적으로 생겨나 영구적으로 존재해왔던 양 행세하며, 그 기원을 사람들의 뇌리에서 지우려고 부단히 애쓴다. 그런데 2차 세계대전 후에 생겨난 신자유주의도 사실 초기에는 학계의 변방을 겉도는 소수학파에 지나지 않았다. 하지만 신자유주의 신봉자들의 적극적인 노력에 힘입어 비로소 일반에 그 모습을 드러냈다.

블루(BLU)라는 예명의 화가가 독일 베를린 프리드리히샤인 – 크로이츠베르크 지구에 그린 그래피티 벽화—2007년

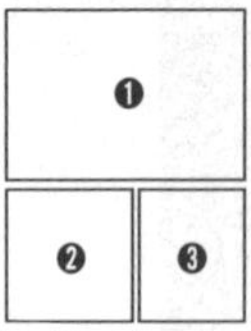

❶ 스파이크 리 감독의 컬트 영화 〈똑바로 살아라〉의 한 장면—1989년
미국에서 하이에크의 사상은 배우 출신 대통령 로널드 레이건의 복지 축소 정책에 직접적인 영향을 미쳤다. 1984년과 1988년에 민주당 대통령 경선에 출마해 낙선한 미국의 흑인 정치인 제시 잭슨은 보편적 사회보장제도와 부자 증세 공약을 내걸었다. 경선에 승리한 민주당의 상대 후보가 감히 공약에 반영하지 못할 내용이었다.

❷ 영국 음악 밴드 '더 스페셜스'의 〈45-tours Ghost Town(45회 유령도시)〉 음반 재킷—1981년
첫 임기부터 마거릿 대처는 음악가들을 겨냥해 펍과 클럽이 폐점 시간을 새벽 2시로 앞당기도록 하는 조치를 시행했다. '더 스페셜스'는 스카(SKA) 음악을 접목한 〈45-tours Ghost Town〉 앨범 수록곡에서 "이곳은 점점 유령도시처럼 변해간다. 모든 클럽이 문을 닫았다. (……) 밴드들은 더는 공연하지 않고, 공연 무대 위에서는 주먹다짐만 벌어진다"라고 노래했다.

❸ 영화 〈본조가 잠자리에 들 시간〉에서 본조라는 침팬지와 함께한 로널드 레이건—1951년

1956년, 경제학자인 프리드리히 폰 하이에크(Friedrich von Hayek)는 "경제밖에 모르는 경제학자는 위험이나 재앙을 초래하기 십상이다"라고 말했다. 1899년에 빈의 귀족 집안에서 태어난 하이에크는 정부의 적극적인 시장개입 이론을 구현한 케인스에게 맞서 신자유주의 사상을 창시한 인물이다. 두 사람 모두 상류층 출신이라는 공통점이 있다. 그 밖에도 케인스와 하이에크 사이에는 공통점이 많다. 둘 다 학문 간의 경계를 아우르는 학제적 접근을 시도했고, 이성만능주의를 신봉했으며, 서민의 삶에 무관심했다. 두 사람은 서로 대립했으며, 20세기 초 시대적 조류와 패권의 변화 양상에 발맞추어 자신의 이론을 발전시켰다. 1944년을 기점으로 서구 국가들은 케인스가 제시한 경제 해법을 대대적으로 채택하면서 자유주의 접근법은 별다른 주목을 받지 못하고 있었다.

같은 해에 하이에크는 정치 비평서 《노예의 길》을 출판해 사회 정의에 기초한 정책은 나치즘이나 공산주의로 이어진다고 단언했다. 하이에크는 유독 '사회'라는 단어를 싫어했는데, 이 사회를 좌우하는 것은 사회 계층이나 거시경제 변수의 크기(총공급과 총수요)가 아닌 시장의 '자생적 질서' 속에서 조화를 이루는 개인의 합리적인 행동이라고 보았다.

이 개념에 의하면 정부의 역할은 자원의 재분배가 아닌, 시장의 역할만으로는 불충분한 서비스(안보, 설비, 통계, 최저소득)를 생산해내는 것이다. 이렇게 해서 국가 권력이 분산되고 자유를 보장할 수 있게 된다. "처음부터 시장이라는 비인격적인 힘이 있었고, 그 힘에 인간이 복종함으로써 문명은 발전할 수 있었다. 만약 그렇지 않았다면 문명은 결코 발전에 이르지 못했을 것이다. 이런 일상적인 복종을 기반으로 하여 우리는 통념을 초월하는 보다 위대한 업적을 이룰 수 있다." 대중의 요구로 사회보장 체계를 구축해 나가던 유럽의 당시 상황에서 하이에크의 이런 원칙은 그저 분별없는 소리로 비쳤을 뿐이다. 자유주의자들의 입장에서는 물론 이런 주장은 이상향이나 다름없었다.

타협을 모르는 소수의 신념가들의 결집

하지만 하이에크는 쉽사리 포기하지 않았고, 오히려 "당연지사다. 새로운 개념이 정립되면 적어도 한 세대는 지나야 비로소 정치적 행동에 영향을 미칠 만한 힘을 얻을 수 있다"고 평가했다. 새로운 개념의 실행이 사회적 권력의 작용과 호의적 정책에 좌우된다면, 개념의 확산은 조직력에 달려 있다. 1938년, 하이에크는 파리에서 개최된 '월터 리프만 콜로퀴엄(Walter Lippmann Colloquium)'에 참석했다. 전통적인 자유주의가 무너지고 정부 주도 경제가 우위를 점하는 상황에서 자유주의 사상을 재정립하고자 하는 인사들이 한데 모인 자리였다. 2차 세계대전 이후 지식인들을 결집하는 데 총력을 기울인 하이에크의 전략은 흡사 볼셰비키의 혁명 전술을 떠올리게 한다. 그 전략이란, 타협을 모르며, 당장은 생경한 관념이지만 장기적으로 반드시 실현될 것이라 확신하는 소수의 영향력 있는 인물들을 모으고 엄선하는 일이었다.

대중매체를 통한 영향력 증대

그렇게 하여 1947년 하이에크가 창설한 것은 정당이 아니라 국제 학술회인 '몽페를랭회(Société du Mont-Pèlerin)'였다. 그는 미국으로 건너가 시카고대학교에서 교수가 되어 학생들을 가르쳤고, 그 사이 1955년에는 영국의 '경제문제연구소(Institute of Economic Affairs)' 설립에도 핵심적인 역할을 맡기도 했다. 그는 "우리의 목표는 특정 정치 사안에 대한 대중의 지지를 담보하는 답을 찾아내는 것이 결코 아니다. 우리의 목표는 최고 지성들의 지지를 얻는 것이다"라고 말한다.

사적 소유의 철폐를 주장한 공산주의자들의 경우에 비해 신자유주의자들이 맡은 당면 과제는 손쉬운 편에 속한다고 말할 수 있다. 신자유주의자들은 경제 질서를 전복시키는 것이 아니라, 사유재산은 그대로 유지한 상태에서 비틀어진 사회민주적 오류를 바로잡기만 하면 되는 일이었다. 그런데도 1960년 하이에크가 《자유의 헌법》에서 발표한 로드맵은 (이후 프랑스 경제학자 질 도스탈러[Gille Dostaler]가 요약본을 발표) 당시로서는 매우 야심찬 다음과 같은 내용을 두루 담고 있었다. "규제 완화, 민영화, 사회 보장 제도 축소 및 간소화, 실업보호 축소, 주택보조금 제도 및 임대 규제 폐지, 농산물 가격 및 생산량 조율 제도 폐지, 노동조합의 권한 축소."

그의 주장은 언론, 대학, 고위 공무원, 고용주들 사이에서 점차 퍼져나갔다. 2차대전 이후 유지된 복지국가가 1970년대 중반에 들어 위기를 맞이한 것이 하이에크에게는 유리하게 작용했다. 그는 1974년 노벨 경제학상을 수상했으며(P.34 참조), 이듬해에는 영국 보수당의 젊은 정치인이었던 마거릿 대처가 하원 토론에서 하이에크의 저서를 치켜들고 "이것이야말로 우리가 나아가야 할 길"이라고 역설하기도 했다.

6 세계화 - 국민 간의 경쟁

'세계화'라는 단어는 연대, 교역, 여행을 연상하게 한다. 그러나 자유주의적 관점에서 해석하면 '세계화'의 의미는 완전히 달라진다. 자유주의적 '세계화'는 전 세계 시장의 규제 완화를 의미한다. 국가 간 이동은 기업들의 해외 이전을 도모한다. 교류는 투자가들이 투기할 수 있도록 하는 선에서 활성화된다. 그리고 연대는 '화합'을 내세운 국민 간의 경쟁에 자리를 양보한다. 세계화의 이런 이중성은 과연 우연의 결과일까? 시장의 지속적인 팽창을 옹호하는 사람들은 세계화의 이중적 속성을 빌미로 반대 진영의 사람들에게 편협하고 아둔하기 그지없는 민족주의자라는 비난을 가한다.

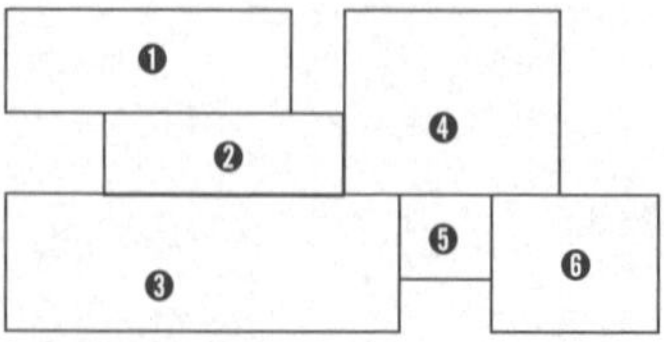

❶ – ❸
카이 비덴호퍼의 사진 〈Wall on Wall(벽 위의 벽)〉
국경을 초월하는 세계화는 자유로운 자본의 이동을 촉진했지만, 사람과 사람 사이의 벽은 오히려 더 많아졌다. '보안용' 벽과 '이민 방지용' 벽은 통상 '이민과 테러'라는 두 가지 '위협'을 방지하기 위한 목적으로 세워진다. 그 외에도 '이민과 테러'는 각종 공식연설의 단골 소재로 쓰이고 있다.

❶ 모로코에 있는 스페인의 자치도시 세우타와 멜리야(차단벽 길이: 8~13km).
❷ 팔레스타인 자치령(703km).
❸ 미국과 멕시코 국경(3141km).
❹ – ❻ 익명의 헤지펀드 사무실—2010년, 뉴욕, 사진작가 니나 버만의 〈돈의 언어〉 시리즈에서 발췌한 사진

DELL

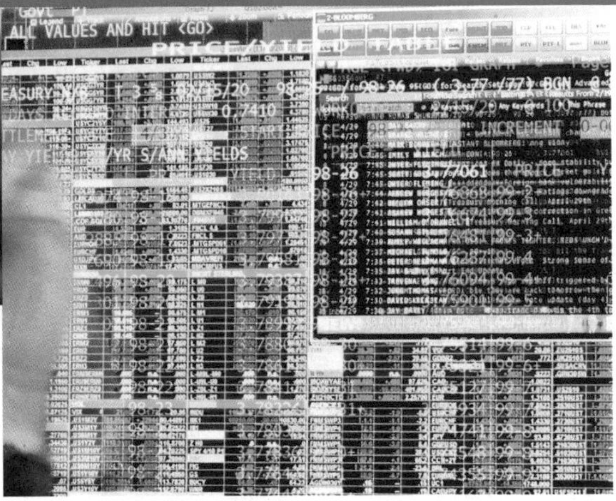
ALL VALUES AND HIT <GO>

통념

"모든 사람이 자유무역의 혜택을 누린다"

수많은 프랑스 지식인들은 세계화는 '이로운' 것이기에 인류에게 유익한 이점을 가져다준다고 단언했다. 한 가지 대책으로 빈곤, 실업, 부패와 같은 온갖 문제를 모두 해결할 수 있다고 보았다. 그 해법은 바로 개방 확대이다. 하지만 불평등은 날로 커져만 가기에 자유무역의 혜택을 과연 모든 사람이 똑같이 누릴 수 있을까 하는 의구심이 생겨난다.

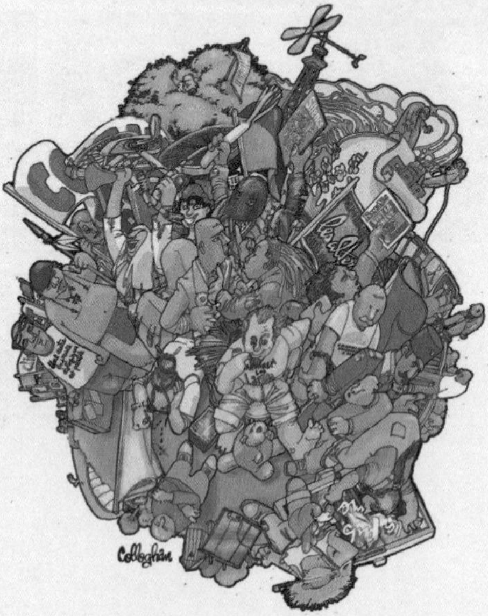

마티외 콜로안의 삽화—2005년.

때는 바야흐로 1993년이다. 유럽의 여러 국가가 이제 막 마스트리히트 조약에 비준했고, 국가와 국가 사이의 경제가 사라졌다. 모든 국경이 없어진 것은 물론 아니지만 적어도 관세선은 사라졌다. 1년 후, 대서양 반대편에서, 미국, 캐나다, 멕시코 3국이 북미자유무역협정(NAFTA)을 체결해 자유무역권을 형성하였다. 관세 및 무역에 관한 일반협정(GATT)에 따라 농업도 더는 자유무역의 질서에서 예외일 수 없었다. 이 모든 조치의 목적은 무엇이었을까? 은행으로부터 두둑한 보수를 받는 상당수의 신자유주의 경제학자들은 한목소리로 "자유무역의 혜택을 모두에게"라고 노래를 불러댔다(P.38-39 참조).

하지만, 자유무역을 통한 상호 경제 '개방'을 옹호하는 사람들은 서로 다른 근거를 제시했다. 예를 들어 알프레드 노벨을 기념하는 스웨덴 중앙은행 경제학상(P.34 참조) 수상자인 미국의 권위 있는 경제학자 게리 베커(Gary Becker)는 "대부분의 선진국에서 노동법과 환경 규제가 지나치게 강화되었다. 자유무역에 따라 개발도상국에서 생산된 수입품과의 경쟁에서 살아남기 위해서는 지나친 규제를 일정 부분 완화해야 할 것이다"라고 말했다(《비즈니스위크》 1993년 8월 9일). 세계은행 수석 경제학자 로렌스 서머스(Lawrence Summers)는 '모범적 환경 관리'라는 제목의 세계은행 내부용 문건에 "비공식적으로 말하자면, 세계은행이 공해산업을 개도국으로 이전하는 것을 장려해야 하지 않겠는가?"라고 언급하기도 했다(1991년 12월 12일).

노동자들의 경쟁력과는 무관한 일련의 국제 규제

국제통화기금(IMF) 수석부총재 출신인 앤 크루거(Anne Krueger)도 일맥상통한 견해를 취한다. 그는 "경제 개방은 이르면 이를수록 더 좋습니다. 개방 경제일수록 개혁 이전 단계로 역행할 가능성이 낮아집니다"라고 말했다

—
핑크맨—1997년. (사진: 마니트 마니트 스리와니)

—
벨기에와 맞닿아 있는 프랑스 에스트뤼드도(道)의 국경검문소는 박물관으로 전환되다.—2008년. (사진: Nicolas Fussler)

(2004년 9월에 영국 노팅엄 대학교에서 열린 강연).

프랑스 최고 재벌이자 LVMH사의 소유주인 베르나르 아르노(Bernard Arnaut)의 입장은 자명했다. “우리는 과거 15년 전보다 훨씬 더 유동적인 체계 안에서 발전을 거듭하고 있다. 이런 상황에 직면한 정부가 무엇을 할 수 있을까? 유럽 전역에서 확산하는 모바일 비즈니스 환경은 누구도 거스를 수 없는 불가역적 변화를 가져왔다.” 덧붙여 다음과 같은 경고의 메시지를 던졌다. “폐쇄적 자국주의는 결국 실패할 수밖에 없다. 기업 분담금을 과도하게 인상하고 여력이 없는 기업에 35시간 근무제를 강요하는 정부의 정책은 많은 생산공장의 해외이전을 가속하는 결과를 가져올 수 있다.”(《창조적 열정(La Passion créative)》, 2000).

자유무역으로 인해 우리가 사는 세상은 소수의 다국적 기업이 주도권을 행사하는 대형시장으로 변모했다. 한편에서는 느슨한 환경법 악용이나 노동자 임금 쥐어짜기를 서슴지 않고, 해외로 기업의 본사를 이전하거나, 어딘가에서 조세회피처를 이용한다. 반면 유동성의 여지가 적은 노동자들은 실업과 낮은 임금, 불공정한 세제의 부담을 감수하면서까지 ‘경쟁력’을 유지해야 한다.

자유무역론자들은 대외무역 개방의 효과로 국가 내 불평등 감소를 언급한다. 그러나 현실은 정반대다. 세계화는 소득 사다리의 양극화를 심화한다. 사다리의 상층부가 치솟아오르는 사이 하층부는 점점 더 아래로 내려앉고 있다.

물론 자유무역이 제3세계에도 득이 된다고 반박하는 사람들도 있다. 과연 정말 그럴까? 2003년 세계무역기구(WTO)는 세계무역의 자유화에 따른 경제적 이득이 8,320억 달러이며, 이 중 가장 빈곤한 최저개발국이 차지하는 몫이 5,390억 달러라고 추산했다. 상당한 액수임에 틀림이 없다. 그러나 그로부터 2년 후에 세계무역기구가 발표한 전체 이익은 2,000억 달러로 줄었고, 최저개발국이 누리는 이익은 거의 없다시피 했다.

어떤 국가가 자유무역의 혜택을 누리고, 또 어떤 국가가 피해를 보는 것일까? 이 논의는 더욱 답이 명확한 다음과 같은 또다른 논의의 초점을 흐리는 경향이 있다. 한 국가 내에서는 어떤 사회계층이 자유무역의 혜택을 누리고, 또 어떤 계층이 고통을 감수하는 것일까?

아편과 대포에 굴복한 중국

영국의 정치인 리처드 코브던(Richard Cobden, 1804~1865)은 "인류를 결집하고, 인종, 신념, 언어에서 비롯한 적대함을 해소하는 자유무역은 영원한 인류 평화로 나아가는 전제조건이다"라고 열변했다. 무역이 대포 소리를 잠재우는 가장 좋은 수단이라고 여겨졌다. 그러나 이런 생각은 역사의 풍랑에서 힘을 잃었다. 시장 개방의 과정에는 무력시위를 통해 군사적인 압력을 가하는 일이 다반사였다. 중국(청나라)의 시장 개방도 예외는 아니었다.

아편 피우는 사람들—1910년 무렵, 홍콩

캐피털 클럽—2012년 중국 베이징 (사진: 심취인)

중국의 신흥 엘리트들을 위해 마련된 이 클럽에서 말 모양의 마스크를 쓴 캐피털 클럽의 회원이 유행하는 〈강남 스타일〉 춤을 추고 있다. 바오파후(暴發戶)는 중국의 신흥 부자들을 일컫는 말이다. 중국이 개혁 · 개방을 시행한 후로 30년이 지난 지금 중국에는 미국보다 많은 약 600명의 억만장자가 있다. 하지만 자수성가형 부자는 찾아보기가 힘들다. 대부호의 상당수는 고위 관료의 자녀들이다.

유리 위에 그린 중국 회화 〈아편 운송〉—19세기, 대청제국.

아편 전쟁: 불을 내뿜는 괴물의 모습을 한 영국 선원의 캐리커처—19세기.

대포와 군함을 앞세워 경쟁국이 시장을 개방하도록 하고, 관세의 힘을 빌려 자국의 시장을 보호하던 시절도 있었다. 1842년, 대영제국은 3년간의 전쟁 끝에 홍콩과 청나라의 주요 다섯 항구인 광저우, 상하이, 아모이(오늘날의 샤먼), 닝보, 푸저우를 같은 방식으로 점령했다. 이렇게 서구 열강은 침략을 통해 청나라를 강제로 개항시켰다.

영국의 목표는 차(茶)를 주력 상품으로 수출하는 청에 영국 동인도회사가 인도에서 재배한 아편을 수출하여(청나라는 1세기 전부터 강력한 아편 단속 정책을 펼침) 무역적자를 해소하고, 자국 상품 수출을 확대하는 것이었다. 그렇게 해서 발발한 전쟁을 '제1차 아편전쟁'이라 부른다.

1856년 발발한 제2차 아편전쟁은 독일, 프랑스, 미국이 가세한 군사 개입으로 인해 일어났다. 난징 조약(1842년, 제1차 아편 전쟁 직후), 톈진 조약(1858년, 제2차 아편 전쟁 직후), 베이징 조약('이화원 약탈'이라고 명명한 방화 사건 후)을 체결함으로써 청나라 경제는 극적인 쇠퇴의 길로 접어들었고, 결국 열강의 이권 침탈로 인해 반식민지 상태로 전락했다. 당연히 청나라는 외세의 강요로 체결한 조약들이 불평등 조약이라고 거세게 비난했다.

16세기부터 1830년대 초반까지, 중국은 세계 1위의 제조업 국가였다. 1776년, 애덤 스미스(Adam Smith)는 "중국은 유럽의 그 어느 곳보다 훨씬 부유한 나라다"라고 썼다. 스위스 경제학자 폴 베어록(Paul Bairoch)에 의하면, 당시 중국은 전 세계 제조업 생산의 약 1/3을 차지했다(유럽의 생산 점유율은 1/4 미만). 과학 역사가 조지프 니덤(Joseph Needham)은 철강, 기계식 시계 제작, 공학(특히 현수교 건설), 심부 굴착 장비 등의 분야에서 중국이 세계에서 손꼽히는 강국이었음을 입증한 바 있다. 그러나 시간이 흐름에 따라 이런 혁신 중 일부(특히 화력 무기)는 쇠퇴를 거듭해, 무기와 군대 체계는 형편없이 약화했다. 결국 청나라는 유럽의 신식 무기에 속수무책일 수밖에 없었다.

청의 전 세계 제조업 생산 점유율, 1800년 33%에서 100년 후 6.6%로 추락

이른바 '불평등 조약'은 영국이 수년 전에 획득한 항구 5곳 외에 6개의 항구를 추가로 전면 개방하도록 했다. 서구는 각각 주요 개항 도시에 외국인 통치 특별구역인 조계(租界)를 설정하였고(상하이 프랑스 조계가 유명함), 조계 내의 행정권은 외국에 속했으며, 조약에 의해 치외법권이 인정되었다.

관세 주권을 상실한 청은 관세*를 품목에 따라 높게는 5%에서 최저 2~3% 수준으로 낮추어야 했다. 반면 자유무역을 내세운 서구 국가들은 정작 그런 원칙을 비껴갔다. 내수시장을 보호하기에 급급했기 때문이다. 1875년, 프랑스는 12~15%, 포르투갈은 20~25%, 미국은 40~50%, 일본은 25~30%의 관세를 적용하고 있었다(1913년 집계). 일시적으로 기술적·독점적 지위에 있는 영국만이 자국의 관세를 0%까지 낮췄지만, 자국의 패권이 상대적으로 약해지면서 다시 보호무역으로 회귀했다.

서구 열강들의 이권 침탈로 청나라의 경제는 활력을 상실했다. 1800년, 청은 전 세계 제조업 생산의 33%를 차지했지만, 그로부터 100년 후에는 6.6% 수준으로 곤두박질쳤다. 같은 시기 영국의 점유율은 4.3%에서 18.5%로, 미국은 0.8%에서 23.6%로 껑충 뛰어올랐다.

1945년 일본제국의 패전으로 중국은 영토를 회복했지만, 아편전쟁 후 영국에 할양된 홍콩은 150년이 지난 1997년에야 중국에 반환되었다. 그렇게 해서 영토주권의 상실과 경제적 쇠퇴는 서로 맞물려 집단의 뇌리에 깊숙이 뿌리를 내리게 되었다. 많은 중국인이 티베트나 신장 위구르 자치구의 분리 독립에 관한 주제를 민감하게 받아들이는 속사정이다. 2차 세계대전의 후유증과 마오쩌둥 집권 시기(1949~1976)의 고립에서 벗어난 오늘날의 중국은 과거 외세의 압제로 인해 포기해야 했던 위치를 회복해 세계 2위의 경제 대국이 되었다. 과거의 수모를 설욕하는 성과인 셈이다.

이민 - 선진국을 부양하는 개발도상국

유럽과 마찬가지로 미국에서 우파 진영에 의해 재점화된 선동적 발언의 주요한 특징은 '통제 불가'의 수준으로 늘어난 이민을 지적하며 사회보장제도를 좀먹고 경제 발전까지 저해한다고 비난한다는 데 있다. 그러나 이런 주장과는 반대로 멕시코 출신 미국 이민자의 경우에서 알 수 있듯이 외국인 노동자들의 유입은 많은 경우 이민 수용국에 호재로 작용한다.

2016년 미국 공화당 대선 후보였던 도널드 트럼프(Donald Trump)는 멕시코와 미국의 국경을 따라 장벽을 세워 멕시코 이민에 강력히 대응하겠다는 구상을 내놓은 바 있다. 그는 이민자의 유입이 미국 경제에 문제만 초래한다고 여긴 것이다.

막대한 재정 지원

미국의 학자 제임스 사이퍼(James M. Cyper)와 라울 델가도 와이즈(Raúl Delgado Wise)는 2010년 공동 저술한 《멕시코의 경제적 딜레마(Mexico's Economic Dilemma)》라는 책에서 멕시코인들의 미국 이민이 유발하는 실제 '비용'을 산

❶ 제이콥 로렌스의 작품 〈이주(The Migration)〉—1940~1941년
이 작품은 제1차 세계대전 당시에 미국의 북부로 대거 이주한 아프리카계 미국인들의 모습을 나타낸다.

❷ "파업 만세" 캘리포니아 농업노동자들의 포도 수확 철 투쟁에 대한 지지를 촉구하는 폴 데이비스의 포스터—1968년, 미국 뉴욕
농업노동자들의 영웅인 세자르 차베스는 치카노(Chicano) 노조원으로 활동했고 1962년에 전국농업노동자연합(NFWA)을 창설했다. 그는 단식 투쟁과 보이콧을 불사하며 합당한 임금, 유해한 살충제 사용 금지, 그리고 수천 명의 불법 이민자들을 위한 이민법 개정 운동을 벌였다. 그는 "우리는 할 수 있습니다"라는 구호를 내걸고 많은 업적을 남겼다.

❸ 알제리 수도 알제에서 프랑스 마르세이유로 향하는 선박 위에서—1972년. (사진: 안드레 레자레)
'영광의 30년'동안, 프랑스 공장들은 순응적이고, 임시로 싼값에 고용하기 좋기로 정편 난 포르투갈과 북아프리카의 마그레브(Maghreb) 지역 노동자들을 대거 고용했다. 프랑스에 살고 있는 알제리 인구는 1954년 21만1000명에서 1962년에는 35만 명으로 증가했다.

❹ 에밀리오 가르시아는 직업 면접을 치르기 위해 독일에 온 100명의 스페인 엔지니어 중 한 명이다. (사진: 크리스토프 반게트)

❺ – ❻ 베이루트에서 교사로 일하는 영국인 발(Val)—2009년, 레바논 (좌: 미국 어느 대학의 정원, 우: 발의 자택)
말렌 노어 타드러프는 사진집 〈교환 이민—집이라 여기고 편안히〉에 아랍 국가에살고 있는 유럽인들과 유럽에 사는 아랍인들의 모습을 담았다. 작가는 이들이 애정을 갖는 공공 장소의 광경과 사적인 공간 속에서의 친근한 모습을 대조해 보여준다.

정했다. 그들의 결론은 무엇이었을까? 그들은 연구를 통해 1994년부터 2008년 기간에 멕시코인들의 이민은 미국에 부담을 키우기는커녕 약 3,400억 달러 상당의 이익을 가져다주었음을 확인할 수 있었다. 가난한 이웃 나라인 멕시코가 가장 부유한 나라인 미국에 이른바 '재정적 지원'을 제공했던 셈이다.

이 책의 두 저자는 노동 생산의 측면에서 멕시코 노동자들의 미국 진출을 인적 자원의 이전으로 설명한다. 멕시코는 인적 자원을 양성하는 데 투입된 보건, 교육, 그리고 사회보장제도를 통해 값을 치른다고 볼 수 있다. 이들은 "미국은 이민자 수용으로 상당한 비용을 절감할 수 있다"고 설명한다. 특히 이민자의 평균연령은 일반적으로 경제 활동에 왕성하게 참여해 중추적인 역할을 하는 핵심 생산인구의 연령대에 해당하기 때문이다.

저자들은 미국 땅을 밟는 멕시코 이민자들의 교육 수준과 멕시코에서 교육에 투입한 비용(2008년 불변가격으로 환산)을 고려할 때 1994~2008년 기간에 송출국인 멕시코가 수용국인 미국에 830억 달러를 전도한 것과 같다고 밝혔다. 같은 기간 (멕시코보다 더 많은 돈이 드는) 미국의 교육비를 기준으로 환산한다면 이 금액은 6,130억 달러로 치솟는다.

미국은 멕시코인들이 고향에 송금하는 금액의 1.8배를 절감

하지만 이민은 노동자들의 사회적 재생산과 관련된 자원의 이전을 의미하기도 한다. 여전히 같은 기간인 1994~2008년, 멕시코 출신 이민자들이 미국에서 지출한 평균 식료품비는 2,570억 달러에 달하는 것으로 추산한다. 이는 이들이 고향에 남아 있는 가족과 친지들에게 송금한 총금액의 약 1.4배에 달하는 비용이다. 여기에 교육비와 이민 노동자들의 사회적 재생산 가치를 더하면, 그 액수는 3천400억 달러에 달하는데, 이는 멕시코 이민자들이 고향의 가족들에게 전달하는 총액의 약 1.8배에 해당한다.

전 세계를 무대로 한 스마트폰 공급망

21세기 초를 상징하는 상품인 스마트폰을 생산하는 애플은 전 세계에 산재해 있는 공급망을 바탕으로 국경을 초월해 가장 값싼 노동력을 활용함으로써 생산원가를 절감한다. 디자인부터 부품 제조, 조립에 이르는 단계별 국제분업 덕에 애플사는 최신 아이폰 모델 판매를 통해 최소 69%의 총이윤을 남긴다. 생산비용의 3배 이상으로 판매가격을 책정하기 때문이다.

수십 가지 부품

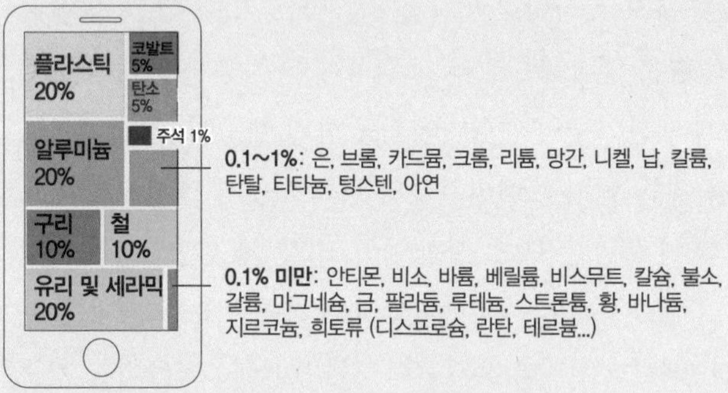

출처: 유엔환경계획(UNEP) – '중고 혹은 수명이 끝난 휴대전화의 친환경적 관리를 위한 지침서', 바젤협약, 2012년.

애플의 공급 체인

1. 애플사 전 제품을 망라한 상위 200개 공급업체
(출처: 애플, '2016 공급업체 목록')

출처: 애플, '2016 공급업체 목록
'2016 분쟁 광물 보고서'; 기아 퇴
와 발전을 위한 프랑스 가톨릭위
(CCFD) – 연대하는 지구, '천연자
둘러싼 갈등', 2014년 10월;
'아이폰 공급망', http://visual.ly/ip
supply-chain;
제프리스 주식회사; IHS 테크놀로

5개 대륙의 생산 라인

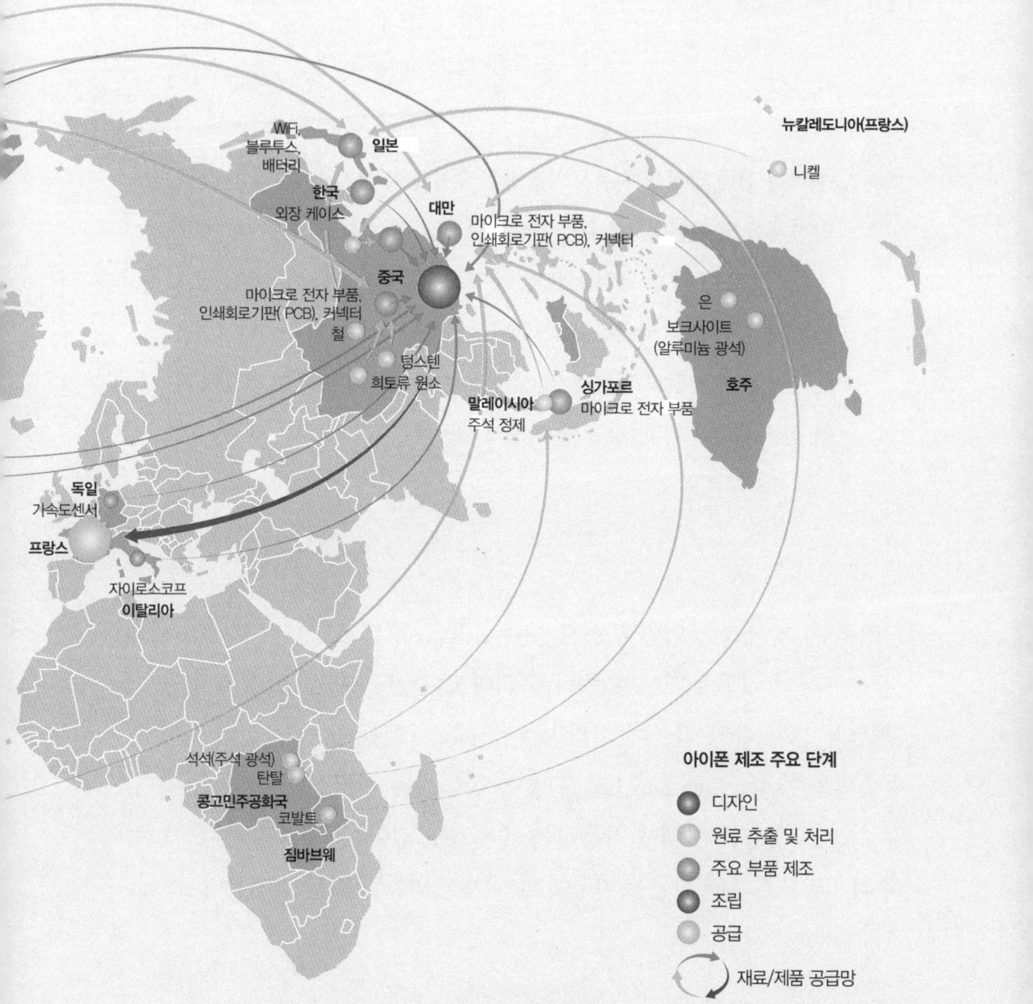

2016년에 애플은 아이폰 모델 총 5종 (SE, 6, 6플러스, 6s, 6s플러스)을 출시했다. 제품에 들어가는 부품은 기종별로 조금씩 차이를 보였다. 여러 제조업체가 같은 모듈을 생산하기도 한다.

또한 애플은 원자재 공급업체 목록을 공개하고 있지만, 이들 업체가 고용하는 하청업체는 확인할 길이 없다. 따라서, 광물 관련 보고서('2016 분쟁광물 보고서')에는 금을 가공하고 정제하는 100개 이상의 업체명이 나열되어 있으나, 광산의 위치는 언급하지 않았다.

이 지도는 미국 캘리포니아 쿠퍼티노에서 디자인하고, 중국 광동성 선전시에서 조립해 프랑스 파리에서 판매되고 있는 아이폰의 주요 금속 생산지와 부품별 제조 공장을 보여줌으로써, 전 세계적 공급망의 구조와 흐름을 관측할 수 있도록 한다.

과거 70년간 세계무역을 지배해온 고정관념

수백여 건에 달하는 자유무역협정은 오늘날의 국가 및 지역 간의 통상관계를 규정한다. 첨예한 이해관계가 얽혀 있는 자유무역협정은 원론적으로는 각종 교역 목표와 국제 무역 기준을 관련국끼리 상호 협의해 결정함을 의미한다. 그러나 현실에서 각종 자유무역협정은 일관된 의지를 담고 있는데, 그것은 바로 선진국이 정하는 조건에 따라 전 세계 무252역시장을 예외 없이 개방하는 것이다.

1846년, 영국의 정치인 리처드 코브던(Richard Cobden)은 "도덕적 세계질서 속에서의 자유무역은 우주의 중력과도 같은 역할을 한다고 믿는다"고 말했다. 그는 수입 곡물에 대해 높은 관세를 부과하는 곡물법에 반대해 반곡물법동맹(Anti-Corn Law League)을 창설한 인물이다. 코브덴은 상품의 자유 이동은 행성들 사이에 작용하는 중력과도 같아서 "인종적, 종교적, 언어적 적개심으로부터 인류를 자유롭게 하여 영원한 평화를 가져온다"고 했다.

전쟁을 근절하는 방법

하지만 그로부터 20년도 채 지나지 않은 시점에 파라과이에서 전쟁이 일어났고, 무역과 평화 사이에는 아무런 관련이 없음이 만천하에 드러났다. 당시에 파라과이는 자국의 경제를 보호하기 위해 보호무역을 실시해 급속한 발전을 구가하고 있었다. 이때 자유무역을 명분으로 내세운 영국은 그 주변의 동맹국들(아르헨티나, 브라질, 우루과이)이 파라과이를 침공하도록 종용했다. '삼국동맹 전쟁(Guerra de la Triple Alianza)'으로 불리는 이 전쟁으로 파라과이는 남성 인구의 90%가 목숨을 잃는 궤멸적인 피해를 입었다. 1840년대 초 중국에서 벌어진 아편전쟁(P.233 참조)과 같은 상황이 중남미에서 되풀이된 것이다.

이런 병폐에도 불구하고, '달콤한 교역'이 인류의 평화를 보장해줄 것이라는 믿음을 선동하는 이들은 자취를 감추지 않았다. 제1차 세계대전 이후 미국 대통령 우드로 윌슨(Woodrow Wilson, 1913~1921)이 세계의 번영과 평화를 실현하고자 발표한 '14개 조 평화 원칙(Fourteen Points)'에서도 자유무역이 한 부분을 차지한다. 프랭클린 델라노 루스벨트 행정부의 국무장관을 역임(1933-1945)하고 1945년 노벨 평화상을 수상한 코델 헐(Cordell Hull)은 1948년에 "국가들 사이의 교역량 증가는 전쟁을 근절하는 데 큰 도움이 될 것"이라고 확신했다.

미국의 영향력 아래에 있던 서구의 정치 지도자들은 평화를 명분으로 하여 1930년대의 경제위기와 2차 세계대전으로 둔화한 자유무역을 되살려야 한다는 데 일치된 의견을 나타냈다. 그렇게 해서 1947년 10월 30일에 더욱 폭넓은 경제 개방을 목표로 관세 및 무역에 관한 일반협정(GATT)을 체결했다.

이와 유사한 논리는 유럽 건설의 역사에도 적용된다. 1957년, 유럽연합의 전신인 유럽 경제 공동체(ECC) 설립을 위해 체결된 로마 조약은 상품, 서비스, 자본, 노동력의 자유로운 이동을 그 목표로 규정했다. 전후 사회 재건 시기의 자유주의는 이합집산보다는 '통합'의 역할을 수행했다. 정치학자 존 러기(John Ruggie)의 표현에 의하면 당시의 자유주의는 실업률의 감소와

—

❶ 코시볼카 호수 중심에 있는 오메테페섬에는 두 개의 활화산, 마데라스와 콘체프시온이 있다.—2014년 (사진: 아드리엔느 쉬르프르낭의 니카라과 운하 시리즈)

다니엘 오르테가 니카라과의 대통령은 대양으로 연결되는 니카라과 대운하가 훗날 세계 교역량의 5%를 차지할 것이며, 중미의 이 작은 나라를 빈곤에서 벗어나게 할 것이라고 강조했다. 그런데 사실상 모든 것이 불확실한 상황에서 니카라과 정부는 500억 달러가 소요되는 이 프로젝트의 시공과 이후 50년간의 운하 영업권을 부여하는 조약을 홍콩의 한 회사와 무작정 체결했다. 따라서 향후 이익의 대부분은 해당 기업으로 돌아갈 것이다. 니카라과 국민은 주권 침해, 생태학적 위험, 토지 수용권 문제를 비난하는 시위를 벌이며 이 조약을 강력히 반대하고 있다.

❷ 라고스에 있는 비스킷 공장에서 일하는 예창왕씨. 이 공장은 1일 70t의 비스킷을 생산한다.—2007년, 나이지리아 (사진: 파올로 우즈)

과거 제국주의 강대국의 놀이터로 전락했던 아프리카는 이제 신흥국의 먹잇감이 되고 있다. 에너지와 식량 자원을 찾아 나선 중국은 2013년에 프랑스, 미국, 영국의 뒤를 이어 아프리카의 네 번째로 주요 투자국으로 부상했다. 수천 명의 중국인이 아프리카 전역에 진출해 건설과 무역 사업을 추진하고 있다. 중국은 아시아 지역보다도 값싼 노동력을 찾아 공장을 아프리카로 이전하기 시작했다.

❸ 파라과이 포병—1891년 무렵 (회화: 카니도 로페즈 그림)

1865년, 영국은 런던 은행, 베어링 형제 은행, 로스차일드 은행으로부터 재정 지원을 받아 아르헨티나, 브라질, 우루과이의 '삼국 동맹 조약'을 후원했다. 이 조약을 체결한 세 국가는 이웃의 파라과이를 토벌했다. 이 전쟁이 한창이던 중에 바르톨로메 마이터 아르헨티나 대통령은 "아르헨티나의 노고와 영국의 자본을 위하여 건배"라고 외쳤다.

내부적인 성장을 포함하는 사회복지 정책을 포용했다. 그러나 그 기간은 결코 오래 지속되지 않았다.

브라질, 중국, 인도를 앞세워 자유주의의 이중적 접근을 비난하는 개발도상국

1995년 1월 1일에 관세 및 무역에 관한 일반협정(GATT) 체제의 마지막 협상인 우루과이라운드에서 세계무역기구(WTO)가 탄생한다. 그러나 WTO 체제는 회원국들의 잦은 반대에 부딪혀 무역시장 자유화로의 전환은 답보상태에 머물게 되었다. 선진국들은 서비스무역에 관한 일반협정(GATS: General Agreement on Trade in Services)을 통해 지역이나 국가의 특수성을 단계적으로 배제함으로써 공공부문과 민간 분야를 막론한 서비스 분야 전체를 국제 시장에 개방하고자 했다. 이에 브라질, 중국, 인도와 같은 개발도상국들은 자유무역의 이중적 접근을 비난했다. (선진국 기업에 유리한) 서비스 분야의 강력한 개방 요구와 달리 농산물 분야에서 미국과 유럽이 보호주의 조처를 취하는 사이, 개발도상국의 제조업은 도외시됐다. 최근 들어 강화된 양자주의나 지역주의 체제는 전체 회원국에 협정 의무가 적용되는 WTO(그리고 그 전신인 GATT)의 다자통상체제를 위협할 만큼 위력을 확보하게 됐다. 2016년 2월 4일 미국과 11개국이 체결한 환태평양 경제 동반자 협정(Trans-Pacific Strategic Economic Partnership · TPP)과 범대서양 자유무역 지대(Transatlantic Free Trade Area · TAFTA) 계획, 복수국 간 서비스협정(Trade In Services Agreement)이 여기에 해당한다.

전 세계의 영화 스크린

항공산업의 발달은 판구조론으로 설명되는 지각변동보다 대륙 간의 거리를 훨씬 더 가까이 좁혔다. 하지만 세상이 서로 가까워진 만큼 세상이 균질하게 변해가는 것일지도 모른다. 세상 어디서든 사람들은 똑같은 식당에서 식사할 수 있고, 똑같은 상표의 옷을 사 입을 수 있다. 같은 영화를 어느 나라에서건 관람할 수도 있다. 우리가 사는 세계는 정말 하나의 지구촌으로 융화된 것일까?

2005년, 유엔교육과학문화기구(UNESCO·유네스코)는 '문화적 표현의 다양성 보호와 증진에 관한 협약'을 채택했다. 문화적 다양성에 관한 관심은 1990년대에 가속화된 세계화의 과정에서 촉발했다. 세계화는 문화 상품의 유통을 통해 타문화에 대한 이해를 높인다는 측면에서는 '기회'로, 문화의 획일화라는 측면에서 위협으로 받아들여져왔다.

전 세계적으로 1억5,000만 장이 판매된 비디오 게임 〈그랜드 테프트 오토〉

사실상 세계화가 위협이라는 인식에는 이견의 여지가 별로 없어 보인다. 전 세계적으로 가장 많이 판매된 팝 음반의 80%는 영미권 음악이다. 총 6억

장의 판매기록을 세운 마이클 잭슨의 〈스릴러(Thriller)〉가 1위를 차지하고 있으며, 그 뒤를 잇는 것은 총 5억 장이 판매된 호주 록 밴드 AC/DC의 음반 〈백 인 블랙(Back In Black)〉이다. 비디오 게임 시장의 선두에는 1억 5,000만 장의 판매기록을 세운 〈그랜드 테프트 오토(Grand Theft Auto)〉 시리즈가 있다. 미국의 대도시를 배경으로 하는 이 게임은 스코틀랜드에서 개발되었고, 플레이스테이션 게임 시장의 모든 기록을 경신했다.

미국 영화의 상영 비율은 2008년 기준으로 유럽 평균 50%, 독일 57%, 스페인 70%, 프랑스 45%를 기록했다. 반면 2005년을 기준으로 프랑스 내 미국과 유럽 이외 지역 영화의 상영 비율은 2%에 불과했다. 세계에서 가장 많이 번역된 언어는 영어이며, 중국어는 16번째 위치를 차지한다(덴마크어보다는 높고, 아랍어보다는 다소 적은 수준). 세상에 존재하는 전체 언어의 90%는 인터넷상에서 찾아볼 수 없는 실정이다. 결국, 문화적 세계화는 엄연한 현실이며 미국이 이 현상을 주도하고 있음을 알 수 있다. 이 대목에서 서두에 언급한 유네스코의 문화 다양성 협약에 서명하지 않은 국가는 오직 둘뿐임을 지적하지 않을 수 없다. 바로 이스라엘과 미국이다.

유네스코가 제안하는 문화 다양성 보호는 '전통문화'를 보존하고, 다양성을 증진하고, 문화의 융합과 창조가 적극적으로 이뤄지도록 하는 데 그 목적이 있다. 문화 다양성 보호는 '문화유산'을 보존해 기록으로서 미래 세대에게 전달하고, '소수'의 문화를 보호함을 의미하기도 한다. 아울러 "한 사회의 문화는 정적인 것, 혹은 고정된 것이 아닌 국가와 국가 간의 지속적인 교류이자, 가치관과 표현의 한 형태로, 서로 다른 지역이 영향을 주고받는 과정이다(유네스코 '문화와 발전에 관한 세계위원회 보고서')".

사실상 문화의 획일화 위협은 나라마다 다른 양상을 띠기 마련이다. 예컨대 폴란드에서는 자국 영화가 영화시장의 상위 10위를 독점하고 있다. 2015년 핀란드에서는 자국 제작 영화가 최다 관람 영화의 10편 중 5편을 차지했다. 나이지리아 국민은 자국의 문화 상품을 주로 듣거나 시청한다. 중

스카이워커 렌치 내 루카스필름 보관소에 있는 각종 촬영 소품과 세트—캘리포니아 마린 카운티 (사진 : 타린 시몬)

사진 출처: '미국의 숨겨지고 낯선 것들의 목록(An American Index of the Hidden and Unfamiliar Project)'—2007.
(©2016 테린 사이먼. 작가와 알마인 레흐 갤러리의 허가를 받아 수록.)
루카스 영화 보관소는 영화 작가이자, 감독 그리고 제작자인 조지 루카스가 영화를 만들 때 사용한
물건들을 보관하기 위해 1991년에 지어졌다. 이 스카이워커 렌치에는
스타워즈와 인디아나 존스를 비롯해 영화 역사상 가장 큰 상업적 성공을 거둔
여러 영화의 소품과 의상, 촬영 세트를 보관하고 있다.
스카이워커 렌치 수익의 95%는 농지 보호 활동을 벌이는
마린 농업토지신탁(Marin Agriculture Land Trust)으로 전달되는 기부금으로 쓰인다.

국에서도 영화 흥행 수익의 55%는 자국 영화가 차지한다. 중국 정부는 연간 외국 영화 상영 숫자를 제한하며(2012년까지 연간 20편, 2017년까지 34편 상영), 할리우드와 중국 기업의 합작 영화 제작을 장려하기도 한다. 인도는 영화 제작 편수나 관객 수에서 단연 세계 선두를 유지하고 있다.

세계 시민?

이런 현상은 주어진 현실의 굴레를 뛰어넘은 예술인들의 노력으로 얻어낸 결실이라고 보아야 한다. 이들은 정체성을 추구함과 동시에 현상을 타개하는 돌파구를 마련한 셈이다. 최근 헝가리는 '아틸라(Attila) 왕조의 후예'라는 문화적 공통성을 강조하며 문화적 뿌리에 기반해 문화적 영향력을 확대하려는 경향을 보인다. 대부분 문화 상품이 세계적으로 유통되고 확산되는 과정은 자국주의나 민족주의적인 환상을 동반하기 마련이다. 그러나 이런 경향은 세계화가 가져오는 상업적 이윤추구와 정치적 목적을 동시에 부정함으로써 악순환을 초래한다. 타 문화에 대한 '개방'과 수용의 힘이 시장의 논리만을 따르는 경우보다도 약화되기 때문이다. 그런 식으로 자국주의나 민족주의적인 환상은 '세계 시민'으로서의 정체성에 관한 고민뿐 아니라, 보편적인 양 제시되고 있는 영미식 언어나 문화양식, 자유주의에 관한 의구심마저 접어두도록 한다.

각개전투식 범대서양 무역 투자 협정

2008년의 금융위기는 그 원인이 된 신자유주의 이념을 궁지로 내모는 기회가 될 수도 있었다. 그러나 이는 오히려 자유주의자들이 더욱 분발하는 계기가 되었다. 언론을 통해 새어 나온 정보를 통해 대망의 다자 자유무역 협약이 치열한 물밑 작업으로 차근차근 진행되고 있음이 밝혀졌다. 범대서양 무역 투자 동반자 협정(Transatlantic Trade and Investment Partnership·TTIP)**과 다자간 서비스 협정**(Trade in Services Agreement·TiSA)**도 이에 포함된다.**

1994년까지만 해도 자유무역의 활성화란 국경 너머에서의 재화의 상거래를 더 용이하게 함을 의미했다. 다시 말해 관세를 줄이고 행정 절차를 간소화하는 차원으로 여겨졌다. 1948년 이후 자유무역에 관한 협의는 GATT라는 약어로 더 잘 알려진 '관세 및 무역에 관한 일반협정'의 틀 안에서 이루어졌다.

이런 배경에서 대부분의 국가는 자국의 수출을 늘리는 한편 수출이 가장 잘되는 분야의 경쟁력을 높이는 데 정책적 우선순위를 부여했다. 경쟁국보다 낮은 가격을 제시하면 수출 판매량을 늘릴 수 있기 때문에 수출 증대를 위해 임금과 환경 보호 비용을 절감하는 일이 흔히 발생했다(실로 오랫동안 운송이 환경에 미치는 영향을 간과해왔다). 그러나 세계화 과정에 동참할지

여부는 각 국가의 선택에 맡겨진 문제였다.

1994년, 국제적 논의로 결의된 구속력 있는 협정을 통해 전 세계의 모든 무역 장벽을 철폐한다는 목표를 내건 세계무역기구(WTO)가 탄생했다. 세계무역기구는 각 국가가 관세를 높게 부과하는 '관세 장벽'과 국가의 개입으로 규제를 강화하는 '비관세장벽'을 모두 자유무역을 방해하는 장애 요인으로 간주한다. 이런 요인을 제거하는 과정을 가리켜 소위 '규제 완화'라고 부른다. 기업의 자유로운 활동을 제약하는 복잡한 노동법 규제나 과도한 조세, 환경 보호 기준을 완화하는 방안이 모두 여기에 해당한다.

규범과 기준의 적용

대다수의 선진국은 무역 장벽을 철폐하는 과정에 너무 많은 시간이 소요된다고 판단했다. 자유무역을 촉진하려는 시도가 번번이 다른 국가들의 반대에 부딪히게 되자, 이들 국가는 회원국 전체가 참여하는 다자간 무역 협정 체제에서 탈피해 양자 또는 복수국 간의 무역 협정을 채택하고 나섰다. 협정국 간의 경제 블록을 형성함으로써 자신들이 정한 자유무역의 기준을 교역에 그대로 적용하고자 했던 것이다.

2009년에 미국은 아시아·태평양 지역 11개국과 환태평양 경제 동반자 협정(Trans-Pacific Partnership· TPP)을 논의했고, 유럽연합의 28개국과는 범대서양 무역 투자 동반자 협정(Transatlantic Trade and Investment Partnership· TTIP 또는 The Trans-Atlantic Free Trade Agreement· TAFTA로도 불림)을 협의했으며, 50여 개국이 자국의 서비스 시장을 자유화하는 내용을 담은 다자간 서비스 협정(Trade in Services Agreement· TiSA)의 협상에 참여하기도 했다.

—

멕시코 화가 디에고 리베라의 벽화 작품 〈월스트리트의 연회(Le Banquet de Wall Street)〉—1928년, 멕시코 교육부

2013년 국제 투자 분쟁 해결 센터(International Centre for Settlement of Investment Disputes · ICSID, 세계은행 산하의 국제중재기관)는 멕시코 정부에 미국 최대 식료품생산업체인 카길사(社) 앞으로 9천460만 달러를 배상하라는 판결을 내렸다. 카길사는 캐나다, 멕시코, 미국 정부 사이에서 1992년에 체결된 북미자유무역협정(North American Free Trade Agreement · NAFTA)의 제11장의 내용을 근거로 멕시코 정부를 중재절차에 부쳤다. 카길사가 수출한 고과당 옥수수 시럽이 함유된 카길사의 음료에 대해 20%의 세금을 부과한 멕시코 정부의 조치가 해당 협정에 어긋난다는 이유였다.

—

영화 〈드라큘라(The Vampire)〉 포스터—1957년.

루마니아 트란실바니아 산맥에 사는 드라큘라 백작처럼 음지의 뒷거래는 태양의 밝은 빛 아래에서는 힘을 잃는다.

—

벨기에 바를러헤르토흐와 네덜란드 바를러나사우의 경계지역—2011년 (사진: 발레리오 빈센조)

—

핼러윈 밤에—2007년, 미국 오하이오주 웬디스 패스트푸드 식당 (사진: 수잔나 라압)

미국 농가는 가금류의 살균 · 소독에 이산화염소를 직접 사용한다. 위해성이 확인되지 않았기 때문에 미국 정부는 이산화염소를 계속 허용하고 있다. 현재로서 유럽은 해당 살균공정을 거친 가금류의 수입을 원천적으로 제한하고 있다. 유럽은 예방의 원칙을 적용해 가금류 수입을 승인하기에 앞서 해가 없음을 증명토록 한다. 하지만 향후 범대서양 무역 투자 동반자 협정(TTIP)이 체결되면 유럽 소비자들은 마침내 미국산 식품을 제한 없이 소비할 수 있을 것이다.

선택의 기회가 없는 민주주의가 있을 수 있나?

각국 정부가 극비리에 협상한 협정들(외에도 수많은 협정)은 모두 일관된 목표를 추구한다.

1. 상대 국가의 민주주의, 사회, 보건, 식품, 환경 및 기술에 관한 각종 기준을 최대한 완화하기에 앞서, 상호 표준이 되는 기준 설정
2. 공공시장 분야 진출을 포함, 자국 및 지역 투자자와 같은 혜택을 외국인 투자자에게 부여
3. 외국 민간기업과 국가 기관 간의 분쟁 발생 시 공법(公法)이 아닌 사법(私法)에 따라 해결
4. 서비스 시장에 경쟁 논리 도입 및 공공 서비스 시장 철폐
5. 위의 모든 조치에 비가역적 성격을 부여

만일 이런 협상이 성사된다면 민간기업은 제어 불가능한 힘을 갖게 된다. 반면 법률이나 규정을 채택하거나 삭제, 또는 개정할 권한이 없는 국가는 달리 무엇을 할 수 있을까? 현재로서는 미국과 유럽 시민들의 결집으로 인해 무역 협상의 타결이 요원해 보인다. 2015년 5월 프랑수아 올랑드 프랑스 대통령은 현 단계에서 "프랑스는 반대를 선언한다"라고 말했다. 한 국가의 거부권만으로도 협상을 결렬시킬 수 있기 때문이다.

또다른 비전

보호무역은 자급자족 경제가 아니다

경제를 뒤흔들고 점점 더 많은 국민을 불안정 속으로 떠미는 위기의 원흉 중 하나가 자유무역이라면, 정반대의 전략을 취하면 어떨까 하는 생각을 하게 된다. 여기서 말하는 반대의 전략이란 바로 보호무역주의이다. '아시아의 네 마리 용'이 경제발전 단계로 도약하는 밑거름이 됐던 보호무역주의야말로 국가의 경제 발전을 보장하는 결정적 요인이지 않았을까?

—

남부 제2순환도로에서, '고소인들'이 모여 사는 마을—2007년, 중국 베이징 (사진: 베르트랑 므니에)
토지강제수용으로 이 불안정한 마을에 정착하게 된 차 씨 가족은 중앙정부로부터 토지에 대한 보상을 받게 되기를 희망한다.

1980년대에 중남미의 경제는 '아시아의 네 마리 용(한국, 대만, 홍콩, 싱가포르)'에게 추월을 허용했다. 설상가상으로 중남미는 고립을 자초하기도 했다. 이후 몇십 년(1990~2000)간 중남미 경제는 성장세로 돌아섰지만, 그나마도 미약한 수준에 그쳤다. 2012년 중남미 주요국(아르헨티나, 브라질, 멕시코, 콜롬비아 등)의 1인당 국민소득은 미국의 25%를 다소 웃도는 수준에 그쳤지만, 같은 시기 한국과 대만은 각각 70%와 80%에 이르렀다. 아주 낮은 수준에서부터 반등한 중국의 1인당 국민소득은 브라질(2014년 구매력평가 환율 기준, 중국 1만3,200달러 대비 브라질 1만5,500달러)을 바짝 추격하고 있다.

한편에서의 상대적인 성장 둔화와 다른 한편에서의 급속한 성장을 어떻게 설명할 수 있을까? 한 가지 설명 방법은 중남미인들에 비교하면 아시아인들이 더 '일을 잘하며' 보다 '효율적'이라는 문화적 접근법을 따르는 것이다. 이런 접근은 1980년대 일본의 빠른 성장을 설명하는 근거가 되기도 했지만, 이후 일본에 불어닥친 장기적 경기침체로 인해 신빙성이 약해졌다. 그렇다면 또다른 설명 방법인 제도와 공공 정책의 역할이 답이 될 수 있을까? 아시아 국가들이 (특히 관세 장벽을 통해) 유치산업을 보호하는 데 힘을 쏟는 사이, 중남미는 관세를 완화했다. 이런 차이로 아시아의 높은 성장과 중남미 국가의 미약한 성장을 설명할 수도 있을 것이다.

용의주도한 국가 전략이 필수

물론 이 주장은 일견 그럴듯하지만 충분한 설명을 제공하지는 못한다. 보호무역이 실효를 거두려면 선택적이고 일시적으로 적용되어야 한다. 무엇보다도 일련의 경제정책(환율과 금리, 보조금, 규제 등)이 함께 추진되어야 한다. 결국, 국가의 전략적인 역할이 긴요하다고 말할 수 있다. 과거 한국의 빠른 성장이나, 한국과는 아주 다른 맥락에서 최근 몇 년간 성장을 거듭한

텔레비전 시리즈에 등장하는 괴물 파치몬 카이주가 그려진 1970년대 일본 엽서

중국의 사례에서 이 같은 특징을 확인할 수 있다. 여러 국제기구는 오랫동안 큰 정부와 소극적 시장개방은 경제성장을 억제하거나 둔화하고, 보조금에 대한 의존도를 키울 뿐 아니라 부정부패가 만연하게 한다고 여겨왔다. 일부 기업가들은 위험을 감수하고 투자를 시도하기보다는 고위 권력자들에게 로비를 벌여 보호주의의 울타리 안에서(수입 장벽을 통해) 손쉽게 이익을 취하려는 경향(이른바 지대추구 현상)을 지적하기도 한다. 하지만 이들 국제기구는 아시아의 발전 사례에서 정부의 정책이나 역할은 차치한 채 국제 무역에 대한 개방 사례만을 취사 선택했고, 중남미 국가들이 이 방법을 답습해 무역시장 개방에 편승하도록 부추겼다.

정부가 시장에 모든 것을 맡긴다면 결코 이루지 못할 경제개발 목표

이런 이념적인 접근은 아시아 나라들의 경제개발을 가져온 정부의 역할을 과소평가한 결과이다. 경제 개방이 반드시 시장의 힘의 강화로 이어지는 것은 아니기 때문이다. 예컨대 개방의 결과보다는 그 과정이 더 결정적일 수 있고, 일련의 과정을 통제하는 정부의 역할이 필요할 수 있다. 예를 들어, 1970~1990년, 한국은 산업 성장을 도모하기 위해 몇 가지 산업 분야를 육성 대상으로 선정해 지원했다. 이에 따라 정부의 육성 기준에 부합하는 기업들은 기간별로 비율이 차차 감소하는 조세 및 관세의 감면 혜택을 받았다. 아울러 한국 정부는 민간기업이 은행에서 낮은 금리로 돈을 빌려 자금을 확보함으로써 설비투자를 늘려나도록 유도하기도 했다.

많은 이들이 저마다 비교우위*를 가지는 분야를 특화해야 한다고 강조하곤 한다. 하지만 어떤 산업 분야가 다른 생산요소*에 비해 단지 노동력만 풍부하다면, 이는 낮은 기회비용을 떠나 해당 분야의 생산 효율성이 충분히 발휘되지 못하는 상태에 머물러 있음을 뜻한다. 따라서 희소자원인 자본의

중국 황하 주변의 자연환경을 기록한 연작 사진—2011년 (사진: 장커춘)

중국이 자유주의와 보호주의의 절묘한 조합으로 이룩한 급속한 산업화는 환경과 국민의 건강에 악영향을 끼치고 있다. 중국 하천의 40%는 오염이 심각한 수준이며, 20%는 수질오염의 정도가 너무나 심각해 직접적인 인체 접촉을 금할 정도다. 중국 상하이의 물 소비량 중 20%를 공급하는 황하는 인근 석유화학 공장들이 방류한 유독성 물질로 인해 전체 1/3 이상이 오염된 상태다.

주말마다 직원들의 결혼식이 거행되는 삼성타운 5층—2014년 7월, 서울 (사진: 로맹 샹팔루네)

한국에서의 예식은 보통 45분을 넘기지 않는다. 결혼식장에서는 잘 짜인 절차에 따라 오후 내내 여러 커플의 결혼식이 줄지어 진행된다. 서양식 혼례를 치르고 나면 전통 혼례 방식에 따라 폐백을 올린다.

투입을 통해 자본 생산성 증대를 촉진해야 한다. 그러나 만약 이 모든 것을 시장에 내맡긴다면 유치산업의 생산성 향상은 매우 요원해진다. 적어도 일시적으로는 (더 많은 자본을 필요로 하는) 유치산업을 보호해야 마땅하다. 지대추구 현상이 발생하지 않는 방향으로 산업정책을 시행해야 하는 것과 같은 이치다.

화폐,
금전과 현찰의 불가사의

과거의 원시인이 인류학자가 되어 우리의 모습을 본다면 자본주의 사회의 관습을 의아하게 여길 것이다. 그리고 다음과 같은 설명을 내놓지 않을까? "희한하게도 이곳 원주민들은 뚜렷한 목적도 없이 동전과 지폐를 필사적으로 끌어모으는 데 열을 올린다. 이런 돈 중에는 화폐가 있는데, 이것은 재산을 쌓는 용도 외에도 다양한 목적으로 쓰이는, 참으로 알 수 없는 이상한 도구다. 대체 어디서 솟아나는지는 도무지 알 수 없지만, 존재감이 확실한 이 화폐라는 것은 재화의 가격에 영향을 미치기도 하고, 국가 관계를 규정하기도 한다. 화폐의 관리만을 전담하는 기관이 따로 있을 정도니, 어지간히 중요한 도구인가보다. 화폐 관리를 전담하는 이 기관을 사람들은 중앙은행이라고 부른다."

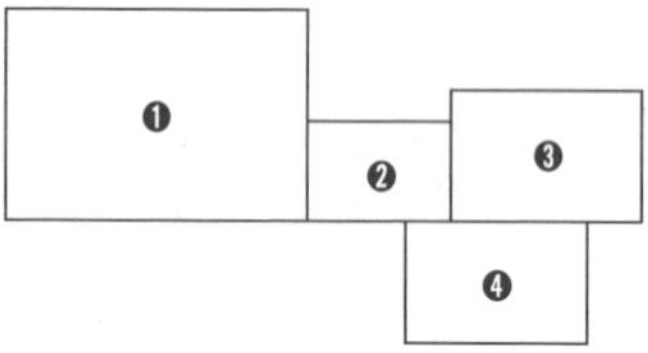

❶ 미국 재무부 소속의 연방 인쇄국—미국 워싱턴DC
사진 출처: '미국의 숨겨지고 낯선 것들의 목록(An American Index of the Hidden and Unfamiliar Project)'—2007, (©2016 테리 사이먼. 작가와 알마인 레흐 갤러리의 허가를 받아 수록.)

미국 연방 인쇄국(Bureau of Engraving and Printing · BEP)은 다른 연방 기관 문서의 인쇄, 파쇄 및 보안문서 취급 등을 주로 담당한다. 또한 이곳에서는 개인과 기업을 대상으로 홍수나 화재 등의 자연재해로 인해 손상된 지폐를 교환해주는 업무도 맡고 있다. 미국 연방 인쇄국은 매일 3,500만 장의 지폐(45%는 1달러 지폐)를 만들어내는데, 이를 금액으로 환산하면 약 6억3,500만 달러에 해당한다. 달러화 지폐는 면과 리넨으로 만든 종이에 인쇄된다. 매년 발행하는 지폐의 95%가 시중에 유통되는 화폐를 새 화폐로 대체하고 있다. 미국 정부는 위조행위를 방지하기 위해 1861년부터 지폐를 발행하기 시작했다. 그린백(greenbacks, 녹색 지폐)이라는 별칭으로도 불리는 미국 달러화 지폐는 초기에 미국 남북전쟁 자금을 조달하기 위한 목적으로 발행됐다. 최근 복사와 인쇄 기술이 발달하면서 위조지폐 관련 범죄가 증가하고 있다. 그런 이유로 1996년에는 달러화 지폐에 위조방지장치가 적용됐는데, 지폐의 도안이 바뀐 것은 1928년 이래 처음이었다. 최근에는 7~10년마다 한 번씩 지폐 디자인을 개선하고 있다. 시중에 유통되는 화폐를 변형하거나 불법적으로 화폐를 제조할 경우 최고 5,000달러의 벌금형 혹은 15년의 징역형에 처할 수 있다. 오늘날 달러화는 세계에서 가장 많이 통용되는 화폐다. 현재 유통되는 100달러 지폐는 1969년 이래 발행된 미국의 화폐 중에서 액면이 가장 큰 최고액권에 해당한다.

❷ – ❹
미국 라스베이거스에서 열린 제40회 세계포커선수권대회(World Series of Poker)—2009년 (사진: 론 하비브)
❷ 파티가 한창일 때
❸ 게임 시작 전 딜러들의 모습
❹ 게임 진행 중

#49

“화폐는 새로 만들어지지 않고 교환될 뿐이다”

오늘날의 화폐와 금융 시스템의 작동 원리를 처음 접하는 대부분 사람은 도무지 직관적으로 받아들이기 힘든 그 작동 원리에 당혹스러워한다. 은행은 무형의 화폐를 만들어내고, 그 화폐는 은행이 부여하는 신용을 바탕으로 창출된다. 그러나 전 세계적으로 급속한 성장을 이룬 금융시장은 공공의 이익을 외면한 채 투기적 거래로 인한 금융시장의 왜곡을 촉진하는 결과를 가져왔다.

이탈리아 아그노네 지방 한복판에 건설 중인 도로—2013년, (사진: 안젤로 안톨리노).
이탈리아 사진작가 안톨리노는 ‘미완성 국가’ 연작 사진을 통해 완공되지 않고 국토를 어지럽히기만 하는 수백에 달하는 댐과 병원의 건축공사 현장을 보여준다. 일부의 경우, 은행이 조직범죄에 연루된 돈을 세탁하는 수단으로 이용되기도 했다.

경제에서 시중은행(또는 상업은행)이 수행하는 주요 기능은 크게 두 가지로 나누어 설명할 수 있다. 먼저 시중은행은 대출을 통해 경제주체들(기업, 가계, 공공기관 등)에 돈을 빌려준다. 그밖에도 시중의 은행들은 지불수단으로서 기능하는 화폐를 창출해내는 역할을 한다. 대부분 은행이 금고에 쌓아둔 돈만을 빌려준다고 생각하지만(사실 합당한 추측이다), 현실은 그렇지 않다. 시중은행은 대출을 통해 통화를 창출한다. 다시 말해 대출이 은행 금고의 예금을 대신하는 셈이다.

예금은 화폐의 주된 형태인 '기호화폐(記號貨幣)'에 해당한다. '기호'화폐라는 명칭은 은행의 대차대조표 차변과 대변에 양쪽에 금액을 기록하는 방법으로 은행이 통화를 창조한다는 뜻에서 유래했다. '기호화폐'는 은행이 관리하는 요구불예금(예금주의 요구가 있을 때 언제든지 지급할 수 있는 예금)과 같으며, 수표나 직불카드 등의 결제 수단을 통해 자유롭게 인출할 수 있다.

중앙은행이 발행해 시중은행에 공급하는 현금통화(동전과 지폐)는 '신용화폐(은행신용을 바탕으로 만들어진 화폐)'로도 불리는 '불환지폐(不換紙幣)'에 해당한다. 프랑스의 경우, 전체 통화량 중에서 기호화폐의 비중은 불환지폐의 비중의 10% 미만이다. 따라서 은행은 대출을 위해 따로 금고에 현금을 마련해둘 필요가 없는 것이다.

은행		기업	
자산	부채	자산	부채
대출금 +100	예금 +100	자산 +100	채무 +100

이해를 돕기 위해 한가지 예를 들어보자. 한 기업이 은행으로부터 100유로를 신용으로 빌린다고 가정해보자. 은행과 기업은 각기 자본과 부채를 동시에 늘리는 방법으로 통화를 창출한다. 우선 은행의 대차대조표를 보

❶ 〈에브도 하라키리〉 1면에 실린 삽화
❷ 얀 레니카의 포스터—1976년.

"사방에는 온통 불타버린 집들과 우리가 가진 돈의 무게에 굴복하는 사람들이 남아있을 뿐이었다." 프랑스의 극작인 알프레드 자리의 1896년 희극에 등장하는 인물인 아버지 위뷔가 하는 말이다. 이 희극은 국민을 노예로 만들고 자신의 주머니를 채우는 일에만 관심이 있는 폭군들이 만들어낸 장치인 '돈 펌프'가 등장하는데, 이는 곧 국가재정을 의미한다. 그렇다면 오늘날의 위뷔는 과연 어떤 모습일까. 작품이 탄생한 이래로 한 세기가 지난 지금, 타인의 삶을 지배하고 노동의 결실을 장악하는 기생적 지배 권력은 이제 국가가 아닌 주주권과 금융시장에서 비롯한다.

❸ 은행강도 혐의로 기소된 달튼 형제단 수배 전단—1892년, 캔자스주 커피빌

실제의 달튼 형제단은 〈럭키 루크〉 시리즈에 등장하는 극 중 인물들과 비교하면 훨씬 영리했다. 좋은 환경에서 자라난 달튼 형제는 1890~1892년 기간에 미국 극서부에서 갱단을 결성해 활동했다. 이들은 은행강도로 훔친 돈을 보안관들의 은신처 정보를 알려준 농부들에게 대가를 지급하는 데 사용했다. 이 돈으로 농부들은 빚을 청산할 수 있었다.

면, 은행은 100유로를 기업에 빌려줌으로써 해당 금액만큼의 통화를 창출한다. 예컨대 대출을 받은 회사의 요구불예금계좌로 100유로가 입금되면 은행은 대출금에 상당하는 예금을 유치한 셈이 된다. 기업의 경우 대차대조표 우변에 100유로만큼 자산이 늘어나고, 그 돈을 이용해 필요한 지출을 할 수 있게 된다. 반면 기업은 은행에 100유로의 채무를 지게 된다. 기업은 (이자를 부담하면서) 이 돈을 은행에 상환해야 한다. 은행의 신용대출은 미래에 창출될 부를 미리 예견할 수 있게 한다. 대출로 자금을 융통한 기업이 제품을 생산하고 일자리 창출하는 데 필요한 투자를 가능하게 하기 때문이다. 신용과 통화 창출은 경제적 요구와 긴밀히 연관되어 있다. 이에 관해 경제학자들은 '내재적' 요인에 의해 화폐가 창출된다고 말한다.

과거에는 공공의 이익을 반영했었지만, 지금은 대부분 민영화된 은행의 특권

화폐제도에 따라 통화의 창출 방식도 달라진다. 19세기만 해도 많은 국가가 금본위제도를 채택하고 있었다. 시중에 유통되는 화폐의 가치는 중앙은행이 보유하고 있는 일정량의 금의 가치와 등가관계였다. 이 경우 화폐 창출은 '외재적' 요인에 따른 결과로 볼 수 있다. 따라서 이후 금속 화폐가 금태환성이 없는 불환지폐인 '신용화폐'로 대체된 현상은 또다시 내재적 요인의 발현으로 해석할 수 있다. 그렇다고 신용화폐를 무한히 찍어낼 수 있는 것은 아니다. 중앙은행이 신용과 통화량을 규제하기 때문이다. 중앙은행은 금리를 조절하기도 하고 시중은행을 통제하기도 한다. 이처럼 중앙은행이 수행하는 일련의 조치를 통화정책이라고 한다.

은행은 기업만을 상대하는 것은 아니며, 가계, 정부, 그리고 다른 국가(수출 차관)를 대상으로도 돈을 빌려준다. 이렇게 해서 은행은 앞에서 설명한 것과 같은 방식으로 통화를 창출한다. 은행은 첫째 해외(차입금), 둘째 정부, 셋째 기업과 가계로부터 예금 등의 형태로 획득한 자금을 재원으로 통화를 창출한다. 이 중에서도 기업과 가계로부터 조달하는 재원이 통화 창출의 주요 원천이다.

금융 자유화가 주도하는 현대의 자본주의는 통화 및 금융 시스템을 크게 변화시켰다. 과거에 금융 및 화폐 민영화는, 화폐 창조라는 은행의 특권이 공공의 이익에 부합하는 성격을 띠었다. 그러나 금융경제화 과정을 거친 이후 은행들은 점차 투기적으로 시장(주식, 채권) 관련 유가증권의 매입을 통해 자금을 조달하면서 고유의 특권을 남용하고 있다. 그 사이, 생산이나 일자리 창출에 필요한 자금 투자에는 소홀할 수밖에 없다.

화폐의 용도는?

소비자의 지갑에서 나와 식료품점의 현금 서랍으로 흘러들어가는 화폐는 사람들이 더욱 편리하게 물건을 사고팔 수 있도록 한다. 물론 화폐의 기능은 더욱 다양하다. 그리고 이런 다양한 화폐의 기능을 살피다보면 어느덧 경제뿐 아니라 사회 전체를 움직이는 다양한 기관들의 역할을 들여다보게 된다.

재화의 가치는 다른 재화와의 비교를 통해 가늠해볼 수 있다. 가령 신발 한 켤레는 바지 세 벌, 또는 25kg의 당근과 같은 가치를 가진다. 그러나 이런 측정 방법(대부분 실질 가격 또는 상대가격이라고 칭함)은 과히 편리하지는 않다. 단일한 가치척도로서의 화폐는 가격체계 구축과 시장거래를 더 간편하게 한다. 화폐는 가격의 척도로서 명목 가격이나 절대 가격을 부여한다. 이는 화폐의 세 가지 핵심 기능 중 첫 번째에 해당한다.

그밖에도 화폐는 각종 교환을 매개하는 수단이 되기도 하다. 또한, 재화와 서비스 거래가 이루어지게 하는 지불수단의 기능도 담당한다. 이처럼 재화를 판매해 '사회적으로 보편적 등가'를 가진 화폐로 교환하고, 이 화폐로 다시 재화를 구매하는 일련의 활동을 우리는 '화폐 경제'라고 부른다. 이 화폐 경제는 화폐 사용에 대한 사회적 차원의 합의와 보편화한 신뢰를 전제로 한다. 우리가 사는 사회 안에서는 국가와 중앙은행이 돈의 가치를 보

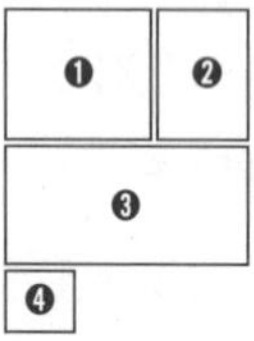

—

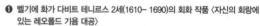

❶ 벨기에 화가 다비트 테니르스 2세(1610– 1690)의 회화 작품 〈자신의 회랑에 있는 레오폴드 기욤 대공〉

시(詩)나 음악과 달리 그림은 사고팔거나 소유할 수 있다. 『다른 방식으로 보기(Ways of Seeing, 1972)』를 쓴 영국 작가 존 버거는 그림이 가진 물질성이 초창기 자본가들이 유화에 지대한 관심을 보이는 요인이었다고 설명했다. 개인 소장 미술품이라는 개념은 15세기에 생겨났지만, 본격적으로 미술품을 전시하기 시작한 것은 16세기부터다. 오늘날에도 세계 최고 권력자들은 독창적인 예술품을 모으는데 천문학적인 돈을 쏟아붓는다. 2001년 9월 11일에 세계무역센터가 붕괴하면서 수많은 피카소, 호크니, 로댕, 리히텐슈타인, 클레 등의 작품이 먼지가 돼 사라지고 말았다.

❷ 로베르 브레송 감독의 영화 〈소매치기(Pickpocket)〉의 폴란드판 포스터—1959년

❸ 프랑스 남서부 도시 빌뇌브쉬르로트에서 통용되는 지역통화 아베이(abeille). 지역통화 체계는 지역경제 활성화, 생태 발자국 감소, 투기 억제, 지역 공동체 사업 지원 등을 목표로 한다.

❹ 일본 전통 민간신앙(신토 · 神道)에서 유래한 부와 상업교역의 신 다이코쿠텐(大黒天)을 나타낸 가면, 일본 목제 조각품(일본의 민속 신앙 신토)—1868~1912년경

장하고 있다.

중립적 도구로서의 화폐

그밖에도 화폐는 가치를 저장할 수 있도록 한다. 가치를 저장함과 동시에 유동성을 띠기도 한다. 따라서 화폐는 그 가치를 유지하면서 필요시에는 즉각적으로 재화나 서비스로 교환할 수 있게 하는 수단이 된다.

대부분의 자유주의 경제학자들은 화폐의 역할을 설명할 때 상품의 교환을 간편하게 하는 경제와 금융의 기능에 한정하곤 한다. 고전 경제학자 장 바티스트 세(Jean-Baptiste Say, 1767~1832)는 화폐가 '현실을 가리는 베일'이라고 했다. 결국, 그는 수요와 공급의 법칙에 따라 "상품 대 상품의 교환이 이루어지는 것"이라고 주장했다.

이들 경제학자는 시중에 유통되는 화폐가 그 양에 따라 물가 수준에 영향을 미치기는 하지만, '실물'경제에는 영향을 미치지 않는다고 주장한다. 통화는 중립적이며, 통화정책은 오직 단 한 가지 목적만을 가진다는 견해인 것이다. 여기서 말하는 목적이란 통화량(시중에서 유통되는 화폐의 양)이 경제의 성장 수준을 넘어서지 않도록 함으로써 인플레이션을 통제하고 화폐의 '과잉' 공급을 피하는 것을 의미한다.

이런 주장과는 반대로 케인스 경제학자들은 통화의 관리가 경제와 경제 주체들에 필연적으로 영향을 미친다고 주장한다. 예컨대, 화폐를 더 많이 만들어 공급할 경우, 금리를 낮춰 투자와 성장을 촉진할 수 있으므로 분배의 효과를 가져올 수 있다. 한마디로 통화 관리는 '정치적' 장치 그 자체인 셈이다.

자크 루이 콘스탄트 라세르프의 동판화 작품 〈운명의 신 포르투나〉—1820년경

군사적인 목적의 인구조사와 전쟁의 신 마르스에 바치는 제물을 표현한 저부조(底浮彫) 작품—기원전 100년경, 고대 로마
로마 시대에 시민 계층을 구분하는 목적으로 시행된 인구조사는 세금 징수, 군역 부과뿐 아니라 선거자격자를 분류하는 기초로 활용됐다.

재산의 금전적 가치에 따라 모든 사람의 사회적 지위가 결정되던 고대 로마 시대

화폐는 사회적 및 정치적 기능을 수행하기도 한다. 이를 설명하기 위해서는 공공재로서의 화폐를 이해해야 한다. 화폐는 재화와 용역의 교환과 거래를 촉진함으로써 공동체 구성원 전체의 공익을 구현한다. 이는 결국 시장의 논리만으로 화폐를 통제할 수는 없으며, 공공의 이익을 대변하는 공공 당국의 역할이 필요함을 시사하는 것이다. 화폐가치 안정(물가안정)의 책무를 수행하는 것이 바로 중앙은행의 역할이다.

그러나 화폐의 기능은 거래의 촉진에서 그치지 않는다. 화폐는 사회의 다양한 관계를 조정하는 사회·정치적 장치로도 작용하기 때문이다. 화폐는 계층 구조를 만들고, 타인의 시간을 살 수 있게 한다. 고대 로마에서는 사유재산의 금전적 가치를 평가하는 인구조사를 바탕으로 사회적 지위를 결정짓기도 했다.

단일통화의 도입은 한 지역의 경제·정치적 통합을 촉진할 수도 있다. 프랑스의 역사를 통해 우리는 단일통화를 채택하고 지불 방식을 일원화함으로써 정치적인 통합을 이루고 단일 경제권을 형성할 수 있다는 사실을 확인할 수 있다. 화폐는 상거래의 발전을 도모하며, 사회 공동체 안에서 주요한 가치의 척도로 활용된다.

유로화에 대한 주된 환상은 단일통화의 도입으로 발생하는 경제적 효과가 다른 영역까지 확대될 것이라 믿는 데서 비롯된다. 하지만 유럽 '공동체'나 유럽연합 내에 민주적인 정치기관이 존재하지 않는 현 상황에서, 오직 무역을 쉽게 하기 위한 목적으로 유럽 단일 시장에 도입된 유로화는 여전히 '불완전'한 통화로 남아 있다. 유로화를 채택한 여러 국가의 경제를 뿌리째 흔들고, 해당 국가의 존립마저 위태롭게 했던 재정위기 사태가 이를 그토록 여실히 증명하지 않았던가.

돈의 향기

10유로짜리 지폐는 또다른 10유로 지폐와 완전히 똑같은 가치를 지닐까? 원론적으로 두 지폐의 가치는 같다. 두 지폐의 마모도를 차치한다면, 같은 액면가의 두 지폐는 같은 교환가치를 지닌다. 하지만 한 가지 측면에서 차이가 발생한다. 바로 어떤 경로로 그 돈을 갖게 됐느냐이다. 왜냐하면 돈의 획득 방식이 그 돈의 쓰임을 결정하기 때문이다.

경제학자 대부분은 돈에는 무언가 특별한 것이 있다고 말한다. 그들은 돈을 가진 사람은 원하는 상품(재화나 용역)을 살 수 있다고 본다. 해당 상품을 판매하는 사람 역시 그 돈을 가짐으로써 같은 권한을 행사할 수 있기 때문이다. 결국, 이런 '유동성'은 화폐에 '중립적'인 특징을 부여한다. 화폐는 일반적인 유통수단일 뿐 아니라 유용한 재화를 획득할 수 있게 한다. 반면 모든 화폐는 서로 동일한 가치를 지닌다. 화폐 권종에 따라 액면가의 차이를 보일 뿐이다. 이런 특징을 들어 우리는 화폐가 '대체 가능한 동질성'을 지닌다고 말한다. 다시 말해 특정 1유로는 임의의 다른 1유로와 같은 값을 가지고, 그 1유로 역시 다른 모든 1유로와 같은 값을 가지는 것이다.

미국의 사회경제학자 비비아나 젤라이저(Viviana Zelizer)는 연구를 통해 이 같은 논리에 의문을 제기했다. 그녀는 "진귀하다고 여기는 대상의 특징은 사람들이 실리에 따라 숫자로 값어치를 책정하지 않는다는 데 있다"고 설명한다. 이에 따라 상업적 영역의 상징인 돈은 나머지 사회적 영역들과 팽팽한 긴장관계를 형성한다. 만약 우정과 사랑, 건강이나 죽음을 돈과 결부시킬 경우, 법적 금기(장기 거래)부터 시작해 윤리적 비난(매춘)에 이르는 각종 사회적 반발을 일으키게 된다. 앞서 언급한 영역에서 돈이 쓰이지 않는다고 말하는 것은 물론 아니다. 단지 좀 더 신중한 대처를 해야 한다는 의미다. 사회학자 파스칼레 트롬페트(Pascale Trompette)는 '도덕적 제약'을 크게 받는 상조업계의 사례를 연구했다. 고인을 기리는 데 여념이 없는 유족들은 이해득실을 따지거나 비교 견적을 요구하는 것을 꺼리는 경향을 보였다. 이 같은 금기가 엄격히 적용되는 여건에서 장의사는 자칫하면 이익만 좇는 사람으로 여겨지기 십상이다. 그들은 장례 절차를 모두 설명한 후, 장례 비용에 대한 대략적인 설명은 가장 마지막에 언급하면서 유족을 배려해 "편하실 대로 하십시오. 강요하지 않으니 걱정하지 마세요"라는 말을 덧붙이곤 한다.

매춘으로 번 돈과 국가 보조금을 한 바구니에 담지 말 것

돈은 거북한 감정을 유발하기도 하지만 사회적 상황에 쉽게 동화되는 특징도 지닌다. '돈의 사회적 의미'(2005)라는 연구를 통해 비비아나 젤라이저는 사람들이 돈을 획득한 방식에 따라 그 돈의 쓰임이 달라진다는 사실을 밝혔다. 젤라이저는 이런 경향을 일컬어 '돈의 사회적 표식'이라고 명명했다. 그녀는 관련 사례로 자녀를 둔 한 매춘 여성의 경우를 언급했는데, 이 여성은 매춘을 통해 얻은 돈은 술이나 마약을 사들이는 용도로 사용하고, 국가 보조금으로 지급된 돈은 일괄적으로 자녀의 양육비에 할애했다. 이 사례는 돈이 사회적인 '표식'을 남긴다는 사실을 시사한다. 즉, 원천적으로 '도덕적으로 부정한' 방법을 통해 획득한 돈을 '지고지순한' 목적에 할애하

프랑스의 장례식 〈영원한 삶(Ad vitam aeternam)〉—1998년 (사진: 카티 잔)

1993년에 쉬외르법(loi Sueur)이 도입되면서 지방 자치정부(프랑스의 최소 행정구 코뮌)의 상조업 독점제가 폐지되고 상조 시장이 자율화됐다. 프랑스 통계청 자료에 의하면 1998~2008년 평균 장례 비용이 2,500유로에서 4,500유로로 상승해 34% 증가한 것으로 나타났다.

프랜시스 포드 코폴라 감독 작품 〈대부〉의 영국판 포스터—1972년.

는 것을 금하는 것이다. 반면, 더 존중할 만한 방식으로 얻은 돈은 더 가치 있는 일에 쓰인다.

감사의 표시인가 수고에 대한 대가인가?

사회학자 나세르 타페랑(Nasser Tafferant)은 그의 저서(《비즈니스-지하경제》, 2007)에서 훔친 물건을 판매하는 젊은이들의 사례를 다음과 같이 언급하는데, 여기에서도 앞의 사례와 유사한 태도를 발견하게 된다. "법도에 어긋나는 방법으로 얻은 돈은 여가나 유흥으로 탕진해버릴 뿐, 그 돈으로 결코 끼니를 해결하지는 않는다."

그밖에도 다른 많은 사례를 일상생활에서 발견할 수 있다. 연말 선물을 사기 위해 저축한 돈이나, 오래전부터 사고 싶었던 옷에 들어갈 돈, 소위 사회적 표식이 붙은 돈을 맛있는 식사 한 끼를 먹는 데 모두 허비하지는 않을 것이다. 물론 사회적 표식이 절대 변하지 않는 것은 아니다. 돈의 동질성이 돈의 표식을 바꾸거나 표식 자체를 제거하는 때도 있기 때문이다.

핵심은 이런 현상이 초래하는 결과에 있다. 경제학자들은 대부분 돈이라는 것이 완벽한 균질성을 띤다고 주장하지만, 그것이 사실이 아니라고 가정해보자. 그러면 도덕적인 가치가 하락하는 것도 아님에도 불구하고 도대체 어떤 연유로 겉보기에는 관련이 없을 듯한 사회적 관계에 돈이 얽혀 있는지, 그 이유를 좀더 쉽게 받아들일 수 있다. 심부름으로 빵을 사온 손주에게 빵을 사고 남은 거스름돈을 건네는 할아버지를 예로 들어보자. 과연 할아버지가 가사도우미 앞으로 노동의 대가를 치르듯이 손주에게 사례금을 지급했다고 설명할 것인가? 그렇지는 않을 것이다. 으레 할아버지가 손주에게 건네는 돈은 선물이자 감사의 표시이지 사례금일 리가 만무하지 않겠는가?

가계 대출에 의한 화폐 창출

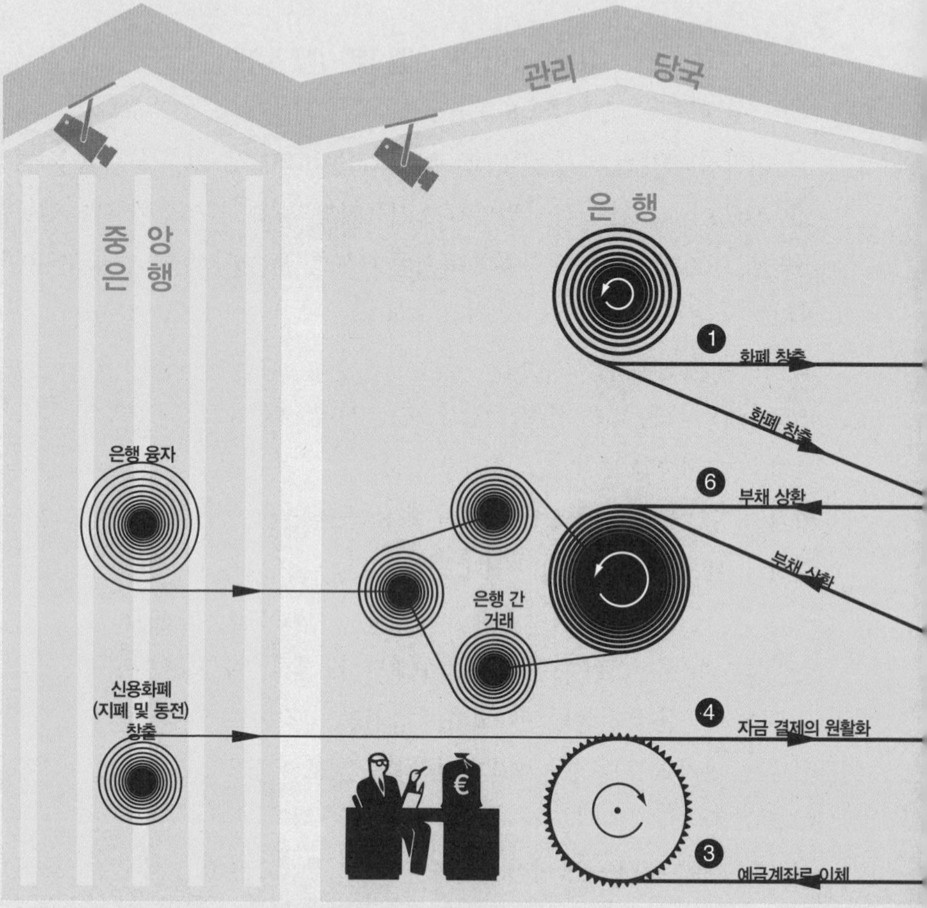

이 도표는 은행의 기업 대출에 따른 화폐의 창출 과정만을 다룬다(개인 및 정부 대출은 논외로 함).

❶ 은행은 기업이 예금계좌에서 대출금을 인출할 수 있도록 한다. 기업은 대출금을 활용해 생산에 필요한 자금을 조달한다. 은행 대출을 통해 은행은 신용을 창조하고, 기업과의 채권·채무관계에서 신용화폐가 생겨난다. 대출을 통해 기업은 지출(임금 지불)과 미래에 발생할 수입(생산품 판매) 사이에 발생하는 시차를 극복할 수 있다.

❷ 기업은 은행 예금 계좌에 들어있는 돈으로 생산 과정에서 발생하는 지출(노동자 임금)을 충당한다. 이렇게 해서 은행이 창출한 신용화폐가 시장에서 거래되기 시작한다.

❸ 임금노동자(가계)는 기업에서 지급한 임금을 은행의 예금계좌를 통해 수령한다. 이는 고객 예탁금을 모으고 관리하는 은행의 두 번째 기능에 해당한다.

통념과는 달리 은행의 역할은 예금으로 보관한 돈을 빌려주는 자금중개에 그치지 않는다. 현실에서 은행은 기업과 가계의 수요에 따라 '무에서 유를 창조함으로써' 화폐를 만들어낸다. 이렇게 만들어진 돈은 앞으로 생겨날 기업의 미래 자산이나 가계의 소득(임금)을 미리 융자해주는 데 사용된다.

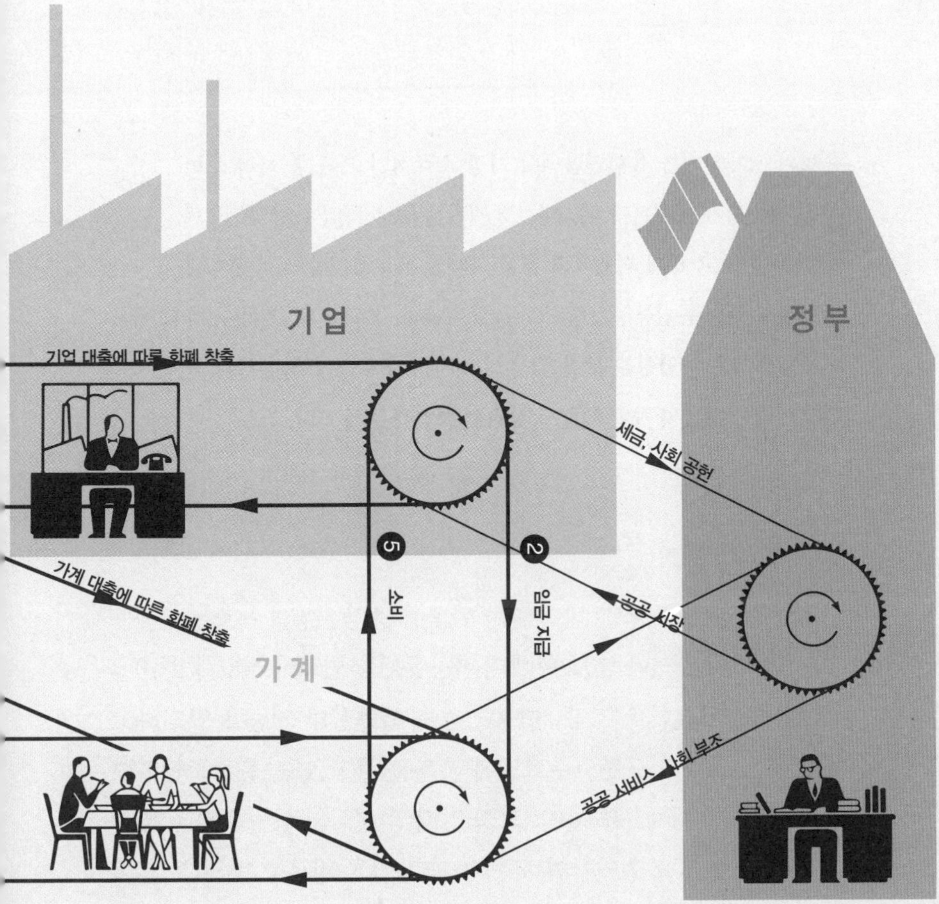

❹ 임금 노동자는 수표, 신용 카드와 같은 지불수단을 사용해 '기호화폐' 형태로 금전을 거래한다. 여기서 수단 제공을 통한 자금 결제의 원활화라는 은행의 세 번째 기능이 등장한다.

❺ 임금 노동자는 기업이 생산한 재화를 구매한다. 이에 따라 자금이 가계의 은행 계좌에서 기업의 요구불예금계좌로 흘러 들어간다.

❻ 기업은 생산활동을 통해 획득한 재원으로 은행에 부채를 상환한다. 앞서 (1)에서 신용창조의 결과물로 생겨난 신용화폐는 소멸한다. 결국, 은행은 경제 활동에 필요한 자금을 창출하고 유통하여 다시 거둬들이는 일련의 과정을 통해, 마치 거대한 펌프와도 같은 기능을 수행한다고 설명할 수 있다.

유럽중앙은행은 독립 은행일까, 통제 불능 은행일까?

유럽의 경제위기는 유럽연합에서 가장 소극적인 기관 중 하나에 이목을 집중시키는 계기가 되었다. 그 기관은 바로 독일 프랑크푸르트에 본부를 두고 19개 회원국의 공통 화폐인 유로화의 안정적 관리를 책임지고 있는 유럽중앙은행(European Central Bank, ECB)이다. 유럽중앙은행은 독립성을 보장받는다. 여기서 우리는 '중앙은행의 독립성'이라는 개념이 과연 어떻게 정립된 것인지 묻게 된다.

유럽연합의 특징을 가장 잘 나타내는 원칙이 중앙은행의 독립성이라는 점에는 의심의 여지가 없다. 1992년에 유럽공동체 가입국이 서명하고 1993년에 발효된 마스트리히트 조약 제130조는 유럽연합의 기능을 규정하고 있다. 이 조항에 의하면 프랑크푸르트에 본부를 두고 있는 유럽중앙은행(ECB)과 유럽중앙은행제도(ESCB), 그리고 각 회원국의 중앙은행은 통화정책을 수행함에 있어 유럽연합의 모든 기관과 각국 정부를 비롯한 그 어떤 기관의 간섭도 받지 않는 독립적인 지위를 지닌다.

1999년에 유로화의 공식적인 도입과 함께 유로 지역이 형성되었고, 유로 지역의 통화정책은 유럽중앙은행을 통해 단일화되었다. 달리 표현하면 회원국들은 유럽중앙은행에 권한을 이양함으로써 자율적인 통화정책 수립 기능을 상실했다고 할 수 있다. 오직 유럽중앙은행만이 기준금리를 결정

(시중은행은 결정된 기준금리에 따라 실금리를 책정)할 권한을 가지는데, 그 유일한 목적은 인플레이션을 억제해 유로 지역의 물가안정을 도모하는 것이다. 전 세계의 모든 중앙은행은 적어도 인플레이션 억제와 실업 퇴치라는 두 가지 이상의 임무를 수행하지만, 유럽중앙은행은 2% 이내의 연간 인플레이션 목표치 유지만을 목적으로 할 뿐이다.

인플레이션이 초래한 악순환의 고리

그런데 각국의 중앙은행이 물가안정이라는 유일무이한 목표에 전념한다는 사실을 전제로 받아들이더라도, 중앙은행이 독립적인 기관의 역할을 유지하는 것이 과연 최선책일까 하는 의문을 품게 된다.

중앙은행의 독립성을 주장하는 경제학자들은 주로 로버트 배로(Robert Barro)와 데이비드 고든(David Gordon, 1983)의 이론적 모델을 근거로 제시한다. 이들의 견해에 의하면, 정부는 단기적 경제부흥을 유도해 통화 당국을 더는 신뢰하지 않는 시민들의 환심을 사려 하므로, 정치적 의도를 감추고 인플레이션을 부추기는 경향이 있다. 결국 높은 인플레이션이 예상되는 상황에서 임금노동자들은 과도한 임금 인상을 요구하게 되고, 이론적으로 임금 인상은 실업을 초래한다. 공공선택학파의 학자들(p.38-39 참조)은 이런 현상이 주요한 선거철에 더욱 두드러진다고 지적한다. 정권 연장을 꾀하는 정치인들은 경기 부양책을 시도하지만, 이는 필연적으로 공공지출의 확대를 가져올 수밖에 없다는 것이다. 한편 이런 현상에 익숙해진 시민들은 선거철이 되면 정부 지출 확대를 기대하며 소비를 늘려나감에 따라, (공공지출 확대는 가격 상승을 부추기는 경향이 있으므로) 인플레이션의 악순환이 거듭될 것이다.

배로와 고든은 중앙은행이 '정치적 책략'에서 벗어나 보다 장기적인 목표

—

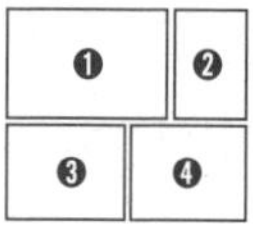

❶ **〈생명권, 노동권〉, 고용정보연대협회(APEIS)의 시위—1994년, 프랑스 파리 (사진: 마크 파토)**
실업자들의 사진을 내걸고 시위를 벌이는 모습

❷ **바이마르 공화국에 불어닥친 초인플레이션으로 가치를 상실한 지폐를 가지고 노는 아이들의 모습—1923년 (디지털 리마스터링 기술로 흑백사진의 색상을 복원)**

❸ **사진작가 리즈 힝리의 연작 사진 '존스 씨네 가족'에서 발췌한 〈신문을 읽고 있는 존스 씨〉—영국 울버햄프턴.**
부유한 나라에서 가난하다는 것은 어떤 의미인가? 2010~2012년, 리즈 힝리는 영국 버밍햄 인근의 옛 탄광촌에 사는 존스 씨 가족의 검소한 일상을 가까이에서 관찰했다.
존스 씨 가족은 비좁은 콘크리트 주택에서 생활한다. 장기 실직상태인 부부와 7명의 자녀가 세 침실에 침대 9개를 빼곡히 두고 살고 있다. 배를 곯을 일은 없지만, 겨울에 난방할 여유가 없다. 가장 먼저 대학에 진학한 첫째는 작은 사업을 시작해 집에서 업무를 본다.

❹ **유럽중앙은행 지하의 홀로코스트 희생자 추모공간—2015, 독일 프랑크푸르트 (사진: 보리스 로슬러)**
2015년에 유럽중앙은행은 프랑크푸르트 그로스마크탈레(Großmarkthalle) 건물로 본부를 이전했다. 이 건물에는 1920년대부터 2004년까지 프랑크푸르트의 도매 시장이 들어서 있었다. 1941~1945년 기간에 이 건물의 지하는 나치의 절멸수용소로 가는 유대인 중간수용소로 사용됐으며, 약 만 명의 유대인을 수용했다.

를 수립함으로써 인플레이션에 대응해야 한다고 주장한다. 다시 말해 중앙은행에 대한 '신뢰'를 구축해야 한다는 것이다. 이런 시각은 높은 인플레이션이 지속된 1970년대와 1980년대 이후 유럽에서 널리 확산되었다. 반면 미국의 경우 그보다 훨씬 이전인 1951년에 이미 연방준비제도이사회가 연방 정부로부터 독립해 분리된 권한을 얻었고, 독일 정부도 같은 해에 중앙은행에 독립적 지위를 부여했다.

투자은행 골드만삭스에서 영입한 '독립적인' 중앙은행의 수장들

그러나 믿고 의지함을 뜻하는 신뢰라는 단어의 의미를 생각하면, 해당 단어를 과연 유럽중앙은행에 적용할 수 있을지는 의심이 든다. 2007~2008년 금융위기 당시 선진경제로서의 유로 지역은 세계 그 어느 곳보다 심각한 재정 취약성을 드러냈다. 통화정책이 유럽중앙은행으로 단일화된 반면 각 회원국의 재정부문은 독립성을 갖고 있어서 재정적자는 더욱 확대되었고, 유럽중앙은행이 채무불이행에 따른 위험에 처한 회원국을 전혀 보호하지 못한다는 사실만을 확인할 수 있었다.

현재 유럽연합은 디플레이션의 위협에 노출되어 있을 뿐만 아니라, 실업자의 수가 2,200만 명을 넘어서고 있다. '민주적 정치제도의 해악'으로부터 금융 기관을 보호한다는 명분으로 중앙은행의 '독립성'을 정당화했으나, 결국은 금융의 이익 논리를 따랐던 것이 아니겠는가? 2002~2005년 기간에 미국 투자은행인 골드만삭스의 유럽지사에서 부회장을 거친 마리오 드라기(Mario Draghi)가 2011년에 유럽중앙은행 총재로 임명된 사실은 이런 추측에 신빙성을 더한다.

환율과 지정학

외교, 분쟁, 무역, 문화 교류. 국가와 국가가 서로 관계를 맺고 상호작용하는 방식은 수도 없이 많다. 가장 일상적이면서도 가장 결정적인 국가 간의 활동으로는 국가별로 다른 통화의 가치를 상호 비교하고 조정하는 활동을 들 수 있다. 통화는 그 가치가 상승하면 수입이 활발해지고, 가치가 하락하면 수출이 늘어난다. 그러나 현실에서 모든 국가가 같은 조건에서 통화 경쟁에 참여하는 건 아니다.

제1차 세계대전 이전까지만 해도 대부분의 화폐는 교환 가능한 금의 양을 기준으로 가치가 매겨졌고, 직접 금으로 교환할 수 있는 금태환성(金兌換性)이 보장됐다. '금본위 제도'라고 불리는 금환이 정지되자 대다수의 강대국은 경제적으로 대외 경쟁력을 강화하고자 자국 통화의 가치를 하향 조정했다(이른바 통화가치의 '경쟁적 평가 절하'에 해당). 이런 조치들은 불안정성을 진전시킴으로써 1930년대의 대공황의 원인이 되었고, 이는 결국 제2차 세계대전을 촉발했다.

1944년 7월, 연합국들은 고정환율 제도와 국제수지 조정의 필요성 인정 등에는 공통된 의견을 보이며 '브레튼우즈 협정'을 체결했다. 이후 상당 기간 안정세를 보이던 통화질서는 1971년에 미국 닉슨 행정부의 달러화 금태환제 폐지를 비롯한 일방적인 선언으로 붕괴했고, 세계 경제는 바야흐로 국경을 넘나드는 완전히 자유로운 자본 이동과 변동 환율로 특징되는 자유화 시대로 접어들었다. 이렇게 도입된 불균등하고 불안정한 시장 질서는 오늘날까지도 계속 이어지고 있다.

세계 기축통화국인 미국은 오늘날 '과도한 특권'을 누린다. 달러화 공급량을 조절함으로써 다른 통화가치의 변동을 초래하기도 한다. 대다수 국가는 무역적자를 기록할 경우 자국의 통화가치가 하락하며, 이에 따른 환율 상승으로 인해 수입이 감소하는 현상을 겪는다. 반면 자국 화폐가 세계의 기축통화인 미국이 누리는 혜택은 방종에 가까울 지경이다. 1972년에 닉슨 행정부의 존 코널리(John Connally) 재무장관은 유럽 대표단을 상대로 "달러는 미국의 통화지만 당신들의 문제이기도 하다"고 말하기도 했다.

단일통화를 도입한 유럽은 통화가치의 안정을 도모해 지역 내 물가안정을 유도하지만, 부유한 국가에서 가난한 국가로 소득을 재분배하는 재정 통합의 가능성은 일절 배제하고 있다(미국 정부는 소득에 연방 세금을 부과해 주[state] 간의 소득 격차를 해소한다). 이런 맥락에서 도입된 단일통화는 재정 적자의 부담을 안고 있는 회원국의 경제가 지역 내에서 '평가절하'되는 현상, 즉 긴축재정을 강요하게 된다(p. 293 참조).

투기 자본의 공세

국제 민간 자본의 대부분이 선진국에서 개발도상국으로 유입되는 현상은 개발도상국의 통화*가치에 부정적인 결과를 가져온다. (높은 이율을 취하려는) 해외 민간 자본이 유입되면 통화가치가 급등하는 경향을 나타내기 때문에, 투자 대상국의 수출이 감소할 수 있다. 해외 투자자는 이익을 노리기 때문에 언젠가는 자본금을 본국으로 되돌려보내게 된다. 1980년대와 1990년대에 각각 중남미와 아시아에서 공통적으로 발생했던 현상과 같이, 금융

❶ 뉴욕 골드만삭스 본사에서—2014년. (사진: 스티븐 윌크스)
미세한 환율 조작으로도 막대한 채무를 '일시적'으로 사라지게 할 수 있다. 이 기술은 골드만삭스의 주특기 중 하나다. 2001~2004년 골드만삭스의 '통화 스와프(swap)' 거래로 그리스는 10억 유로의 채무를 은폐할 수 있었다.

❷ 〈타임〉지 표지—1997년 9월호
'영란은행(Bank of England) 파괴자'라는 별명이 붙은 투자자인 조지 소로스는 1992년에 파운드화 환투기로 11억 달러를 벌어들였다.
영란은행은 500억 파운드를 매수해 자국 통화 하락을 필사적으로 방어했지만 아무런 소용이 없었다. 보유 외환을 총동원했지만 역부족이었으며, 결국 영란은행은 파운드화를 15% 평가절하하고 유럽통화제도(EMS) 중심기구인 '환율조절 메커니즘(ERM)'에서 전격 탈퇴했다.

❸ 알레산드로 라바티의 콜라주 작품—2013년

위기가 발생할 경우 자본은 갑작스레 대거 이탈하기 마련이고, 이는 금융 시장의 심각한 불안정을 초래한다.

경제 세계화의 트릴레마

신흥공업국 중에서도 중국과 같이 고정환율제를 고수함으로써 경쟁력을 유지한 몇몇 국가들만 세계화의 혜택을 누릴 수 있었다. 브라질 경제학자 루이스 카를로스 브레세르 페레이(Carlos Bresser-Pereira)라는 "일부 중진국들은 높은 경제성장을 기록하며 선진국과의 발전 격차를 좁혀나갔지만, 그 외의 국가들은 경제성장에서 뒤처지게 되었다. 전자의 국가들은 과대평가된 환율을 정상화하는 조치를 단행한 바 있는데, 바로 여기에서 차이가 발생했다"고 설명했다. 그 조치란 다름 아닌 환 투기를 노리는 해외자본 유입을 예방하는 제도적 장치다.

하지만 통화 간 경쟁 구도가 형성되면 소수의 국가만 혜택을 누리고 대다수의 신흥공업국은 손해를 입게 되며, 결국 급격한 환율 변동성을 키우게 된다. 이런 맥락에서 대니 로드릭은 세계 경제가 삼중택일의 트릴레마에 빠졌다고 설명했다. 경제의 초세계화(hyper-globalization)와 민주주의, 자율적 국가 정치라는 세 가지 요소의 목적을 모두 달성할 방법은 없다. 따라서 대니 로드릭은 그 대안으로 초세계화를 포기하되 과거 브레튼우즈의 정신을 살리고 자율적 국가 정치의 행동반경을 확대할 것을 제안한다.

복잡 미묘한 '네덜란드병'

시인이자 소설가인 블레즈 상드라르(Blaise Cendrars)는 1925년에 "금의 발견이 나라를 망쳤다"고 기술했다. 자칫 모순되는 것처럼 들릴지 모르지만, 그의 주장은 자원이 풍부한 나라를 파국으로 몰아넣는 '천연자원의 저주'를 완벽히 설명하고 있다. 그렇다면 천연자원이 풍부한 국가는 이 저주스러운 운명을 감내해야만 하는 것일까? 물론 그렇지 않다. 하지만 일명 '네덜란드병(Dutch disease)'이라고 불리는 현상을 극복하려면 정책 결정자들의 부단한 노력이 뒷받침되어야 한다.

베네수엘라 마라카이보호수의 유전—2005년 (사진: 크리스토퍼 앤더슨)

1959년에 네덜란드 북부 흐로닝언 주에 있는 슬로크테렌에서 세계 최대 규모인 2조8,200억 세제곱미터에 달하는 천연가스 유전이 발견되었다. 네덜란드 정부는 개인과 기업이 천연가스 사업에 참여하도록 적극적으로 권장했다. 1965년에 흐로닝언 천연가스의 판매권을 따낸 첫 번째 기업은 독일의 에너지 업체 루흐르가스다. 이 판매 계약에 따라 연간 30억 세제곱미터 이상의 천연가스(2010년 기준, 스위스의 연간 소비량에 가까운 규모)를 발굴하게 되었다. 그 결과 수출이 늘고, 화폐량도 증가했다. 네덜란드의 장래는 그저 밝아 보이기만 했다. 그러나…….

수출이 빠르게 증가하자 네덜란드 통화인 길더(Guilder)의 가치는 급부상했다(시장이 확대되고 있는 국가에 해외 투자 자본이 대거 유입되면 시장에 많은 외화가 돌게 되고, 그 결과 상대적으로 희소해진 현지 통화의 가치는 올라가게 된다). 그에 따른 첫 번째 결과는 타 분야의 수출 경쟁력 상실이었다. 길더의 가치가 올라가면서 수출상품의 가격이 비싸진 것이었다. 그 결과 제조업 분야의 주문량은 급락을 면치 못하게 됐다. 두 번째로, 천연가스 분야와 유관 산업으로 투자가 몰려, 그 외 대다수 분야에서는 현저한 투자량 감소가 나타났다. 그 결과 천연가스 사업을 제외한 네덜란드의 경제는 오히려 둔화를 맞았다.

16세기 스페인의 목축업과 기타 우유 소비국

이윽고 가스 수출로 산출된 부는 모두 소비로 귀결됐으며, 생산으로 이어지지는 않았다. 이에 따라 1970년대 중반에 네덜란드는 천연가스 생산량이 최고조(1976년 기준, 817억 세제곱미터)에 달했음에도 불구하고 심각한 경제난에 빠졌다. 1977년 11월 26일에 영국의 경제주간지《이코노미스트》는 이 모순적인 현상을 분석한 '네덜란드병'이라는 제목의 기사를 게재했다. 그런

828m 높이의 부르즈 할리파는 현재 세계 최고높이를 자랑하는 마천루이다.—2010년 (사진: 토마스 볼)

아랍에미리트(UAE)는 '석유의 저주'를 피하고자 석유 판매 수입을 국제 투자로 전환하는 국부펀드를 조성했다. 이렇게 하여 자국 통화가치의 상승을 억제하고 석유 의존 경제구조를 탈피할 수 있게 됐다. 아랍에미리트 국내총생산(GDP)에서 석유가 차지하는 비중은 1970년대 중반 70%대에서 34%로 축소됐다.

〈미초아칸주에서 일어난 스페인-아즈텍 전쟁〉, 틀락스칼텍 식민지 밀랍서판을 캔버스에 모사한 삽화—1892년, 멕시코 틀락스칼라

데 이는 결코 새로운 현상이 아니었다.

16세기에 스페인 왕국은 신대륙에 대한 수탈을 감행했다. 신대륙에서 약탈해온 금과 귀금속 덕에 스페인 출신 자본가들은 이자 수입만으로도 풍족한 생활을 영위할 수 있었다. 신대륙에서 발생한 자본은 다른 유럽 지역의 유치산업을 육성하는 역할을 했다. 우루과이의 지식인 에두아르도 갈레아노(Eduardo Galeano)는 "스페인이 소를 소유하고 다른 국가들은 그 우유를 소비하는 셈"이라고 요약해 설명했다.

스페인의 사례보다는 작은 규모지만, 19세기 골드러시 시대의 호주나 최근의 베네수엘라에서도 같은 현상이 나타났다. 베네수엘라 석유광산부 전 장관이자 OPEC의 공동설립자인 파블로 페레스 알폰조(Juan Pablo Pérez Alfonzo, 1959~1964)는 1960년대에 "석유는 우리를 파멸로 몰아넣을 것이다. 석유는 악마의 배설물이다"라고 주장하기도 했다.

민간 자본 동원하기

"네덜란드병"은 어떻게 치유할 수 있는가? 1936년에 베네수엘라의 지식인 아르투토 우슬라르 피에트리(Artuto Uslar Pietri)는 이에 관한 답을 구하는데 골몰했고, 결론적으로 베네수엘라가 "석유를 파종해야 한다"고 제안했다. 다시 말해, 석유 판매로 거둔 이익을 활용해 타 산업을 발전시키고, 석유 없이도 굴러가는 경제를 구축해야 한다는 의미이다.

베네수엘라는 절대 만만치 않은 이 과제를 결국 실현하지 못했다. 너무 많은 난관이 도사리고 있었기 때문이다. 무엇보다도 자국의 통화가치가 치솟지 않도록 제어해야 하는 어려움이 따른다. 이는 자국 통화의 구매력 하락을 의미하기도 한다. 예컨대 통화가 강세일 때는 수입 상품 소비를 늘릴 수 있지만, 이는 결국 무역수지*의 불균형을 초래한다.

두 번째 난관은 자국의 제조업을 보호하는 데 있다. 이를 위해서는 일차적으로 외국과의 경쟁에 대처해야 하는데, 이는 자칫 보호주의라는 바람직하지 못한 결과를 가져올 수 있다(p.252 참조). 또한, 자국 소비자의 선호도도 고려해야 한다. (초기 단계에서) 소비자들은 수입 제품이 자국 제품보다 품질이 우수하며 유행을 선도한다고 여길 수 있다.

다른 한편으로는 자국 업체들이 (기술자 육성, 타국과의 전략적 제휴 등의 방법으로) 신제품 출시에 필요한 기술력을 갖추도록 지원해야 한다. 동시에 수익성이 다소 떨어지더라도 새로운 분야에 진출하도록 독려해야 한다. 관건은 어떻게 하면 정부가 일방적으로 주도하기보다 민간의 자발적인 참여를 독려해 목표를 성취하는가이다. '병'을 치유하는 과정은 이렇게나 세심한 주의를 필요로 한다.

또다른 비전

단일통화에서 공통통화로

유로 지역의 재정위기는 단일화폐 도입이 당초 기대한 효과를 내기 어렵다는 사실과 함께 유로화 체제의 모순적 성격을 확인하는 계기가 되었다. 그렇지만 만약 과거 자국 통화 체제로 회귀한다면 회원국들은 투기세력의 표적이 되기에 십상일 것이다. 따라서 지금이야말로 과거 1944년에 경제학자 존 메이너드 케인스가 제안한 또다른 가능성을 되짚어봐야 하는 시점일지도 모른다. 여기에서 또다른 가능성이란 바로 단일화폐가 아닌 공통화폐의 도입을 말한다.

디자인 그룹 그라푸스(Grapus)가 제작한 프랑스 공산당 포스터—1979년.
포르투갈 리스본 (사진: 마리오 크루즈)

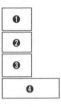

❶
❷
❸
❹

—

❶ **벽으로 막힌 폐옥의 창문—2014년 4월.**
❷ **거실에 있는 파울로. 1년 전부터 집이 조금씩 내려앉기 시작했다. 전기 공급은 끊겼고 물도 거의 나오지 않는다.—2014년 7월**
❸ **버려진 공장에서 기거하는 코스타씨—2014년 7월**
포르투갈의 수도 리스본에는 '부분적으로 비어있는' 2,800채의 건물과 '완전 공실'인 1,800채의 건물이 있다. 통계로는 잡히지 않지만, 그 안에서 살아가는 사람들이 있다. 이들 대부분은 비위생적인 환경에 노출돼 있다.
❹ **디자인 그룹 그라푸스(Grapus)가 제작한 프랑스 공산당 포스터—1979년.**
포르투갈 리스본 (사진: 마리오 크루즈)

마스트리히트 조약 추진 준비가 한창이던 1992년에 사회당의 미셸 로카르 전 총리는 "단일통화는 실업을 줄이고 번영을 가져올 것"이라고 장담했다. 그로부터 약 20년이 흘러 역대 최악의 경제위기를 겪은 지금, 유로화 도입으로 기대했던 효과는 거의 얻지 못했다.

유럽은 최적의 통화 지역(optimal currency area· OCA)*의 성립요건을 전혀 충족하지 못하고 있다. 따라서 회원국들은 통화정책에 관한 정책 주권과 외환 통제 수단이라는 두 가지 경제관리 장치를 포기함으로써 손해를 볼지언정 득을 보지는 못했다. 유로화 옹호론자들은 유럽연합이 최적의 통화 지역의 요건을 충족하도록 하는 핵심이 바로 유로화 그 자체라고 주장한다. 그러나 유럽 경제는 통합이 아닌 양극화(무역수지 적자로 일부 국가가 어려움을 겪는 사이에 다른 한쪽에서는 흑자를 유지했다)로 치달았다. 낮은 금리로 늘어난 가계와 국가의 채무는 국가별로 분리된 재정·조세 정책과 정치적 통합 없이 성급히 도입한 단일통화 제도의 발전을 지연시켰을 뿐만 아니라 불편한 현실을 은폐하는 결과를 낳았다.

위기 국면은 취약한 단일통화 구조를 뒤흔들었다. 조약의 내용에 따라 유럽연합은 각 국가가 긴축재정을 실시하도록 요구했다. 그러나 그 결과, 경기 후퇴와 국가 채무 증가라는 부작용이 발생했다. 통화가치를 조정할 수단이 없으므로 유럽 남부의 일부 국가는 임금 축소라는 방법으로 경쟁력 향상을 도모했다. 결국, 임금노동자들에게 재정위기에 따른 부담을 떠넘기는 것이나 다름없는 조치였다. 그렇다면 단일통화를 포기하고 다시 과거의 자국 통화 체제로 돌아가 화폐 주권을 회복하는 것이 해법이 될 수 있을까? 하지만 과거 자국 통화 체제는 (1992년 영국이 치른 혹독한 경험이 증명하듯이) 금융 투기세력에 자국 통화를 무력하게 노출하는 부작용을 가져오지 않았던가? 단일통화와 자국 통화라는 두 가지 함정 사이에서 우리는 제3의 방안을 그려볼 수 있다. 바로 단일통화가 아닌 공통통화의 틀 안에서 자국 통화를 유지하는 방법이다. 이는 1944년에 존 메이너드 케인스가 고안한

'방코르(Bancor)' 국제통화 구상에 기초한 방식이다.

새로운 환전 체계

공통통화 체제를 도입하는 경우 유럽통화시스템(EMS)*과 마찬가지로 각 유럽국 통화의 환율은 유로에 고정되고, 일정 수준의 환율 변동이 용인된다. 그러나 유럽통화시스템과 달리 유럽국 통화의 환전(유럽 내/외 국가 간 화폐 교환)은 외환시장 내 개인 대 개인의 거래가 아닌, 유럽중앙은행의 단일 창구를 통한 실질환율에 따라 이루어진다. 예를 들면 프랑과 달러 간의 환전은 두 단계로 나뉘어 이루어질 것이다. 일차적으로는 유럽중앙은행의 '창구'를 통해 유로-프랑 간 환전을 거치고, 이후 순차적으로 외환시장 내에서 유로-달러를 교환하는 방식이다.

일정 수준의 무역 흑자를 넘어서지 못하는 한계

이른바 '창구'를 통해서만 환전할 수 있도록 하는 유럽국 공통통화 체제는 유럽 내 외환시장을 철폐함으로써 현재의 단일통화 체제와 유사한 수준의 유럽 내 통화안정을 가져올 것이다. 시장의 영향에 환율이 좌우되는 현행의 유럽통화 시스템과 달리, 환율의 조정은 회원국 간에 미리 협의가 이루어진 정치적 타협안을 바탕으로 더욱 안정된 분위기에서 진행될 것이다. 이때의 협의는 경상수지 불균형을 조정할 수 있도록 적자국과 흑자국에 적용되는 일련의 원칙을 바탕으로 이뤄질 것이다.

따라서 경상수지 적자가 규모가 일정 수준을 넘어서는 회원국은 유로화에 대해 자국 통화가치를 절하하도록 조치하는 한편, 흑자 규모가 일정 기준을 넘어서는 국가는 자국 통화가치를 재조정하도록 해야 한다. 이런 원칙을 따른다면 독일은 자국 통화를 평가절상하고 수입을 늘려 유럽 내 다른 나라에서 생산된 상품을 더 많이 사들여야 한다.

공통통화를 도입함으로써 통화가치를 합리적으로 조정할 수 있고 투기적 거래의 위험에서 벗어날 수도 있다. 아울러 극단적인 성격만큼이나 무의미하기만 한 임금 전쟁에 종지부를 찍을 수 있다. 무엇보다 공통통화의 도입을 통해 각 국가는 통화와 예산정책에 대한 자결권을 갖게 된다. 그 결과, 개별 국가는 경기 변동을 반영하고 사회적 가치와 공리를 유지하는 데 필요한 공공지출과 세금 수준에 부합하는 금리 수준을 결정할 수 있게 될 것이다. 아울러 단일통화가 보장하지 못하는 통화 안정성과 환율의 신축성을 누릴 수 있을 것이며, 무엇보다도 각 국가는 주체적으로 경제정책을 추진하면서도 공통통화 체제라는 유럽연합의 이상을 구현해나갈 수 있을 것이다.

9 채무 - 협박

10년 전까지만 해도 '채무 위기'를 설명할 때면 제3세계 국가, 특히 80년대에 국가 채무의 급격한 팽창을 경험한 중남미의 예를 주로 인용하곤 했다. 빠른 속도로 증가하는 채무 위기의 사슬이 개발도상국에 이어 이제는 유럽을 필두로 한 선진국으로 기세를 뻗치고 있다. 과거로서는 상상하기 힘든 일이었지만, 이는 오늘날의 엄연한 현실이다. 그렇다면 채무 위기에 대한 경험치가 누적된 만큼, 과거보다 효과적으로 대처하고 있는가? 이 점은 석연치 않은 의문을 남긴다. 치료사도 그대로이고 처방전도 변함이 없기 때문이다. 그런데 그 채무란 도대체 어디서부터 생겨나는가? 채무는 정말 국가 경제에 백해무익할 뿐일까? 그리고 이 대목에서 무엇보다 중요한 의문은 국가 채무를 반드시 상환해야만 하느냐의 문제다.

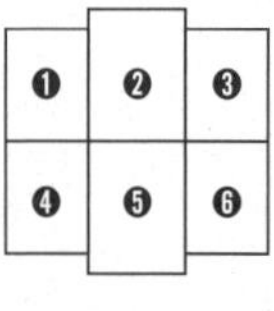

〈용광로 시리즈〉
❶ 독일 함본 뒤스부르크—1991년
❷ 독일 헤렌비크 뤼벡—1983년
❸ 독일 하노버 일세데—1984년
❹ 독일 샬커페어아인 겔젠키르헨—1982년
❺ 독일 하노버 일세데—1984년
❻ 독일 뒤스부르크, 허킨겐—1981년

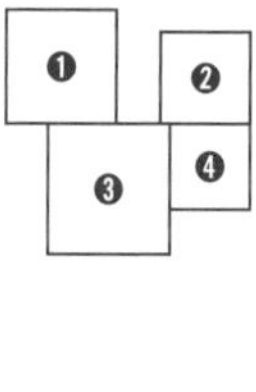

❶ – ❹
베른트 베커와 힐라 베커의 사진
객관성의 미학을 추구하는 베커 부부는 '대상을 중앙에 두고 정면에서 촬영'한다는 일관된 규칙에 따라 산업화된 독일의 건축물을 사진에 담았다.

통념

“정부는 훌륭한 가장의 역할을 해야 한다”

국가 채무에 관한 공공 담론은 추상적인 개념을 그와 동떨어진 친숙한 개념과 연결 짓는 특징이 있다. 채무를 나타내는 골치 아프고 복잡한 각종 전문용어보다는 “허리가 휘청거린다”, “허리띠를 졸라매야 한다”, “나라 살림이 구멍 날 형편이다”처럼 친숙한 일상언어가 일반인들에게는 더 직관적으로 다가온다. 재정 운영에 대한 일반의 인식을 보다 높이고 국민의 뜻을 모아야 하는 정부의 입장에서는 더없이 요긴한 수단이 아닐 수 없는데…….

—
아테네, 2015년 6월 25일. (사진: 토마스 호거스베인)
치프라스 시리자 총리가 채권자를 대변하는 트로이카(유럽집행위원회, 유럽중앙은행, 국제통화기금)와 구제금융안에 대한 재협상을 시도하는 사이, 정치권과 금융계 인사들은 그리스 상공 회의소가 개최한 보드카 홍보 행사에 참석했다.

"정부가 제대로 된 가장의 역할을 해야 하지 않겠는가?" 에르베 마리통(Hervé Mariton, 공화당) 국민의회 의원이 2013년 12월 21일에 자신의 블로그를 통해 던진 질문이다. 통상적으로 정부는 나랏돈을 한 집안 살림처럼 꾸리고 국민을 감화하는 도의적 책임을 지닌다는 것이 일반적인 인식이다. 집안에 돈이 한 푼도 없어 쌀독이 비면 가장은 어떻게든 쌀을 채워넣기 위해 고군분투하게 된다고 여기는 통념이 있기 때문이다. 정부도 마찬가지로 세출과 세입의 균형을 취하기 위해 애쓴다. 이는 유로 지역이 정한 원칙이기도 하다. 유로 회원국은 국내총생산 대비 국가 채무 비율을 60%를 초과하지 않도록 정하고 있으며, 이 합의를 지키지 않을 때는 (분수에 넘치는 호사를 부린다는 비난을 받으며) 긴축재정을 적용해야 한다. 이른바 '허리띠를 졸라매야' 하는 상황에 해당한다.

가계나 기업과 달리 국가는 파산하지 않는다. 채무를 상환하지 않으면 해당 국가는 단지 채무상환 불능 상태에 놓일 뿐이다. 국가재산은 압류나 법정 청산 절차를 밟을 일도 없다. 2001년 아르헨티나의 사례가 바로 이 상황에 해당한다. 물론 이 같은 조치가 모든 문제에 해결책을 제공하는 것은 아니지만, (가계의 경우와 달리) 국가는 증세(p.138 참조) 혹은 채무상환 조건 조정(p.324 참조) 등의 방법을 동원해 '갱생'의 기회를 얻는다.

가계나 기업과 국가의 두 번째 주요한 차이는 가계는 임금을, 기업은 수요를 통해 얻는 수입이 제한적이지만 정부와 공공기관은 변화 양상에 따라 조건을 조정할 여지가 있다는 점이다. 다시 말해, 정부는 먼저 지출 규모를 계획하고 지출액에 따라 일정 부분 수입액을 결정한다는 뜻이다.

의사가 사형집행인 노릇을 한다면

어째서일까? 케인스학파의 이론*에 의하면, 단기적으로 각종 공공지출(임

—

솔 스타인버그가 만든 종이 가면—1961년. (사진: 잉게 모라스)

1960년대 뉴욕에서 종이봉투는 일상의 일부분을 차지하는 물건이었다. 삽화가 솔 스타인버그는 종이봉투를 뒤집어 그 위에 가면을 그리는 것을 즐겼다. 사진가 잉게 모라스는 그가 만든 마스크를 쓰고 있는 사람들의 모습을 사진에 담아 연작 사진을 완성했다.

—

"우리를 숨 쉬게 하는 것은 자유다", 2015년 7월 5일에 있었던 그리스 구제금융 국민투표에 반대(oxi, 오히)할 것을 촉구하는 그리스 급진좌파연합(약칭: ΣΥΡΙΖΑ · 시리자)의 유세문. 선거 결과, 반대가 우세해 국민투표는 부결됐으나 유럽연합은 계속해서 긴축정책을 요구했다.

—

1960년대 초 독일 폭스바겐사의 소형 승용차 '비틀' 광고.

금, 중간소비*, 투자, 실업급여 등)은 총수요를 결정짓고, 기업은 경기의 흐름을 바탕으로 수요를 예측해 생산량과 고용량을 결정한다(p.70-71 참조). 일례로 브라질 정부는 2002년에 제철소 노동자 출신의 루이스 이나시우 룰라 다 실바(Luiz Inácio Lula Silva) 대통령이 당선되면서 다양한 사회복지 사업을 추진했고, 그 결과 3,000만 명에 가까운 사람들이 빈곤에서 벗어날 수 있었을 뿐 아니라 소비 진작 효과도 거두었다.

장기적으로 공공지출은 공급에도 영향을 미친다. 교육과 보건 분야에 대한 지출은 노동생산성을 높이고, 연구 분야에 투입된 지출은 새로운 기술과 제품 발명을 촉진해 편리를 제공하며, 자본 지출을 통해서는 경제 활동에 꼭 필요한 기반시설을 확충할 수 있다.

따라서 공공지출은 수요와 공급, 즉 경제 활동에 영향을 준다고 할 수 있다. 물론 필연적 법칙은 아니지만(p.318-319 참조), 이런 경제 활동은 다시 국가 수입으로 이어진다. 경기 부양책과 탈세 방지책이 효과를 거두면 경제가 활성화되고 세수가 늘어난다. 그 결과 국민소득이 증가하는 반면 부채 의존도는 낮아진다. 국가 채무의 증가세는 둔화하는 한편, 국내총생산의 증가세는 가속화되기 때문에 국가 채무 비율(채무/국내총생산)은 감소한다. 그러나 경제가 둔화 추세로 반전될 경우, 국내총생산의 감소세가 채무의 감소세보다 빠르게 늘어나 채무비율이 상승한다.

가계 살림을 운영하듯이 정부가 지출을 삭감해 채무를 덜어주어야 한다는 주장은 결국 국내총생산의 크기를 결정하는 총수요 확대에 미치는 공공투자의 중요성을 부정하는 것과 같다. 환자를 살리자고 한 것이 오히려 죽이는 셈이 되는 꼴이다.

잊힌 빚의 미덕

국가 채무는 사람들 뇌리에 위협으로 각인됐기에 결코 미덕으로 여겨지지 않는다. 그러나 자본가들의 재산 확대를 용이하게 하는 채무는 신자유주의 체제의 근간이 되고 있다. 사실 국가 채무를 다른 정책 옵션과 결합하면 국가가 경기 변동에 적절히 대처할 수 있도록 한다는 측면에서 유익한 측면이 있다.

이렇게 말하면 놀랄지도 모르겠지만, 국가 채무를 정당화하는 지고한 이유란 애초에 존재하지 않았다. 국가는 여느 회사나 협회, 협동조합, 혹은 상호조합과도 같은 방식으로 유용하다고 여기는 재화와 용역을 생산해낼 뿐이다. 따라서 이들 상품을 생산하는 데 비용이 발생한다면, 어떤 방식으로든 그 값을 치러야 한다. 이때 세금은 공공재나 공공복지의 값을 치르는 역할을 한다. 우리가 마트에서 상품을 구매하며 (간혹 그 효용성이 의심스러울 때도 있지만) 응당한 값을 치름으로써 해당 상품의 생산비용을 충당하는 것과 같은 이치이다. 그렇기에 (정의와 적용 범위가 여전히 민주적 논의의 대상으로 남아 있는) 공공재는 주주들의 주머니를 불리는 데 쓰이곤 하는 잉여가치를 발생시키지 않는다는 특장점이 있다.

국가가 지는 채무가 당위성을 얻는 이유는 단지 그 돈이 국가 운영에 투입돼 새로운 부를 창출하기 때문만은 아니다. 어쩌면 그보다 더 특수한 의미가 있는 이차적인 고려 사항이 있기 때문이다.

국가가 (세금이 아닌) 채무에 기대는 이유를 정당화하는 첫 번째 이유는 분할 상환 방식을 선호하는 시민들의 성향이다. 오랜 기간 사용하는 내구재를 구매하는 소비자와 마찬가지로, 시민들은 기반시설, 교육, 보건, 법률, 질서유지처럼 장시간에 걸쳐 혜택을 받는 경우, 그 대가를 즉시 치르기보다는 세금을 통해 조금씩 나누어 부담하는 방법을 선호한다. 공공 투자로 제공되는 서비스나 혜택을 (복지, 급여, 적립금 등의 형태로) 경험하는 순간, 값을 즉시 치르기보다는 세금의 형태로 추후에 납입하는 방식이 (비록 이자 부담이 가중되더라도) 더 유리하다고 판단하기 때문이다. 예상되는 저축의 수익률보다 세금이 낮으면 (그리고 정부가 빈민층보다 더 많은 세금을 부유층에 부과한다고 가정하면), 부유한 사람들은 더더욱 장기간에 걸친 분할 상환 방식을 선호할 것이다.

주식투자자들의 요구로 생겨난 수많은 퇴직연금 관련 저축상품

재정적자와 그에 따라 발생하는 채무를 정당화하는 두 번째 이유는 바로 경기 조정이다. 경기가 계속해서 침체되어 있거나 완전 고용 보장을 어렵게 하는 경제 활동의 둔화가 지속될 경우, 정부는 즉각적으로 자본 지출을 통해 기업에 대한 시장의 수요를 확대한다. 이때 만약 국가가 세금을 더 많이 부가하는 정책을 시행한다면 시장의 수요는 위축되고 말 것이다. 제아무리 완고한 원칙주의자라고 해도 경제 활동에 활력을 불어넣는 국가지출의 역할과 이때 발생하는 승수효과를 부정할 수는 없을 것이다(P.76 참조). 아울러 활력을 되찾은 기업이 세금 납부의 의무를 충실히 이행하게 되는 측면도 간과할 수 없다.

국가 채무의 당위성으로 국가의 경기 조정 기능을 내세우는 두 번째 이유

외국 기업과의 경쟁 본격화가 필요합니다. 따라서 일본 시장을 전면 개방해야 합니다.
시장 전면 개방 흐름에 적극 동참할 것을 촉구합니다.

—

❶ 대니 미첼과 로사 웨버 감독이 만든 다큐멘터리 〈레이캬비크 라이징〉의 포스터—2014년.
2008년 10월 아이슬란드에서는 금융위기로 파산한 여러 은행의 누적 채무가 국내총생산(GDP)의 10배에 달했다. 당시 아이슬란드 국민은 국민투표를 통해 자국 은행이 파산하면서 외국인이 본 피해를 보상하는 법안을 거부했다. 국제금융기관의 구제금융을 거부한 유일한 국가인 아이슬란드의 경제는 2011년에 다시 성장세로 돌아섰다.

❷ 신주쿠의 노숙자—2010년, 도쿄 (사진: 제임스 휘트로 델라노)

❸ 〈도시와 디자인: 지구 생명의 불가사의, 이사무 쿠리타〉—1966 (작품: 요코오 타다노리)
1990년대 거품 붕괴의 여파로 민간 분야에서 부채 해소를 위한 채무상환에 집중함에 따라 일본 정부는 기업에 대한 지원에 초점을 맞춘 '경기부양책'을 실시했다. 그러나 이 조치는 일본의 국가 채무를 폭발적으로 늘리는 결과를 낳았다. 2016년 일본의 국가 채무는 국내총생산(GDP)의 247%라는 기록적인 수준에 도달했다. 그런데도 일본에서는 신용평가기관의 제제나 국제통화기금(IMF)의 소극적 지시에 동요하는 모습을 찾아볼 수 없었다. 그리스를 악착같이 독촉하는 시장이 유독 일본에는 예외를 둔 상황을 어떻게 받아들여야 할까?
우선 저축 수준이 높은 일본은 (비록 20년 만에 저축률이 최저치를 기록했다 해도) 국가 채무의 90%를 자국민이 보유하고 있으므로 표적에서 제외된다. 더군다나 일본은 세계 주요 채권국에 속하기 때문에 순 부채만을 고려하면 일본의 국내총생산(GDP) 대비 국가 채무비율은 134%로 떨어진다.

❹ 이케 가미 료이치, 후미 무라 쇼의 만화 〈생추어리(Sanctuary)〉의 한 장면, 카부토 출판사, 프랑스 캉브레, 2004년.

❶ ❷
❸ ❹

미국의 예술들이 조직한 단체 '오큐파이 조지(Occupy George)'는 2011년 '월가 점령 시위(Occupy Wall Street)' 기간에 금융 체제를 비판하는 메시지를 1달러 지폐에 인쇄해 시중에 유통했다.

❶ 최고경영자(빗금 표시)와 근로자(빨간색 사각형)의 평균 연봉 비교
❷ 최하 빈곤층 1억5,000만 명의 소득에 상응하는 최고 부유층의 400명의 소득
❸ 1920년대, 1960년대, 2000년대의 가장 부유한 1%(빨간색)와 하위 90%(빗금) 소득 비율 변화
❹ 최상위 1%의 거부, 19%의 부유층, 그리고 그 나머지 80%가 차지하는 부의 분포 비교

❷ – ❹ 미국의 소득 불평등

는 첫 번째 이유에 비교하면 자칫 설득력이 부족해 보일 수도 있다. 해당 주장이 전제하는 바는 기업이 원활한 활동을 펼칠 수 없을 정도로 경제 전반에서 만성적인 수요 부족이 발생하는 상황이다. 그러나 지난 30년간 확대일로에 있는 국가 채무의 규모를 생각해보면, 이는 역으로 채무가 발생하는 원인과 경기 조정 필요성을 실질적으로 설명하는 하나의 설득력 있는 가설이 될 수도 있지 않을까?

오늘날에는 퇴직연금 재원의 (재분배가 아닌) 자본화가 진행됨에 따라 세계적으로 과잉저축 현상이 지속되고 있으며, 주주들은 터무니없이 높은 이윤을 기업에 요구하고 있는 현실이다. 이렇듯 여러 문제가 복합적으로 작용한 결과 세계 경제는 저소비 국면에 들어섰지만, 소비의 감소분을 기업의 투자로 상쇄하지는 못하고 있다. 과잉저축 현상이 기업의 투자에는 아무런 도움을 주지 못하고 오히려 판로를 위축시키는 상황이기에 기업은 선뜻 투자에 나서지 않는다. 결국 기업의 붕괴를 막고, 나아가 경제성장을 잠식해 국가 채무를 유발하는 과잉저축을 보다 효과적인 방향으로 활용해내는 이른바 최후의 해결사 역할을 지난 30년간 국가가 도맡아왔던 것이다.

시공을 넘나드는 경제

신용카드의 기원

이 물건은 대부분 사람이 늘 소지하고 다니는 작은 플라스틱 조각이다. 이 물건이 있으면 식료품점, 영화관, 수영장을 이용할 수 있다. 행여 분실이라도 하는 날에는 재앙 같은 사태가 벌어지기 때문에 그런 상황에 대비해 분실신고용 핫라인까지 생겨났다. 불과 몇십 년 전까지만 해도 존재조차 하지 않았던 물건인 신용카드가 그 유용성을 널리 알리기까지는 많은 궁리와 시행착오를 거듭해야 했다.

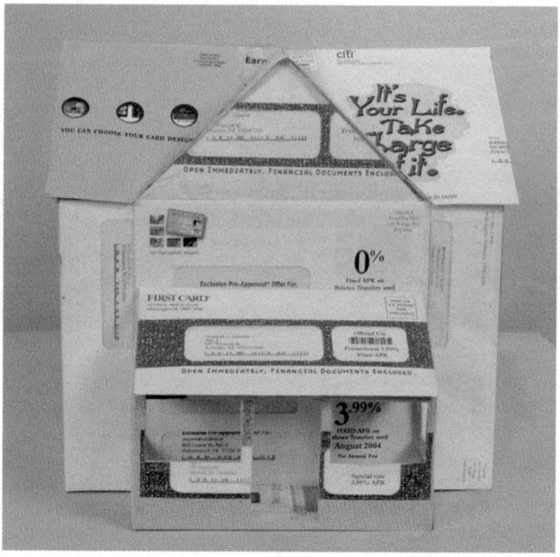

〈꿈의 집 제5호〉—2013년. (작품: 제레미아 존슨)

—

〈미국의 과잉 소비〉—2015년. (작품: 플래스틱 지저스)

—

〈신용카드 광고〉—1995년, 러시아 모스크바. (사진: 클로딘 두리)

"언제나 당신 곁에" 러시아에는 신용카드가 1990년대에 처음 도입됐으며, 당시까지만 해도 은행의 주요고객이나 유력인사와 같은 소위 전문직 엘리트만을 대상으로 카드를 지급했다. 사실상 카드 소지자의 행동에 따른 불확실성이 상존하기 때문에 현금 이외의 결제 수단을 지급하는 은행은 적잖은 위험을 감수해야 했다. 소련이 해체된 이후 러시아는 이른바 '임금 프로젝트'를 통해 은행의 거래처 직원들에게도 카드를 발급하기 시작했고, 이는 러시아의 신용카드 시장이 빠른 성장을 기록하는 계기가 됐다.
이후 2000년대에 들어서는 일반 소비자로까지 신용카드의 사용 범위가 확대됐다.
그리고 2009년에는 러시아 전체에 총 1억2,500만 장의 신용카드가 유통되고 있는 것으로 집계됐다.

언론인 조지프 노세라(Joseph Nocera)는 "뱅크오브아메리카가 캘리포니아의 조용한 소도시 프레즈노에 6만 장의 신용카드를 투하한 1958년 9월 중순의 어느 날, 미국은 새로운 국면에 접어들었다"고 말했다. 누구 하나 요청한 사람이 없었지만 네모난 플라스틱은 말그대로 여기저기에 흩뿌려졌다. 9년 후에 시카고의 여러 대형 은행이 똑같은 작전을 반복했다. 이번에는 무려 500만 장의 카드가 도시를 휩쓸었다. 그 중 일부는 사망자, 수감자, 어린이 그리고 앨리스 그리핀이라는 이름을 가진 바셋하운드종 강아지에게까지 전달되었다. 카드와 함께 동봉된 서신에는 엘리스 그리핀이 손꼽히는 고급식당의 '우수고객'으로 등극을 축하하는 인사말이 담겨 있었다. 얼마 안 가 수천 명의 고객이 즉각적으로 쓸 수 있는 지불수단의 달콤한 유혹에 넘어갔고, 일부는 청구대금을 제대로 지급하지 못해 곤란을 겪었다. 당시 시카고의 은행들 역시 막대한 손실을 보았는데, 그 액수가 2,500만 달러(1967년 가치 기준)에 달했다. 그런데도 작전은 대성공을 거두었다. 어째서일까?

당시 미국 은행들은 보완성 문제를 극복하는 방법을 고심하고 있었다. 서로를 보완하는 관계에 있기 때문에 동시에 소비할 때 그 효용이 증가하는 재화를 대부분 보완재라고 부른다. 한 재화의 수요가 또다른 재화의 수요를 결정하는 관계라고도 할 수 있다. 신용카드의 경우가 바로 이에 해당한다. 소비자들은 많은 소매업자가 카드를 받아야 가입을 할 것이고, 소매업자들 역시 소비자의 수요가 충분해야 단말기를 들여 카드를 받기 시작할 것이었다.

신용카드 강제 지급은 불법

뱅크오브아메리카의 부국장은 "결제 수단으로서 사용자의 숫자가 충분히 확보됐으며 수익성이 보장되는 결제 수단이라는 것을 일반 상인들에게 이해시키려면, '사용자의 의사와 무관한 방법'으로 신용카드를 발행해 배포하는 것 외에는 뾰족한 대안이 없었다"고 시인했다. 1970년에는 공식적으로 신용카드의 '강제 발행'이 불법이라는 결론이 내려졌다. 그러나 그 사이 신용카드는 이미 미국 전체 50개 주(州) 중 49개 주에서 통용되고 있었고, 2,900만 명(성인 인구의 20%)이 최소 한 번 이상 사용한 경험이 있을 만큼 보편화되었다.

신용카드의 성공적 도입의 비결은 일찍부터 신용 소비가 발달했던 미국 사회의 배경에서 찾아볼 수 있다. 가구나 자동차 등의 상품을 취급하던 미국의 소매업자들은 19세기 중반에 이미 할부결제 방식을 채택하고 있었다. 그 중 일부는 단골고객 앞으로 해당 점포 내에서만 사용 가능한 외상 카드를 지급하기도 했다. 현대식 신용카드의 원조는 1950년에 생겨난 다이너스 클럽 카드이다. 이 카드의 획기적인 특징은 다양한 점포에서 사용할 수 있다는 점과, 기 확보된 회원과 가맹점을 통해 제3의 가맹점을 늘려나갔다는 점에 있었다. 훗날 뱅크오브아메리카는 단말기가 설치된 모든 매장에서 신용카드를 사용할 수 있도록 했다. 그렇게 되자 카드 사용자에 관한 정보를 알 길이 없었다. 점포에서는 신용카드 소지자가 (점포의 과거 거래내역상) 신용이 불량한 고객에 해당할 경우 카드 결제를 거부할 수 있었지만, 은행으로서는 사용자 개개인의 특징을 파악하기가 어려웠다. 은행은 이런 문제를 해결하기 위해 대출자의 지급능력*을 평가하는 기술을 도입했다.

표적 마케팅 기법의 원조

1960년대 초에 페어 아이작 코퍼레이션(FICO)은 최초의 신용평가사를 설립해 수많은 개인에 관한 특정 정보(사회 지위, 재무 상태, 신용 이력 등)를 최대한으로 수집해 등급을 부여하는 데 활용했다. 해당 등급에 따라 신용카드 사용자의 대출 한도, 대출 기간 및 이자율이 달라졌다. 이는 위험을 측정해 불확실성을 축소하는 미국의 신용평가 시장 발전에 핵심적인 역할을 했다.

그러나 2007~2008년에 발생한 서브 프라임 사태(p. 351 참조)는 이 시스템의 취약성을 드러냈다. 은행은 저소득 가계를 대상으로도 무분별하게 주택담보 대출을 결정했고, 다른 금융사들은 파생상품*이 불러올 잠재 위험을 은폐했다. 파생상품을 발행한 금융 그룹과 밀착돼 있던 신용평가기관은 해당 상품에 우수 등급을 부여했지만, 시간이 흐른 후에는 모두 '부실자산'이었음이 드러났다. 결국 문제는 이제 불확실성이 아니다. 관건은 평가의 독립성이다.

시장에 동조하는 희생양

국가의 입장에서 국가 채무에 따른 주요한 고민거리는 크게 두 가지로 나뉜다. 첫 번째는 채무조건이고, 두 번째는 채권 보유자의 상환 요구 조건이다. 수 세기에 걸친 기간 동안 국가의 채무 조건은 점점 더 까다로워졌지만, 채권 보유자의 상환 요구 조건은 더욱 강화되는 경향을 보여왔다.

매년 국가는 향후 한 해 동안 발생할 지출액과 그에 따른 수입액에 대한 계획을 세운다. 프랑스의 경우 정부가 편성한 예산을 의회가 의결을 통해 결정한다. 이런 과정을 거치더라도 국가의 재정지출이 증가하거나 조세 수입이 감소해 재정적자가 발생한다(일반적으로 국내총생산 대비 재정적자 비중을 가늠한다). 재정적자를 메꾸는 방법 중의 하나는 상환의무와 이자 지급을 조건으로 돈을 빌리는 것이다. 이렇게 해서 국가 채무가 생겨난다.

그렇다면 국가에 돈을 빌려주는 주체는 누구인가? 과거 오랫동안 군주들은 국제 무역의 부상으로 막대한 부를 쌓은 상인들로부터 돈을 빌렸다. 현대에 들어 국가는 화폐를 발행하는 중앙은행을 통해 부족한 돈을 융통한다. 실제로 국가는 중앙은행에 적자 규모에 상응하는 금액의 현금 발행을 요청할 수 있다. 한 가지 문제는 중앙은행이 너무 자주 혹은 너무 많은 돈을 한꺼번에 발행할 경우 급격한 인플레이션이 발생하고, 이는 다시 국민의 구매력 저하로 이어진다는 점이다.

특히 인플레이션은 부자들의 재산을 잠식하는 결과를 가져온다. 따라서 대형 금융 회사들은 중앙은행의 '독립성'을 보장해야 한다고 주장하고 나섰다. 1970년대에 접어들어 금융 회사들은 결국 자신들의 요구를 관철시키는데 성공했고, 국가는 돈을 빌릴 새로운 경로를 모색해야만 했다. 마침 시장의 많은 투자기관들은 위탁받은 개인 저축의 수익률을 확대하는 방법을 찾는데 골몰하고 있었다. 물론 국고채(국가가 발행한 채권)는 수익률이 낮다. 그러나 투기를 유발하기 쉬운 고수익 증권과 비교하면 안정성이 높다는 장점이 있다.

국가 채무는 두 가지 시장에서 거래된다. 첫 번째는 국가가 채권을 발행하는 '발행시장'이다. 각 채권에는 가격과 이자율이 부여된다. 가격은 돈을 빌려준 액면가에 해당한다. 가령 그 가격이 100유로라고 가정해보자. 이자율은 투자자가 얻는 이윤을 결정하는 비율이다. 예를 들어 3%의 이자율(일명 표면금리)은 투자자에게 연간 3유로의 이윤을 가져다준다. 그러나 만기 시점(주로 2~5년짜리 유통량이 가장 많다)을 채우는 투자자는 많지 않다. 만기가 도래하기 전에 이뤄지는 거래는 2차 시장, 즉 '유통시장' 안에서 이뤄진다.

채권투자 수익의 원천은 세 가지이다. 즉, 기간마다 정기적으로 발생하는 이자 수입, 채권의 매입가격과 상환액(만기 시에는 액면가격) 간의 차이로부터 발생하는 자본이익(또는 손실), 마지막으로 기간별 이자 지급액을 재투자해 얻는 수입이 있다. 만기수익률에 있어 이자 수입과 자본이익(또는 손실)은 확정적인 현금 흐름을 나타내지만, 이자의 재투자수입은 미래의 기간별 이자 수입이 어떤 수익률로 재투자되느냐에 따라 달라진다.

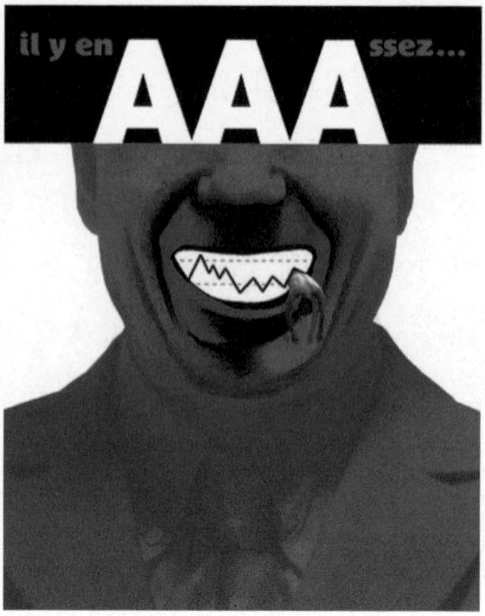

—

❶ **마리우스 반 레이메르발(1490~1567)의 작품 〈은행가와 그의 아내〉—1538년**
16세기에는 '자본가'와 금융가, 은행가, 그리고 여타 세금 수금원 등의 인물을 묘사한 회화가 특히 많이 등장하는데, 이런 특징은 상인 부르주아 계층의 부상과 궤를 같이했다고 볼 수 있다. 당시 네덜란드는 대서양뿐만 아니라 동인도 및 서인도 제도의 새로운 해상 항로의 발견과 더불어 유럽에 다량의 귀금속이 유입되면서 교역이 활성화 됐고, 그에 따른 유래없는 경제 호황을 누렸다.

❷ **2005년에 그래픽 디자이너 보리스 세메니아코가 아탁(ATTAC, 시민 지원을 위한 국제 금융거래 과세 추진협회)을 위해 만든 작품**
트리플A 등급의 채권이 디폴트(채무불이행)에 처할 위험은 사실상 전혀 없다고 가정한다.

❸ **1896년 러시아의 차용증서. 한 세기가 지난 후에도 일부 프랑스인들은 여전히 채무상환을 요구하고 있다.**
1882년에 제정 러시아는 자국의 인프라 구축과 산업 현대화를 위해 프랑스 금융시장에 채권을 발행해 프랑스 국민 사이에서 큰 인기를 얻었다. "러시아에 돈을 빌려주는 것은 프랑스에 돈을 빌려주는 것과 다를 바 없습니다"라고 단언하는 내용의 채권 광고전단이 나붙기도 했다. 급기야 프랑스 저축액의 25%가 동원될 정도였지만, 결과적으로 그 많은 투자는 모두 손실로 이어졌다. 1914년에 제1차 세계대전이 발발하자 러시아는 이자 지급을 중단한다. 그러다 1917년에 볼셰비키 혁명이 일어나 로마노프 왕조가 폐위되자, 레닌은 제정 러시아 시절의 모든 채무상환 의무를 부정했다. 결국, 1996년이 돼서야 합의에 따른 4억 유로의 보상이 이뤄졌으나, 예금채권자 후손들이 요구하는 1,000억 유로에 비교하면 새 발의 피나 다름 없는 액수였다.

❹ **금융 자산 관리를 전문으로 하는 한 기업의 사무실—2010년, 라데팡스. (사진: 라파엘 엘르)**

세금은 회피하면서 국가에 빚을 권하는 방법

국채의 특장점으로는 현금화할 수 있는 유동성이 크다는 점, 즉 언제든지 상환할 수 있는 2차 시장이 존재한다는 점을 들 수 있다. 수요가 공급을 초과하면 채권의 가치가 높아진다. 반면 채권을 보유하려는 사람이 적어지면 채권의 가치는 낮아진다. 후자의 경우 투자자가 100유로에 매입한 채권을 60유로에 상환한다고 가정해보자. 발행 시에 정해진 3유로의 표면금리는 변함이 없다. 반면 액면가 대비 금리 비율은 훨씬 높아진다. 액면가 60유로를 기준으로 할 경우, 3유로의 금리는 3%가 아닌 5%로 높아진다. 따라서 채권 유통가격의 변화는 이자율의 변화로 나타난다. 결국, 이자율 증가는 채권에 대한 수요 감소(가격의 하락)를 나타낸다고 볼 수 있다.

자유주의 경제학자들은 더 높은 금리를 요구하는 투자 경향으로 인해 증가하는 부채 비용은(실상은 전례가 없는 저금리와 마이너스 금리마저 등장하는 상황이지만) 국가가 예산을 충실히 관리하도록 하며, 결과적으로는 채무를 줄이는 효과를 가져온다고 주장하기도 한다. 이 대목에서 우리는 모순점을 발견하게 된다. 국가에 돈을 빌려주는 여러 경제주체 중 대자본가들이 결국 세금 감면을 원하는 이들이라는 점이다. 달리 표현하면 국가에 도움이 되는 세금 납부는 회피하지만, 자신들에게 돌아올 이익을 늘리고자 국가가 더 많은 빚을 지도록 팔을 걷어붙이고 나서는 셈이다.

남긴 것

미국의 경제 불황

국가산업 기반 축소

대다수 교역상대국과의 무역적자를 기록한 프랑스

프랑스 시장의 대 개방

우파 정책에 대한 불신

임금노동자 비중 증가

변화에 대한 강한 열망

1981년 봄

'자본주의와의 결별'을 약속한 사회당의 대선공약. 무역보호와 통화조정 조치가 선행되지 않은 상태에서 시행된 경기부양책이 초래할 위험요인을 강조함.

5월10일

프랑수아 미테랑 대통령 당선

1981년과 1982년 사이: 경제 활성화

연구부 예산 512%, 노동부 예산 112% 확대

최저임금 10%, 가족수당 25% 인상

부유세 신설

공공지출 대폭 확대: 1981년 당초 예산 대비 27.6% 증가

'제왕적 대통령제' 강화

정치적 고립. 사회당은 추진력을 상실함.

실현할 수 있었던 일

실제로 일어난 일

당초 공약에 따라 프랑수아 미테랑 대통령은 경기 부양책이 무역적자로 이어지지 않도록 프랑화를 평가 절하하고 보호무역 조치를 시행하며 생산설비 투자를 강화함.

프랑스 정부는 통화 평가 절하 대신 '프랑화 강세'유지를 택함으로써 유럽 내 교역국들을 안심시키는 원리주의 정책을 추진함.

여전히 고평가된 프랑화. 프랑스 정부는 수입 보조금 도입을 통한 경기 부양을 시도함.

1982년 2월

은행과 주요 산업의 국유화 단행

마침내 프랑화 평가 절하 실행. 독일연방공화국(서독)과 환율 수준을 논의함.

임금-물가 연동제 폐지

6월

기업별 교섭을 의무화하는 '오루법'을 도입함. 단, 협약의 체결은 의무적용이 아닌 권고사항임.

사회주의 정부는 경제사회적 정책을 등한시 하는 한편 유럽지향주의 노선을 공고히 함.

우파 진영만이 정부에 조직적인 압력을 가함.

두 번째 평가절하를 단행하지만, 프랑스의 수출은 답보상태에 빠져있으며 (미국은 이듬해까지 경기 불황 상태에 놓임). 달러 가격이 급등해 에너지 등의 수입가격이 걷잡을 수 없을 정도로 상승함.

기업은 경기 부양과 투자 원칙을 충실히 따르지만, 이해를 달리하는 좌파 정부와 거리를 유지함.

'들로르
불리는
긴축정책
프랑스의
미국 경
회복과
한다.

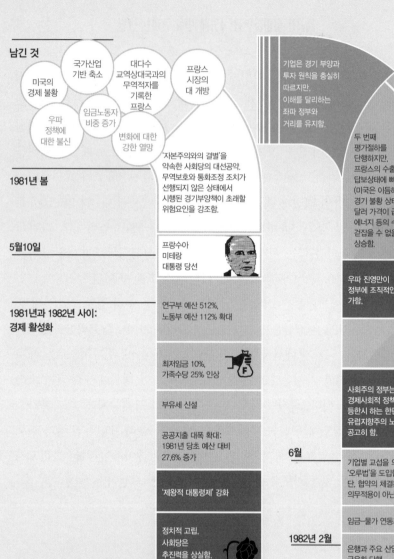

1981년, 잃어버린 기회

1983년의 '긴축 국면'을 보수적으로 해석한 프랑수아 미테랑 정부는 자본주의와의 결별을 선언한 지 2년만에 심각한 경제위기를 맞았다. 당초 대선 선거기간에 사회당 후보로 출마한 프랑수아 미테랑은 프랑스가 직면한 각종 경제 문제에 대한 해법을 공약으로 내걸었다. 그렇다면 미테랑 대통령은 결국 정책의 방향을 선회함으로써 실패를 자초한 셈이다.

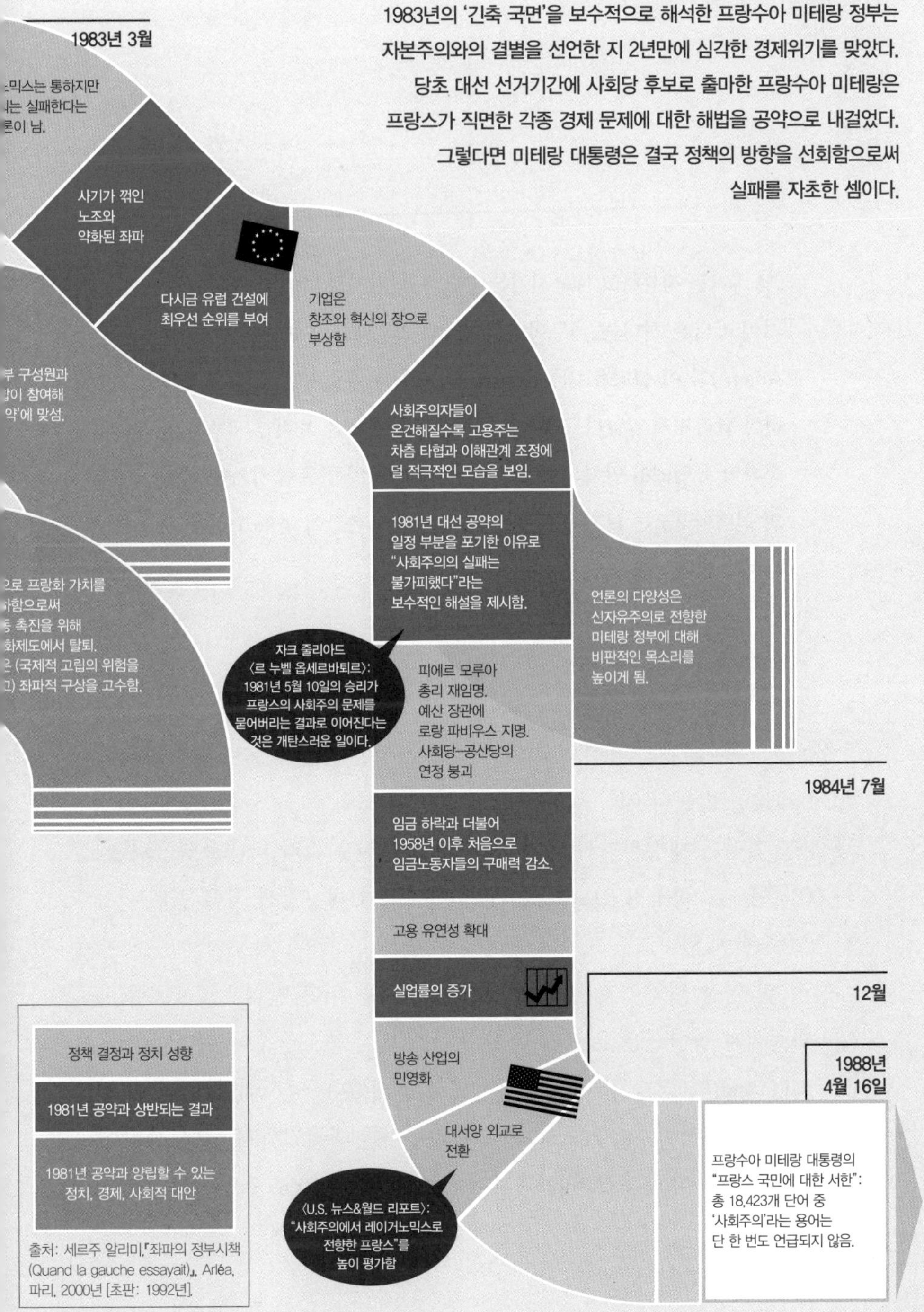

출처: 세르주 알리미, 『좌파의 정부시책(Quand la gauche essayait)』, Arléa, 파리, 2000년 [초판: 1992년].

유럽, 채무는 민주주의에 역행한다

"한 국가를 정복하고 예속시키는 수단은 두 가지로 나뉜다. 하나는 무기이고 다른 하나는 채무이다." 미국의 2대 대통령 존 애덤스(John Adams)가 이 설명을 내놓은 이후 두 세기가 흘렀지만, 상황은 무엇 하나 달라지지 않았다. 1980년대 중남미 국가들을 옥죄던 채무의 악순환이 유럽에서 반복되고 있으며, 설상가상 이들 유럽 국가는 국민의 선택이라고는 보기 어려운 정책적 제약에 손발이 묶여 고전을 거듭하고 있다.

유로화 사용 국가는 통화의 대외 가치를 조정할 수 없으므로 통화정책 수행에 제약을 받는다(평가 절하* 참조). 1997년에 채택(2005년 개정)한 안정 및 성장 협약은 재정적자와 국가 채무*의 상한선을 각각 국내총생산의 3%와 60% 이내로 정하고 있으므로, 개별 회원국의 재정정책 시행 범위도 제한적일 수밖에 없다.

안정 및 성장 협약이 제시하는 상한선 수치는 어떤 방식으로 정해졌을까? 재정적자 상한선은 1981년 당시 프랑스 대통령 프랑수아 미테랑(François Mitterand)의 경제 참모진의 결정으로 정해졌다. 당시의 참모진 중 한 명이었던 기 아베이(Guy Abeille)는 "3%의 수치를 내놓기까지는 1시간이 채 걸리지 않았다. 이론적 근거나 분석도 없이 탁상공론으로 결정됐다. (……)

미테랑 대통령은 끊임없이 예산 증액을 요구하는 정부 각료들을 무력화할 수 있도록 간단명료하면서도 경제학적으로 근거가 있는 듯 보이는 준칙을 단시간에 도출하고자 했다." 1%? 아니면 2%? 참모진은 결국 숫자 3을 택했다. "3은 행운의 숫자이며, 역사적으로도 많은 의미를 내포한다. 게다가 삼위일체를 연상시키기도 했다." 이 수치는 훗날 경제학자들의 이론으로 발전했으며, 1992년 마스트리히트 조약에서도 반영돼 유로 지역 가입 요건으로 삼게 되었다. 국가 채무 상한선에도 과연 이 같은 엄격하고 과학적인 기준이 적용되었을까?

이 같은 재정 준칙은 2012년 10월 파리에서 비준된 '안정, 조율 및 거버넌스 조약(일명 신 재정협약, TSCG)'에도 그대로 반영되었다. 재정 운영에 관한 여러 대응조치를 담고 있는 이 조약은 황금률(국내총생산 대비 재정적자 3%, 국가 채무 60%)을 넘어서는 국가에 대한 유럽집행위원회와 유럽이사회의 다음과 같은 제재를 담고 있다. 1) 구속력 있는 재정 구조 개혁, 이른바 긴축 조치 이행. 2) 국채발행 계획의 사전 통보. 이밖에도 이 조약은 회원국들이 재정적자 상한선을 헌법으로 법제화하도록 규정하고 있다. 연간 구조적 재정적자*가 국내총생산 대비 0.5%를 초과할 경우 작동하도록 하는 '자동 교정 메커니즘'이 이에 해당한다. 더불어 이 조약은 이런 일련의 조치들이 "의회의 심의 대상에서 제외된다"고 명시하고 있다. 다시 말해, 국민이 선출한 대표로 구성된 의회가 자국 재정에 대해 결정권을 행사하지 못하는 형국인 셈이다.

"안전 협정이 안정성 협약에 우선한다"고 주장한 프랑수아 올랑드

정치학자 라울 마르크 제나르(Raoul Marc Jennar)는 다음과 같이 설명한다. "이같은 조치는 공공투자를 꽁꽁 얼어붙게 하고 정책적 자율성을 침식

1910년대 미국의 한 마술쇼 포스터를 이용해 만든 합성사진

영국독립당(UK Independence Party · UKIP)의 선거용 포스터—2015년 3월.
유럽연합을 이루는 원대한 원칙들이 한결같이 동등한 무게를 지닌다고 볼 수는 없다. 유럽 지역내에서 사람이 자유롭게 이동하고자 하는 것은 자본이 이동하는 것보다 하찮게 여긴다. 특히 유럽연합 탈퇴를 시도하는 영국에서는 이런 경향이 더욱 두드러지게 나타난다. 영국 보수당 출신 데이비드 캐머런 총리는 영국 정부가 유럽연합 회원국 출신 이민자에게 지급하는 사회보장 수당의 지급을 중단할 가능성을 내비쳤다. 반면 2016년 6월 23일 국민투표 결과에 따른 브렉시트(Brexit) 결정은 영국이 유럽연합에서 나갈 길을 열어놓았다.

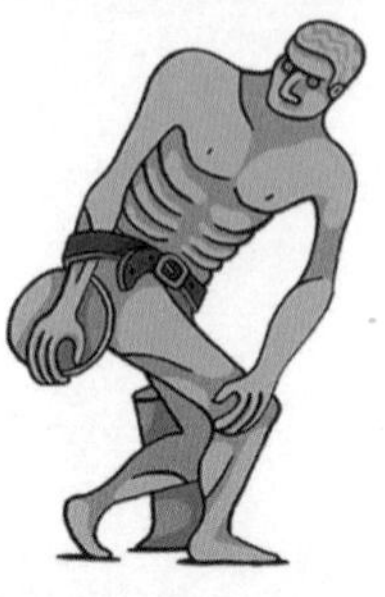

에네코(Eneko)의 삽화 〈그리스〉—2010년.

하는 결과를 가져올 것이다. 교육, 건강, 문화, 주택, 교통, 수자원, 에너지에 대한 평등한 접근권 보장에 관한 문제는 또 어떻게 풀어낼 것인가? 아마도 그들은 돈 한푼 투자하지 않고 문제가 절로 해결되길 바랄 것이다. 아울러 생태계의 변화나 기후 변화에는 어떻게 대처할 수 있을까? 균형재정의 유지 의무는 실질적으로 국가 채무를 제한할 것이다. 국가의 활동 범위를 축소하고 거의 모든 사안을 민간에 의존하도록 하는 또다른 비법이 아니겠는가?"

안정, 조율 및 거버넌스 조약이 아직 비준되지 않았던 2011년 4월에 아일랜드 전 재무부 장관은 자국의 일간지 《아일랜드 타임스》와의 인터뷰에서 "장관직에 갓 임명됐던 2008년 5월 당시에 나는 이미 금융 부문과 국가재정 운영에 관한 각종 난관에 직면해 있는 우리나라가 경제주권을 사실상 상실했다고 느꼈다. 선택지 중 하나를 택할 수 있는 권한을 진정한 주권이라 할 수 있겠는가?"라고 역설했는데, 사실 그가 재임하던 시기에 아일랜드의 국가 채무는 오히려 큰 폭으로 증가했다.

그러나 재정 준칙이 모든 국가에 똑같이 적용되는 것은 아니다. 예를 들어, 2003년에 프랑스와 독일의 적자는 국내총생산의 3%를 초과했다. 당시 유럽집행위원회는 재정적자 기준 위배에 대한 제재를 적용하려 했지만, 유럽이사회가 나서서 이를 저지했다……. 2008년 금융위기 당시나 2015년 말에도 재정준칙은 찾아볼 수 없었다. 2015년 당시 유럽은 두 가지 난관에 직면해 있었다. 시리아와 이라크 난민 수용 문제와 유럽을 강타한 이슬람 무장단체 지하드의 테러였다. 그해 11월 16일에 프랑수아 올랑드 대통령은 베르사유에서 모인 프랑스 국민의회 의원들 앞에서 "안전조약이 안정조약에 우선한다"고 밝혔다. 만약 그리스가 같은 상황에 놓였더라면, 그 뜻을 과연 끝까지 관철할 수 있었을까?

또다른 비전

약자는 돈을 치르지만, 강자는 협상한다

빚은 도덕률을 내세워 정의로움을 답습하려는 속성이 있다. 대상을 불문하고 한결같이, 공정하고 무차별하며 무자비한 정의의 검으로 채무자를 징벌하기 때문이다. 그러나 어떤 이에게는 '모든 빚'을 '즉시'에 상환하도록 요구하지만, 다른 이들에게는 그저 빚을 상환해야 할 의무만 남겨둔 채로 빚을 탕감하거나 상환을 유예하기도 한다.

템플 기사단 처형(1307~1314)

1910년에 삽화가 지노 스타라스가 그린 《철 가면》의 표지
과거 프랑스의 군주들은 빚을 청산하기 위한 목적으로 자신들에게 돈을 빌려준 채권자들을 정기적으로 숙청했다. 철 가면에 등장하는 얼굴을 가린 수수께끼의 죄수가 니콜라 푸케이었을지도 모른다는 설이 전해지고 있는데, 그는 루이 14세의 재무총감으로 있으면서 국가에 돈을 빌려주어 많은 재산을 축적했다고 알려져 있다. 한편 미남왕 필리프 4세는 왕실의 주요 자금원이었던 템플 기사단을 해산시키는 방법으로 채무를 청산하기도 했다.

과거 한때에는 국가가 채무의 부담에서 쉽게 벗어났던 시절이 있었다. 예를 들면, 프랑스 군주들은 채권자들을 처형함으로써 빚을 청산하기도 했다. 원시적이기는 하지만, 오늘날 일반적인 '구조조정'의 한 형태로 볼 수 있다. 국제법은 채무를 진 국가로부터 이 같은 재량권을 박탈했다. 반대로 국제법은 채무국에게 약속에 대한 연속성의 원칙을 강요한다. 이른바 '팍타 순트 세르반다(Pacta sunt servanda, 합의는 준수되어야 한다)'를 원칙으로 제시하는 것이다.

유해한 채무

그렇다면 언제든 예외라곤 없이 '팍타 순트 세르반다'를 외치며 모든 약속을 엄명으로 지켜야 하는 것일까? 유엔무역개발회의(UNCTAD)는 2007년 7월 자 자료를 통해 "국제법상으로 채무상환의 의무는 절대적인 것으로 간주한 바 없으며, 일반적으로는 한계를 두거나 차이를 구분한다"고 명기하고 있다. 불합리한 채무의 효력을 무효로 하는 법적 근거는 이미 충분히 마련되어 있다. 독재 정권이 체제 유지를 목적으로 돈을 빌려다 써서 발생한 '유해 채무(odious debt)', 국민의 이익을 고려하지 않은 채 돈을 빌려 생겨난 '부당 채무(illegitimate debt)', 그리고 '합의의 결함'을 지닌 채무처럼 국가를 옥죄는 채무에 대해서는 그 전체 또는 일부에 대한 상환의무를 법에 따라 유예하거나 면제하도록 할 수 있다. 우선 유엔(UN)헌장 제103조를 살펴보자. "국제연합회원국에 대해 유엔헌장 상의 의무와 다른 국제협정상의 의무가 상충하는 경우에는, 본 헌장상의 의무가 우선한다." 그밖에도 제55조에는 "국제연합회원국은 국제협력을 통해 더욱 높은 생활 수준, 완전 고용, 그리고 경제적 및 사회적 진보와 발전의 조건을 촉진한다"라는 회원국의 의무도 헌장의 내용으로 포함되어 있다.

❶	❷
❸	❹
❺	❻

—

❶ 아르헨티나 폭동—2001년 12월 20일, 부에노스아이레스 (사진: 니콜라 푸스토미즈)

2001년 12월 5일에 국제통화기금은 아르헨티나의 구제금융 요청을 거부함으로써 전례 없는 위기를 촉발했다. 아르헨티나는 그에 앞서 3년간 총 7차례에 걸쳐 긴축 조치를 시행하며 국제통화기금(IMF)의 요구를 이행한 바 있다. 수천 명의 시민이 식량을 구하기 위해 상점에 몰려들었고, 정권 퇴진을 요구하는 시위를 벌였다. 32명의 목숨을 앗아간 유혈진압 직후 페르난도 데 라 루아 대통령은 결국 사임을 결정해야 했다. 12월 23일에 아르헨티나 임시정부는 당시 전 세계에서 가장 큰 규모의 디폴트(채무불이행)를 감수하며 900억 달러를 지급하면서 대외 채무상환 중단을 선언했다.

❷ 파신팟(FaSinPat) 창립 10주년을 기념하는 마누 차오(스페인계 프랑스인 음악가)의 콘서트— 아르헨티나 네우켄, 2011년.

'고용주 없는 공장(Fábrica sin patrones · FaSinPat)'이라는 의미의 상호를 내건 이 도자기 공장은 2001년 경제위기 이후에 탄생한 노동자 협동조합이다.

❸ 특급호텔 '바우엔'에서 열린 직원 간담회—2001년, 부에노스아이레스.

이 호텔은 2001년 당시 파산한 수많은 아르헨티나 기업 중 하나다. 이후 협동조합의 직원들이 호텔을 인수해 운영하고 있다.

❹ 미국에 수출할 장미 다발을 준비하는 공장노동자들—2013년, 에콰도르 카얌베 (사진: 메레디스 코후트)

라파엘 코레아는 국제 금융기구에 대한 복종 거부를 주요 공약으로 앞세워 2006년 말 에콰도르 공화국의 대통령에 당선됐다. 취임 직후 독재 기간 축적된 공공 채무에 대한 감사에 착수했다. 그 결과로 감사위원회는 32억3,000만 달러에 육박하는 국내외 채무의 85%가 부당채무에 해당한다고 선언함에 따라, 전체예산에서 채무가 차지하는 비율을 32%에서 15%로 감축할 수 있었으며, 사회지출의 비중은 12%에서 25%로 확대됐다.

❺ 부에노스아이레스의 '브루크만 섬유공업협동조합'을 지지하는 문구를 담은 스텐실. 이 공장은 나오미 클라인이 2004년에 감독한 다큐멘터리 〈동행(The Take)〉에 영감을 줬다.

❻ 2001년 경제위기 당시 가치가 폭락한 국가 화폐(페소)를 보조하는 수단으로 통용되고 있는 다양한 지역 화폐 중 하나

2015년의 그리스는 청년 2명 중 1명이 실업자이며 인구의 30%가 빈곤선* 이하의 생활을 하고 있었다. 그런데도 그리스에는 채무상환 압력이 가해졌다. 법의 적용은 채무국과 채권국 간의 힘의 균형에 달려 있기 때문이었다.

1898년, 쿠바에 대한 지배권을 미국에 넘겨주게 된 스페인은 식민지 시절에 발생한 쿠바의 채무(이른바 점령 비용)를 상환할 것을 미국에 요구했다. 미국은 식민 지배를 받은 쿠바의 국민으로부터 침략 비용을 돌려받으려는 스페인의 요구를 거부했고, 당시로서는 생소했던 이같은 사례는 저주스러운 채무라는 뜻의 '유해채무(odious debt)'라는 개념의 근간이 되었다.

21세기 초에 미국은 이라크를 침략해 전쟁을 벌였다. 이라크 침공 몇 달 후, 〈폭스뉴스〉에 출연한 미국의 존 W. 스노(John W.Snow) 재무부 장관은 "한 가지 분명한 사실은 현재 도피 중인 독재자정권의 치부수단으로 활용됐던 채무로 인해 이라크 국민들이 고통을 받아서는 안 된다는 것"이라고 언급했다. 당시 미 행정부는 미국이 전쟁을 통해 이라크에 세운 친미정권의 상환 능력을 확보하는 것이 관건이었다. 이어 미국은 '채무상환은 원칙 준수의 문제가 아닌 산술적 계산에 지나지 않는다'는 견해를 밝혀 평소 일관되게 '국가의 계약 충실 원칙'을 옹호하는 사람들을 아연실색하게 만들기도 했다. 《파이낸셜 타임스》는 2003년 6월 16일 자 논평에서 "가장 중요한 문제는 (이라크의) 채무를 묵인하고 감내할 수 있느냐이다"라고 평가하기도 했다. 하지만 그로부터 12년이 지난 시점에 경제학자들은 그리스에는 이런 관용이 허용되지 않는다고 입을 모았다. 2016년에 그리스는 벼랑 끝에서 구제금융 협상을 벌였지만, 채권국들은 눈 하나 깜빡하지 않았다. 기본적으로 원금에 대한 채무 탕감은 있을 수 없다는 것이 채권국들의 입장이었다.

서독은 공산주의를 봉쇄하는 방어지대

지난 20세기 중반에 독일 연방공화국(서독)의 채권국들은 오늘날보다 사뭇 관대한 모습이었다. 관련 국가들이 서독의 채무를 탕감하는 데 적극적으로 동의하는 전례 없는 관대함을 보였다. 〈블룸버그〉 통신의 기자 레오니드 버쉬드스키(Leonid Bershidsky)는 다음과 같은 설명을 제시했다. "서독이 (그리스는 받을 수 없는) 채무 탕감의 혜택을 누렸던 한 가지 확실한 이유는 서독이 공산주의를 봉쇄하는 최전방에 있었기 때문이다." 이런 조치들로 이득을 본 서독 정부는 철저히 반마르크스주의적인 입장을 견지했다. 그리스의 채권국들은 알렉시스 치프라스(Alexis Tsipras) 그리스 총리가 이런 자질과 정치적 소양이 턱없이 부족하다고 여길 것이 분명하다.

10 금융 – 지속 가능하지 않은 약속

지금껏 키메라가 불사조의 형상으로 이 세상에 모습을 드러내는 일은 몹시 드물었다. 반면 우리 인간은 아주 오래전부터 나무는 결코 하늘을 찌를 만큼 줄기를 뻗어 올리지 않으며, 거품은 결국 꺼지기 마련이라는 세상의 순리를 몸소 깨우쳐왔다. 그러나 순리를 거슬러 역리를 염원하는 이들은 어느 시대에나 존재한다. 특히 지난 40년간, 그 염원은 경제 금융화라는 모습으로 세상에 나타나서 급기야 우리 사회를 견인하는 원칙으로 자리를 잡았다. 그러나 금융의 부상은 모든 나라와 모든 국민에게 똑같은 결과를 가져다주지 않는다. 전 세계 억만장자 숫자의 증가라는 금융의 주요한 업적은 두 가지 결실을 거뒀다. 다름 아닌 불평등의 확산과 거듭되는 경제위기다.

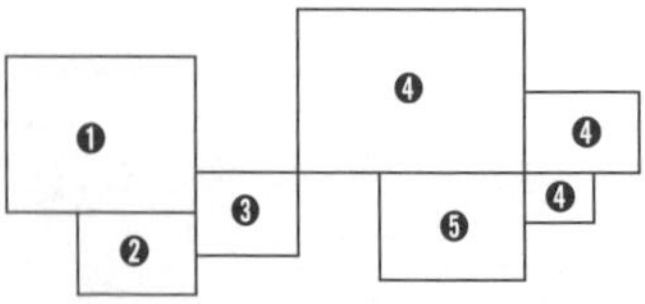

❶ 스페인 세세냐에 있는 프란시스코 에르난도의 자택—2007년(사진 : 마르켈 레돈도)
❷ 스페인 파를라—2014년. (사진: 클로드 포케)
❸ 스페인 시우다드 발델루즈—2011년.
❹ 마드리드 푸에르타 델 솔 광장 점거 당시 모습—2011년 5월 18일, 5월 20일(상), 6월 4일(하).
❺ 스페인 인민당(Partido Popular · PP)이 주도한 노동시장 개혁 반대 시위—2012년 2월 19일. 유리창에 적힌 문구: “당신들이 선포한 전쟁을 받아들인다.”

1998년부터 2008년 스페인에 신축된 주택의 수는 프랑스, 독일, 영국, 그리고 이탈리아의 신축 주택을 모든 합한 숫자를 능가한다. 국내총생산의 최대 18%를 차지하는 부동산 부문은 경제성장을 촉진한다. 하지만 거품이 꺼지고, 미분양 주택이 속출할 경우 스페인 중부 톨레도의 세세냐와 같은 유령 마을 혹은 유령 도시가 생겨난다.

올모 칼보의 사진은 스페인의 15M운동이 촉발된 2011년 5월 15일의 모습이 길이 기억되도록 하는 역사의 기록이다.
스페인 국민은 "우리를 대표하지 않는 민주주의"를 규탄하기 한자리에 모였다. 스페인 정치 체제를 더럽히는 부패 스캔들에 더해진 긴축정책은 수많은 사람을 빈곤층으로 내몰고 있다. 2008년에는 실업률이 37%나 증가했으며 인구의 25%,_청년층의 50%가 실업 상태에 놓여있다. 위기가 시작된 이래 60만 명이 넘는 인구가 강제퇴거로 인해 집을 잃었다.

“브릭스(BRICS)는 국제질서를 재편할 것이다”

2007~2008년의 경제위기가 선진국을 강타했을 당시, 브릭스(BRICS)를 구성하는 다섯 국가인 브라질, 러시아, 인도, 중국, 남아프리카 공화국은 머지않아 그들이 경제력으로 국제 무대에서 존재감을 과시하게 될 것이라는 기대를 심어주었다. 특히 경제적, 지정학적 질서에 새로운 힘의 균형을 가져온 것처럼 보였던 브릭스 국가들의 디커플링(decoupling, 탈동조화) 움직임은 오랜 기간 미국 주도로 일관해온 세계 흐름을 재편할 듯했다.

〈복제예술08, 마그리트(Copy Art 08, Magritte)〉—2014년 (사진: 마이클 울프)
중국 다펀 유화촌에는 유명 미술 작품의 모작 전문 시장이 있다. 수백 명의 중국 화가들이 서양 미술 거장들의 명화를 모사해 싼값에 판매한다. 르네 마그리트의 그림을 복제한 자신의 '작품'을 들고 포즈를 취한 이 마을의 한 모사화가.

이들 신흥경제국이 세계 경제의 불황에도 흔들리지 않고 빠른 경제성장을 기록하자 일부에서는 해당 국가들의 경제가 선진국으로부터 디커플링되고 있다고 평가했다. 하지만 현실은 달랐다. 신흥국의 경제는 세계 경제에 편승한 대가로 한 바탕 몸살을 앓았다. 디커플링 현상도 없었다. 그 대신 경제의 거품이 서서히 걷히면서 각 국가는 저마다 각종 변수와 전망을 다시 손보아야 했다.

2008년 9월에 금융 시스템의 붕괴 위협에 직면한 미국의 금융당국은 사상 초유의 양적완화* 카드를 꺼내들었다. 이는 최저 금리*로 시중에 통화를 대량 공급해 경기를 부양하는 통화정책이다. 그 결과 위축됐던 경제 심리가 개선되면서 투자도 재개됐다. 한편 양적완화로 돈이 풀리면서 늘어난 유동성은 신흥국으로 유입되면서 환율 하락과 신흥국의 통화가치 상승을 불렀고, 고정환율제의 경우처럼 외국인 투자자에게 유리한 투자 환경을 조성했다.

이에 따라 (채권* 매입 위주의) 글로벌 포트폴리오 투자*의 흐름이 신흥국을 향하게 되면서 과도한 채무와 물가 상승이 일어났다. 대다수의 브릭스 국가는 국제통화기금(IMF)의 권고에 따라 각종 형태의 금융 자유화 정책을 채택하고 있다. 현재 다섯 국가 가운데 내국인과 외국인의 금융거래를 엄격히 구분해 통제하는 국가는 중국뿐이다. 신흥국의 금융 시장은 선진국과 비교하면 규모가 작아, 불안요인이 발생하면 상대적으로 더 큰 충격을 받는다. 그러므로 외국 자본의 이탈을 막으려면 더 높은 수익을 기대하는 투자자의 심리에 맞춰 높은 금리를 유지해야 한다. 그 결과, 신흥국 시장은 국가 간의 금리 차로 수익을 내는 캐리 트레이드*를 노리고 유입되는 초국적 자본의 흐름에 무방비로 노출될 수밖에 없다.

또다른 불안요인으로는 원자재 가격의 변동을 들 수 있다. 오늘날 대부분의 신흥국 경제는 금융화되었다. 그 영향으로 지난 20년간 원자재 가격의 급등락이 주기적으로 반복되었다. 특히 러시아나 브라질과 같은 원자재 수

영화 〈갈증〉의 포스터, 구루 두트—1957.
인도 발리우드의 걸작으로 꼽히는 이 서정적인 영화는 매춘여성과 사랑에 빠진 한 시인의 이야기를 그리며 사회적 비극을 이야기한다. 자신을 격려했던 연인이 죽은 후에야 시인은 비로소 세상으로부터 인정을 받는다. 1950년대 전성기 이후 인도 영화 산업은 꾸준히 성장해, 매년 2,000여 편의 영화가 제작되고 있다(미국은 연간 500여 편의 영화를 제작함). 10억 명이 넘는 인도 내의 인구를 비롯해 영국과 미국뿐 아니라 중동지역에도 널리 흩어져있는 인도인의 인구적 특징이 이러한 역동성을 가져왔다고 보기도 한다. 대부분 인도 영화라고 하면 뭄바이 지방에서 힌디어로 제작된 상영시간이 긴 뮤지컬 형식의 통속극을 떠올리지만, 이는 인도에서 제작되는 전체 영화의 1/4에 불과하다. 인도 영화 산업에서 지역 영화가 차지하는 비중은 상당한데, 하이데라바드 지방에서 텔루구어로 제작된 톨리우드 영화와 첸나이 지방에서 타밀어로 제작된 콜리우드가 대표적이다.

〈세력(Long Arms)〉—2013년, 러시아 그래픽 디자이너 단체 오스텐그루페의 포스터

출국의 경우 국제 원자재가는 대외수지와 공공예산에 직접적인 영향을 미친다. 원자재의 물가가 오르면 경상수지 흑자가 확대되고 외화 유입이 증가하는 한편 정부 수입도 늘어난다. 그러나 2014년 7월 이후로 계속해서 원자재가가 내림세를 나타내고 있는 현 상황에서는 그 결과가 정반대로 나타나기 때문에 국가가 환율 안정성을 담보하기가 더욱 어려워진다. 러시아, 브라질, 그리고 남아프리카 공화국의 통화가 이같은 상황에 노출됐고, 2014~2015년 기간에는 통화가치가 급락하는 위기를 맞았다.

금융 불안정은 중국을 필두로 한 신흥국 미래의 불확실성을 가중한다

금융 불확실성의 세 번째 요소는 중국과 깊은 연관이 있다. 각국의 정부는 2008년 금융위기에 대응하기 위해 사회 기반시설에 대대적인 투자를 단행했다. 이 정책은 전국에 걸쳐 건설과 부동산 사업을 촉진하는 결과를 가져왔다. 공급 못지않은 수요가 발생하면서 도시마다 집값이 치솟았고, 상하이, 선전, 베이징과 같은 일부 도시에서는 부동산 가격이 2배~3배씩 급등하면서 부동산 거품 현상이 최고조에 달했다. 그러다 2015년에 들어서면서 부동산 가격은 점차 가라앉기 시작했다. 앞으로 투자자 대출 규제와 가계의 실질소득 증가가 가격 하락에 따른 충격을 제대로 흡수할 수 있을지는 아직 미지수다.

중국의 주식시장 상황도 불안하기는 마찬가지이다. 금융 자유화는 개인 위주의 새로운 투자자를 끌어들이는 계기가 되었으며, 2014년부터 2015년 6월에 걸친 기간 동안 증시는 상승세를 이어갔다. 많은 투자자가 대출에 의존하고 있어, 만일 상황이 역전되어 증권 가치가 떨어지면 레버리지 투자는 양날의 칼로 작용할 위험이 크다. 실제로 2015년 6월부터 중국 증시는 내림세를 그리기 시작했다. 그러다 같은 해 8월 24일과 25일에 상해 종합지

수가 첫 폭락을 기록했고, 2016년 1월에 다시 한번 주식 시장이 크게 무너졌다. 2015년 6월부터 2016년 2월 사이의 하락 폭은 45%에 달했다. 중국의 경제 규모를 고려하면 손실액이 상대적으로 미미해 보일 수 있으나, 중국이 세계 경제에 미치는 영향은 상당할 것으로 예상된다. 거시경제 둔화와 함께 중국 금융 시장의 불안이 확대되면서 신흥국 미래의 불확실성도 확대되고 있다.

금융위기란 무엇인가?

'위기'라는 단어는 지난 40여 년간 뉴스, 정치 평론, 경제 보고서를 통해 끊임없이 언급되어왔다. 일부 사람들은 위기를 통해 경제학자 조지프 슘페터(Joseph Schumpeter)가 미래를 준비하는 과정이라고 여겼던 '창조적 파괴'를 떠올린다. 또다른 이들에게 위기란 실업이 초래하는 불안이나 불안정, 그리고 불행을 의미한다. 이렇게 많은 해석을 불러오는 위기의 참모습은 대체 무엇일까?

"비 온 뒤에 땅이 굳는다." 각종 경기 지표에 집착하는 경제학자들과 정치인들은 늘 노심초사 경기 회복의 조짐을 엿보느라 여념이 없다. 그들에게 경제는 호황(성장 속도의 가속화), 수축, 침체*(성장 속도의 둔화) 그리고 회복으로 이어지는 일련의 현상이다. 이 네 가지 국면을 통틀어 흔히 경기순환 또는 경기변동이라고 부른다.

경기 후퇴는 종종 불황*(경기가 크게 하락하는 상황)으로 이어지곤 하는데, 역설적이게도 호황 시기에 누적된 여러 문제를 해결하는 계기가 되기도 한다. 이 주장의 진위를 확인하려면 앞으로의 상황을 예의주시해야 할 것이다…….

하지만 불황보다 더 극단적인 상황이 펼쳐지기도 한다. 자동차에 관한 한 가지 은유를 빌리자면, 연료만 넣는다고 무조건 시동이 걸리는 것은 아니

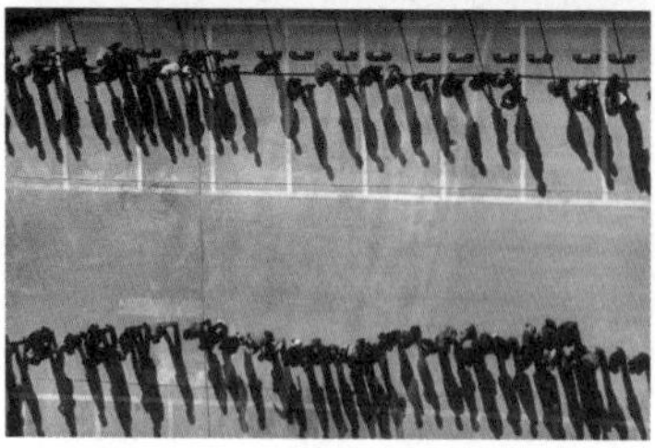

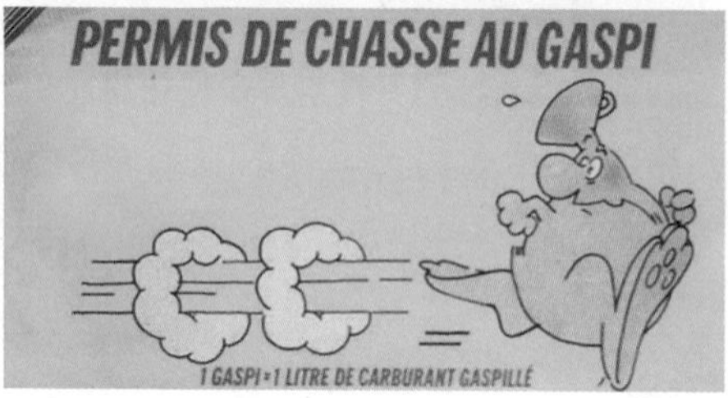

❶	❷
❸	❹

—

❶ 인도네시아 자카르타 의회 앞 시위대—1998년. (사진: 에니 누라헤니)
상당 기간 빠른 성장을 기록하며 언론의 칭찬 세례를 받았던 인도네시아는 아시아 외환위기의 직격탄을 맞고 극심한 혼란을 겪었다. 1997년 10월 8일, 인도네시아는 국제통화기금(IMF)에 긴급주제 금융을 요청했다. IMF가 제시한 금융지원의 조건 중 하나는 식량 보조금 지원 중단이었다. 그간 정부가 지원하는 식량 보조금에 의존해 인도네시아 시장은 낮은 임금 정책을 고수할 수 있었다. 1998년 2월, 국제통화기금 요구에 따른 시장경제로의 전환은 민중 봉기를 촉발했다.

❷ 〈뉴욕 월가(Wall Street) 시장의 황소와 곰〉—1879년, 뉴욕.
이 작품은 1873년 5월 은행 연쇄 파산이 부른 장기불황에 이어 찾아온 대공황기에 만들어졌다. 주식시장에서 뿔을 하늘 위로 치켜세운 황소는 상승을 기원하는 투자자를 상징하며, 앞발로 내리치는 곰은 하락 시장의 투기세력을 상징한다.

❸ 서울 일자리센터 앞 대기열—1998년, 서울. (사진: 성남훈)
'선진국의 반열'에 올라서던 한국 경제는 1998년 외환위기의 풍랑 속에서 '혹독한 시련'을 겪었다. 실업률이 불과 몇 달 만에 20%를 넘어섰고, 임시직과 시간제 일자리가 전체 일자리의 45%를 차지하기에 이른다. 자살률이 200% 증가했을 정도였다.

❹ 프랑스 도로지도 뒷면—1979년. '과소비 퇴출'은 1973년과 1979년 두 차례의 오일쇼크 이후 프랑스 정부가 시행한 에너지 절약 촉구 캠페인이다.

다. 새로운 엔진으로 교체해야 하는 때도 있다. 단순 '경기순환' 주기에 따라 반복되는 문제를 넘어서면, 더는 성장기로 진입할 수조차 없는 '대공황'을 맞이하게 된다.

1929년부터 1932년까지 미국을 휩쓴 격심한 경제 불황이 바로 이에 해당한다. 문제는 19세기부터 누적된 부적절한 경기 대응의 여파였다. 양차 세계대전 사이에서 당시 산업은 활로를 찾지 못한 채 표류중이었다. 이후 과학적 관리법(p. 101 참조)에 기초한 테일러주의(Taylorism)는 획기적인 생산성*의 향상을 가져왔다. 기업은 점점 더 내수, 특히 인구의 큰 비중을 차지하는 임금노동자의 수요에 의존할 수밖에 없었다. 기업들은 하나같이 충분한 수요를 확보하지 못해 고전을 면치 못하고 있었지만, 임금노동자의 급여 인상이나 노동조합의 조직과 같은 문제에는 특별한 관심을 기울이지 않았다.

정부의 중추적 역할

이런 배경에서 발생한 미국의 대공황은 뉴딜(New Deal) 정책, 그리고 제2차 세계대전의 종식과 함께 제시된 다양한 처방에 힘입어 비로소 극복될 수 있었다. 그리고 마침내 포드주의(Fordism)가 등장해 효율적이고 일관된 작업방식을 통한 대량 생산이 가능해졌다. 노동 생산성의 증대와 잉여 가치를 생산하는 집약적인 축적 체제는 프랑스의 '영광의 30년' 시기를 특징짓는 요소이기도 한 고용주와 노동자 간의 이윤 공유를 용이하게 했고 '임금-물가 연동제*'를 가능하게 했다. 이 당시 정부는 경제의 중추적인 역할을 수행했다. 정부는 설비에 대한 투자를 확충하고 재정정책과 통화정책을 통해 경기를 조절했다(p. 70-71 도표 참조). 아울러, 이 당시의 경제는 지금보다 훨씬 낮은 대외개방도를 띠었다는 특징이 있다.

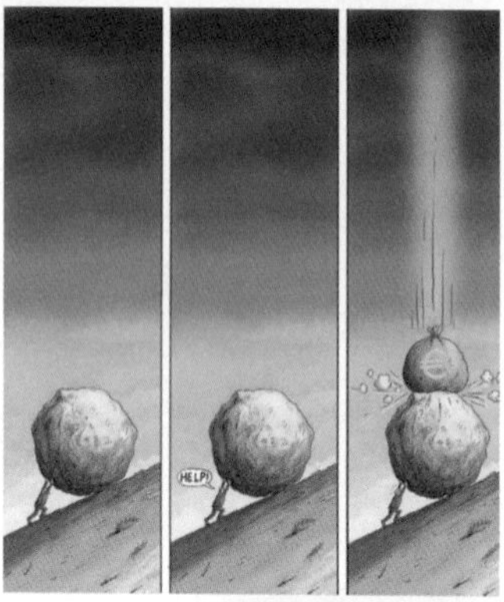

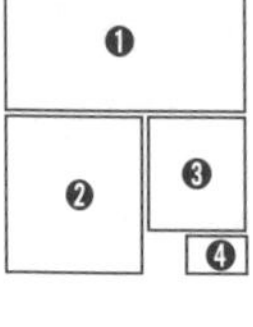

—

❶ 에티오피아 아미바라 지역 인근의 사탕수수밭 꺾꽂이—2011년, 에티오피아.
수확된 사탕수수는 농업연료 생산에 쓰인다. 에티오피아 주는 2008년부터 수십만 헥타르의 경작지를 다국적 기업에 터무니없는 가격에 임대하도록 징발하고 있다. 그 결과 농산물 수출이 증가했지만, 국민은 식용작물이 눈앞에서 사라지는 것을 보면서도 국제 식량 원조에 의존할 수밖에 없는 현실에 처해있다.

❷ 〈마몬(금전욕을 심어주는 악마)〉—1720년경. (판화)
탐욕이 불러오는 폐해를 고발하고자 축제 무대에 올려진 이 연극은 프랑스에서 발생한 최초의 주식시장 붕괴를 다룬다. 루이 14세가 서거한 후 섭정을 맡았던 오를레앙공 필리프 2세는 부채를 줄이고 경제를 부흥하기 위해 존 로에게 도움을 요청했다. 스코틀랜드 출신의 경제학자 존 로는 지폐를 발행하는 일반은행(Banque Générale)을 건립하고 일반 대중을 대상으로 주식을 발행하는 미시시피 회사(Mississippi Company)를 운영하는 두 가지 새로운 경제체제를 도입했다. 식민지 건설은 곧 부의 축적으로 인식되면서 큰 열풍을 일으켰고, 열풍은 투기를 불렀다. 1720년, 절정에 달했던 투기 거품이 터지고 과열이 식기 시작할 무렵, 프랑스의 부채는 감당할 수 없을 정도로 많아졌고 존 로는 해외로 추방됐다.

❸ 〈시시포스〉—2011년. (삽화: 마리안 카멘스키)

❹ 에티오피아 아디스아바바의 원자재 거래소—2011년, 에티오피아. (사진: 알프레도 비니)

오늘날 포드주의 생산방식은 그 가치가 차츰 퇴색해간다. 일부는 이런 쇠퇴의 원인을 오히려 해당 방식이 거둔 성과에서 찾기도 한다. 최고점에 오른 포드주의* 경제체제는 결국 잉여생산을 발생시키기 때문에 저개발국으로 방향을 돌려 새로운 활로를 모색하게 된다는 설명이다.

순진하고 극단적인 오판에서 비롯된 낙관론

이런 변화는 자본의 자유로운 이동을 촉진하며 그 결과, 국가 간의 새로운 상호의존성이 발생한다. 포드주의의 기반이 약화한 두 번째 이유는 국제화의 진행에 있다. 새로운 수요에 대응해 수출을 늘리는 과정에서 국가 간 가격 경쟁이 심화되는데, 이는 결국 노동자들이 받는 임금과 사회보장 혜택이 축소되는 결과로 이어진다. 그러나 대량실업 사태에 따라 노동권에 대해 목소리를 내기가 어려워진 노동자들은 열악해진 노동 조건을 그대로 수용할 수밖에 없다.

포드주의를 대체하는 성장 모델이 무엇이라 단정하기는 어렵다. 1990년대에 우리는 금융 혁신에 기반한 성장 모델에 기대를 걸기도 했다. 이론상으로 해당 성장 모델이 창출하는 부의 효과는 줄어든 임금을 보상하는 기능을 할 수 있다. 요컨대 임금 인상은 없지만, 노동자들은 금융 저축 상품이나 보유하고 있는 주식에서 이윤을 취함으로써 소비를 늘리게 된다는 것이다. 하지만 보다 장기적인 관점에서 해석하면, 노동 임금이 소비를 진작하는 주된 요인이라고 볼 수 있다. 미국에서 시작돼 전 세계로 확대된 2007~2008년 금융위기는 이 같은 이치를 다시금 깨닫게 해주었다.

금융 시장은 장기적으로는 유효하지 않은 수익성에 기반한 원칙을 기업에 제시함으로써 그 어떠한 뚜렷한 대안도 없는 상태에서 (포드주의를 비롯해) 여태껏 유지해온 경제체제의 근간을 뒤흔드는 결과만을 가져왔다. 금융과 기업들의 생산방식이 세계화됨에 따라 정부는 시민들의 요구에 대응할 능력을 상실하기에 이르렀다.

그러므로 비 온 뒤에 땅이 굳는다는 순진무구한 전제는 완전한 오류일 수밖에 없다. 새로운 투기성 거품이 성장을 멈추도록 할 것인가, 아니면 포괄적인 녹색 경제에 기반한 전례 없는 국제 협력을 끌어낼 것인가? 여러모로 진지한 고민이 필요한 시점이다.

뻐꾸기 둥지 위로 날아간 금융가

"시장에 희열을 가져온 주가 상승", "공포에 출렁이는 증권가". 희비가 엇갈리는 금융 시장의 모습은 마치 조울증과 신경쇠약에 시달리는 사람을 보는 것만 같다. 그러나 투자자들의 합리성에 지나치게 높은 신뢰를 부여한 금융 경제 전문가들은 오랜 시간 금융위기가 절대 발생하지 않을 것이라고 주장했다. 하지만 그들의 주장을 반박할 역사적 근거는 넘쳐날 지경이다.

1636~1637년 겨울에 네덜란드의 튤립 구근 시장에 뜻밖의 호재가 터졌다. 유럽에 처음 소개된 튤립은 큰 인기를 끌었고 턱없이 높은 가격에 거래됐다. 튤립은 현물이 아닌 약속어음(향후 특정 시점에 금액을 치르기로 약속하는 유가 증권)을 교환하는 방식으로 거래되었고, 이 혁신적인 거래 방식은 단순히 예쁜 꽃다발로 저택을 장식하려는 목적이 아니라, 오로지 환매를 통한 수익에만 열을 올리는 투기꾼들의 탐욕을 크게 자극했다. 하지만 일순간 거래가 얼어붙기 시작하자 곧이어 가격이 급락하는 바람에 어음이 부도나고 투자자들은 파산을 맞았다. 훗날 자본주의 체제에서 경제위기는 빈번하게 발생하게 됐지만, 이 '튤립 파동'은 사실상 최초의 금융위기로 기록되고 있다.

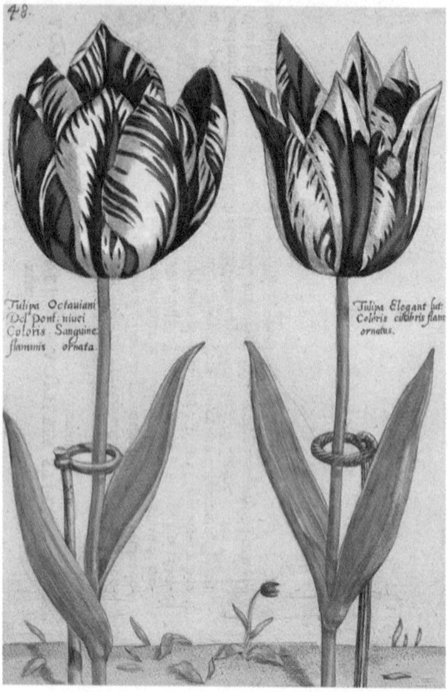

식물학자 바실리우스 베슬러의 저서 『Hortus Eystettensis(아이히슈테트의 정원)』에 수록된 삽화—1613년.

식물 전집 『Hortus Floridus(꽃들의 정원)』에 수록된 동판화—1614~1615년.

1634~1637년 사이 네덜란드연방공화국에서 튤립 구근의 가격은 무려 5,900% 상승했다. 19세기 스코틀랜드 작가 찰스 맥케이에 의하면, 당시 가장 아름답고 사람들이 매료됐던 튤립인 '셈페 아우구스투스(Semper Augustus)' 구근은 투기가 절정에 달했던 시기에 1만 플로린의 값이 매겨졌는데, 이는 암스테르담 운하 옆에 지어진 근사한 저택 한 채 값에 상응하는 수준이었다.

구근과 거품

금융 불안정이 반복되는 이유에 관해 경제학계의 두 진영에서는 각기 서로 다른 해석을 내놓고 있다. 한편에서는 경제주체의 합리적인 기대 때문이라는 낙관론을 펼친다. 이들은 거품 경제가 외생적 요인(유행, 흉작, 정부의 섣부르고 일관성 없는 정책 결정)으로 인해 촉발된 예외적인 사건의 결과라고 주장한다. 그 주장에 의하면 정상적인 조건에서 금융 시장은 항상 효율적으로 작동하지만, 서로 대칭된 정보를 공유하는 경제주체들이 종종 부정확한 예측으로 판단착오를 일으킬 수 있다. 그러나 이런 상황이 반드시 위기로 이어지지는 않는다. 한쪽에서의 과소평가는 다른 한쪽의 과대평가로 상쇄된다는 설명이다. 따라서 최선책은 무엇보다도 정부가 신뢰받는 일관된 통화정책을 펼침으로써 금융 시장의 혼란을 최소화하는 것이다. 이 (극단적 낙관) 이론을 처음 제기한 로버트 루카스(Robert Lucas)는 금융 시장의 규제 완화를 촉구한 바 있다. 그리고 2003년에 자신의 주장이 실현됐다고 생각한 그는 전미경제학회(American Economic Association)에서 불황을 일으키는 문제가 "해결되었기 때문에 향후 몇 년간은 안심할 수 있다"고 밝히기도 했다. 다만 그로부터 4년 후, 1929년 이래 가장 심각한 금융위기가 세계 곳곳에 불어닥쳤으니…….

다른 한편에서 경제사에 더욱 통달한 회의주의자들은 경제위기가 시장에 내재한 비합리적 요소에서 비롯된다는 견해를 제시한다. 좀더 정확히 말하자면, 개인 수준의 합리적인 행동이 경제 전체적으로는 해악을 미칠 수 있다는 의미이다.

일례로 극장에서 몇몇 관객이 자리에서 일어나기 시작하면 시야가 가려져 다른 관객들도 부득이 자리에서 일어나게 되고, 그러다 보면 상연을 중단할 수밖에 없게 되는 것과 같은 이치이다. 금융시장의 '희열'과 '공포'와 같은 표현은 다수의 경제주체가 군중심리에 의한 집단행동을 취함으로써 편

더멘털*(자산에 내재한 기초가치, fundamental)과 무관한 가격이 형성되는 현상을 지칭한다. 금융 불안정성은 투자자들의 예측에 금융 시장이 민감하게 반응하는 정도, 그리고 급격한 신뢰 상실과 같은 요인에 따라 경제 거품으로 이어질 수 있다.

금융 불안정을 결정하는 주된 요인이 미래 상황에 관한 예측이라면, 금융가나 투자자들의 추론방식을 이해하는 것이 중요할 것이다. 그러나 이들 다수가 경제학자들의 저서를 통해 정보를 얻기 때문에, 결국 금융 불안정은 악순환을 반복한다. 1973년, 금융 파생상품의 가격 결정 원리의 획기적 발견이라 여겨졌던 블랙숄즈(Black-Scholes) 모델의 예를 들어보자. 이 모델을 고안한 이들도 자신들의 공식이 완벽하지 않다는 점을 시인했다. 그런데도 금융가는 블랙숄즈 모델을 채택했는데, 해당 방정식으로 도출되는 결과는 현실의 가격 변동을 상당히 잘 반영하고 있었다. 사회학자 미셸 칼롱(Michel Callon)은 "넓은 의미로, 경제학은 경제의 작용을 관찰해 설명하기보다 경제를 작동하게 하고, 틀을 짜고, 규범을 정하는 역할을 한다"고 지적했다.

소문을 통해 바람의 방향을 예측하며 기회를 노리는 투자자들

공학적 지식으로 문제를 더욱 복잡하게 만드는 '수학자'들이 금융 시장을 홀로 장악하고 있는 것은 결코 아니다. 일부 사람들은 금융 시장의 흐름을 형성하는 주요 투자자들의 행동에 따라 시장이 달라진다고 생각하는데, 그 기점에는 기회에 촉각을 세우고 어느 방향으로 바람이 불지 시시각각 관측을 전달하는 무성한 소문이 자리하고 있다.

일부는 역사에 대한 일가견을 피력하면서 미래의 성장 엔진이 될 분야에 투자하려 한다. 따라서 앞으로의 금융 시장은 타산적이고 공리적인 호모에코노미쿠스가 군림하는 시대를 넘어, 사회학자 올리비에 고데쇼(Olivier Godechot)가 말하는 '각종 합리성을 거래하는 시장'의 성격을 띠게 될 것으로 보인다.

의제자본: 취기와 현기증

단순함과 정교함이라는 정도의 차이만 있을 뿐, 대부분의 사기극은 천편일률적으로 오늘의 투자금이 내일(혹은 모레)이 되면 산더미처럼 불어난다고 장담하는 사탕발림에서부터 시작한다. 금융도 별반 다르지 않다. 2000년대 말에 미국에서 서브프라임 모기지(비우량 주택담보대출)의 거품이 붕괴하며 빚어진 금융위기 사태는 기존 사기극의 수준을 훌쩍 넘어섰다. 반면 그 피해자들은 대체 어떤 고초를 겪어야 했을까?

역대 최악의 세계 경제위기가 발생한 이후 10여 년이 지난 지금, 세상은 커다란 환멸을 맛보고 있다. 달콤한 사탕발림도 더이상 힘을 발휘하지 못하는 그런 세상이다. 1980년대 초 이래로 가속화된 금융화는 시간벌기 전략으로 위기를 지연시켜왔다. 이는 곧 독일의 사회학자 볼프강 슈트렉(Wolfgang streeck)이 지칭하는 '민주적 자본주의' 체제에 해당한다.

경기가 둔화하는 상황에서, 자본가들의 이윤추구에 대한 욕망과 대다수 사람의 소비와 복지에 대한 열망은 서로 모순되어 양립할 수 없는 두 개의 명제였다. '어떻게 하면 자본가들의 욕망을 충족시켜주면서도 대다수 사람들의 열망을 채울 수 있을 것인가'라는 의문에 해답이 된 열쇠는 바로 부채, 소비자 신용, 그리고 투기적 주식거래였다.

2007~2008년, 전 세계를 거칠게 휩쓸고 한 차례 금융위기에서도 드러났듯, 오늘날 그 누구도 의제자본(擬制資本, 가상자본)의 영향에서 예외일 수 없다. 의제자본은 장래 수익을 낳는 원천이 되지만 현실의 가치를 가지지 않는 가공적인 자본의 한 형태이다(국채, 주식, 채권 등이 이에 해당한다). 이런 의미에서 의제자본을 경제적 수입에 대한 일종의 기대라고 해석할 수도 있다. 카를 마르크스(Karl Marx)에 따르면, 의제자본의 부상은 양날의 칼과 같다. 한편으로는, 저축만으로는 자금을 조달할 수 없는 일들을 실현가능하도록 만들어주기 때문에, 자본주의적 발전을 촉진하는 면이 있다. 예컨대, 1990년대 후반의 닷컴 버블은 엄청난 창업 열풍을 몰고왔다. 일부 수익성이 떨어지는 기업들은 얼마 안 있어 자취를 감추었지만, 일부는 구글이나 아마존과 같은 거대 기업으로 성장했다. 반면, 미래에 경제가 성장할 것이라는 막연한 기대라는 면에서 이 자본은 가공의 환상으로 귀결되는 위험을 내포하기도 한다. 2000년대 초 미국에서 부동산의 가치가 끝없는 성장세를 보일 것이라 여겼던 환상은 금융위기가 도래함과 동시에 산산조각이 났다. '약속된' 부와 실제 생산되는 부(실질 경제)의 차이는 가차 없이 위기로 이어진다.

30년간 130% 증가

최근 수십 년에 걸쳐 의제자본의 총량은 폭발적으로 증가했다. 주요 선진국 경제에서 1980년 국내총생산의 약 150%를 차지했던 기본적인 형태의 의제자본(공공 부채, 민간 부문 부채, 주식시가총액*)의 비중은 현재 350%에 이른다. 여기에 파생상품과 같이 정교하게 짜인 금융형태를 고려한다면 그 비중은 훨씬 커진다. 간단히 말해서, 미래 어느 시점에 상환을 약속한 채무가 실제로는 상환할 수 없는 수준으로 증가한 것이다. 이는 결국 2007~2008

❶ **저장 성 항저우 외곽에 있는 톈두청 신도시 전경—2013년.**
모조 에펠 탑을 포함한 오스만 양식의 파리를 본떠 만든 도시 사업이다. 사업에 착수한 2007년 당시에는 1만 명이 거주하는 도시를 만든다는 야심찬 계획을 세웠으나, 톈두청 신도시에 거주하는 인구는 매우 적어서 '유령도시'이자 중국 부동산 거품의 전조 현상으로 간주되고 있다.

❷ **〈타임〉지 표지—1998년 9월**
2000년 3월, 월스트리트는 공황 상태에 빠졌다. 실리콘밸리의 벤처기업들은 수익성이 있을까? 인터넷이 이끄는 '신경제(New Economy)'를 둘러싼 초미의 관심은 최초의 상용 웹 브라우저인 넷스케이프의 주식 상장을 계기로 1996년에 촉발됐다. 그 후 5년간 인터넷 등 정보통신기술 산업이 신경제 산업으로 주목받으면서 각종 기술주에 대한 투자가 쇄도했다. 미국 중앙은행인 연방준비제도이사회(FRB)가 금리 인상을 결정하고, 정보통신기술 분야 경제모델의 부재에 대한 인식이 자리 잡기 시작한 것은 1999년 IT버블이 붕괴된 후의 일이다.

❸ **'뱅크시 vs 브리스톨 박물관' 전시회에서 데미언 허스트의 작품 〈허스트 포인트(Hirst points)〉를 재해석한 미술작가 뱅크시의 작품—2009년, 브리스톨.**
세계에서 가장 부유한 예술가인 영국인 미술가 데미언 허스트는 1990년대 중반을 기점으로 현대미술 시장에 투기 열풍을 불러온 장본인이다. 예를 들어 해골에 다이아몬드를 박아 만든 작품 〈신의 사랑을 위하여(For the Love of God)〉는 2007년에 1억 달러에 판매됐다. 그러나 거품이 꺼지면서 전성기에 거래된 작품들의 가치는 당시 판매가 대비 30% 하락했다.

년 발생한 금융위기의 핵심 요인으로 작용했다.

인건비를 절감하고 채무상환을 보장하는 복합처방법

각국 정부는 금융 시장의 기대이익에 부합해 양립할 수 있는 실물경제 환경을 구축하기 위해 여러 가지 대책을 마련해두고 있다. 예를 들면, 노동 조건 변화(노동법 단순화, 단체교섭 방식 조정, 임금 감축 등)나 정부 지출 축소(긴축재정, 건강보험 적용 범위 제한, 사회분담금 납부 기간 연장)와 같은 조치를 동원한다. 일례로 정부가 채무를 계속해서 감당할 수 있도록 하는 복합처방법이라고 할 수 있는데, 사실상 인건비를 끌어내리고, 사회보장 혜택을 줄여나가는 조치가 그 핵심을 이루고 있다.

차입매매, 돈 한 푼(혹은 거의) 안 내고 기업을 인수하는 방법

2012년 4월, 프랑스 북부 우아즈의 한 공장의 직원들과 회동한 자리에서 프랑수아 올랑드 당시 대선 후보는 "오늘날의 금융가들은 기업의 단물을 빼먹고 팔아버리는 데만 열을 올린다"며 쓴소리를 냈다. 해당 공장을 소유한 키온그룹은 정리해고 계획을 발표한 바 있는데, 이는 미국 자본인 골드만삭스와 콜버그크래비스로버츠(KKR)가 차입매수 방식으로 키온그룹을 매입한 데 따른 후속 조치였다. 여기서 말하는 차입매수란 대체 무엇일까?

차입매수는 레버리지 바이아웃(Leveraged Buyout·LBO)이라고도 불린다. 이는 투자 기업이 아주 적은 자기자본(매입가의 1/3 비율만 차지하기도 함)만을 가진 상태에서, 부족한 나머지 대금을 외부 차입금으로 조달해 기업을 인수·합병(M&A)하는 기법을 의미한다. 이 기법은 2007~2008년 금융위기 이전에 '차입매수 바람'이 불 정도로 크게 성행했다. 수년간의 침체기를 거친 후 2015년에는 차입매수 거래가 2007년 이래 가장 활발해져, 그 규모가 유럽 시장에서만 총 800억 유로에 달했다. 투자자본이 이 운영 방식에 쏠리는 현상은 매우 높은 수익성을 방증한다.

인수 대상 기업의 수익성이 차입 비용보다 높을 경우, 지렛대(레버리지) 효과*가 발생한다. 차입금으로 기업을 인수한 투자자는 기업의 금융수익을 부풀려 높은 이익을 얻을 수 있다. 우선 3~8년에 걸쳐 기업이 지급하는 이익배당금은 부채를 변제하는 데 쓰인다. 그 이후 투자자는 구조조정으로 금융 가치를 극대화한 기업을 (때에 따라 빚을 그대로 떠안은 상태에서) 되팔거나 주식 시장에 재상장시킨다. 이 방식으로 출자한 자본의 50%에 이르는 수익률을 달성할 수 있다.

차입매수를 통해 얻는 절세 혜택은 더 높은 수익성을 보장한다. 예컨대, 인수차입금의 상환 시 발생하는 이자는 법인세에서 공제된다. 인수기업의 매각 시 발생하는 이윤(자본 이득)에 대한 세율도 (다른 세율에 비해) 낮게 책정된다. 프랑수아 올랑드는 대선 후보 시절에 이 같은 세금구멍 문제를 철저히 시정하겠다고 공약한 바 있다(P. 142 참조). 하지만 이후 발표된 정부안은 당시 공약보다 축소된 조치만을 반영함으로써 투자자들을 안심시키는 결과만 가져왔다.

경영자와 직원들의 동기를 유발하는 엄격하고 유익한 경영관리 기법

차입매수는 투자 재원을 공급하는 은행에도 더 많은 수익을 얻도록 한다. 금융 기관으로서 은행은 대출 관련 각종 수수료를 취하고 복잡한 금융상품을 만들어 이자수익을 거둘 수 있다.

반면, 인수 대상 기업이 얻는 혜택에 대해서는 이견이 분분하다. 회사에서 나오는 이익배당금은 기업을 매수하는 과정에서 투자사가 차입한 부채를 상환하는 데 사용된다. 이렇게 경영 이익을 차입금 변제에 우선적으로 할애하면 장기적 안목의 기업 투자는 저해되고, 단기적인 이익만 좇다보니 마케팅 같은 기업 활동이 우선순위를 차지할 수밖에 없다.

투자자들의 두 번째 목표는 기업의 가치를 높이는 것이다. 이는 당초 인수한 가격보다 더 비싼 값에 기업을 매각해 차익을 실현하기 위한 하나의

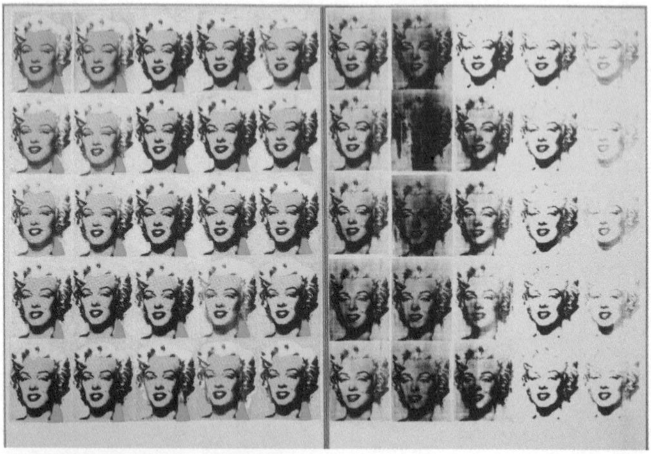

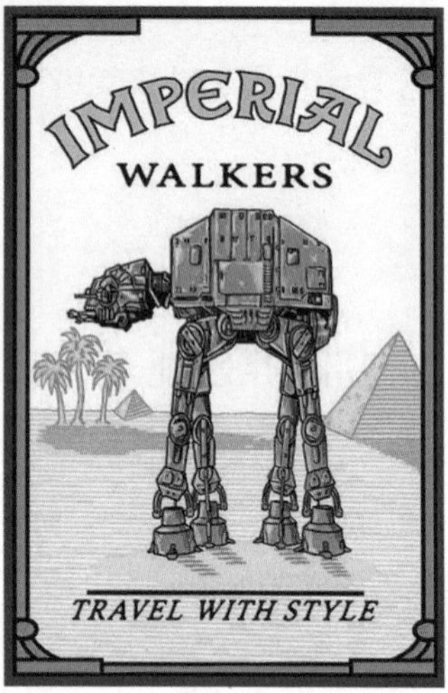

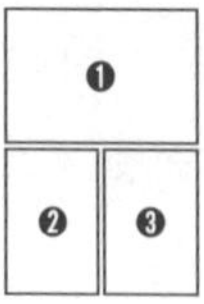

❶ **앤디 워홀의 작품 〈마릴린 두 폭(Diptyque Marylin)〉—1962년.**

❷ **댄 포킨이 디자인한 〈아메리칸 싸이코〉의 포스터. 이 영화는 1991년 출판된 브렛 이스턴 앨리스의 동명 소설을 원작으로 한다.**

이 책에서 작가는 '여피(도시에서 생활하는 젊은 전문직 종사자. Young, Urban, Professional의 YUP에서 나온 용어)' 현상의 출현을 설명한다. 금융시장 규제 완화로 특징지어지는 1980년대 월가의 부상에 편승해 출세 가도를 달리는 주인공은 냉소주의와 황금만능주의의 참모습을 여실히 보여준다.

❸ **카멜 담배 디자인을 변형한 요르단니스 라자리디스의 작품 〈이집트인처럼 걷기〉—2014년.**

미국 사모펀드 콜버그크래비스로버츠(KKR)는 1988년 카멜 브랜드 등을 소유한 담배제조회사 RJR 나비스코를 인수했는데, 차입매수(LBO) 방식으로 이뤄진 기업 인수합병 계약 가운데 역대 최대 규모였다. 이 인수 과정은 『월스트리트 전쟁(원제: Barbarians at the Gate, 문 앞의 야만인들)』이라는 제목의 책으로 출간됐으며, 1993년에 HBO사는 그 내용을 동명의 드라마로 각색해 방송할 정도로 많은 사람의 뇌리에 깊이 각인됐다.

방편이다. 차입매수에 따른 실적의 영향을 받는 간부직 직원이나 경영진은 생산성 향상을 달성하고자 각종 극단적인 조치를 단행한다. 그리고 그에 따른 임금 감축, 사내복지 축소가 가져오는 부담은 고스란히 노동자의 앞으로 전가된다.

프랑스 내 사모펀드의 이익을 대변하는 프랑스 투자발전협회(AFIC)에 의하면, 차입매수는 엄격한 기업 경영을 유도하며 경영자와 직원에게 성과에 대한 동기를 부여하기 때문에 유익한 관리방식에 해당한다. 그러나 부채에 대한 지나친 의존과 그에 따라 가중되는 재무압박은 건실한 기업을 망가뜨린다. 2014년 4월, 사상 최대 규모로 진행된 차입매수가 미국 역사상 8번째로 큰 규모의 파산으로 이어졌다. 2007년 450억 달러에 인수된 후 과다한 채무에 시달리던 텍사스 전력배급업체 에너지퓨처홀딩스(Energy Future Holdings· EFH)가 빚을 갚지 못하고 파산신청을 한 것이다.

여기서 역설이 등장한다. 경영권을 인수한 금융가들의 영향 아래에서 경영의 위험과 비용은 대부분 기업과 노동자들에게 전가되는데, 경영 이익은 최소한의 '자본금'만 들인 투자자들의 주머니 속으로 흘러들어가고 있으니, 이 상황을 어떻게 받아들여야 하는가?

브라질을 뒤흔든 해외투자

브라질의 사례는 환율이 경제를 좌우하는 핵심 변수임을 극명하게 보여준다. 2002~2016년 브라질 통화 헤알(Real)화는 높은 환율 변동에 노출됐다. 그러나 장기적으로 봤을 때, 브라질은 화폐 가치의 상승이나 하락으로 생겨나는 높은 환율 변동의 이득을 전혀 누리지 못한다. 또한 브라질은 제 기능을 발휘하지 못하는 정치 체제뿐만 아니라 대외 의존성(원재료에 대한 해외 수요, 선진국에서 유입되는 외국자본의 불규칙한 흐름 등) 문제로 몸살을 앓고 있다.

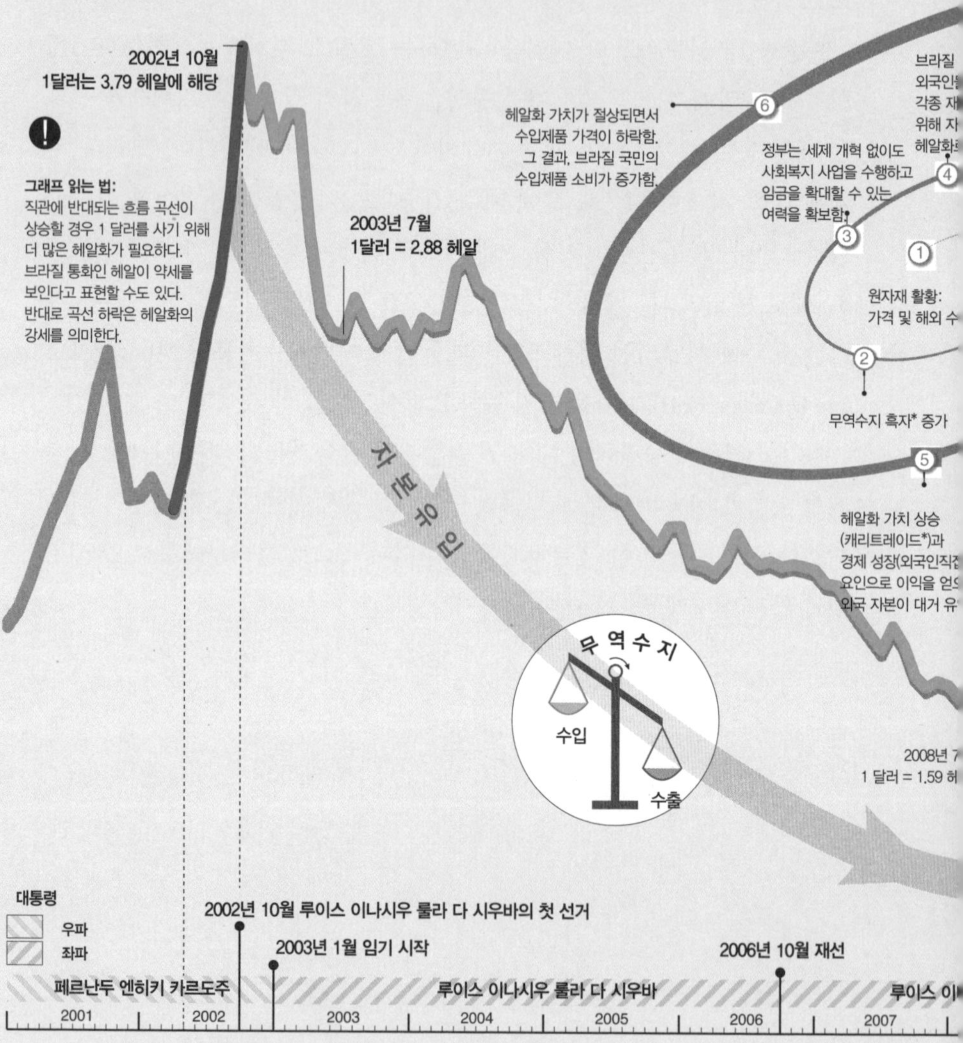

2002년 10월
1달러는 3.79 헤알에 해당

그래프 읽는 법:
직관에 반대되는 흐름 곡선이 상승할 경우 1 달러를 사기 위해 더 많은 헤알화가 필요하다. 브라질 통화인 헤알이 약세를 보인다고 표현할 수도 있다. 반대로 곡선 하락은 헤알화의 강세를 의미한다.

2003년 7월
1달러 = 2.88 헤알

헤알화 가치가 정상되면서 수입제품 가격이 하락함. 그 결과, 브라질 국민의 수입제품 소비가 증가함.

⑥

정부는 세제 개혁 없이도 사회복지 사업을 수행하고 임금을 확대할 수 있는 여력을 확보함.

브라질 외국인 각종 재 위해 자 헤알화 ④

③

①

원자재 활황:
가격 및 해외 수

②

무역수지 흑자* 증가

⑤

헤알화 가치 상승 (캐리트레이드)과 경제 성장(외국인직접 요인으로 이익을 얻으 외국 자본이 대거 유

무역수지
수입
수출

2008년 7
1 달러 = 1.59 헤

대통령
우파
좌파

2002년 10월 루이스 이나시우 룰라 다 시우바의 첫 선거

2003년 1월 임기 시작

2006년 10월 재선

페르난두 엔히키 카르도주 | 루이스 이나시우 룰라 다 시우바 | 루이스 이

2001 | 2002 | 2003 | 2004 | 2005 | 2006 | 2007

1 단계 우려
202년 5월 ~ 10월

좌파 후보 루이스 이나시우 룰라 다 시우바의 대선 승리가 확실시되고 있다. 투자자들이 브라질을 빠져나간다. 헤알화의 가치가 급락한다. 룰라가 취임 후 가장 우선하여 실시한 조치에 따라 금융 안정을 가져온다.

2 단계 안정
2002년 10월 ~ 2008년 12월

중국의 성장에 힘입은 원자재 수출 증가는 경제 성장으로 이어진다. 브라질 중앙은행이 적용한 높은 우대금리*로 차익을 거두려는 외국인직접투자*와 투기 자본이 유입된다. 무역수지가 높은 호조를 띠면서 계속되는 흑자 행진에 힘입어 정부는 추가적인 구조개혁(특히 세제개혁) 없이도 대대적인 사회복지 사업을 수행할 여력을 확보한다.

그러나 외국자본의 유입이 헤알화를 상승시켜, 브라질 산업의 경쟁력을 약시킨다. 브라질 경제는 1차산업을 특 (reprimarization)*하려는 경향을 보이고, 진국과 중국 경제에 대한 높은 의존도 나타낸다.

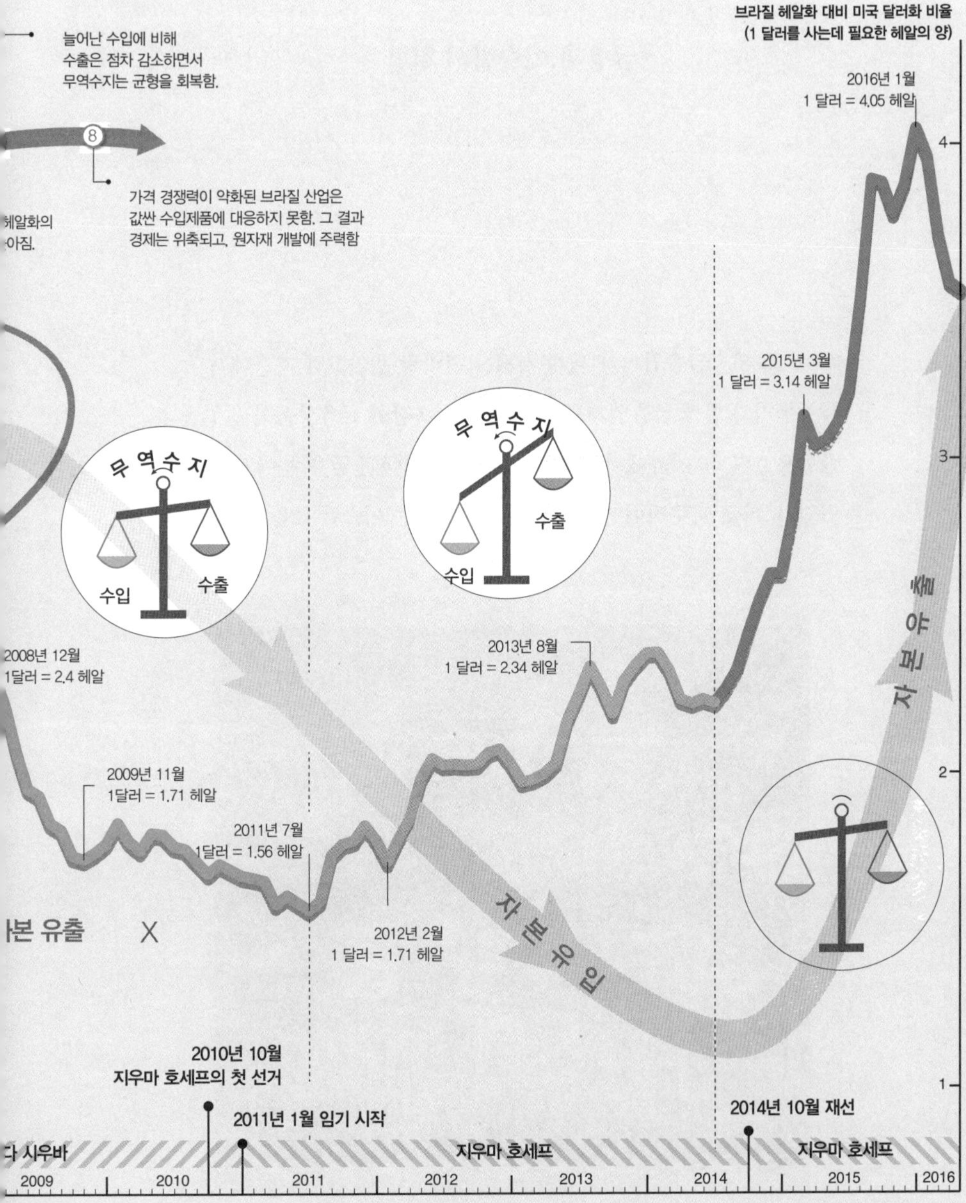

착시

년 12월 ~ 2011년 7월

수지는 점차 균형을 회복한다. 여러 선진국 앙은행이 경제위기에 대응하기 위해 발권력 해 시중에 돈을 풀어 추가적인 유동성을 공 적완화*)한 결과, 개발도상국으로 투기자금 유입된다. 언론은 선진국 시장과 탈동조화 upling)* 현상을 보이는 브라질의 탄탄한 경제 높이 평가한다. 그러나 실상 브라질 경제는 러운 외국자본에 좌우되고 있다.

4 단계 자본주의가 몰고 온 충격

2011년 7월 ~ 2014년 7월

원자재 수출이 현격히 감소하는 한편, 정부의 임금 인상 정책에 따른 소비 신장은 수입 제품에 대한 수요의 증가로 이어진다. 결국, 브라질의 무역수지 적자가 더욱 악화된다. 지우마 호세프 대통령은 자국 산업 보호 정책(특히 환율 방어를 통해 헤일화 가치 하락 유도)을 펴지만, 금융 상품 투자를 선호하는 기업가들은 통화가치 하락보다는 대통령의 영향력 하락을 원하고 있다.

5 단계 위기의 서막

2014년 7월 이후

지우마 호세프 대통령은 결국 긴축정책을 택하고, 가격 통제 정책을 폐지한다. 그 결과, 인플레이션이 극심해지고 경제 전망은 더 어두워지는데, 설상가상 야당은 이 상황을 정치 공세에 활용한다. 결국, 위기는 더욱 나락으로 빠져든다.

시공을 넘나드는 경제

금융과 이슬람의 결합

2007~2008년 금융위기가 세계 경제를 한바탕 휩쓸고간 가운데서도, 금융투기와 함께 금융업계를 크게 뒤흔든 복잡한 금융상품의 진입을 금함으로써 그 여파에서 휩쓸리지 않고 무탈했던 금융 분야가 하나 있었다. 바로 보수적이면서도 윤리를 중시하는 이슬람 금융이었다.

이라크 세밀화 〈카라반 상인들〉—1237년경, 이라크.
동서 문명의 교류를 촉진한 장대한 무역 노선인 실크로드(Silk Road)는 15세기까지 동서양을 관통하는 통로였다. 세계 각지와 종횡무진으로 교류하는 여건을 조성함으로써, 실크로드를 통한 교역이 가장 활발하던 시기에 아시아 제국들은 황금기를 누렸다. 이후 대항해시대가 열리면서 실크로드를 통한 육로 교류는 점차 쇠퇴해갔다.

1970년 창설된 이슬람협력기구(Organisation of Islamic Cooperation· OIC)는 이슬람 경제 율법을 새롭게 정립하고자 이슬람 국가들을 결집했다. 현대 경제에 부합하는 새로운 이즈티하드(ijtihad; 이슬람 율법 샤리아를 이해하고 독자적 해법을 찾기 위한 노력과 판단)를 시도한 끝에, 이슬람 국가들은 경제 활동이 엄격한 윤리적 종교적 틀 안에서 이뤄지는 한 유익하다는 결론에 도달한다. 1974년, 국제 유가가 4배로 뛰어오르자 이슬람협력기구는 사우디아라비아 제다에 이슬람개발은행(Islamic Development Bank· IDB)을 창설해 이슬람 원칙에 입각한 경제협조의 토대를 마련한다. 이후 1975년에는 이슬람 최초의 민간 은행인 두바이 이슬람 은행(Dubai Islamic Bank)이 설립되었다.

이슬람 초기, 자본에 노동의 대가를 결부해 자금을 조달한 카라반

이슬람 종교는 상업활동에는 관대하지만(예언자 무함마드와 그의 네 명의 후계자 모두 상업에 종사함), 실물거래를 수반하지 않고 단지 금전을 대여해 얻는 이자수익은 엄격히 금한다. 예를 들어 이슬람 경전 쿠란에는 상업 거래로 창출되는 이익과 돈을 빌려준 대가로 받는 이자가 비록 겉으로는 유사해 보일지라도 근본적으로 다르다고 명시되어 있다(쿠란 2:275). 전자는 합법한 것으로 인정하지만 리바(Riba; 고리대금이나 불법적인 이자)는 엄격히 금한다. 요컨대, 돈만으로는 새로운 돈을 창조할 수 없으며, 모든 거래는 실물경제에 실질적 도움이 되어야 한다는 견해이다.

이슬람 초기에, 상업용 카라반(대상인)의 경우, 자본*에 노동의 대가를 결부하는 방법으로 자금을 조달했다. 당시 부유한 상인이 주를 이룬 대금업자들은 오늘날 기업에 해당하는 상업활동에 자금을 공급했으며, 채권자와 채무자 양측은 사전 약속된 일정 비율에 기반해 손익을 분담했다.

❶ 무리드 교단 최고 종교 권위자 칼리프의 대변인 세리느 바스 압두 하드르가 지역 신자들을 접견하고 있다. 벽에는 신개념의 이슬람인 무리드 교단을 창시한 셰이크 아마두 밤바의 초상화가 걸려있다—2012년, 세네갈 투바. (사진: 마이클 줌슈타인)

20세기 세네갈에 등장한 무리드 수피 형제단은 상호 부조와 연대의 개념뿐만 아니라 노동에 큰 의미를 부여한다. 종교의 비호 아래 무리드 지도자들은 낙화생(땅콩) 재배의 상당 부분을 관리하면서 영적, 세속적 권력을 한꺼번에 행사한다.

❷ 르부르제에서 열린 프랑스이슬람조직연합(UOIF) 제품박람회—2011년. (사진: 라센 아비브)

❸ 세네갈 투바의 한 택시 내부 —2012년 셰이크 아마두 밤바의 제자인 세리네 팔루의 스티커. 사진: 마이클 줌슈타인

셰이크 아마두 밤바의 교리를 계승한 세린 팔루의 초상화 스티커. (사진: 마이클 줌슈타인)

❹ 두바이의 영향력 있는 여성 사업가 파이자 알사이드—2008년. (사진: 로랑 빌레트)

2000년대 초의 두바이는 발전의 표본이었다. 민주주의보다 기업의 자유로운 활동에 더 치중하는 사이 이 작은 토후국은 눈부신 성장을 거뒀다. 두바이는 곧 풍요를 의미한다. 소비, 오락, 볼거리로 가득한 신전으로 탈바꿈한 이곳은 웅장함과 무절제로 규정되기도 한다. 그러나 여느 곳과 마찬가지로 부동산시장 거품 붕괴의 우려가 상존한다.

미래를 낙관하는 이슬람 은행

이슬람 금융은 협력과 참여를 추구한다. 벤처 캐피털과 유사한 논리에 기반한 무다라바(mudaraba; 금전신탁)나 무샤라카(musharaka; 공동출자금융) 같은 금융 개념이 바로 이에 해당한다. 무다라바나 무샤라카와 같은 금융 방식은 이론적으로는 매우 기발하고 설득력 있어 보이지만, 실제로 시행된 사례는 일부분에 그치고 있다. 특히 이슬람식 예금 금리는 '투자계좌(예금계좌와 동일)'를 통해 위탁한 자금을 운용해 발생한 이익을 반영하기 때문에, 기업 실적에 따라 금리가 달라진다.

이슬람 은행들의 주된 활동은 이슬람 율법으로 허용된 범위 내에서 실물경제에 필요한 다양한 도구를 개발하는 데 초점이 맞추어져 있다. 그 예로 은행이 매도인과 매수인 중간에서 실물자산을 구매하고 이를 다시 전매해 원금과 비용을 상환받는 무라바하(murabaha; 비용추가거래 금융)나, 일반 은행의 리스에 해당하는 이자라(ijara; 임차구매)를 들 수 있다. 이런 금융 방식은 하나 같이 이슬람의 금기사항과 투명성의 원칙을 지키고 투기와 가라르(gharar; 불확실성에 대한 투자)를 모두 피해야 할 의무를 진다.

새로운 금융상품들도 모두 같은 이슬람 율법의 테두리 안에서 생겨났다. 술이나 무기 같은 불법 부문, 금융업, 혹은 과다한 채무를 안고 있는 기업, 보험상품(타카풀, takaful), 이슬람 부동산 금융 등에는 일절 투자하지 않도록 정하고 있는 이슬람 가변자본투자회사(Sicav)의 경우가 대표적인 예다.

이슬람 금융에서 가장 주목받는 자금조달 방식은 부동산이나 원자재 같은 실물자산에 투자하는 이슬람 채권(수쿠크, sukuk)이다. 이 방식은 이미 2000년대 초부터 비이슬람 국가의 투자자들 사이에서 인기를 끌었다. 영국(6개의 이슬람 은행이 영업 중)과 룩셈부르크, 홍콩은 이미 수쿠크를 발행하고 있다. 프랑스를 포함한 여러 국가도 과세기준과 관련법 개편을 통해 이슬람 금융 도입을 위한 밑그림을 그리는 추세이다.

오늘날 이슬람 금융기관은 100개 이상의 국가에서 운영되고 있으며 그 규모는 약 2조5,000억 달러에 달한다. 이란이나 수단과 같은 국가는 이슬람 금융체계만을 합법적 은행의 형태로 인정하고 있다. 사우디아라비아는 금융자산의 70%가 이슬람 금융자산에 해당한다. 2014년 이후 유가 하락이 이어져 성장률이 유지되지 않을 것이라는 전망도 나오고 있지만, 이슬람 은행들이 그리는 미래는 여전히 낙관적이다.

또다른 비전

그리고 만약 주식시장을 폐쇄한다면

주식시장을 통해 '자금을 조달'해 기업의 숨통을 틔워야 하는 투자자들의 책임은 그야말로 천근만근일 수밖에 없으리라. 하지만 경제의 허파를 자청하는 주식시장은 거대한 빨대처럼 기업의 자본을 한껏 빨아들여 주주들의 주머니 속으로 쏟아붓고 있다. 이에, 경제학자 프레데릭 로르동은 《르몽드 디플로마티크》 2010년 2월호에 다음과 같은 혁신적인 제안을 내놓았다. "주식시장 폐쇄를 고민하자!"

월가점령운동—2011년, 뉴욕 (사진: 니나 버만)
"우리는 99%다" 금융위기가 휩쓸고 지나간 자리에서 2011년 가을 태동한 시위 구호. 이 구호는 불평등에 항의하는 학생, 노동조합원, 비영리단체 활동가, 정치활동가, 빈곤층 노동자, 실업자들을 결집시키는 역할을 했다. 월가점령운동은 창의적이고 민주적인 시위 문화를 형성했다는 측면에서 성공적이었지만, 금융규제에 관한 구체적이고 명확한 요구를 공식화하는 성과를 거두지는 못했다.

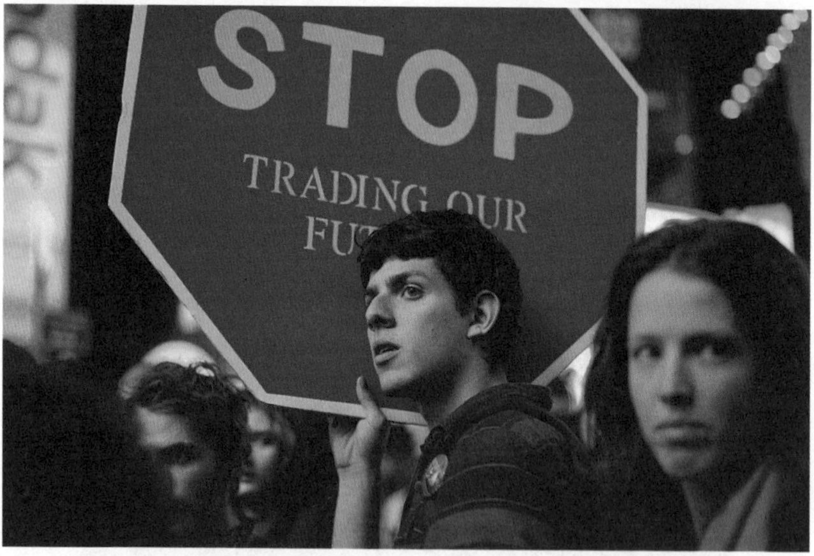

❶ 〈시작이 임박했다(The Beginning Is Near)〉 알렉산드라 클로펠터의 월가점령운동 포스터—2011.
❷ 피에르 에텍스 감독 영화 〈요요(Yoyo)〉의 포스터—1965. (포스터 디자인: 안드레 프랑수아)
❸ 레퓌블리크 광장 점령 '밤샘 시위(nuit debout · 뉘드부)'—2016년 4월 7일, 프랑스 파리. (사진: 마이어)

실행계획의 면면을 살펴보면 무엇 하나 흠잡을 데 없이 그저 완벽해 보인다. 우선, 시장에는 여유자금을 어디에 투자할지 고민하는 경제주체인 예금자와, 사업자금이 필요한 경제주체인 기업이 있다. 이때 주식시장이 나서서 이해관계가 완벽히 맞아떨어지는 자금의 수요자와 공급자가 서로 만나 상호 이익을 얻도록 돕는다. 주식시장은 지속적인 수익원을 보장(주식은 차입자본, 즉 부채와 달리 원금 상환 의무가 없는 자기자본에 해당)하기 때문에, 비용 지출을 최소화하면서 자금을 원활히 조달하도록 하는 제반 여건을 조성하기도 한다. 하지만 문제는 이 계획이 현실에서 전혀 실효성이 없다는 데 있다.

주식시장이 기업의 산업자금 조달원 역할을 한다고 했던가? 오늘날의 경제 구조에서는 오히려 기업이 주식시장에 자금을 공급하고 있다고 보아야 한다. 뒤바뀐 흐름을 제대로 읽으려면, 우선 '기업'과 '투자자'의 양면적 재무관계를 이해해야 한다. 기업의 주식을 보유하는 투자자는 주기적으로 이익 배당금을 받는다. 또한, 이른바 주주자본주의를 특징 짓는 '혁신' 기술인 자사주매입(buy-back)을 통해 기업은 자사 주식을 사들이는 방식으로 주당이익을 높이고, 그 결과 기업의 주가가 상승한다(그 결과, 주주는 더 큰 이익을 얻는다). (……)

고맙게도, 주식시장은 무탈합니다!

이런 배경에서, 기업은 투자자에게 더 많은 이익을 제공하려 하고, 급기야는 재무 흐름이 반전돼 기업이 주식시장에 자금을 대는 결과를 가져온 것이다. 그 와중에 주식시장은 자신의 필연성과 당위성을 더욱 공고히 다진다. (……) 오늘날 주식시장에 유입되는 금융자본의 규모는 놀라움을 넘어 의구심마저 자아낸다. 이런 역설적인 상황은 단순한 설명으로 해석할 수 있다. 신주 발행이 없는 상황에서 시장에 새로 유입되는 자본은 이미 발행된 주식이 다시 거래되는 '유통시장'에 흘러들어 투기를 부추긴다. 결국, 주식시장에 몰린 자본은 신생 사업을 육성하는 데 쓰이지 않고 이미 시장에서 거래되고 있는 금융자산의 가치를 부풀리는 효과를 가져오는 것이다. 주가는 오르고 주식시장은 활황을 이어가지만, 실물경제에는 왜곡 현상이 발생한다.(……)

부를 창출하는 장치, 부를 늘리는 사람들에게는 부의 가치가 관건

그렇다면, 증권시장의 규제 완화로 자본이 대거 유입된 덕에 기업들은 자본비용을 절감하게 됐을까? 우선, 부채의 자본비용은 연간 지불하는 이자를 합산하는 방법으로 비교적 정확히 산정할 수 있다. 반면, 부채와 달리

'자기자본의 자본비용(즉, 기업이 조달하는 자금의 사용에 대한 대가)'은 파악하기가 쉽지 않다. 주식을 발행해 생겨나는 자기자본은 부채와 달리 배당액의 비율이 미리 정해져 있지 않기 때문이다. 그러나 자기자본도 분명 비용이 발생한다.

기업이 부담하는 자기자본의 자본비용은 총 세 가지다. 우선 이익배당금과 자사주매입 관련 비용을 들 수 있다. 그밖에도 수익성이 높지 않아 단념해야 했던 투자사업의 기회비용, 즉 기업이 주주들의 반대로 포기한 이익의 총량도 기업의 부담해야 할 몫으로 돌아온다.

이자의 합으로 간단히 계산하는 부채와 달리, 다양한 형태를 띠는 각각의 자기자본 자본비용은 단일 기준으로 환산해 상호비교(예를 들어, 자기자본 대비 부채의 계산 등) 하기가 쉽지 않다. 부채는 상환 의무가 있지만, 자기자본은 상환 의무가 없는 차이점 역시 일차적으로 혼란을 유발한다. 주식을 기준으로 차이를 설명하자면, 배당기준일이 지나 배당락한 주식이라도 해당 주식을 보유하는 한 계속해서 이익배당금을 받을 수 있다. 또한, 주식을 보유할 경우 부채와는 달리 주주총회를 통해 주주권(株主權)을 행사할 수도 있다(이 권한에도 값어치를 부여할 수 있다).

'주식시장이 계속 유지되려면 무엇이 더 필요한가?'라는 생각을 해본다. 오늘날 주식시장은 그저 돈벌이 수단으로 전락했다.

용어설명

이 책의 본문이나 이하 다른 용어설명에 별표*로 강조된 주요 용어에 대한 정의를 제시한다. 가나다순으로 정렬된 단어 목록은 색인으로 활용할 수도 있다. 각 용어 뒤의 숫자는 해당 용어를 다루는 페이지 번호이다.

가처분소득 (p.163)
개인소득 중 소비, 저축을 자유롭게 할 수 있는 소득. 구체적으로 가처분소득이란 개인소득(임금, 재산)에서 개인의 세금과 사회분담금 등을 공제하고 여기에 이전소득(사회보장금, 연금 등)을 보탠 것.

거시경제학 / 미시경제학
거시경제학은 경제체제 전체의 기능을 연구하며, 생산, 소비, 저축의 총체를 연구 대상으로 삼는다. 미시경제학은 합리적 의사결정에 따라 이익을 극대화하는 개별경제주체, 즉 소비자와 생산자의 행동을 설명한다. 주류 경제학은 거시경제의 범위를 개별 주체 행동의 총합으로 축소하며, 시장 내 경제주체 간의 상호작용과 조정 과정을 부분 또는 전체의 균형이라는 원리를 통해 설명한다. 그 결과, 합리적인 개별 주체의 행동이 전체로 확대됐을 때는 비합리적인 상황을 초래할 수 있다는 점을 간과한다.

경기정책
경기변동의 여러 결과에 대해, 경제의 불안정성(인플레이션, 실업, 경제 성장, 무역수지)을 완화하기 위해 정부가 취하는 각종 정책의 총칭이다. 1. 중앙은행이 기준금리를 조정해 통화 공급을 확대 또는 긴축하는 통화 정책* 2. 공공지출 및 조세에 기반한 재정정책* 3. 통화의 가치를 절하하거나 평가절하해 가격경쟁력을 높이기거나, 가치를 절상 또는 평가절상해 물가상승을 막는 환율정책* 경기변동의 여러 결과에 대한 경기 조정적 사후 대책으로 시행하는 경기정책의 목표는 경기과열 우려가 있을 때 이를 진정시키고, 경기침체 시기에 이를 회복시켜 경기순환의 진폭을 줄이는 데 있다.

경기 후퇴 (p.293, 339)
경제 활동이 활기를 잃어 성장 속도가 둔화하는 현상. 경기순환 중 경제 활동이 전체적으로 하강하고 생산이 위축되는 수축기를 뜻하는 불황과 혼동하지 않도록 주의해야 한다.

경상수지 (p.294, 337)
무역수지와는 달리, 경상수지는 상품뿐 아니라 서비스를 포함한 수입과 지출의 차액을 나타낸다. 또한, 이자 및 배당금과 같은 소득과 일반적으로는 비중이 작은 경상이전(특히 대외 원조)까지 포함한다. 경상거래에서 외국에 지불한 돈보다 외국에서 벌어들인 돈이 많으면 경상수지 흑자, 그 반대 경우에는 경상수지 적자라고 한다.

경상적자
경상수지 참조

경상 흑자
경상수지 참조

경쟁력 (p.72, 91, 114, 227-229, 248, 282-293)
경쟁에 놓인 국가나 회사의 능력으로, 다음 두 가지 요소와 결부된다. 1. 가격 경쟁력(경쟁자보다 저렴한 가격으로 상품을 제공하는 능력)은 생산 원가(노동비용, 원자재 등)와 환율 및 자본 비용(주주에게 지급되는 이익배당금)에 의해 좌우된다. 2. 구조적 또는 비가격 경쟁력(제품 품질, 혁신 역량 등). 경쟁력 향상을 주장하는 신자유주의 정책은 오로지 한 가지 변수, '노동비용'만을 고려한다.

경제적 자유주의 (p.25, 32-37, 114, 135, 190-209)
경제를 시장의 원리에 맡겨두면 시장 자체의 자동조절기능에 의해 최선의 결과가 나온다고 보는 경제관. 경제적 자유주의자들은 비효율적이며 효용 가치가 없는 국가의 시장 개입을 견제해야 한다고 주장한다. 그러나 사실상 자유주의 경제도 국가 제도를 필요로 한다. 그러므로 자유주의자들은 일반적으로 사회복지 국가 제도를 비판한다. 반면, 칠레의 독재자였던 아우구스토 피노체트가 증명했듯이, 경제적 자유주의가 정치적 자유주의(개인의 자유와 시민권 보장)를 의미하는 것은 아니다.

경제 활동 규모
경제 활동 결과를 합산한 총량(총생산, 총소비, 총저축, 총수요 등)

계량 경제학
수량적 경제법칙을 검출하기 위해서 이론경제학 · 수학 · 통계학의 성과를 종합, 적용하는 경제학

고용 (p.88-118)
비영리활동(가사, 자원봉사 등)과 반대로 유급 노동에 해당한다. 정규계약에 의한 임금노동자 고용이 여전히 지배적인 고용 형태이지만, 1980년대부터 시간제 고용, 임시직, 고정기간 계약, 보조계약, 자영업자처럼 '고용 유연화'를 목적으로 한 일자리가 많아지면서 이른바 '특별고용 형태'의 출현에 관한 문제가 계속해서 제기됐다.

과학적 관리법 (p.101, 341)
생산활동을 합리적으로 운영하는 관리기법으로, 19세기 후반에 미국의 프레더릭 윈즐로 테일러가 제창했고, 이후 20세기 초 헨리 포드가 발전시켰다.

관세 (p.77, 227, 233-234, 240-253)
수입 상품 또는 서비스에 부과되는 세금. 관세는 수입물품의 가치나 가격을 반영한다.

구매력평가지수 (Purchasing Power Parity · PPP)
국가별의 경제 활동 규모*를 비교하는 방식. 일반적으로 국가 간 지표를 비교할 경우, 현재 시점의 환율을 적용해 미국 달러로 표시하곤 한다. 그러나 아프리카 국가에서는 점심 한 끼를 먹는 데 5유로면 충분할 수 있지만, 스위스 레스토랑의 테라스에서는 같은 돈으로 물 한 병도 살 수가 없다. 구매력평가지수는 국가 간의 구매력 차이를 고려해 환율을 수정한다.

구조적 정책
경기정책과 달리, 국유화, 산업 정책, 국토개발을 통해 기존 경제의 근본적인 구조적 특징을 바로잡는 장기 대책에 해당한다.

국가부채(국가 채무) [p.300-323]

국가, 공기업, 지방정부, 사회보장기관의 부채를 합산한 것. 국가부채는 세금이 아닌 차입으로 공공 지출 자금을 조달하는 경우 발생한다. 유럽연합 차원에서 1997년에 채택한 '안정 및 성장 협약'은 재정적자와 국가부채*의 상한선을 각각 국내총생산의 3%와 60% 이내로 정하고 있다. 국채는 정부가 채권 또는 이와 동등한 증권 형태로 발행한 공공 부채를 지칭한다. 이렇게 발행된 유가증권은 시장에서 거래되고, 그 가치는 이자율과 반비례해 변동한다(이자율이 높을수록 채권 가격은 하락함). 국고채권의 주요 보유자는 은행, 국제 투자자(연금, 보험회사), 그리고 기업과 개인이다. 케인스주의자들은 경기가 침체할 경우 재정적자가 경기 부양에 도움을 주는 반면, 재정흑자는 경기에 제동을 거는 결과를 가져온다고 주장했다.

그러나 케인스주의자들은 경기가 침체할 때는 재정적자가 경기 부양에 도움을 주는 반면, 재정 흑자는 경기에 제동을 거는 결과를 가져왔다고 했다.

국고채권

정부가 필요한 자금을 확보하기 위해 발행하는 채권. 국고채권 보유자는 만기(짧게는 수개월에서 길게는 30년까지)가 도래해 상환받기 전까지 매년 이자를 받는다. 물가연동 국고채권과 만기 고정금리부 채권 등의 형태로 거래된다. 대부분의 국고채는 안전성이 높고(국가 재정이 파산하는 경우 제외), 유동성이 풍부하다(시장에서 매각을 통해 쉽게 현금화 가능). 프랑스에서 가장 유명한 국가채 중 하나는 바로 '지스카르 채권'으로, 당시 재무부 장관의 이름을 따 금 가치에 연계시킨 상품이었다. 해당 채권의 발권 이후 프랑스 정부가 1988년에 상환한 금액은 1973년에 발생한 원금인 60억 프랑의 15배에 달하는 액수였다.

국내총생산(GDP)

국가회계에서 국내총생산(GDP)은 한 나라 영토 내에서 일정 기간 생산된 모든 최종생산물과 서비스의 시장가치의 합이다. 모든 부가가치에 상품에 대한 세금(부가세, 관세)을 더한 금액의 합계로 측정할 수 있고, 경제 성장을 측정하는 지표가 된다. 1인당 국내총생산은 한 나라의 발전 수준을 나타내는 지표다. 국민총생산(GNP)은 한 나라 국민이 일정 기간 국내외에서 생산한 모든 최종생산물과 서비스의 시장가치의 합을 측정한다. 국내총생산과 국민총생산은 일반적으로 규모가 유사하지만, 수익을 본국으로 이전하는 많은 외국 다국적기업이 많은 국가의 경우 차이를 보인다. 아일랜드가 이에 해당한다.

국제수지

일정 기간(보통 1년) 동안 한 나라와 다른 나라 사이에서 이루어진 경제적 거래를 집계한 기록. 국제거래(상품, 용역 또는 자본)의 결과로 국내로 들어온 외화가 빠져나간 외화보다 많아 시중은행과 중앙은행으로 외환이 순유입되는 경우, 국제수지 흑자가 발생한다.

국제통화기금(IMF) [p.77, 227, 335]

고정환율에 기반한 국제통화 체제를 규제하고, 무역수지 불균형 문제를 안고 있는 국가에 임시 재원을 공급함으로써 빈발하는 통화의 평가절하 현상을 해소하기 위해 브레튼우즈* 회의에 이어 1945년 창설된 국제기구*. 국제통화기금의 운영자금은 할당액에 따른 회원국 정부의 출자로 이루어진다. 1970년대 초 고정환율제도가 종식된 이래로 국제통화기금의 역할은 더 커졌다. 각국의 재정감독관을 자청하며 경제난에 국가에 외화자금을 공여하지만, 그 대가로 대상국은 민영화, 공공 지출 축소, 시장 개방이라는 '구조조정' 정책을 이행함으로써 국제수지*균형을 이뤄야 한다.

금융 증권화

통상적으로는 금융 기관이 보유한 비유동적 자산(대출채권, 대출, 담보대출 등)을 매매가 가능한 증권 형태로 전환하여 유동성을 부여하는 것을 의미한다. 주된 목적은 대출 기관이 보유한 기초자산의 위험을 매각함으로써 투자자에게 그 위험을 전가하는 데 있다. 은행들은 1980년대부터 금융 증권화 방식을 통해 개발도상국으로 위험을 전가해왔다. 이 기술의 진면모는 서브프라임 모기지 사태 당시 여실히 드러났다.

금융화 (p.335, 350)
경제 기능에 금융 기관과 시장의 영향력이 커지고 있음을 나타내는 용어. 금융은 장기적 사업 · 투자를 줄이고 투기와 단기적 수익성을 추구하게끔 한다.

기준금리 (p.278-279)
중앙은행이 결정하는 금리. 금융기관의 지급준비율 또는 재할인율 등의 통화정책을 통해 통화량이나 물가, 나아가 시중금리에 영향을 준다.
프랑스 고용부의 통계조사국(Dares)에 따르면, 1949년에는 전체 임금노동자의 노동조합 가입률이 30%에 이르렀지만, 2013년에는 11%에 그쳤다. 1990년대 중반에 가입률이 한 차례 큰 폭으로 감소한 바 있다. 그 이후로는, 지속하는 고용 불안정을 고려하면, 소폭의 감소세를 유지해왔다. 계약직, 임시직 노동자의 노동조합 가입률은 각각 1%와 2%에 머물고 있다.

노동 (p.67-68, 88-119)
노동의 개념은 놀라우리만큼 뒤늦게 생겨났다. 자본주의 이전 사회에서 노동은 그 자체로 사상의 범주를 형성했다고 보기 어렵다. 노동의 개념은 18세기에 비로소 생겨났다. 애덤 스미스(1723~1790)는 노동을 '부의 원천'으로 정의했다(한편, 현대의 경제학자들은 '생산 요소*' 중 하나가 노동이라고 말한다). 그 이후로 노동의 개념은 근본적으로 다른 의미를 띠게 됐다. 카를 마르크스(1818~1883)의 등장과 함께 노동은 잠재적으로 인류가 세상을 변화시키고, 행복한 삶을 향해 나아갈 뿐만 아니라, '자아를 실현'할 수 있게 하는 가능성으로 여겨지게 됐다. 하지만 실제로는 20세기 중반에 들어서야 노동을 통해 자아를 실현하는 일이 그나마 가능해졌다. 마르크스는 노동소외를 탈피해 노동해방에 이르게 하는 필요불가결한 전제조건이 임금노동의 철폐라고 주장했다. 반면, 19세기 말 사회주의 사상은 마르크스가 제시한 조건을 버리고, 노동법, 사회 보호권, 그리고 소비권에 이르는 각종 권리를 임금노동에 결부시켰다.

노동생산성 (p.303)
생산에 대한 생산 요소*(자본과 노동)의 효율성을 나타내는 지표. 노동 생산성은 노동투입량 1단위가 산출하는 생산량으로 정의되며, 노동시간 1시간당(시간당 생산성) 혹은 노동자 1인당(1인당 생산성) 평균적인 생산량으로 측정한다. 프랑스는 노동생산성이 세계에서 가장 높은 국가 중 하나다. 프랑스는 시간당 생산성 면에서 세계 6위로, 독일(7위)과 영국(13위)을 앞선다. 생산성이 오르면 '생산성 향상'을 언급하곤 한다. '생산성 향상'은 이론상으로 소비가격을 낮추고, 임금 인상이나 기업 이익 확대를 가능하게 한다. 프랑스의 경우, '영광의 30년*(1945~1975) 이후 '생산성 향상'은 감소세를 나타냈다.

노동 유연성
신자유주의 정책은 노동권과 노동에 대한 보호가 국제 투자자들이 요구하는 경쟁력과 수익 극대화에 걸림돌로 작용한다고 간주한다. 이에 따라 1980년대 이후 시행된 신자유주의 정책은 노동 유연성을 높이는 방향으로 이뤄져왔다. 그 결과, 노동 유연성은 시간의 유연성(시간제 고용), 공간의 유연성(원격근무), 계약제 고용 확산(계약직, 임시직, 쉬운 해고), 기능 다변화(다중작업), 그리고 차등급여(결과에 따른 보수)의 형태로 적용됐다. 실업 해결책으로 제시된 노동 유연성은 역으로 고용 불안정, 불확실성, 빈곤을 가중하는 결과를 가져왔다.

노동조합 (p.89-117, 202-203)
독일 철학자 카를 마르크스(1818~1883)의 정의에 의하면, 노동조합은 '자본의 침탈에 저항하는 조직'이다. 프랑스에서 노동조합 활동은 결사의 자유를 보장하는 발데크-루소법이 공포된 1884년에 들어서야 비로소 가능해졌다. 2003년까지 프랑스 공산당의 지도 아래 있었던 노동조합 중앙 조직인 노동조합총회(CGT)의 경우가 있기는 하지만, 일반적으로 노동조합은 정당과 구분된다. 1966년, 프랑스 정부는 프랑스노동총동맹(CGT; 1895년 결성), 노동자의 힘(Force ouvrière; 1948), 프랑스기독교도 노동자동맹(CFTC; 1919), 프랑스민주노동연합(CFDT; 1964), 프랑스사무직 중심 노조연맹(CFE-CGC; 1944) 등 5개 노동조합 연합의 대표성을 인정했다. 오늘날에는 노사 대표가 참여한 기업 위원회(CE)의 투표를 통해 일정 수준 이상을 득표한 노조에 대표성을 부여하는 방식을 따른다. 2015년 국제통화기금의 한 연구보고서는 1980~2010년대 선진국에서 확대된 불평등의 '절반' 가량은 노조의 권한이 약화한 데 원인이 있다고 밝힌 바 있다.

누진세/비례세 (p.131-141)
누진세는 과세표준 구간마다 세율을 차등 적용하는 방식이다. 과세표준 구간은 납세자의 소득 수준이나 재산 수준을 반영한다. 2016년 프랑스의 소득세 경우를 살펴보면, 우선 소득 0~9,700유로에 대한 세율은 0%다. 납세자가 부자이건 아니건 해당 구간의 소득에 대해서는 세금을 부과하지 않는다. 9,700~2만6,791유로 구간의 세율은 14%다. 2만6,791~7만1,826유로 구간은 최대 30%의 세율이 적용된다. 7만1,826~15만2,108유로 구간의 세율은 41%다. 그리고 마지막으로 15만2,108유로 이상의 소득에 대해서는 45%까지 세율을 적용한다. 해당 과세표준을 총소득이 16만 유로인 사람에게 적용할 경우, 최초 9,700유로의 소득에 대해서는 0%의 세금이 적용되지만, 다음 1만7,091유로의 소득에 대해서는 세금이 14% 적용되며, 그다음 구간의 4만5,035유로에 대해서는 30%, 그다음 8만282유로에 대해서는 41%, 그리고 나머지 7,892유로에 대해서는 45%의 의 세금이 부과된다. 즉, 45%의 한계세율*과 32.7%의 평균세율이 적용된 것이다. 누진세는 고소득자에게 많은 세금을 부과함으로써 부의 재분배 효과를 수반하지만, 각종 세금탈루 행위는 이러한 효과를 저해한다. 누진세는 부가가치세나 프랑스의 일반사회보장부담금(Contribution sociale généralisée · GS)과 같은 비례세나 일률과세와 차별화되는 개념이다.

뉴딜(New Deal) 정책 (p.76-77)
미국 프랭클린 델러노 루스벨트 대통령이 1929년 대공황으로 침체한 미국 경제를 회복시키기 위해 추진한 정책. 폭락한 물가의 상승을 촉진하고 경제 활동을 부활시키기 위해 대규모 공공사업을 벌였고, 금융개혁과 금본위제 폐지를 통해 달러 가치를 절하하는 조치를 단행했다.

디폴트 (p.316, 326)
채무자가 일정 시점에 원리금 상환 또는 그 채무에 대한 이자 지급을 정해진 대로 이행할 수 없는 상태. 기업과 달리 국가는 파산하지 않는다. 채권국에 채무를 상환할 수 없다고 선언할 경우, 해당 국가는 채무상환 불능 상태가 된다.

디플레이션 (p.281)
경제 전반적으로 상품과 서비스의 가격이 지속해서 하락하는 현상. 디플레이션에 따른 급격한 활동 감소는 회사들이 가격을 낮추고 노동자들이 (실업 증가로 심화된 경쟁으로 인해) 낮은 임금을 감내하도록 할 수 있다. 가격과 임금 하락은 부채의 실질 가치를 높이고, 경제주체들이 (가격 하락을 기대하며) 지출을 미루도록 한다. 이는 수요, 활동, 고용 여건 악화를 가져온다. 물가는 상승하지만 그 상승률이 지속해서 낮아지는 현상을 나타내는 디스인플레이션(disinflation)과 혼동하지 않도록 주의해야 한다.

레버리지 효과 (p.79, 337, 354)
빌린 돈을 지렛대(lever) 삼아 이익을 창출한다는 의미에서 지렛대 효과라고도 부른다. 투자자, 특히 은행이 타인자본을 적극적으로 활용해서 투자할 수 있게 하는 방식이다. 예: 20개만 가지고서 100개를 빌리거나 투자하는 경우(5배의 레버리지 발생).

마스트리히트 조약 (p.27, 79, 227, 278, 293, 321)
1993년 11월 1일 발효돼 유럽 통합을 위한 다음의 세 가지 기준을 제시한 조약. 1. 1999년 경제통화동맹을 완성하여 유럽공동체 통합을 강화할 것(단일통화 도입을 위해 회원국이 이행해야 할 5가지 정책 기준을 정의했다: 인플레이션 억제, 국가부채 통제, 공적 적자 통제, 환율안정, 회원국 간 금리 격차 축소) 2. 공동 외교 · 안보정책(CFSP) 추진 3. 내무 및 사법 분야에 대해 협력.

무역수지 (p.70, 77, 289, 293, 358-359)
한 국가의 상품 수출과 수입의 차이를 나타낸다. 프랑스는 2004년 이래로 줄곧 무역수지 적자를 기록하고 있다. 반면, 독일은 1993년 이후 계속 무역수지 흑자를 유지하고 있는데, 이 중 상당 부분은 임금 압력 정책을 통해 상품의 경쟁력을 높여온 결과로 볼 수 있다. 통념과는 달리, 무역 적자가 반드시 문제가 되는 것은 아니다. 상대적으로 성장 속도가 빠른 국가의 경우 무역수지 적자는 오히려 경제의 견실한 흐름을 보여주는 지표가 되기도 한다. 경제가 부유해질수록 사람들은 수입 제품을 더 많이 구매하는 경향이 있다. 반대로, 오늘날의 스페인처럼 경제난을 겪는 국가에서는 전반적인 구매력 저하로 인해 수입량이 감소해 무역수지 흑자가 발생하기도 한다. 그리스에 이어 유럽연합(EU) 내에서 실업률(2016년 기준 21%)이 가장 높은 스페인의 경제는 극도로 취약한 상태에 놓여 있다.

보호주의 (p.65, 204, 243, 255, 290)
국가의 틀 안에서 생산이나 고용을 '보호'하기 위해 정부가 취하는 조치. 이러한 조치에는 관세장벽(수출관세* 내수 생산에 대한 보조금)과 비관세장벽(쿼터, 보건 기준, 통화가치 절하)이 있다.

부가가치 (p.59, 89, 212)
생산과정에서 새로이 더해진 가치. 기업의 경우, 매출액(판매로 생긴 총액)에서 중간소비*(전력비, 원자재)를 차감한 잔액이 부가가치가 된다. 예를 들어, 빵을 생산해서 발생한 부가가치는 빵을 판매한 금액과 밀가루, 이스트, 전기, 기타 중간소비재 가격의 간의 차이에 해당한다. 이렇게 생겨난 부(富)는 다시 임금과 이윤으로 나뉘며, 이 둘은 한쪽이 커지면 다른 한쪽이 줄어드는 반비례 관계에 있다.

불황
경기 후퇴 참조

브레튼우즈 협정 (p.282, 285)
1944년 7월 22일 국제연합 회원국들이 모여 채택한 협정을 총칭한다. 국제통화기금(IMF)*과 세계은행 설립을 위한 해당 협정은 고정환율에 기반한 국제 통화체제의 기초가 되었다. 이 체제는 1971년에 사실상 종식됐다.

비교우위 이론 (p.39, 255)
데이비드 리카도(1772~1823)가 설명한 원리로, 각 국가는 상대국보다 생산 효율성 면에서 우위를 차지하는 상품을 특화해 상호 교역하는 것이 상호 이익이 된다는 이론이다.

빈곤선 (p.327)
대다수 국가는 빈곤선을 계측할 때 우선 생존에 필요하다고 합의된 품목을 정하고, 이를 화폐 가치로 환산해 빈곤선을 설정하는 마켓바스켓 방식을 이용한다. 프랑스는 오랫동안 전체 사회 중위소득의 50%를 빈곤선으로 설정하는 방식을 사용해왔다. 그러나 2008년 이후 적용 기준이 중위소득의 60%로 변경됐다. 기준을 상향 조정한 결과 빈곤선에 상응하는 1인당 월소득 수준이 814유로에서 977유로로 상향됐고, 이에 해당하는 인구수가 490

만 명에서 880만 명으로 대폭 증가했다.

사회보장부담금 (p.141)
연금, 사회보장, 실업보험 등에 필요한 재원을 마련하기 위해 기업에서 생산되는 부의 일부를 상호부조 형식으로 지원하는 제도.

상품 (p.38-39, 67-72, 104-105, 169, 197-198)
활용가치(필요를 충족)가 아닌 교환가치(시장에서의 매매)를 위해 생산된 재화 또는 용역. 이 논리를 따를 경우, 반드시 유용하지는 않더라도 수요를 충족하는 제품만 생산하게 된다.

생산요소 (p.67)
상품이나 서비스를 생산하는 과정에 투입 · 결합되는 경제자원. 경제학에서는 일반적으로 생산의 두 가지 주요 요소로 노동과 자본을 꼽는다.

서브프라임 모기지 사태 (p.37, 350)
금융위기는 경기침체로 이어진다. 서브프라임 모기지 (subprime mortgage)는 2002년부터 미국에서 신용도가 낮은 저소득층 가계에 고금리로 빌려주었던 '비우량 주택담보대출'을 말한다. 2007년 이들 가계가 원리금을 제대로 갚지 못한 채 저당 주택을 대거 팔기 시작하면서 부동산 시장이 붕괴되고 거품이 일시에 꺼지는 사태가 이어졌다. 2008년 9월, 부동산 시장의 위기는 금융위기로 확대됐다. 특히, 신용평가기관이 실제 위험보다 낙관적인 등급을 제시한 것이 문제를 증폭시키는 요인이 됐는데, 금융기관들이 보유한 서브프라임 관련 유동화증권과 복잡한 구조의 신용파생상품의 가치가 하락하면서 그 위기가 더 고조됐다. 결국, 그 영향은 미국을 넘어 세계 곳곳으로 퍼져나갔으며, 리먼브러더스의 파산에 따른 충격은 전 세계를 휩쓸었다. 몇몇 은행들은 자산가치 평가와 환매를 중단했다.

세계무역기구(WTO) (p.229, 243, 249)
1995년 정식 출범한 세계무역기구는 관세 및 무역에 관한 일반 협정 (GATT)을 대신해 무역 장벽을 낮추고 세계 자유무역을 촉진하고자 설립된 국제기구로, 회원국은 총 164개국이다. 세계무역기구의 다자간 무역협상(모든 회원국의 협약 체결을 목표로 함)은 2000년대 초반에 개발도상국과 약소국들의 저항에 부딪혀 부진을 면치 못했다. 최근에는 양자 또는 복수국 간의 무역 협정이 확산되는 추세다.

승수 효과 (p.70-71, 77, 79, 212, 305)

시가 총액
특정 시점을 기준으로 한 기업의 상장주식을 시가로 평가한 금액이다. 전 상장종목별로 그날 종가에 상장주식 수를 곱한 후 합계해 산출한다.

시장 (p.351)
신고전주의 이론에 의하면, 시장은 공급자와 수요자가 균형가격을 조정해 거래를 형성하는 곳이다. 세상에는 재화의 종류만큼 많은 시장이 존재한다. 신고전주의 경제모형이 시사하는 것과는 달리, 모든 개인과 개인이 자유의사에 의해 상호작용하는 '완벽'한 자유경쟁시장은 존재하지 않는다. 경제 안에서도 일련의 규칙과 제도적 틀이 갖춰져야만 교환이 이뤄질 수 있다.

시장 경제 (p.38-89, 209)
시장 경제에서 대부분의 교환은 수요와 공급의 균형을 맞추기 위해 가격이 변화하는 원리에 따라 생산요소가 거래되는 절차이다. 자유주의자들은 시장 경제와 자본주의를 동일시하는 경향이 있다. 사회관계에 의해 불평등해진 오늘날 경제의 본질을 강조하는 대신, 그들은 시장의 조절 기능을 통한 해석을 시도한다. 하지만 시장은 자본주의가 생겨나기 훨씬 오래전부터 존재해온 사회제도다. 자본주의를 시장과 동일시함으로써, 마치 자본주의가 당연하며 언제나 존재해온 체제인 듯 인식시키려 한다. 실제로 시장과 돈이 항상 자본주의의 도구였던 것은 아니다. 따라서 우리는 이제 이익의 논리에 좌우되지 않으면서도 시장 경제가 유지되는 세상을 충분히 상상해볼 수 있다.

신용화폐(불환지폐)/기호화폐 (p.253, 265, 276-277)
일반적으로 신용화폐란 동전과 지폐를 말한다. 신용화폐의 가치는 그 소재가치가 아닌 신용에 근거한다. 신용화폐는 예금계좌에 기록된 가계와 기업의 신용 잔액의 합계이며, 시중에 유통되는 통화량의 80% 이상을 차지한다. 중앙은행은 신용화폐(은행화폐)의 발행 독점권을 갖고 상업은행은 기호화폐를 발행하는 권한을 공유한다.

신자유주의 (p.9-12, 25, 35, 49, 83, 125, 127, 181, 193-198, 211-221)
양차 대전 사이에 생겨난 사상으로, 1979년 영국에서는 마거릿 대처가, 1980년 미국에서 공화당 출신 로널드 레이건이 당선되면서 힘을 얻기 시작했다. 냉전이 한창이던 당시 세계 곳곳에서 사회주의가 확대되는 분위기가 나타나자, 소수의 경제학자, 정치인, 그리고 자유주의 기업가들이 자유주의 국제 사회를 건설하기 위해 나섰다. 1947년 경제학자 프리드리히 하이에크가 만든 몽펠르랭 소사이어티는 싱크탱크 형태로 대기업들의 재정 지원을 받고 전 세계 여러 나라에 자유주의 사상을 전파하는 데 앞장섰다. 이후 신자유주의는 마르크스주의의 쇠퇴를 배경으로 1970년대 후반 사상 전쟁에서 진영을 확대해나갔다. 경제 · 사회적 여건은 정치와 지식 권력의 균형에도 변화를 가져왔다. 1973년 석유 파동 직후, 실업률이 고공행진을 이어가자 케인스 이론에 대한 신뢰가 흔들리게 됐다. 그 와중에 높은 수준의 인플레이션은 지배계층의 부를 잠식하고 있었다. 신자유주의 물결은 정치적 논조를 크게 바꿔놓았고, 영국과 미국에서는 노조에 압력을 가하고 개혁정당을 무너뜨렸다. 프랑스에 당도한 신자유주의 물결은 1981년에 새로 정권을 잡은 사회주의 정부가 당초 공약으로 내걸었던 자본주의와의 결별을 단념하도록 하는 결정적 계기로 작용했고, 프랑스 정부의 정책은 점차 시장 경제로 수렴해갔다. 1989년 베를린 장벽이 무너진 후 신자유주의의 충격 여파는 동유럽 국가에까지 번져나갔고, 새로 집권한 각국의 신정권은 대대적인 경제 개혁을 단행하는 한편 유럽연합과의 유대를 강화했다. 뿐만 아니라 유럽연합 회원국들과 마찬가지로 공공 부문의 영향력을 축소하고 긴축 정책을 시행했다. 신자유주의는 사회의 판도 역시 확연하게 바꿔놓았다. 사회적 불평등은 가중됐지만, 이는 필연적인 결과인 양 포장됐다. 이들의 힘은 그 입지를 보장하는 신자유주의 체제와 각종 정책기구에서 비롯된다. 이에 대항하있는 막강한 좌파 세력이 부재한 상황에서, 신자유주의는 이 시대를 지배하는 패러다임으로 자리 잡았다.

실업 (p.25-39, 70-71, 76, 157-184, 203-204, 279-303)
무직인 개인이 일자리를 찾는 상태. 프랑스에는 두 가지 실업 대책이 있다. 분기마다 프랑스 통계청(INSEE)은 국제노동기구(ILO)가 제시한 매우 협소한 정의에 따라 실업률을 조사한다. 그 정의에 따르면 실업자는 적극적으로 구직 활동을 하고, 조사 기간 중 수입이 있는 일에 전혀 종사하지 않으며, 일자리가 생기는 즉시 취업이 가능한 자를 말한다. 따라서 이 정의에 따르면, 일주일에 한 시간 일하는 사람은 실업자에 해당하지 않는다. 두 번째 지표는 고용서비스공단(Pôle emploi)가 제시하는 월별 데이터로, 한 달 동안의 작업 시간에 따라 구직자를 여러 범주로 구분한다. 프랑스 정부는 이 데이터에서 프랑스 통계청의 정의에 가장 근접한 A 범주의 대상층, 즉 이전 달에 한 시간도 일하지 않은 사람을 실업자로 간주한다. 두 지표 모두 실업과 불안정 고용(시간제 고용)의 현실을 전혀 반영하지 못하고 있다. 왜냐면 너무 낙심해 일자리를 찾지 못하거나 통계에서 누락되는 인구층을 전혀 고려하지 않기 때문이다. 예컨대 육아 · 보육 시설의 부족으로 인해 일을 포기한 '전업주부'들은 실업인구에서 제외된다. 실업자의 절반 미만이 실업수당의 혜택을 받는다.

실질가치 / 명목 가치

새롭게 생산된 가치를 전년도와 비교할 때, 실질가치(고정가격)는 인플레이션을 결과에 반영하지만 명목가치(시가)는 인플레이션을 고려하지 않는다. 한 유럽 국가의 한 해 국내총생산이 1조 유로에서 1조150억 유로로 증가할 경우, 연간 명목 성장률은 1.5%이다. 그러나 이 수치가 1년간 실제로 새로 생산된 부의 양과 일치할까? 그렇지 않다. 가령, 인플레이션이 1%일 경우, 부를 창출하지 않고도 국내총생산이 100억 유로 증가하기 때문이다. 결국 추가 생산량에 해당하는 실질 성장률은 0.5%에 해당한다.

양적완화 (p.335, 359)

기준금리가 0에 가까운 초저금리 상태여서 금리 인하를 통한 효과를 기대할 수 없을 때, 중앙은행이 은행 간 시장에서 국채 등 다양한 자산을 시중에 풀어 통화 공급을 늘리는 '비전통적 정책(전통적 정책의 틀에 반하는 조치)'. 양적환화를 통해 중앙은행은 주식이나 회사채와 같은 고수익 금융자산으로 투자 유인을 강화하고, 금융권은 기업과 가계로 신용을 확장한다.

영광의 30년 (p.139-140)

경제학자 장 푸라스티에가 '영광의 30년'이라고 칭한 1947년부터 1973년에 이르는 전후 30년간 서구사회에서 지속한 전례 없는 경제 번영기. 본격적인 경제 성장(연평균 5%)은 냉전체제와 함께 1950년경에 시작됐으며, 1960년대 말에 이르러서는 그 동력이 저하되기 시작했다. 이 역동성은 다양한 측면에서 설명할 수 있는데, 대표적으로 전후 사회 재건, 케인스의 공공투자정책, 정부 주도의 통화 정책, 그리고 무엇보다 임금노동자들의 구매력 향상을 기반으로 수요와 투자를 촉진할 수 있었던 '포드주의(Fordism)'식 노사관계를 들 수 있다. 대부분 이 시기를 완전고용 실현과 임금노동자의 권리 진일보를 이룬 시기로 특징 짓곤 하지만, 이런 급격한 성장은 개발도상국 대한 착취(값싼 원자재와 공장 가동에 투입된 수많은 이민자)에 따른 결과임을 망각하곤 한다. 아울러 같은 시기에 현대문명은 이미 지구의 생태적 한계를 넘어섰다.

외국인직접투자(FDI) (p.358-359)

투자자는 지분참여, 기존 주식 등의 취득에 의한 투자, 모기업과 그 자회사 사이의 융자 등의 방법으로 다른 국가의 자산을 취득할 수 있다.

유동성 (p.229, 269, 272, 317, 335, 359)

자산을 현금으로 전환할 수 있는, 즉 쉽게 처분할 수 있는 정도. 자산의 유동성에 대한 우려는 투기를 정당화는 결과를 가져온다. 실물경제주체(예: 기업)가 시장에서 유가증권을 매도하려면 언제라도 그 자산을 처분할 권리를 투자자에게 보장해야 한다. 따라서 발행된 유가증권은 '현금화'할 수 있어야 하며, 매도자가 매수자를 즉시 찾을 수 있게 하려면 해당 분야는 시장 안에서 활발한 활동을 지속해야 한다. 이런 주장은 2013년 프랑스의 '은행 구조 분리법'에 대한 투표에서 제시됐는데, '투기 거래'와 이를 제한하는 규제에 관한 내용은 이 법에서 전혀 찾아볼 수 없다.

유럽중앙은행(ECB) (p.8, 278-294)

1998년 마스트리히트 조약에 의해 설립된 유럽중앙은행은 프랑크푸르트에 본부를 두고 유럽 단일통화인 유로화 관리를 담당한다. 유럽중앙은행 유럽집행위원회가 임명하는 6인의 집행위원으로 구성된 집행위원회와 각국 중앙은행 총재 및 집행위원회로 구성된 정책위원회로 조직돼 있다. 공식적으로, 유럽중앙은행은 정치권력으로부터 독립적이다. 이 기관의 유일한 목표는 물가 안정을 유지하는 것이며, (미국 중앙은행, 연방 준비은행과는 달리) 성장이나 고용 문제에는 일절 관여하지 않는다. 그러나 2009년부터는 금융위기 이전에는 금기시해왔던 조치(양적완화*)를, 소위 '비관례적'인 틀 안에서 법령 수정 없이 시행하고 있다. 2016년 초를 기준으로 유럽중앙은행은 월 800억 유로 규모의 채권을 매입했으며, 예외적으로 회사채도 채권 매입 대상에 포함하고 있다.

유럽통화제도(European Monetary System · EMS) (p.284)

1979년에 유럽 국가 간의 환율안정을 기하기 위해 도입된 제도이다. 국가 간 생산성과 인플레이션의 차이를 상쇄하기 위해, 국가 간 환율은 고정됐지만, 조정될 수 있었다. 참가국은 자국의 환율을 정해진 양국 간의 중심환율에서 상하 2.25%의 범위로 유지할 수 있었다. 예를 들어, 1992년 독일 마르크화(DM) 대 프랑스 프랑(F)화의 중심환율은 1DM=3.344F였지만, 실효환율은 3.431과 3.279 사이에서 자유롭게 변동될 수 있었다. 각국은 언제든 통화를 상호 교환할 수 있도록 보장하고, 실효환율의 변동 폭을 제한할 수 있도록 자국 화폐 가치를 방어해야 할 의무가 있었다. 아울러, 중심환율은 한 국가가 일방적으로 조정할 수 없으며, 반드시 타 회원국의 동의를 거쳐야 했다. 이에 따라 1979~1987년 사이 유럽통화제도 내에서 총 11회의 재조정이 이뤄졌다. 1993년 통화위기의 결과 변동 폭을 상하 15%로 확대할 수밖에 없게 되면서 제도의 허점이 드러났다. 이후 단일통화인 유로화가 도입되면서 이 제도는 2002년 공식적으로 사라지게 됐다.

은행 (p.34-35, 38-39, 44-53, 104-105, 227, 262-294, 300-319)

기호화폐(記號貨幣) 형태의 신용화폐를 창조할 권한을 가진 금융 기관. 결제수단 관리, 예금의 수입(受入), 가계와 기업에 대한 자금 융자를 담당하는 상업은행(일반은행)과, 수요자와 자금의 공급자인 투자자 사이를 연결해 장기 산업자금(인수합병, 기업공개, 회사채발행 등)의 취급업무를 담당하는 투자은행으로 구분한다. 1980년대 이후에는 사실상 종합은행(Universal Bank) 체계 안에서 예금은행과 투자은행 간의 긴밀한 업무 협조가 이뤄지고 있다.

은행간 시장

금융기관 상호 간에 단기적인 자금의 대차거래가 이루어지는 시장으로, 일부는 유동성을 확보하고 일부는 잉여유동성을 투자할 수 있다. 예를 들어, 중앙 은행은 낮은 단기 금리를 유지하기 위해 대규모 매입(양적완화*)을 통해 이 시장에 관여할 수 있다.

은행 간 융자(재금융, Refinancing)

시중은행이 채무를 상환하거나 신용을 창출해 공여하기 위해 재원을 확보하는 모든 활동. 유로권의 시중은행들은 은행 간 시장에서 상호 간의 대차거래로 자금을 융자한다. 한편 유럽중앙은행은 재할인정책을 통해 통화량을 조정함으로써 시중 금리를 간접적으로 통제한다. 시중은행은 은행간 거래보다 더 높은 금리로 중앙은행으로부터 필요한 자금을 차입해 유동성을 확보할 수 있다. 이를 한계대출 제도라고 한다.

이윤 (p.38-39, 41, 72-75, 89-117, 205-215)

기업가가 기업활동을 영위하는 목적인 이윤은 회사 소유주가 자본을 출자했거나 차입했거나 상관없이, 자본에 대한 보상이다. 따라서 배당금 배분, 이자 지급, 투자, 또는 금융 거래에 사용될 수 있다. 기업 이윤은 총영업이익(GOS)으로 측정한다. 이는 부가가치*에서 임금과 생산에 관한 세금(부가가치세, 관세, 법인세 등)을 뺀 값과 같다. 기업의 결산 결과, 총수입에서 일체의 부채와 경비를 빼고 남은 금액을 의미하는 회계 개념인 '순수익'과 혼동하지 않도록 주의해야 한다.

이윤율(자본수익률) (p.38-39)

생산에서 창출된 잉여가치를 투자자본의 총량으로 나눈 값. 자본 100을 투입해서 5만큼의 이윤을 거둔 기업의 이윤율은 5%다. 마르크스주의자들은 '이윤율의 경향적 저하 법칙'의 원인을 자본주의의 불안정한 특징에서 찾는다.

인플레이션 (p.25, 27, 38-39, 201, 269, 279-281, 315)
전반적인 물가가 지속적으로 상승하는 현상. 자유주의 경제학자 프리드리히 하이에크는 이런 경제적 불균형 상태를 '진정한 해악'이라고 봤다. 밀턴 프리드먼은 "인플레이션은 알코올 의존증과도 같다. 거나하게 취한 밤에는 마냥 기분이 좋지만, 다음날이 되면 그제야 숙취가 몰려오는 법이다"라고 말하기도 했다. 반면 인플레이션은 금융자본의 원금가치 하락을 가져오기 때문에, 존 메이너드 케인스의 이른바 '이자생활자의 안락사' 주장을 실현하는 측면이 있다. 대출자들이 부자가 되거나 주택을 마련할 수 있었던 것도 이런 현상의 결과라고 해석할 수 있다. 대출 실질 비용(인플레이션에 따른 가치상승분을 제한 나머지)이 지속 감소하기 때문이다. 독일 사회학자 볼프강 슈트렉은 1970년대 인플레이션 현상에 관해 또다른 분석을 제시했다. 당시 전후 재건사업이 끝나면서 찾아온 복지 국가모델 붕괴의 첫 번째 징후는 부가가치를 공유하는 자본과 노동 사이의 긴장 고조였다. 인플레이션은 실질 가치 상승이 없는 임금 인상을 가능토록 했기 때문에, 여러 서구 국가가 사회적 모순구조를 타파해 수정하지 않고도 쉽게 사회적 대립을 해소하는 전략적 도구가 됐다.

임금노동 (p.62, 107, 117, 149, 153-154, 181, 203-204)
노동 관계의 한 형태. 마르크스주의에 의하면, 자본주의 생산관계의 본질은 자본과 임금노동 관계다. 이 개념은 다른 개인(주인)에게 속하지 않은 상태에서, 고용주를 위해 일하거나 혹은 일하지 않기를 선택하는 자유로운 상태의 개인을 전제로 한다. 한편, 마르크스주의는 이 관계에서 나타나는 불평등한 특징을 강조한다. 임금노동자는 생산수단을 소유한 고용주에게 대한 복종을 강요당할 뿐만 아니라, 이들이 제공하는 노동력은 그에 대한 보상을 초과한다. 마르크스는 이렇게 창출된 자본을 '잉여노동'의 착취라고 지적했다.

자금조달 (p.363)
가계, 기업 및 행정기관이 자금조달 요구를 충족시키는 모든 수단. 저축을 통한 비화폐 금융 재원조달과 화폐 창출을 통한 재원조달을 구분한다. 회사가 스스로 자금을 조달할 수 없는 경우, 은행 채권에 의지하거나 신주발행(증자), 또는 채권발행을 통해 금융시장의 도움을 받을 수 있다. 1980년대 이후 기업들의 은행에 대한 신용 의존도를 낮추고 자본시장을 보다 직접 활용하는 과정을 탈(脫) 금융중개화라고 한다.

자기자본이익률(Return On Equity · ROE)
기업의 수익성을 나타내는 지표의 하나로, 순이익을 자기 자본으로 나눈 비율로 나타낸다. 예컨대, 순이익이 자본의 5%이고 해당 자본이 50%의 부채와 50%의 자기 자본으로 이뤄져 있다면, 자기자본이익률은 10%(5/50)가 된다.

자본 (p.38-39, 40-43, 62-75, 96-99, 104-105, 106-118, 205-208)
자본이라는 말은 맥락이나 경제이론에 따라 여러 의미로 사용된다. 1. 개인이 소유하는 '자본'은 소득의 원천인 실물자본과 금융자산을 의미한다(이자, 이익, 배당금, 임대료 등). 2. 회사의 경우 '자본'은 주주가 출자한 재산(주식 또는 지분)에 해당한다. 3. 자본은 노동과 같은 생산 요소 중 하나다. 4. 마르크스주의 이론에서 자본은 생산수단뿐 아니라 사회적 생산관계이기도 하다. 특정 사회 계급의 자본은 삶을 영위하기 위해 노동력을 상품으로 팔 수밖에 없는 임금노동자들을 착취함으로써 비로소 축적될 수 있다. 이처럼 불평등한 사회적 관계는 노동법에 그대로 반영돼 있으며, 고용계약은 종속적인 관계를 설정한다.

자본시장
이 개념은 기업 투자자금(주식* 또는 채권* 등)이 거래되는 장기금융시장과 운전자금의 조달을 위한 단기금융(짧게는 24시간에서 길게는 1년까지) 시장인 화폐시장을 포함한다. 외국환이 거래되고 외국환 시세가 이루어지는 외환시장과 화폐시장을 혼동하지 않도록 유의해야 한다.

자산 (p.263-278)
경제적 가치가 있는 자산을 일컫는다. 현금성 자산(현금은 가장 유동적이고 위험이 가장 적음), 소유권(주식), 부채증권(채권), 파생상품(스왑, 선물, 옵션)을 포함하는 금융자산, 실물자산(건물, 설비, 재고)으로 분류할 수 있다.

자산효과
자산의 가치가 상승하면 재화와 용역의 소비도 함께 증가하는 현상. 예: 주식 가격이 오르면 보유자의 재산이 늘어나 더 많은 돈을 소비하게 되는 경우.

재정적자 (p.77, 79, 281, 283, 305, 314)
정부가 거둬들인 세금수입(특히 지방정부와 사회보장기관)이 지출보다 적을 때 발생하는 적자를 가리킨다. 유럽연합 차원에서 1997년에 채택한 '안정 및 성장 협약'은 재정적자와 국가부채*의 상한선을 각각 국내총생산의 3%와 60% 이내로 정하고 있다. 공공 채무 상환과 관련된 이자 비용이나 금융자산을 통해 발생한 소득은 본원적 재정적자에 반영하지 않는다. 이를 통해 정부가 현재 추진 중인 업무를 수행하기 위해서 충분한 조세수입을 거두고 있는지를 판단할 수 있다. 2013년 발효된 안정, 조율 및 거버넌스 조약은 국내총생산(GDP)의 0.5% 이내로 구조적 재정적자(경기변동이나 일회성 요인 제외)를 유지하도록 제약을 강화했다.

저축 (p.71-72, 305-308)
소득을 소비에서 즉시 사용하지 않고 부를 축적하는 경제활동. 국가 저축은 가계, 기업, 그리고 정부의 저축으로 이뤄진다. 그러나 저축과 소비의 경계가 항상 명확한 것은 아니다. 예를 들어, 예술 작품의 구매는 소비나 투자의 행위라고 생각할 수 있다. 세대 간 연대(사회보장)에 의한 연금이 조달되지 않는 국가에서는 각 가계가 개인 저축을 늘려야 한다. 유럽에서 프랑스인들은 독일인 다음으로 가장 저축률이 높다. 2015년 말 프랑스의 저축률은 총 가처분소득의 15.5%에 해당했다.

적자예산
정부의 재정지출이 늘어나 세입보다 세출이 많은 경우. 재정적자와는 달리, 다른 행정기관(특히 지방정부와 사회보장기관)의 수지는 포함되지 않는다.

주식 (p.107, 266, 337, 343)
주식회사의 자본을 이루는 단위 중 하나로, 회사에 대한 주주권(株主權)을 나타낸다. 연간 결과 및 이론적으로 회사의 주주 총회에서 투표권을 행사하는 권리를 주주에게 가변 소득(배당금)으로 제공한다. 일부 주식은 주식시장에 상장될 수 있다.

주식시장 (p.350-369)
유가증권이 거래되는 시장 (주식*, 채권*, 옵션 등). 기업이나 국가가 자금을 조달하기 위해 새로운 주식 및 채권을 시장에 내놓는 발행시장(1차 시장)과 발행된 주식이 투자자 사이에서 거래되는 유통시장(2차 시장)으로 나뉜다.

중간 소비 (p.303)
생산과정에서 원재료, 에너지 연료, 간접비 등으로 소비되는 비내구재 및 서비스

중농주의 (p.38-39)
중농주의를 뜻하는 피지오크라시(physiocracy)라는 말은 본래 '자연의 통치'라는 그리스어 어원에서 비롯됐다(physis · 지구, kratos · 권력). 중농주의는 계몽주의 시대 프랑스 경제학자이자 의사인 프랑수아 케네가 창시한

사상이다. 18 세기 중엽, 케네는 디드로와 달랑베르가 주도한 백과사전 편찬에 참여해 '명증(明證)', '농민', 그리고 '종자' 항목을 저술하기도 했다. 중농주의자들은 국가사회의 유일한 부의 기초가 농업에 있다고 주장했을 뿐 아니라, 자유방임정책의 입장에서 수출의 자유, 가격통제 폐지, 세금 축소를 옹호함으로써 자유주의 이론의 토대를 마련하기도 했다. 국부의 순환을 연구하기 위해 혈류에서 영감을 얻은 케네는 경제의 순환을 설명한 최초의 인물이기도 하다.

중앙은행 (p.34-35, 53, 263-294)
일국의 통화 정책을 수행하며, 신용화폐(은행화폐)의 발행 독점권을 통해 위급 시 '최후의 대부업자'로 기능하는 하는 공공금융기관이다. 특히 시중은행의 지불준비금을 수탁함으로써, 국가 전체의 통화량을 조절하고 기준금리를 결정한다. 자금 부족으로 파산 위협에 놓인 시중은행에 중앙은행은 '최후의 보루'가 되지만, 오히려 시중은행이 중앙은행의 발권력에 의존해 금융시장에서 높은 위험을 감수하게 되는 부작용이 발생하기도 한다. 이를 도덕적 해이라고 부른다.

중위소득/ 평균소득
모집단을 소득순으로 순위를 매긴 후 정중앙을 차지한 인구의 소득을 말한다. 이는 소득계층을 구분하는 기준이 된다. 모집단의 평균 소득 수준에 해당하는 평균소득과 구분되는 개념이다. 2012년, 월평균 순임금은 2,157유로, 중위임금은 1,713유로다. 2012년, 월평균 순임금은 2,157유로, 중위임금은 1,713유로다.

지급능력(상환능력) (p.312)
기업과 개인의 채무 이행 능력의 정도를 뜻한다. 반대로 지급불능은 구조적으로 수익보다 더 큰 비용을 지출하고 지급 수단이 계속 결핍돼 해당 채무를 순조롭게 변제할 수 없는 상태를 의미한다.

지분(자기 자본) (p.354, 367, 369)
채권자나 은행에 상환해야 하는 차입자본과 달리, 기업이 경영 활동을 중단하지 않는 한 상환할 필요가 없는 자본. 주주들이 배당금의 형태로 영업이익을 나눠 갖기보다는 경영 활동을 위해 남겨두기로 한다면 회사의 자기자본을 키울 수 있다.

채권 (p.266, 276, 314-317, 324-328)
주식회사 형태를 갖춘 기업이나 정부가 금융시장에 발행하는 차용증서다. 채권을 소유한 채권자는 이자를 받을 수 있다. 이미 발행된 채권은 투자자들 사이에서 매매되는 유통시장에서 거래된다.

채무 증권
발행자에게 지급을 청구할 권리가 표시된 증권.

최적통화지역(Optimum Currency Areas · OCA)
캐나다 경제학자 로버트 먼델의 1961년에 이론에 따르면, 국가나 지역은 최적통화지역의(Optimum Currency Areas · OCA) 다음 세 가지 조건을 갖출 경우 경제적 충격이 발생하더라도 비대칭적으로 영향을 미치는 가능성을 최소화할 수 있다. 1. 생산구조의 동질성 2. 재분배를 통해 안정을 도모할 수 있을 만한 규모를 갖춘 통합재정의 존재 3. 역내 자유로운 노동이동. 이러한 조건이 충족되지 않은 상태에서 중요한 경제 관리 수단인 통화정책과 환율정책을 국가로부터 박탈한다면 결국 득보다 실을 초래한다는 결론에 이른다. 유럽의 단일통화 도입이 이뤄지는 동안, 유로화 옹호론자들은 유로지역이 최적통화지역으로 거듭날 것이라고 기대했다. 하지만 2010년부터 유럽을 계속 휩쓸고 있는 난국은 그들의 희망을 앗아갔다.

캐리 트레이드 (p.335)
외환 시장에서 금리가 낮은 통화로 자금을 조달해 금리가 높은 나라의 금융상품 등에 투자함으로써 수익을 내는 투기적 거래를 의미한다.

통화 (p.38-39, 204, 209, 263-295)
다른 통화와의 관계에서, 한 국가 또는 지역에서 사용되는 고유 화폐.

통화주의 (p.36)
밀턴 프리드먼을 대표로 하는 이 자유주의 경제 분석에 따르면, 인플레이션은 과도한 통화 공급의 결과다. 경제주체들의 적응적 기대(Adaptive expectations)는 장기적으로 비효율적인 경제정책으로 이어진다. 또한, '자연 실업률'은 반드시 존재하게 마련이기에 이 실업률을 낮추려고 노력하는 것은 무의미하다. 따라서 정부의 통화정책은 단 하나의 목표, 즉 통화량을 통제해 인플레이션을 방지하는 데 맞춰져야 한다는 입장을 취하고 있다.

투기 (p.69, 107, 262, 266, 283-295, 345-352)
상품이나 자산*의 시세변동에서 발생하는 차익의 획득을 목적으로 하는 거래행위. 대부분의 투기 거래는 금융시장이나 외환시장*에서 이뤄진다. 금융 자유화를 옹호하는 이들은 투기가 시장에 유동성을 가져오고 다른 경제주체들이 꺼리는 위험을 감수하도록 한다고 주장한다. 그러나 국제 자본의 주를 이루는 투기 활동은 금융과 외환위기의 주요 원인이 되고 있다.

파생상품 (p.313, 348, 351)
시세변동에 따라 기업이 입는 손실위험을 줄이기 위해 만들어진 금융상품이다. 19세기 미국 시카고에서 곡물에 미리 특정 가격을 보장함으로써 가격 손실위험을 줄이기 위해 처음 만들어졌다. 오늘날에는 미래 일정 시점에 일정한 가격에 주식, 채권, 원자재, 외환 등과 같은 기초자산을 거래하기로 하는 금융상품을 의미한다. 파생상품은 90년대 초반 금융기관들의 헤지수단으로 사용되기 시작하였으나, 최근에는 주요 투자수단의 하나로 인식되고 있다.

펀더멘털(Fundamental)
한 나라의 경제 상태(성장률, 실업률, 생산성)나 기업의 경영상태(매출액, 수익성)를 나타내는 데 가장 기초적인 자료가 되는 지표.

평가절하(devaluation) (p.185, 194, 283)
고정환율제도를 채택하고 있는 한 나라의 통화체제*에서 정책적 목적 등에 의해 자국 통화의 대외가치를 인하 조정하는 것이다. 이른바 경쟁적 평가 절하의 목적은 수출품의 가격을 낮추고 수입품의 가격을 올려 무역 적자를 줄이는 것이다. 변동환율제에서 외환 시장 흐름에 따라 발생한 화폐 가치의 하락(depreciation)과 혼동하지 않도록 주의해야 한다.

포드주의 (p.101, 341-343)
제1차 세계대전 이전에 미국 자동차 제조업자 헨리 포드가 도입한 과학적 관리법에 기반한 컨베이어벨트 시스템. 이에 따라 표준화된 제품의 대량 생산이 가능해졌고, 노동자들이 자가용을 구매할 수 있을 정도로 임금 수준이 향상됐다.

포트폴리오 투자 (p.335)
회사 경영에 참여하는 목적이 아닌, 투자수익을 극대화하기 위해 각종 유가증권 등에 투자하는 방식.

한계세율 (p.139, 141)

소득세는 일반적으로 (계단식 세율구조에서) 과세표준 구간에 따라 각기 다른 세율이 적용되는데, 한계세율은 소득세가 적용되는 소득 구간 중 가장 높은 구간의 세율에 해당한다. '누진세' 참조.

환전 (p.294)

서로 종류가 다른 화폐와 화폐를 교환하는 일. 1971년에 브레튼우즈*체제가 종식되면서 세계 주요 통화는 고정환율제에서 변동환율제로 전환됐다. 각국의 통화는 외환시장에서의 수요와 공급량에 따라 가치가 절상 또는 절하된다. 외환시장은 거래량에 있어 최대 규모의 시장으로, 하루 평균 외화 거래량이 1970년에는 약 100억 달러였으나 2013년에는 500배 이상 증가해 5,300억 달러에 달했다. 2013년 기준, 4개 은행(Deutsche Bank, Citigroup, Barclays 및 UBS)의 거래가 전 세계 외환 시장의 50%를 차지했다. 이중 상당 부분의 거래가 투기적 성격을 띠며, 이런 현상은 만성적인 환율 불안정을 설명하는 요인으로 볼 수 있다.

활용가치/ 교환가치 (p.272)

고전주의 경제학자들과 마르크스주의는 사상가들은 가격 이면에서 상품의 근본적인 가치를 결정하는 요소를 밝히고자 했다. 이를 위해 (주관적 만족도와 관련된) 활용가치와 교환가치(가격)를 구분했다. 후자를 결정하는 것은 다음의 세 가지 요인이다. 1. 생산하는 데 소비된 노동시간의 양 2. 자본가가 요구하는 평균 이윤(이윤은 노동자와 자본가 간의 힘의 균형에 따라 달라지며, '생산가격'을 결정한다). 3. '시장가격'을 형성하는 수요와 공급의 변동.

1차산품 특화형 구조(Reprimarization)

경제 활동에 따라 산업을 1차(자연에서 자원을 직접 이용), 2차(자원을 가공해 생산), 3차(서비스업) 산업으로 분류한다. 일반적으로 경제가 성장하고 기술을 통합할수록 2차 및 3차산업이 강화되는 경향을 보인다. 반면, 천연자원이 풍부한 일부 국가의 경우 1차산업의 비중이 커지면서 산업구조의 불균형이 발생해 경제가 악화되기도 한다.

CAC40 주가지수 (p.60, 142)

프랑스의 대표적인 주가지수(CAC는 파리증권거래소 초기 자동화 거래시스템인 'Cotation Assistee en Continu · 연속보조평가'의 약자임). 이 지수는 파리증권거래소에 상장된 시가 총액 상위 100개 종목 중 가장 활발히 거래되는 40개 우량종목을 대상으로 산출 · 발표한다. 40개 종목의 구성회사들은 투자자들이 선호(첫 번째 기준)하는 국제적인 규모의 대기업(두 번째 기준)이다. CAC40 기업들의 누적 영업이익은 금융위기 직후인 2009년 기준 473억 유로에서 2015년 기준 552억 1,000만 유로로 늘어났다.

출처

시민지원을 위한 국제금융거래 과세연합(Attac), 『작은 변화. 탈세계화 사전(Le Perit Alter. Dictionnaire altermondialiste)』, Mille et une nuirs, 2006년.

알랭 베이톤, 앙투안 카조를라, 크리스틴 돌로, 안느마리 드레(감수), 『경제학 사전』, Armand Colin, 2004년.

라파엘 디디에, 『저항 경제 사전(Dictionnaire révolté d'économie)』, Breal, 2011년.

집필진

사미르 아민(Samir Amin)
경제학자, 다카르 제3세계포럼(Forum du tiers-monde) 회장, 《자본주의에서 문명까지(Du capitalisme à la civilisation)》(Syllepse, 2008).

기욤 바루(Guillaume Barou)
《르몽드 디플로마티크》 웹사이트 총괄관리자.

오렐리앵 베르니에(Aurélien Bernier)
환경운동가, 환경문제 전문가, 《세계화는 어떻게 생태계를 파괴했나(Comment la mondialisation a tué l'écologie)》(Mille et une nuits, 2012).

소피 베루(Sophie Béroud)
리옹2대학 정치학과 전임강사, 《노동 불안정 심화와 집단 저항(Quand le travail se précarise, quelles résistances collectives)》(La Dispute, 2009).

엘로디 베르트랑(Élodie Bertrand)
프랑스국립과학연구원(CNRS) 경제학 책임연구원, 《엘가 출판사의 로널드 H. 코즈 지침서(The Elgar Companion to Ronald H. Coase)》(Edward Elgar Publishing, 2016).

로베르 부아이에(Robert Boyer)
경제학자, 전 사회과학고등연구원(EHESS) 소장, 《자본주의의 정치 경제. 규제의 이론과 위기(Économie politique des capitalismes. Théorie de la régulation et des crises)》(La Découverte, 2015).

브누아 브레빌(Benoît Bréville)
《르몽드 디플로마티크》 부편집자.

마르틴 뷜라르(Martine Bulard)
《르몽드 디플로마티크》 부편집자, 《서구병을 앓는 서구 사회(L'Occident malade de l'Occident)》(Fayard, 2009).

모나 숄레(Mona Chollet)
《르몽드 디플로마티크》 기자, 편집장, 《나의 집, 주택공간 오디세이(Chez soi. Odyssée de l'espace domestique)》(Zones, 2015)(국역본 : 《지금 살고 싶은 집에서 살고 있나요?》).

로랑 코르도니에(Laurent Cordonnier)
릴1대학 경제학과 전임강사, 《자본의 초과 비용: 활동의 대가로 발생하는 수익(Le Surcoût du capital : la rente contre l'activité)》(Presses universitaires du Septentrion, 2015).

프랑수아 드노르(François Denord)
프랑스국립과학연구원 사회학 책임연구원, 《프랑스식 신자유주의. 정치적 이데올로기의 역사(Néo-libéralisme version française. Histoire d'une idéologie politique)》(Demopolis, 2007).

프랑수아-자비에 드베테르(François-Xavier Devetter)
릴1대학 경제학과 전임강사. 《이제 그만. 가사와 하인 고용에 관한 에세이(Du Balai. Essai sur le ménage à domicile et le retour de la domesticité)》(Raisons d'agir, 2011).

세드릭 뒤랑(Cédric Durand)
파리8대학 경제학과 전임강사. 《의제 자본. 금융은 어떻게 우리의 미래를 유린하는가(Le Capital fictif. Comment la finance s'approprie notre avenir)》(Les Prairies ordinaires, 2014).

프레데릭 파라(Frédéric Farah)
고등학교 사회경제과학 교사, 파리1대학 경제학 강사. 《범대서양 무역투자 동반자 협정. 열강을 위한 협정(Tafta. L'accord du plus fort)》(Max Milo, 2014).

시릴 페라통(Cyrille Ferraton)
몽펠리에3대학 경제학과 전임강사. 《비영리단체와 협동조합. 또다른 경제사(Associations et coopératives. Une autre histoire économique)》(Érès, 2007).

쟝 가드리(Jean Gadrey)
릴1대학 경제학과 명예 교수. 《자연에도 가격을 매겨야 하나?(Faut-il donner un prix à la nature?)》(Les Petits Matins, 2015).

폴 길베르(Paul Guillibert)
파리 낭테르대학 철학과 박사과정.

세르주 알리미(Serge Halimi)
《르몽드 디플로마티크》 발행인. 《거대한 퇴보(Le Grand Bond en arrière)》(Agone, 2012)(초판: 2004).

미셸 위송(ichel Husson)
경제사회연구소 경제통계학자. 《임금 삭감으로 고용 증대?(Créer des emplois en baissant les salaires?)》(Éditions du Croquant, 2015).

사비나 이세난(Sabina Issehnane)
렌2대학 경제학과 전임강사. 《등록금 폐지! 무상고등교육, 자유와 해방을 위해(Arrêtons les frais! Pour un enseignement supérieur gratuit et émancipateur)》(Raisons d'agir, 2015).

라울 마르크 제나르(Raoul Marc Jennar)
수필가. 《유럽 시민을 위협하는 범대서양 무역 시장(Le Grand Marché transatlantique. La menace sur les peuples d'Europe)》(Cap Béar, 2014).

르노 랑베르(Renaud Lambert)
《르몽드 디플로마티크》 부편집자. 《청부 경제학자(Les Économistes à gages)》(Les Liens qui libèrentÐLe Monde diplomatique, 2012).

세르주 라투슈(Serge Latouche)
파리 오르세대학 명예교수, 성장반대론자. 《탈성장주의 선구자. 선집(Les Précurseurs de la décroissance. Une

anthologie)》(Le Passager clandestin, 2016).

프레드릭 르바롱(Frédéric Lebaron)
베르사유 대학교 사회학과 교수. 《경제담론(Les Discours sur l'économie)》(Presses universitaires de France, 2013).

실뱅 르데르(Sylvain Leder)
고등학교 사회경제과학 교사.

프레데릭 르메르(Frédéric Lemaire)
시민 지원을 위한 국제 금융거래 과세추진협회(ATTAC) 회원. 파리13대학 경제연구센터(CEPN) 박사과정.

프레드릭 로르동(Frédéric Lordon)
경제학자이자 철학자. 프랑스국립과학연구원(CNRS) 연구팀장. 《그리스를 파산에 몰아넣다. 유로화에 관한 2015년의 기록(On achève bien les Grecs. Chroniques de l'Euro 2015)(Les Liens qui libèrent, 2015).

장-마리 모니에(Jean-Marie Monnier)
파리1대학 경제학 교수. 《채무에 관한 30가지 질의응답(Parlons dette en 30 questions)》(La Documentation française, 2013).

카롤린 우댕-바스티드(Caroline Oudin-Bastide)
사회과학고등연구원(EHESS) 역사문명 박사. 《피고 주인과 원고 노예. 고세와 비비에의 사례 (1848년 마르티니크)(Maîtres accusés, esclaves accusateurs. Les procès Gosset et Vivié, Martinique, 1848)》(Presses universitaires de Rouen et du Havre, 2015).

후안 미겔 페레스(Juan Miguel Pérez)
산토도밍고 자치대학교(UASD) 사회학과 교수.

에블린 피에예(Evelyne Pieiller)
《르몽드 디플로마티크》 기자. 《청소년을 위한 록 음악의 역사(Une histoire du rock pour les ados)》(Au diable Vauvert, 2013).

미셸 팽송, 모니크 팽송-샤를로(Michel Pinçon et Monique Pinçon-Charlot)
사회학자. 전 프랑스국립과학연구원(CNRS) 연구팀장. 전 CNRS 연구 책임자. 《부자의 대통령. 니콜라 사르코지의 과두정치에 관한 연구(Le Président des riches. Enquête sur l'oligarchie dans la France de Nicolas Sarkozy)》(La Découverte, 2010).

도미니크 플리옹(Dominique Plihon)
파리13대학 금융경제학과 교수. 《화폐와 그 메커니즘(La Monnaie et ses mécanismes)》(La Découverte, 2013)(6차 개정판).

로라 랭(Laura Raim)
기자. 《유럽 회생을 원한다면 유로 체제를 허물 것(Casser l'euro pour sauver l'Europe)》(Les Liens qui libèrent, 2014).

크리스토프 라모(Christophe Ramaux)
파리1대학 경제학과 전임강사, 《복지국가. 신자유주의 혼란에서 벗어나는 방법(L'État social. Pour sortir du chaos néolibéral)》(Mille et une nuits, 2012).

질 라보(Gilles Raveaud)
파리8대학 경제학과 전임강사, 《경제는 모르지만 이해할 수 있어요(J'ai jamais rien compris à l'économie mais ça je comprends)》(Tana Éditions, 2015).

마티아스 레이몽(Mathias Reymond)
몽펠리에1대학 경제학과 전임강사, 미디어비판행동(Acrimed)의 공동대표, 《도시 교통의 경제학(L'Économie des transports urbains)》(La Découverte, 2013).

엘렌 리샤르(Hélène Richard)
《르몽드 디플로마티크》 기자.

피에르 랑베르(Pierre Rimbert)
《르몽드 디플로마티크》 기자, 《'리베라시옹' 사르트르에서 로스차일드까지('Libération' de Sartre à Rothschild)》(Raisons d'agir, 2005).

프랑수아 뤼팽(François Ruffin)
계간 《파키르 시네아스트》 편집장, 《그들의 두려움. '보호주의 충동'에 관한 일지(Leur grande trouille. Journal intime de mes 'pulsions protectionnistes')》(Les Liens qui libèrent, 2011).

피에르 살라마(Pierre Salama)
파리8대학 명예교수, 《제3세계(Tiers Monde)》, 《개미와 베짱이 사이의 중남미 신흥 경제국(Les Économies émergentes latino-américaines. Entre cigales et fourmis)》(Armand Colin, 2012).

에밀리 소게(Émilie Sauguet)
생 드니 폴 엘뤼아르 고등학교 사회경제과학 교사.

알렉시 스피르(Alexis Spire)
사회학자, 프랑스국립과학연구원(CNRS) 연구팀장, 《세금 앞의 강자와 약자(Faibles et Puissants face à l'impôt)》(Raisons d'agir, 2012).

필립 스테이너(Philippe Steiner)
파리1대학 사회학과 교수, 《논란의 시장. 자본시장과 도덕윤리(Marchés contestés. Quand le marché rencontre la morale)》(Presses universitaires du Mirail, 2014).

브뤼노 티넬(Bruno Tinel)
파리1대학 경제학과 전임강사, 《국가 채무: 비관론 탈피(Dette publique : sortir du catastrophisme)》(Raisons d'agir, 2016).

줄리 발랭탱(Julie Valentin)
파리1대학 경제학과 전임강사. 《기업의 사회적 책임(CSR) 비평 사전(Dictionnaire critique de la RSE)》(Presses universitaires du Septentrion, 2013).

줄리앙 베르퀴이(Julien Vercueil)
국립동양언어문화연구소(INALCO) 경제학과 전임강사. 《르뷰 드라 레귤라시옹》 부편집장. 《신흥국: 브라질, 러시아, 인도, 중국. 경제 변화, 위기와 새로운 도전(Les Pays émergents. Brésil, Russie, Inde, Chine. Mutations économiques, crises et nouveaux défis)》, (Bréal, 2015)(4차 개정판).

이브라임 와르데(Ibrahim Warde)
플레처스쿨 국제경제학과 교수. 《이슬람 금융와 지구촌 경제(Islamic Finance in the Global Economy)》(Edinburgh University Press, 2013).

아르노 자샤리(Arnaud Zacharie)
벨기에 개발협력센터(CNCD) 사무총장. 전 아탁(ATTAC) 대변인.

다니엘 자모라(Daniel Zamora)
브뤼셀 자유대학 사회학 박사. 《푸코 비평. 1980년대와 신자유주의의 유혹(Critiquer Foucault. Les années 1980 et la tentation néolibérale)》(Aden, 2014).

참고 자료 및 영상

- Michel Aglietta et André Orléan, La Violence de la monnaie, Presses universitaires de France, Paris, 1982.
- Samir Amin, Le Développement inégal, Éditions de Minuit, Paris, 1973.
- Paul Bairoch, Mythes et paradoxes de l'histoire économique, La Découverte, Paris, 1999.
- John Bellamy Foster et Fred Magdoff, The Great Financial Crisis, Monthly Review Press, New York, 2009.
- Aurélien Bernier, Comment la mondialisation a tué l'écologie. Les politiques environnementales piégées par le libre-échange, Mille et une nuits, Paris, 2012.
- Thomas Bouchet, Vincent Bourdeau, Edward Castleton, Ludovic Frobert et François Jarrige, Quand les socialistes inventaient l'avenir, 1825-1860, La Découverte, Paris, 2015.
- Pierre Bourdieu, "Le sens de l'honneur", dans Esquisse d'une théorie de la pratique, précédé de trois études d'ethnologie kabyle, Droz, Paris, 1972.
- Fernand Braudel, La Dynamique du capitalisme, Flammarion, Paris, 2014 (1re éd.: 1985).
- Isabelle Bruno, Pierre Clément et Christian Laval, La Grande Mutation. Néolibéralisme et éducation en Europe, Syllepse, Paris, 2010.
- Bernard Chavance, Le Système économique soviétique. De Brejnev à Gorbatchev, Nathan, Paris, 1989.
- François Chesnais, Les Dettes illégitimes. Quand les banques font main basse sur les politiques publiques, Raisons d'agir, Paris, 2011.
- Collectif, À quoi servent les économistes s'ils disent tous la même chose? Manifeste pour une économie pluraliste,

Les Liens qui libèrent, Paris, 2015.
- Pascal Combemale, Introduction à Marx, La Découverte, Paris, 2010.
- Laurent Cordonnier, L'Économie des Toambapiks, Raisons d'agir, Paris, 2010.
- James M. Cypher et Raúl Delgado Wise, Mexico's Economic Dilemma. The Developmental Failure of Neoliberalism, Rowman & Littlefield Publishers, Lanham, 2010.
- Pierre Dardot et Christian Laval, La Nouvelle Raison du monde. Essai sur la société néolibérale, Paris, La Découverte, 2009.
- Franck Dedieu, Benjamin Masse- Stamberger, Béatrice Mathieu et Laura Raim, Casser l'euro pour sauver l'Europe, Les Liens qui libèrent, Paris, 2014.
- Nicolas Delalande, Les Batailles de l'impôt. Consentement et résistances de 1789 à nos jours, Seuil, Paris, 2014.
- Gérard Duménil et Dominique Levy, La Grande Bifurcation. En finir avec le néolibéralisme, La Découverte, Paris, 2014.
- Bernard Friot, Puissances du salariat, La Dispute, Paris, 2014.
- James K. Galbraith, L'État prédateur. Comment la droite a renoncé au marché libre et pourquoi la gauche devrait en faire autant, Seuil, Paris, 2009.
- John Kenneth Galbraith, L'Art d'ignorer les pauvres, Les Liens qui libèrent, Paris, 2011.
- Eduardo Galeano, Les Veines ouvertes de l'Amérique latine, Pocket, Paris, 2001 (1re éd. : 1971).
- David Garrioch, La Fabrique du Paris révolutionnaire, La Découverte, Paris, 2013.
- Susan George, Les Usurpateurs. Comment les entreprises transnationales prennent le pouvoir, Seuil, Paris, 2014.
- Nicolas Guilhot, Financiers, philanthropes. Vocations éthiques et reproduction du capital à Wall Street depuis 1970, Raisons d'agir, Paris, 2e édition, 2006.
- Alya Guseva, Into the Red : The Birth of the Credit Card Market in Postcommunist Russia, Stanford University Press, Redwood City, 2008.
- Razmig Keucheyan, La nature est un champ de bataille, Zones, Paris, 2014.
- Albert Hirschman, Deux siècles de rhétorique réactionnaire, Fayard, Paris, 1995.
- Jacques Legoff, Le Moyen Âge et l'argent. Essai d'anthropologie historique, Perrin, Paris, 2010.
- Frédéric Lordon, La Malfaçon. Monnaie européenne et souveraineté démocratique, Les Liens qui libèrent, Paris, 2014.
- Walter Benn Michaels, La Diversité contre l'égalité, Raisons d'agir, Paris, 2009.
- Damien Millet et Éric Toussaint, La Dette ou la vie, Aden-CADTM, Bruxelles, 2011.
- Baptiste Mylondo, Pour un revenu sans condition, Utopia, Paris, 2012.
- Joseph Nocera, A Piece of The Action : How The Middle Class Joined The Money Class, Simon & Schuster, New York, 1994.
- Leo Panitch, Greg Albo et Vivek Chibber(sous la dir. de), The Crisis This Time, The Merlin Press, Londres, 2011.
- Jean-Marie Pernot, Syndicats : lendemain de crise, Folio, Paris, 2010.
- Karl Polanyi, La Grande Transformation. Aux origines politiques et économiques de notre temps, Gallimard, Paris, 1983 (1re éd. : 1944).
- Carmen M. Reinhart et Kenneth S. Rogoff, This Time Is Different : Eight Centuries of Financial Folly, Princeton University Press, 2010.
- Michael J. Sandel, Ce que l'argent ne saurait acheter. Les limites morales du marché, Seuil, Paris, 2014.
- Wolfgang Streeck, Du temps acheté, Gallimard, Paris, 2014.
- Edward P.Thompson, La Guerre des forêts. Luttes sociales dans l'Angleterre du XVIIIesiècle, La Découverte, Paris, 2014.

• Mitchell Zuckoff, Ponzi's Scheme : The True Story of a Financial Legend, Random House, New York, 2006.
• Olivier Zunz, La Philanthropie en Amérique. Argent privé, affaires d'État, Fayard, Paris, 2012.

참고 기록영화(최근자료)

• Cleveland contre Wall Street, de Jean-Stéphane Bron, 2010.
• Comme des lions, de Françoise Davisse, 2015.
• Eaux troubles, de Fei Youming et Liu Shuo, 2012.
• Fortunes et infortunes des familles du Nord, de Gilles Balbastre, 2008.
• La Fracture chinoise, d'Antoine Roux, 2008.
• La Gueule de l'emploi, de Didier Gros, 2011.
• Howard Zinn, une histoire populaire américaine, d'Olivier Azam et Daniel Mermet, 2015.
• Il était une fois le salariat, d'Anne Kunvari, 2015.
• Inside Job, de Charles Ferguson, 2010.
• J'ai (très) mal au travail, de Jean-Michel Carré, 2006.
• Le chômage a une histoire, de Gilles Balbastre, 2001.
• Ma mondialisation, de Gilles Perret, 2006.
• Merci patron!, de François Ruffin, 2016.
• Les Nouveaux Chiens de garde, de Gilles Balbastre et Yannick Kergoat, 2011.
• Sacrée Croissance!, de Marie-Monique Robin, 2014.

옮긴이의 말

"경제학자는 어떤 면에서는 수학자이고 역사학자이며, 정치가이면서 철학자가 되어야 한다. 경제학자는 기호를 이해하고 이를 다시 말로 풀어 설명할 줄 알아야 한다. 특수한 현상을 일반적 관점에서 이해하고, 구체적인 현상과 추상을 같은 틀 안에서 다뤄야 하며, 과거에 비추어 현실을 탐구해 미래를 모색할 줄 알아야 한다. 인간의 본질이나 제도의 그 어느 부분도 소홀히 지나쳐서는 안 된다. 뚜렷한 목적의식을 지니되 공평하여 사사로움이 없어야 한다. 또한, 예술가처럼 초연하고 청렴하지만 때로는 정치가처럼 현실을 직시해야 한다."

- 케인스, 《인물평전(Essays in Biography)》, 제14장(알프레드 마셜), 1924년.

이 책을 처음 접했을 때 나는 '주술 같은 경제 이론과 수학적 논증법이 나열된 딱딱한 경제학 서적, 혹은 삐딱한 시선으로 사상의 우열을 논하는 비평서'를 상상하며 사뭇 비장한 각오로 책장을 조심스레 펼쳤다. 경제학이

지극히 무미건조하고 난해한 학문이라 여기는 독자의 선입견을 예견한 걸까? 이 책은 첫 장부터 소위 '숫자놀음 통치'의 허상을 여실히 드러내고 있었고, 장마다 일반 통념을 예리하게 뒤집는 분석이 이어졌다. 자못 허를 찔린 기분이 들었다. 통상 근엄하고 알 수 없는 표현으로 가득 차 있는 듯한 경제학은 근거 없는 경외심을 유발해 뭇사람들이 경제학과 담을 쌓도록 종용하는지도 모른다. 하지만 이 책은 인간의 의지와 동떨어진 순수한 자연법칙으로서의 경제가 아닌, 사회와 인간 사이의 상호관계를 설명하는 수단으로 경제를 다루면서 경제학을 향한 독자의 경외심과 선입견을 일시에 불식한다.

시종일관 이 책이 지적하고 경계하는 바는 신고전주의 경제학자들의 주장이 '과학'도 아닌 이른바 '유일사상'으로 칭송받기에 이른 오늘날의 현실이다. 이 유일사상은 인간이 이기적인 존재라 단정하며, 자유방임주의와 시장의 자동적 조정에 대한 조건 없는 신념으로 무장하고 있다. 정책보다 경제를 우선시하며, 경제 권력 중에서도 국제자본 권력의 이익을 보편적인 가치인 양 정당화하고 예찬한다. 이런 유일사상을 규정하는 패러다임은 다름 아닌 시장이다. 이윤 극대화라는 시장의 절대 법칙이 일반 기준으로 자리매김한 이 세상은 일상의 경쟁이 생존으로 이어지는 무한경쟁과 승자독식의 사회다. 하지만 다행히 지식인과 운동가, 예술가들이 사회 곳곳에서 대중의 사고를 질식시키려는 유일사상을 규탄하는 투쟁을 전개하고 있다. 이 책은 유일사상에 저항하고 그 지배에서 벗어나 평등하고 인간적인 세상을 실현해낼 대안의 면면을 커다란 파노라마처럼 펼쳐 보여준다. 그 투쟁의 이면을 속속들이 알아야만 우리가 사는 이 자본주의 경제체제를 공정하게 관찰하고 정찰된 기초 위에서 판단을 내릴 수 있기 때문이리라.

프랑스에서 이 책은 미국발 세계 금융위기와 유럽 재정위기가 한바탕 휘몰아치고 난 후 글로벌 성장의 패러다임이 저성장 국면으로 접어든 시점에 출간됐다. 각국 중앙은행의 역할이 두드러지는 한편, 영국이 유럽연합(EU)

에서 탈퇴(브렉시트)하기로 했고 '유일한 유로화 경제, 하나의 유럽'이라는 목표에 지각 변동이 예고되어 있었다. 프랑스 내에서는 당시 17년 만에 정권교체를 이룬 프랑수아 올랑드 사회당 정부가 성장 중심의 사르코지 정부와 차별되는 형평과 분배 우선 정책을 단행했다. 하지만 급격한 정책 변화로 소비와 기업투자가 위축되고, 외국인 투자자본 이탈, 부유층의 조세회피 등의 부작용이 발생해 오히려 경기침체와 높은 실업률이 지속됐다. 2014년 하반기에는 급기야 성장과 경쟁력 강화에 초점을 맞춰 정책 방향을 전환했다. 2013년에 신설한 부유세를 폐지했고(2015.2.1.), 총 25억 유로 소요의 투자 활성화 방안을 발표했으며(2015.4.8.), 기업의 고용비용 감소 등을 주요 내용으로 하는 책임협약을 시행하기도 했다.

자본주의 경제는 위기를 부른다고 한다. 경제 불황과 공황이 발생한 시대 배경과 그 여파가 이 책 구석구석에 녹아 있다. 가령 2008년 글로벌 금융위기의 직접적인 원인은 미국의 서브프라임모기지 부실로 상징되는 금융부문의 대규모 부실이었지만, 근원에는 최대수익을 추구하고자 한 금융시장과 이를 적절히 제어하지 못한 감독 실패가 있었다. 무엇보다 사람들의 큰 분노를 자아낸 것은 금융자본의 탐욕과 비리였다. 그리고 그 분노가 모여 임금노동자들을 월가의 시위 현장으로 뛰어나와 거리를 점령하고 결집하게 했다. 이후 경기침체, 구제 금융 여파로 발생한 남유럽 국가의 재정위기는 단일통화체제에서 오랫동안 누적된 구조적 문제와 직접 연관돼 있다는 점에서 글로벌 금융위기와는 원인이 뚜렷하게 다르다. EU 탈퇴 직전까지 갔던 그리스는 결국 정치적 안정을 되찾았고 구제 금융에서 벗어났지만, IMF는 앞으로 수년간 유럽의 성장세가 점차 둔화할 것으로 전망했다.

이렇듯 이 책은 서로 꼬리에 꼬리를 무는 파노라마 속 경제 현상을 설명하고, 더 나아가 '시공간을 넘나드는' 역사 속 경제 이야기를 곁들여 문제의 뿌리를 파헤치는 방식으로 독자의 이해를 돕는다. 예컨대, 자본주의 모순이 곪아 터진 세계금융 위기 사태는 1990년대부터 신자유주의 논리에 따라 강대국들이 벌인 자본전쟁이 직접적인 원인이었다. 경제는 실물부문과 금융부문이 연계해 상호보완적으로 발전해야 하지만, 미국, 유럽 등의 선진국은 금융산업을 세계 경제의 지배력을 확보하고 이익을 벌기 위한 수단으로 이용했다. 이 과정에서 금융산업이 낙후한 국가들은 금융시장을 외국자본의 투기장으로 내어주고 국부를 빼앗기는 희생양이 됐다. 결국, 제국시대에 뿌리를 둔 자본전쟁은 2000년대 들어서 스스로 파국을 초래한 셈이다.

이렇듯 문제를 제기하고 분석한 후, 각 장을 마무리할 때면 미래에 대한 기대와 희망을 놓지 말라고 독려하는 듯, 매번 '또다른 비전'을 제시한다. 경제를 객관적으로 이해하기 위해서는 현존하는 사회 질서와 시대를 지배하는 견해에 대한 비판적 접근이 필요하다는 취지에서 마련한 교육적 장치가 아닐까 싶기도 하다. 결국, 이 책의 저자들이 궁극적으로 독자들에게 전달하고자 하는 바 역시 경제학 이론에 관한 풍부한 지식 그 자체보다 자본주의 경제체제를 읽어내는 사고의 틀과 더 나은 세상을 향해 진리를 꿰뚫어 보는 안목과 식견일 것이다.

당초 프랑스에서 바칼로레아(대학입학 자격시험)를 준비하는 고등학생이나 경제에 입문하는 대학생들을 겨냥해 출판됐다는 점에서 이 책을 좁게는 더 나은 미래를 꿈꾸는 다음 세대를 위한 지침서라고 정의할 수 있겠다. 하지만 책 전체를 관통하는 내용은 결국 현재를 살아가는 우리 모두의 이야기이기도 하다. 이 책을 번역하는 작업은 새로운 세계를 만나 새로운 공기를 들이마시듯 시종일관 흥미진진하고, 유쾌하고, 보람찬 여정이었다. 이 책을 읽는 분들에게 부디 그 기쁨이 전달되기를 바란다.

이푸로라

연세대학교 불어불문학과, 이화여자대학교 통번역대학원 졸업 후 한국국제교류재단에 재직했으며, KDI 국제정책대학원 졸업 후 〈르몽드 디플로마티크〉 한국어판 번역에 참여하고 있다.

르몽드 비판 경제학
기획 | 르몽드 디플로마티크
옮긴이 | 이푸로라
감수 | 성일권

펴낸곳 | 마인드큐브
펴낸이 | 이상용
편집부 | 김인수, 현윤식
디자인 | 서경아, 남선미, 서보성

출판등록 | 제2018-000063호
이메일 | viewpoint300@naver.com
전화 | 031-945-8046
팩스 | 031-945-8047

초판 1쇄 발행 | 2019년 9월 9일
초판 2쇄 발행 | 2020년 5월 10일
초판 3쇄 발행 | 2022년 9월 19일

ISBN | 979-11-88434-20-6 (03320)